全景式回顧中國歷史
闡釋中國道路
彰顯中國自信

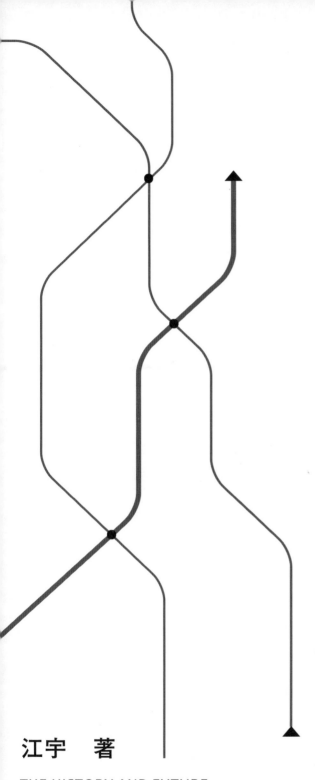

江宇 著

THE HISTORY AND FUTURE
OF CHINA'S ROAD

中國道路的

歷史和未來

目　錄

序言　001

前言　不忘歷史 不忘初心　006

第一章　新中國成立之初的選擇　015

　　1. 舊中國為什麼沒有能力啟動現代化　018

　　2. 新中國現代化的目標和約束　027

　　3. "四月危機"：舊制度和新目標的衝突　031

　　4. 新制度的新邏輯　037

　　5. 歷史的誤會，還是歷史的必然　053

第二章　尋找中國道路　059

　　1. 中國特色計劃經濟　062

　　2. "限制資產階級法權"　074

　　3. 農業集體化再評價　078

　　4. 無聲的革命：基礎教育的普及　096

　　5. 強國先強身：新中國的健康奇跡　102

　　6. 正確義利觀：新中國和新世界　113

第三章　前三十年的遺產和改革開放　125

1. 前三十年的成就　127

2. 跨越陷阱　134

3. 在歷史條件下看失誤　139

4. 中國人吃飽穿暖問題是如何解決的　147

5. 前三十年的遺產和“改革紅利”　152

第四章　市場經濟辯證法　157

1. 市場經濟的正、反、合　160

2. 市場經濟在中國　167

3. 農村：“統”與“分”的辯證法　176

4. 為國有企業正名　186

5. 公共部門的“大轉型”　200

6. 全面總結改革開放的經驗　207

第五章　中國改革方法論　215

1. 問題導向，啟動改革　217

2. 頂層設計，協商民主　219

3. 自上而下，自下而上　223

4. 影響改革的力量　227

5. “為什麼人”是改革的根本問題　233

第六章　中國模式　237

1. 對“中國模式”的幾種誤解　239

2. 支柱一：辯證唯物主義和歷史唯物主義　244

3. 支柱二：讓市場和資本為人民服務　248

4. 支柱三：以人民為中心　257

5. 支柱四：以正確義利觀為核心的國際戰略　260

6. 支柱五：黨的領導和群眾路線　264

第七章　在中國讀懂馬克思　271

1. 人類仍然生活在馬克思揭示的規律中　274

2. "中等收入陷阱" 是資本主義陷阱　280

3. 把人和資本的關係顛倒過來　286

4. 從《法蘭西內戰》到國家治理現代化　287

5. "破除資產階級法權" 和共同富裕　291

6. 為什麼中國能夠跨越 "卡夫丁峽谷"　294

第八章　大歷史視角的新常態　303

1. 西方衰退的根源：資本擴張　304

2. 西方經濟學的困境　310

3. 中國經濟下行的根源　312

4. 地方競爭和生產過剩危機　319

5. 低勞動力成本是優勢嗎　323

6. 公共服務市場化：動力還是阻力　328

7. 反思新自由主義　333

第九章　新的偉大鬥爭　343

1. 新時代的歷史大邏輯　345

2. 經濟增長新動力：以人民為中心　348

3. 佔領制高點，奪取話語權　353

4. 擴大公共品投資和消費　356

5. 做強做優做大國有企業　360

6. 建設社會主義福利國家　363

7. 建設強有力的社會主義國家　366

8. 社會主義 + 互聯網　372

9. 建設公平正義的新世界　375

10. 新社會主義　377

後記　我為什麼寫中國道路　383

我向各位讀者推薦《中國道路的歷史和未來》一書。作者江宇是 80 後的青年學者。他以開闊的歷史視野和嶄新的理論邏輯，展示了 1949 年以來中國人民建設社會主義、追求民族復興的歷史畫卷，總結了改革開放前後兩個時期的歷史經驗，從學理上對中國的道路自信、理論自信、制度自信、文化自信做出了比較有說服力的解釋，回應了歷史虛無主義、新自由主義等思潮，對中國正在進行的具有許多新的歷史特點的偉大鬥爭的方向和前景提出了自己的思考。總的來說，這是一部立足中國的歷史和現實、體現中國風格和中國氣派的著作。具體地說，這本書回答了人們關心的三個問題。

第一，如何總結改革開放前後兩個時期的歷史經驗

　　改革開放以來，中國創造了經濟奇跡，但也出現了不少新的矛盾，社會上對改革開放的評價也複雜起來。金融危機之後，國內外都存在關於發展道路的爭論。在這種時刻，增強戰略定力、向歷史學習，是十分必要的。我們說中國不能迷信"普世價值"、照搬西方道路，就是因為中國有著不同的歷史和國情。正如習近平強調的，中國特色社會主義的依據，首先就是中國的歷史。

　　總結新中國的歷史經驗，關鍵是如何看改革開放前後兩個時期及其相互關係。在這個問題上，作者沒有陷入歷史虛無主義，沒有做"事後諸葛亮"對前人求全責備，沒有照搬西方理論來比附中國，而是用辯證唯物主義和歷史唯物主義的方法，避免了"左"和"右"兩種極端錯誤傾向，從具體歷史條件出發，認識歷史過程和

歷史規律。例如，通過對新中國成立初期發展目標和約束條件的分析，指出當時實行社會主義改造、公有制、農業合作化，不僅是出於理論信仰和學習蘇聯模式，而且是出於實現國家安全、經濟起飛和民生保障的現實需要。通過中國和其他發展中國家的對比，表明中國作為農業大國和現代化的後來者，只有走社會主義道路，才能突破資本主義全球體系的壓迫和小農經濟的約束，中國對發展道路的選擇是理論邏輯和歷史邏輯的統一。

對於改革開放的歷史經驗，作者也做了全面闡釋，提出改革開放既是市場經濟和全球化的成功，同時也得益於改革開放前奠定的多方面基礎，得益於中國堅持了社會主義方向，發揮了黨的領導、公有制為主體、群眾路線、獨立自主、協商民主等多方面的制度優勢，不能把改革開放的經驗絕對化、教條化，不能用新自由主義指導目前的改革。對於為什麼要堅持國有經濟主導地位、堅持農村土地集體所有制、堅持社會事業的公益性和公平性，作者都做出了闡釋。這些觀點，都是有針對性和現實意義的。

由此我想到《鄧小平文選》第三卷中鄧小平的許多深邃思考。他的思想包括不可分割的兩方面：一方面要堅持改革開放，用市場經濟的辦法發展經濟。這對中國這樣一個具有長期封建歷史的農業大國來說，是一項無比艱巨複雜的事業。事非經過不知難，社會主義市場經濟開闢了共產主義運動的新境界，中國對改革開放的歷史高度和歷史地位要充分估計。另一方面，鄧小平反覆強調，中國必須堅持社會主義道路，不能出現兩極分化。貧窮不是社會主義，兩極分化也不是社會主義，這是改革開放的題中應有之義，是鄧小平留給後人的一項歷史任務，也是今天中國進行新的偉大鬥爭的寶貴精神財富。

作者堅持了實事求是的方法論，堅持“論從史出”，而不是“以論代史”，避免用先入為主的結論來替代歷史事實，從而使得該書有不少新意。比如，在國有企業的問題上，目前流行的輿論似乎對國有企業做了“有罪推定”，認為國有企業天然腐敗、壟斷、低效、與民爭利，而作者通過對歷史過程的考察，用翔實的證據說明國有企業是中國啟動現代化的關鍵力量，有著比較高的經濟和社會效益。這就是從“此岸”來看問題，而不是從“彼岸”看問題。恢復歷史的本來面貌，歷史虛無主義就站不住腳了。

在考察改革開放前後歷史的基礎上，作者系統闡述了中共中央提出的關於改革開放前後兩個時期不能相互否定的觀點。以習近平為核心的中共中央，正在領導中國進入一個新的大時代，這個時代既不是鄧小平時代的簡單延續，也不是毛澤東時代的簡單回歸，而是要以繼承、融匯、超越的態度，堅持對的東西，修正錯的東西，學習別人的東西，創造自己的東西，最終形成成熟穩定的中國特色社會主義道路。這一觀點，是作者對歷史必然性趨勢的思考，體現了高度的歷史自信和歷史自覺，表達了 80 後青年人對 21 世紀中國的希望，相信能夠得到廣大讀者的共鳴。

第二，中國堅持 "四個自信" 的理論依據在哪裏

新中國的開國一代，付出了極大的代價才使一個積貧積弱的國家實現了民族獨立，國家統一。他們給後人留下的政治交代就是，繼續走好中國道路，實現民族復興和人民自由幸福，最終實現共產主義理想。然而，這條道路並不平坦。在改革開放四十年之後，中國經濟總量已在全球坐二望一，但與之相應的思想理論和文化的構建還需要很大的努力和漫長的過程。在這種情況下，習近平適時提出了四個自信，要人們增強對中國道路、理論、制度和文化的自信。信仰、信念、價值觀問題，是最高層次的問題。共產黨如果離開了靈魂、信仰，就不能凝聚和團結人民前進。這個自信，是建立在對國情和歷史規律正確把握基礎上的積極自覺的精神狀態。能否把中國成功的實踐上升為理論，並進一步指導新的實踐，創造出超越西方的中國學問，是當代中國知識分子必須承擔的使命。

作者曾經研習西方經濟學專業，但沒有為西方經濟學的價值立場和觀念所束縛，而是去粗取精、洋為中用。例如，用近年來西方經濟學前沿的信息經濟學和契約理論來解釋計劃經濟和國有企業，用合作博弈的理論來解釋農業合作化，用市場經濟和保護性運動的框架構建了關於市場經濟 "正、反、合" 的週期性理論等等。這表明，作者是兼收並蓄，吸收別人優秀的東西，然後再從中國的實際出發，融會貫通。

作者對中國道路的特徵進行了總結提煉，不僅具有新意，也具有理論和歷史依據。書中所提出的 "中國道路" 的五條主要特徵，不是對西方理論的簡單修補和追隨，而是從哲學基礎、人和資本的關係、社會公平觀、國家理論和全球體系等比較本質的層面，提出了中國道路與西方道路的顯著不同，具有說服力。這一概括有一

個特點，沒有割裂改革開放前後兩個時期，而是找到兩個時期的共同經驗，說明了中國道路是怎麼來的，這條道路的優勢在哪裏。

在總結中國模式的基礎上，作者還讓當代中國和馬克思展開對話，把人們熟悉的馬列主義經典著作，同今天這個世界上鮮活的現實連接起來。馬克思主義是在鬥爭中產生的，也只有在鬥爭中才有生命力。作者用金融危機的事實來證明，馬克思主義並不遙遠，人類仍然生活在馬克思所揭示的規律之中，中國的成功正是馬克思的成功，正是由於堅持共產主義的遠大目標，堅持實現人的自由全面發展的方向，正是由於正確把握了資本、國家、公平等本質問題，中國人才能主動運用歷史的規律，不斷從必然王國走向自由王國，超越歷史的週期律，跨過卡夫丁峽谷。這讓人感到，馬克思主義不是高高在上的教條和擺設，而是認識世界改造世界的利器。

第三，如何以史為鑒，在新時代把具有許多新的歷史特點的偉大鬥爭引向深入

歷史是最好的教科書。此書不僅在講歷史，同時也處處貫穿著現實關懷。中共十八大、十九大以來，以習近平為核心的中共中央領導人民開始了具有許多新的歷史特點的偉大鬥爭，中國道路雖然已經顯現出勝利的前景，但還遠遠沒有到達彼岸，國內外形勢都對中國提出了新的挑戰。面對新的偉大鬥爭，重要的是提高理論思維能力，增強歷史自信和歷史自覺，採取正確的戰略和策略，而這些都離不開對歷史規律的正確認識。

作者在研究歷史的基礎上，對於如何認識全球危機的前景，如何挖掘中國經濟增長的潛力，如何確立新的發展目標等問題進行闡釋。中國正在凝聚新的經濟增長動力，關鍵是堅持經濟工作的中國特色社會主義方向，通過供給側結構性改革，實現社會主義生產目的，並且為此提出了一些具體建議。以習近平為核心的中共中央採取的重申理想信念、加強黨的集中統一、做強做優做大國有企業、堅守土地集體所有制、抓好意識形態工作、倡議一帶一路、建設人類命運共同體等舉措，正是立足於中國成功的歷史經驗和對歷史規律的認識而做出的，具有充分的理論、歷史和現實依據。沿著這個方向，必將在 21 世紀實現中華民族的偉大復興和社會主義的偉大復興，這兩個復興是相輔相成的。

研究中國道路，是一項宏大的工程，不可能畢其功於一役。這本書也還有一些可以進一步探討改進之處，希望作者繼續堅持實事求是，深入基層，深入實際，做出更多更好的學問。也希望廣大讀者和我們一起努力，參與對中國道路的研究。

中國道路，就是全心全意為人民謀幸福、為民族謀復興、為世界謀大同之路，就是中國共產黨人不忘建黨初心、不愧使命擔當、不負光榮夢想的新長征路。希望以此和此書的作者、讀者們共勉。是為序。

孔丹

不忘歷史　不忘初心

　　近年來，我在從事醫療改革、產業發展、宏觀經濟等領域的研究時發現，當代中國所面臨的許多問題和觀點紛爭，最終都離不開對這樣幾個根本問題的回答：中國堅持走中國特色社會主義道路，其理論和實踐的依據是什麼？人們憑什麼相信這條道路的前途是光明的？是否存在一個與西方發展模式不同的"中國模式"？如何評價改革開放前後兩個時期的歷史經驗及其相互關係？如何從歷史中汲取智慧，在中國特色社會主義新時代進行具有許多新的歷史特點的偉大鬥爭？對這些問題的回答，離不開對當代中國發展歷史的研究。

　　新中國已經成立六十多年了，這段歷史可以大致分為兩個三十年：第一個三十年是以毛澤東為主要代表的中國共產黨人開創的，這個時期的主題是"建國、創業"。二戰後，世界格局大動盪、大分化、大改組，社會主義和第三世界國家群體性崛起。中國抓住了歷史機遇，贏得了在發展中國家中特有的政治獨立、經濟獨立和民族獨立，啟動了現代化、工業化進程，國民經濟快速發展，開闢了中華民族從分裂走向團結、從依附走向獨立、從奴役走向解放、從迷失走向自信、從沉淪走向復興的歷史進程。

　　第二個三十年，以鄧小平為主要代表的中國共產黨人開啟了改革開放和社會主義現代化建設新時期，這個時期的主題是"改革、開放"。這個時代，是新一輪資本主義全球化興起的時代。中國用幾十年的時間走過了資本主義國家幾百年的發展歷程，進行了社會主義市場經濟的轉型實踐，社會主義中國逐漸融入世界經濟體系，吸收和引進國際資本和先進的經驗技術，又堅持了自己的道路，改革開放獲得了成功。

這兩個時期，中國的社會經濟都取得了輝煌的成就，也都存在著在當時的歷史條件下尚未解決的問題。目前，對如何正確總結中國發展的成功經驗，如何看中國的優勢和不足等關鍵問題，還缺乏共識。改革開放以來，西方經濟學理論引入中國，並且影響很大，但實踐證明，西方現代經濟學理論並不能引導中國取得成功。而且在西方話語的影響下，社會上出現了妄自菲薄的虛無主義情緒，這不僅影響人們對中國未來的信心，也可能導致在具體工作中做出錯誤的抉擇。中國要繼續向前走，就必須對歷史做出令人信服的解讀，實事求是地總結中國成功的經驗，用科學的理論闡釋中國道路的實質，真正樹立中國人的自信心，應對新時代面臨的挑戰。

中共十八大以來，以習近平為主要代表的中國共產黨人帶領全國人民，進入了新時代。這個時代是西方現代化道路遭遇重大危機、人類面臨新的挑戰的時代，國際社會積極反思資本主義制度，認可社會主義、認同中國道路的人愈來愈多。中國的新時代，既不是對改革開放前的簡單回歸，也不是對改革開放的簡單延續，而是既發揮社會主義制度的優勢，又在實踐中不斷創新。

新一屆中央領導集體高度重視歷史，重視總結黨的歷史經驗，習近平多次強調要學習研究黨史國史這門"必修課"。這正是著眼於中國發展的新方位做出的戰略性部署。正像 1945 年《關於若干歷史問題的決議》和 1981 年《關於建國以來黨的若干歷史問題的決議》兩個決議都開闢了中國發展的新時代一樣，當前對新中國成立以來和改革開放以來的歷史經驗進行系統總結，具有重要的意義。

如果要為中國的下一個三十年 —— 即現在到 21 世紀中葉 —— 選擇主題詞的話，我願意將其概括為"超越和復興"。其具體含義就是：超越新中國的前兩個三十年，超越西方道路，實現中華民族的偉大復興，社會主義的偉大復興。

對前兩個三十年的超越

一段時間以來，社會上存在著把改革開放前後兩個時期彼此割裂、相互對立起來的錯誤觀點，要麼全盤否定毛澤東時代的發展道路，要麼全盤否定改革開放後的發展道路，要麼對兩個歷史時期的發展道路均予以否定。2013 年 1 月 5 日，習近平第一次提出，改革開放前和改革開放後兩個歷史時期不能相互否定，[1] 這是針對各種歷史虛無主義的撥亂反正，為科學總結歷史經驗、排除"左"和右的兩種干擾創造了條件。

改革開放以來，中國逐步建立和完善市場經濟體制，社會、經濟各個領域都取得了巨大成就，人們因而產生一種錯覺，認為中國的成功就是市場化、私有化、自由化的成功，而實行計劃經濟時期則是走了彎路、一無是處，無視每個歷史發展階段的背景和歷史任務。中國一直在進行社會主義制度的建設和改革，在計劃經濟時期，中國就實行了兩次經濟體制改革，取得了明顯成效，這一時期的農業基本建設、重工業、醫療、基礎教育等事業都取得了輝煌的成就，並且在各行各業構建了大型國有企業，它們是國家發展的脊樑。經過深化改革，21 世紀以來國有企業更是成為中國經濟走向世界的核心力量。中國實施有效的產業政策，航天、通信、高鐵等產業已走向世界，土地集體所有制、經濟決策的民主集中制等制度，也都成為促進中國經濟增長的積極因素。但是，由於這些成就不符合"自由化、私有化"的西方經濟學理論，所以一些人無視甚至極力否定這些顯而易見的成就，把改革開放以來的成功，全盤歸結為市場經濟的勝利，比如，對於包產到戶之後的農業大豐收，他們不做歷史唯物主義的分析，認為"把地一分就吃飽了"，極力主張廢除集體所有制、搞土地私有化等主張。這些現象都體現出中國要把握住改革開放的大方向，要正確認清改革不是改旗易幟，不能丟棄社會主義制度的優勢。

2008 年金融危機爆發之後，國內外都有關於發展道路的爭論。西方開始反思，自由市場主義失去了往日的金字招牌，國內愈來愈多的人開始跳出"西方中心論"的窠臼，用歷史的、辯證的視角看待改革開放前後兩個歷史時期的關係，恢復和增強了民族自信心和制度自信心。2011 年，我在北京大學授課時，一位學生在閱讀有關歷史文獻之後說："我覺得，中國發展到今天的水平，絕對不僅僅是改革開放的功勞。在新中國建設時期，我們的前輩充滿革命激情，勒緊褲腰帶，多生產，少享受，無怨無悔。那不是一兩個人，而是全國幾億的人口啊！這是多大的力量！想想都覺得心潮澎湃。我覺得自己生活在一個很幸福的時代。"

歷史往往經過時間沉澱後才能看得更加清晰。這是歷史的無情，更是歷史的

1　習近平：《關於堅持和發展中國特色社會主義的幾個問題》，中共中央文獻研究室：《十八大以來重要文獻選編（上）》，北京：中央文獻出版社，2014：109。

有情。

　　以習近平為核心的中共中央開闢的中國特色社會主義新時代，既不是向毛澤東時代簡單的"回歸"，也不是鄧小平時代簡單的"延續"，而是要在總結經驗教訓的基礎上，融匯前兩個三十年、超越前兩個三十年，把前兩個時代的優勢都保留下來，並且繼續新的創造，形成一套成熟穩定的制度體系，真正實現國家治理體系和治理能力的現代化，實現國家的長治久安。

　　本書的前五章，主要圍繞改革開放前後兩個三十年的關係展開，通過對歷史的考察，論述了中國是如何選擇並形成了這樣的發展道路，並對各個歷史時期經濟發展道路做出客觀的評價。

對西方道路的超越

　　西方資本主義國家的現代化道路，以資本私有制、自由經濟和多黨制選舉民主為主要特徵。這條道路存在兩方面問題：第一，它實現了少數國家（約十億人）的興旺發達，卻沒有實現人類的共同發展，少數西方國家的發達是以大多數國家被剝奪、喪失發展能力為代價的，世界大多數國家已經不可能走這條路。第二，西方資本主義國家實現了物質財富的極大繁榮，但並沒有找到實現公平、協調、綠色、共享的發展道路，民族矛盾、兩極分化、道德失範、健康危機等問題仍然困擾著世界。2008 年國際金融危機之後，國際社會開始積極反思資本主義制度和發展道路。

　　在這種背景下，"中國道路"、"中國模式"引起了國際社會的廣泛關注和熱議。在國際社會開始意識到中國道路對西方道路形成挑戰的情況下，中國國內卻不乏對中國道路的虛無主義認識。要真正認識到中國特色社會主義發展道路的優越性，牢固樹立"四個自信"，首先是要客觀分析中國道路和西方道路的區別。目前，海內外不少對中國道路的總結是有道理的，但是有一些並沒有跳出西方中心論的窠臼，認為中國道路僅僅是對西方道路的模仿和修補。比如，有人認為中國改革之所以成功，是因為進行了漸進式改革，而強大的政府在改革過程中維護了社會穩定。其言下之意是，中國改革的目標還是西方的資本主義模式，只不過改革的過程比較平穩，所以成功了；而其他一些國家（如蘇聯），改革太急，所以失敗了。這種觀點是不正確的，因為這種觀點實質上仍然認為中國道路無非是對西方道路的"局部修正"，仍然是在用西方理論來解讀中國道路。

之所以對中國道路存在種種誤讀，一方面是因為中國道路是新事物，新事物為人們所認識、接受需要一個過程，另一方面是現在的主流經濟學理論，是在西方發展道路的基礎上生長起來的，並沒有充分體現廣大非西方國家的發展實踐經驗，從而不具備在一切國家實踐的意義。對此，本書作者努力在以下兩方面做出突破：

首先，研究中國道路，要從中國具體的歷史條件出發，堅持辯證唯物主義和歷史唯物主義的思想方法。歷史研究方法是社會科學基本的方法，但今天的西方經濟學已經很大程度上放棄了歷史研究方法，用抽象的數理模型取代了鮮活的歷史，忽視了各國經濟運行特定的政治、經濟、文化基礎和歷史背景。

我們努力克服這種偏頗，把中國的發展道路放到具體的歷史環境中考察，從當時的歷史條件出發，解釋中國為什麼一步步選擇了今天這樣的道路。中國道路並不是憑空產生的，也不是一兩個領導人主觀設計出來的，中國走上社會主義道路，並且走到今天，有其內在的邏輯。自 1840 年鴉片戰爭西方列強用堅船利炮打開中國國門開始，到 1949 年新中國成立，這一百多年的歷史中，雖然中國人努力學習西方，尋求獨立富強的道路，但是並沒有開啟現代化的進程。當時中國為什麼沒有走上現代化的進程？只有說清楚這個問題，才能讓人們認識到，中國走上社會主義經濟建設的道路，並不是出於什麼"意識形態中的蘇聯模式"、"所有制崇拜"或者照搬外國模式，而是有其自身的經濟理性，是歷史邏輯和理論邏輯的統一。也只有說明白這個問題，才能理解中國道路的來源和根基。

其次，研究經濟發展的中國模式，不能僅僅局限在經濟領域，而是要把經濟和政治、社會、文化、國際戰略結合起來。世界上沒有脫離經濟的政治，也沒有脫離政治的經濟。當前，對中國經濟增長經驗的總結，大多數還僅僅局限在就經濟談經濟，這和目前經濟學發展方向的偏差有關。西方主流的新古典經濟學，在數理模型等具體工具上進步很大，但是把經濟行為過度抽象，忽視了經濟行為背後的歷史、文化、政治、社會因素，自然難以注意到中國特殊的歷史條件對經濟增長的影響。

本書第六章，就是在考察新中國經濟史的基礎上，提出中國模式的五個核心特徵。這五個特徵，是同時貫穿於改革開放前後兩個三十年的共同特徵。通過總結這些特徵，認清中國的制度優勢，中國要繼續向前發展，就必須繼續堅持和發揚這些優勢。第七章進一步闡釋"中國模式"與馬克思主義的聯繫，指出今天中國的成功得益於堅持而不是放棄馬克思主義。

中華民族的偉大復興

從現在到 21 世紀中葉的三十年，是超越的三十年，也是復興的三十年。

這個復興，首先是中華民族的偉大復興。研究歷史是為了啟迪現實。新中國的第一個三十年，解決了"站起來"的問題，第二個三十年，解決了"富起來"的問題。今天，中國比歷史上任何時期都更接近中華民族偉大復興的目標。然而，行百里者半九十。歷史上，也曾經有不少國家，成功地成為世界經濟大國，但是並沒有逃脫"其興也勃焉，其亡也忽焉"的歷史命運；也曾經有一些一度成為"明日之星"的國家，就是因為發展道路出現偏差，而功虧一簣。"靡不有初，鮮克有終"，任何一個民族的興盛和繁榮都需要永不懈怠的精神狀態和一往無前的奮鬥姿態。中國能夠成功走到今天，得益於在一切關鍵時刻，都做出了正確的選擇，在重大問題上沒有犯顛覆性錯誤。

近年來，中國經濟逐步進入新常態。經濟新常態的實質就是，中國經濟增長的歷史條件已經發生了變化，改革開放以來形成的習慣做法、習慣思維，已經不能夠再支撐中國經濟的高速增長，需要尋找新的增長動力。由於西方經濟學理論在中國的廣泛傳播和發展，導致中國社會各界在一些重大問題上，難以形成統一的意見。仍有相當多的人士認為，過去三十年中國的成功，就是因為學了西方，放棄了社會主義的"信條"，遵循了"華盛頓共識"。這種錯誤的認識，是可能導致"顛覆性錯誤"的思想根源。從另一個角度來看，這也說明了今天中國缺乏文化自信，是思想和文化主體性失落的表現。如果不能及時糾正，中國的發展道路還有可能出現曲折。如果中國不能堅定地走自己的道路，而是像一些其他國家那樣，被新自由主義的思維所迷惑，再犯"顛覆性錯誤"的可能性也是存在的。

可見，雖然中國道路已經初步成型，但是還沒有形成高度的共識。中華民族的復興，需要經濟實力和綜合國力的提高，也需要中華文明的繁榮興盛，要站在思想理論的制高點上，實現文化主體性的復興。中國這樣一個有著十三億多人口的大國，如果缺乏理論思想的指導，是不可能發展好的，也是難以應對前面的風險挑戰的。而要應對這種挑戰，就要從自己的歷史中尋找智慧和力量。

本書第八、九章，從大歷史的角度出發，認為當前世界的經濟危機，實質上是工業革命以來西方資本主義世界經濟長週期的表現。中國經濟的新常態，是新形勢下這種危機在中國的反映。要走出危機，根本的辦法是發揮中國社會主義制度的優勢，更好地解決經濟發展不平衡、不充分的問題，實現社會主義的生產目的，只有更加堅定地走中國道路，才能振興中國經濟。

社會主義的偉大復興

這個復興，還將是中國和世界社會主義的偉大復興。

社會主義是人類社會古老而崇高的理想。自 19 世紀中葉，馬克思把社會主義從空想變成科學以來，社會主義無論在世界還是中國，都經歷了幾起幾落的崢嶸歷史。中國自 1956 年社會主義改造完成，就走上了社會主義道路，但鞏固社會主義則是一個十分漫長的歷史過程。改革開放以來，有一種觀點認為，中國走社會主義道路，主要是出於意識形態或政治因素，而不是出於經濟因素，搞經濟還是要靠資本主義。蘇聯解體、東歐劇變之後，以福山為代表的西方思想家認為，歷史已經永遠宣告了社會主義的失敗，一百多年的國際共產主義運動，似乎只是馬克思同人們開的一個玩笑，它的歷史已經終結於自由市場和民主憲政。

然而，"歷史終結"的樂觀聲音還沒有消散，世界和中國就又到了一個新的十字路口。我們需要在新的歷史起點上，再一次思考：中國道路成功的基本因素到底是什麼？中華民族偉大復興與社會主義的理想，這兩者之間是什麼關係？是互不相干、互相矛盾還是具有一致性？之所以提出這些問題，是因為在不少場合，存在著思想理論工作和實際工作的脫節。不少人認為，社會主義在今天的中國，只是嘴上說說的口號，實際的工作特別是經濟工作，還是"該幹嘛幹嘛"，這就導致了在許多問題上的思想混亂。但歷史告訴我們，在重大的道路、制度、理論和意識形態問題上，絕不能有絲毫含糊，否則就不可能凝聚起統一的目標和意志，就不能堅持正確的道路和方向。

2008 年全球金融危機的爆發，為回答這個問題提供了條件。從國際上看，全球金融危機，從根本上說就是資本主義全球化所導致的危機。金融危機之後，全球很多國家開始重新重視馬克思主義，重新思考社會主義的現實意義，對資本過度發揮作用進行抑制和改良。然而，目前還看不到有實際的進展。從中國和其他發展中國家自身的發展來看，中國能夠發展起來，就是因為通過建立社會主義制度，改變了在資本主義全球化條件下發展中國家所處的依附大國的邊緣化地位。正是靠著社會主義制度，中國等國家才完成了社會革命、達成了人民的團結，從而實現了獨立自主的經濟體系、跳出了貧困陷阱，並保持了社會穩定和國家安全，初步具備了同資本主義大國對話和博弈的能力。當前，全球面臨的經濟失衡、生態危機、兩極分化等問題，只有靠增加各國政策和全球政策中的社會主義因素才能夠實現。從這個意義上說，中國道路就是中國特色社會主義道路。

在新的歷史條件下，繼續對"什麼是社會主義、怎樣建設社會主義"進行思考，得出的結論就是：社會主義的目標和中華民族偉大復興的目標是統一的，只有更加堅持社會主義，才能實現中華民族的偉大復興。而中華民族的偉大復興，將是 21 世紀社會主義復興道路上最有力的引領力量。

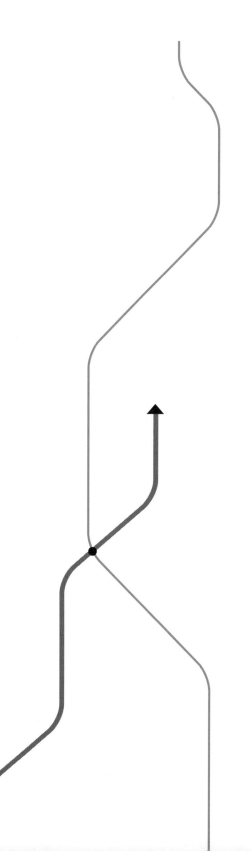

第一章

新中國成立之初的選擇

▶▶▶ 導讀 ◀◀◀

　　新中國成立初期，對中國走何種發展道路出現了第一次分歧：是停留在新民主主義階段，還是進一步實現社會主義？經過探索，中國共產黨改變了之前設想的先實行十年到十五年的新民主主義，再向社會主義過渡的方案，而是到 1956 年就基本完成了社會主義改造，確定了以公有制為主，實行計劃經濟、重工業優先發展、農村集體化為主要特徵的經濟制度。

　　正確認識中國共產黨在這一時期的選擇，是理解中國道路的起點。但如何認識這一變化，在今天仍存在諸多爭議。一些觀點認為，新中國成立初期走上社會主義道路，是出於"意識形態狂熱"、"公有制崇拜"或者照搬蘇聯模式，導致經濟建設走了彎路，"耽誤了二十年"。通過對歷史過程的考察證明，新中國成立初期選擇的經濟發展道路，是具有充分經濟理性和必然性的選擇。只有選擇這樣的道路，才能打破舊中國的小農經濟結構、殖民地經濟結構和弱小的政府能力對經濟發展的限制，開啟現代化的進程。

　　鴉片戰爭以來，救亡圖存成為中華民族的頭等大事，無數仁人志士前赴後繼，為建立一個獨立、自由、繁榮、昌盛的現代化中國而奮鬥，"把帝國主義者給予我們的創痕與血跡盪滌得乾乾淨淨"，"全國的人，都有飯可食，有衣可穿，有屋可住，有人可愛"，"告別歷史的變亂、踏上新生的道路"。[1] 這就是八十多年前的"中國夢"。然而，儘管一代代先賢前赴後繼，但中國並沒有登上現代化的列車，反而同世界的差距愈來愈大，中國還是一個典型的農業國、經濟和政治弱國。

　　1949 年，新中國成立後，中國對現代化道路進入新的求索。代行憲法職能的《中國人民政治協商會議共同綱領》（以下簡稱《共同綱領》）規定了"發展新民主主義的人民經濟，穩步地變農業國為工業國"[2] 的任務。所謂"新民主主義經濟"，是新中國成立之前和成立初期，中國共產黨對未來發展路徑的設想，其主要特點是：由國營經濟主導，各種所有制共同發展。《共同綱領》第二十六條規定："中華人民共和國經

1　王勇：《八十年前的"中國夢"——論 1933 年〈東方雜誌〉"新年的夢想"徵文》，《文藝爭鳴》，2015（06）：95–101。

2　中共中央文獻研究室：《建國以來重要文獻選編（第一冊）》，北京：中央文獻出版社，1992：1–13。

濟建設的根本方針，是以公私兼顧、勞資兩利、城鄉互助、內外交流的政策，達到發展生產、繁榮經濟之目的，國家應在經營範圍、原料供給、銷售市場、勞動條件、技術設備、財政政策、金融政策等方面，調劑國營經濟、合作社經濟、農民和手工業者的個體經濟、私人資本主義經濟和國家資本主義經濟，使各種社會經濟成分在國營經濟領導之下，分工合作，各得其所，以促進整個社會經濟的發展。"[1] 第三十條還明文規定："凡有利於國計民生的私營經濟事業，人民政府應鼓勵其經營的積極性，並扶助其發展。"[2] 簡單地說，就是以多種所有制和市場經濟為基礎的 "混合經濟"。

也就是說，新中國成立前後，中國共產黨的計劃是先實行十年到十五年新民主主義，再向社會主義過渡。但事實上，以 1956 年基本完成社會主義改造為標誌，新民主主義道路提前結束了，一條新的發展道路逐漸展開了。其主要特徵是：優先發展重工業，而不是勞動密集型的輕工業；確立公有制的絕對主體地位，而沒有形成多種所有制共同發展的格局；實行計劃經濟，而沒有實行市場經濟；進行農業合作化，而沒有停留在土改之後的家庭所有制上；在國際上實行獨立自主和一定程度的產業保護。

可見，新中國成立初期的經濟發展道路，不同於今天西方經濟學的主張，不同於大多數發展中國家實行的市場化、私有制、對外開放道路，不同於改革開放之後的做法，甚至也不同於中國共產黨自己曾經設想並宣佈的新民主主義道路。

新中國為什麼選擇這樣一條道路，其中的道理和邏輯是什麼？今天該如何看待新中國成立初期留下的遺產？這些問題，困擾著今天的許多人，也直接影響著人們對今天全面深化改革過程中重大問題的看法。評價歷史事件，必須從歷史條件出發。正如馬克思在《路易·波拿巴的霧月十八日》中所說，"人們自己創造自己的歷史，但是他們並不能隨心所欲地創造，並不是在他們自己選定的條件下創造，而是在直接碰到的、既定的、從過去承繼下來的條件下創造"。[3] 讓我們回到歷史的情境之中，從新中國成立初期面臨的發展目標和約束條件出發，考察從新民主主義到社會主義的轉變是如何發生的。

1　中共中央文獻研究室：《建國以來重要文獻選編（第一冊）》，北京：中央文獻出版社，1992:1–13。
2　中共中央文獻研究室：《建國以來重要文獻選編（第一冊）》，北京：中央文獻出版社，1992:1–13。
3　[德] 馬克思：《路易·波拿巴的霧月十八日》，《馬克思恩格斯文集（第二卷）》，北京：人民出版社，2009：470。

▶ ▶ ▶　1. 舊中國為什麼沒有能力啟動現代化

中國人民對現代化的追求自清朝末期就開始了，但直到 1949 年，中國還是一個落後的農業國。中國曾經長期是首屈一指的世界強國，19 世紀清朝的國內生產總值（GDP）佔世界的 1/3，明清江南地區已經具備了發達的農業、繁榮的商品經濟、豐富的勞動力和廣闊的市場，可中國為什麼沒有發生工業革命？鴉片戰爭之後，中國逐漸引入了西方的企業、技術、設備甚至一些制度，看上去現代化的一切要素都具備了，為什麼沒有啟動現代化進程？這是因為，舊中國起碼面臨著三個重要的約束，成為中國邁入現代化強國的不可逾越的障礙。

小農經濟的約束

現代化最突出的特徵是工業化，從農業社會進入工業社會至少需要三個條件：一是要有足夠的初始投資和工業技術，因為工業是資本密集型產業；二是農業部門要有足夠的剩餘產品，供養那些脫離農業勞動、專門進行科學研究和工業生產的人；三是有一個較大的高收入群體，他們在基本溫飽需求得到滿足之外，還有能力消費工業產品。總之，工業化能否啟動，首先取決於農業能否為工業部門提供足夠的剩餘產品，而傳統中國社會並沒有滿足這個條件，其根源是人均佔有土地水平很低。

中國是世界上人地關係最為緊張的大國之一。戰國時，人均耕地面積僅有 4.5 畝，清朝中葉下降到 2.0 畝。改革開放初期，鄧小平強調 "要使中國實現四個現代化，至少有兩個重要特點是必須看到的：一個是底子薄……第二條是人口多，耕地少"[1]。人多地少的國情，成為制約舊中國實現現代化的一大障礙。

首先，人多地少導致農業部門產品有限，難以為工業化提供足夠剩餘。工業化啟動初期，工業部門的資本、原料和勞動力只能來自農村的剩餘，主要的消費市場也是農村。只有在農村具備剩餘產品，並且將剩餘產品集中起來，才能啟動工業

1　鄧小平：《堅持四項基本原則》，《鄧小平文選（第二卷）》，北京：人民出版社，1994：163-164。

化。中國在封建社會時期，人均佔有成品糧一直不超過三百公斤，特別是清朝中期人口從一億多急劇增加到三億多，人均佔有糧食僅一百七十五公斤，即使糧食分配比較平均，也只能滿足溫飽水平。糧食大部分由農民自己消費，很少進入商品市場，形成了自給自足的小農經濟格局。[1] 這種人多地少、人多糧少的狀況，決定了不可能給工業化提供足夠的剩餘產品。第一，沒有足夠的剩餘產品來供養大量脫離農業生產的貴族階層，從事科學研究和工業生產（西方工業革命早期從事科學研究的人員，都是貴族出身，像牛頓、伽利略）；第二，不可能長期維持一個高收入階層，有大量剩餘收入去消費工業產品，中國傳統社會積聚財富主要表現為土地集中，而不是消費水平檔次的升級；第三，現代工業發展的動力是用機器代替人力，但是中國人多地少，沒有動力開發代替勞動力的現代技術。因此中國長期停滯在 "沒有發展的增長" 的超穩定結構。相比來說，歐洲社會一方面人地關係比中國寬鬆得多；另一方面西歐在發現美洲新大陸之後，通過在非洲和美洲的貿易，相當於從海外獲得了大量土地，從而進一步緩解了人地矛盾，為工業革命提供了大量的原料、勞動力和市場，農業可以為工業提供大量剩餘產品和廣闊市場，從那時起，西歐的發展同中國就大相徑庭了。因此，中國現代化必須突破小農經濟對有效集中資源的制約。

其次，在人多地少的制約下，形成了維護低水平公平和穩定的政策和文化。同西歐封建社會的莊園主和農民之間密切的人身依附關係不同，中國封建社會農民和地主之間的人身依附關係並不強，自耕農小土地所有制是一種主要的土地所有制，在傳統中國，"一夫挾五口，治田百畝"[2] 的個體小農是主要的生產單位，維護小農穩定、防止土地兼併，是封建王朝延續統治的前提。一旦工商部門或國家從農村汲取過多資源，就可能導致農村饑荒和破產。一般來說，王朝初期土地分配較為平均，承平日久之後，豪強地主坐大，土地兼併日益嚴重，官僚體系也隨之膨脹，並且和豪強形成利益共同體，這時如果出現有作為的皇帝打擊財富集中，就能實現 "中興"。為了維護穩定，封建王朝往往會主動弱化國家能力，輕徭薄賦、減少稅收。秦始皇、漢武帝、隋煬帝等 "好大喜功"，集中資源搞基礎建設的行為，在封建社會並不被推崇。這種政策導向，雖然有利於社會安定，但是也限制了商品經濟的進一步

1　龐卓恆：《怎樣尋求世界歷史上先進變落後和落後變先進的根本原因 —— 紀念新中國建立 60 週年》，《世界歷史》，2009（04）。

2　班固：《漢書·食貨志》，北京：中華書局，2012：1032。

發展，難以形成資本集中。進入近代之後，面對工業化的需要，如何做到既集中資本又不危害農村的穩定？這個兩難的問題，清政府和國民黨都沒有有效解決。

再次，小農經濟的生產方式，反過來又影響了農村的社會結構和文化，形成了害怕變革、規避風險、小富即安的文化。各地自給自足，"雞犬之聲相聞，老死不相往來"，不足以產生大量市場交換，也限制了農戶參加社會交往和政治活動的空間。馬克思認為，小農業與家庭手工業相結合的、像馬鈴薯一樣分散的、互相獨立的農村村社，靠著閉關自守的、一家一戶的和自給自足的生活，構成了中國專制制度賴以存在的始終不變的經濟基礎。[1]1944 年 8 月 31 日，毛澤東在給延安《解放日報》報社社長秦邦憲的信中指出："新民主主義社會的基礎是工廠（社會工廠，公營的與私營的）與合作社（變工隊在內），不是分散的個體經濟。分散的個體經濟——家庭農業與家庭手工業是封建社會的基礎，不是民主社會（舊民主、新民主、社會主義，一概在內）的基礎，這是馬克思主義區別於民粹主義的地方。"[2]中國小農經濟的這些特點，在封閉的封建社會條件下，有利於長期穩定。但是，一旦受到外部衝擊，就難以應對。近代以來，中國現代化進程屢屢受挫，一個重要原因就是，一切改良、改革都僅僅著眼於上層和城市，而沒有從根本上改變農村的經濟和社會結構。鴉片戰爭之後，無論外國資本還是中國政府，客觀上都有從農村汲取資源、支持城市工商業發展的強烈要求。這時，傳統農村的"超穩定機制"就被破壞了：工商和金融資本下鄉，對農村形成衝擊，個體小農無法和大資本對抗；土地兼併和高利貸盛行，再加上工商資本的盤剝，大量小農破產，農村形成了兩極分化。農民活不下去，也不可能形成有效的國內市場。而大量的剩餘產品為地主、高利貸者等食利者階層所攫取，也就不可能集中起來進行基礎設施建設，啟動工業化。

新中國成立後，毛澤東多次提起一件事：他十一歲時，二叔毛菊生瀕臨破產，要把僅有的七畝地賣給毛澤東家，毛澤東和母親不同意，覺得應該設法周濟二叔渡過難關，但父親認為花錢買田天經地義。毛澤東說："舊社會那種私有制，使兄弟間也不顧情義，我父親和二叔是堂兄弟，到買二叔那七畝田時，就只顧自己發財，什

1　[德]馬克思、恩格斯：《馬克思恩格斯選集（第二卷）》，北京：人民出版社，1973。

2　人民網資料：1944 年 8 月 31 日，《毛澤東論述新民主主義社會基礎問題》，http://www. people. com.cn/GB/historic/0831/2835.html。

麼勸說也聽不進去。"[1] 這實際上就是外部資本對農村衝擊的一個事例。

農村的凋敝,反過來使得城市工商業缺乏足夠大的市場,要麼半途夭折,要麼只能依附於外國,形成殖民地經濟結構,不能發展出獨立自主的產業體系。可見,突破小農經濟對現代化的約束,關鍵是要解決這樣一個問題:如何既有效集中農業剩餘,又避免農村受到衝擊而破產?這個問題,從晚清一直延續到現在,仍然不能說完全解決了。

國際體系的約束

除了國內小農經濟的約束,中國現代化所受的主要外部約束就是國際體系的約束。西方工業革命時,英國等第一撥實現現代化的國家,面對的還是一個以自然經濟為主的世界,有著廣闊的處女地尚未被商品經濟所覆蓋。而包括中國在內的大多數國家在啟動現代化時,面對的是已經形成的資本主義全球體系。資本主義生產方式把全球分為兩極:一極是所謂的"中心國家",即以歐美幾個強國為主的發達國家,在世界體系中佔據主導地位,依靠軍事、科技、文化方面的優勢,掌握著貿易主導權,控制和支配著另一極"邊緣國家",這些國家在政治和經濟上受中心國家控制,在經濟上基本被鎖定在產業鏈低端,為發達國家提供低成本的自然資源、農產品、初級產品和勞動力。

按照自由市場經濟學理論,全球分工和自由貿易可以使所有國家受益,落後國家會不斷縮小同發達國家的差距,實現世界大同。但事實證明,工業革命以來,這種"自由貿易"實質上是工業強國鞏固自己壟斷地位的工具,除了個別經濟體之外,"中心國家"和"邊緣國家"的差距並沒有縮小,而是在擴大。自由貿易的基礎是強者的壟斷優勢,所以,自由貿易論的本質是一套強者的話語體系,它不過是強者手中一個扶強抑弱的工具,依仗壟斷性工業優勢,推動國際自由貿易,藉此構建一種牟取壟斷利益的國際結構。通過查究歷史,我們可以更清楚地認識自由貿易論的本質。事實上,在把歐洲主要國家帶入自由貿易體系之前,率先完成工業化的英國在雙邊框架內與個別國家簽訂過貿易自由協定,以自由貿易為誘餌,讓他國的生產要

---

[1] 逄先知、金冲及等:《毛澤東傳(1949—1976)》,北京:中央文獻出版社,2003。

素更為廉價地流入英國，同時英國獲得更為廣闊的市場銷售日益積壓的產品，以達到長期壟斷工業生產的目的。例如，英國和葡萄牙曾多次簽訂互惠條約，這些條約實際上為英國產品在葡萄牙銷售打開了市場，阻礙了葡萄牙工業的發展。其結果是葡萄牙陷入對英國經濟的依附，扼殺了葡萄牙蹣跚起步的紡織工業，葡萄牙簡直成為"英國的殖民地"。同樣，英國的棉布和其他製成品洪水般湧入法國，導致法國製造業危機，引起了法國大革命。[1] 正如西方歷史學大師布羅代爾所概括的："世界規模的分工不是平等夥伴之間協商一致的、隨時可以修改的關係，而是逐漸形成的一系列從屬關係。不平等交換製造了世界的不平衡，反過來說，世界的不平衡也製造了不平等的交換，這是古已有之的實際。"[2]

除了通過貿易掠奪發展中國家的資源之外，發達國家還影響了殖民地的政治和社會結構。殖民地內部往往呈現明顯的兩極分化：少量沿海和大城市交通方便，融入全球經濟，形成了一個同外部列強有密切聯繫的精英階層（即"買辦"）；但大量內陸地區仍停留在傳統社會，甚至有意保持著封建、奴隸制或部落制，因為這更有利於精英階層對底層民眾的控制。這種兩極分化，使得殖民地國家的國內市場十分有限，而且喪失了正常的治理能力，傳統社會結構也遭到破壞，強化了陷入"貧困陷阱"的命運。

舊中國是全球體系中典型的"邊緣國家"。1840—1949 年，中國雖然沒有完全喪失政治主權，但是在經濟上具有典型的殖民地國家的特徵。1936 年，外資掌握了中國 76% 的工業資本，其中包括 72% 的工礦和運輸業、95% 的鋼鐵和石油工業、75% 的採煤和電力工業、60% 的紡織業、88% 的鐵路、84% 的航運、80% 的出口貿易和 90% 的進口貿易。[3] 與此相聯繫的，則是國內兩極分化和一盤散沙的格局。少數沿海城市，同國際經濟體系已經有密切聯繫，如"上海之所以得以發展和繁榮，主要靠的是稅收，長江流域的所有貨物貿易和航運都在課稅之列……西方人在十二平方英里的公共租界和法租界裏，像老闆那樣控制著逐漸步入工業化和商業化的中國"[4]。但是廣大內地和農村，仍然處在封建社會結構中，大多數小農既無力抵禦市場

1   梅俊傑：《從馬克思的論斷看自由貿易的歷史真相》，《馬克思主義研究》，2009（06）。

2   ［法］費爾南·布羅代爾著，顧良、施康強譯：《〈世界的時間〉十五至十八世紀的物質文明、經濟和資本主義：第三卷》，北京：商務印書館，2017。

3   遲萍萍：《淺析抗美援朝戰爭對外國在華企業的影響》，《黑龍江史志》，2010（09）。

4   ［英］理查德·休斯：《香港彼時彼地》，倫敦：安德烈·多伊奇出版社，1968。

風險的衝擊，也沒有能力進行必要的投資和消費，這反過來制約了中國的民族資本和工商資本擴大生產、提高技術，從而不可能發展出獨立自主的經濟體系。

在這種國際體系下，無論是清朝洋務派，還是後來的國民政府，均希望通過外部力量的幫助實現工業化，被迫或主動地讓大量外部投資進入中國。其結果是，雖然中國建立了一些現代工業，但是資金、技術、市場主要控制在外國資本家手中，中國民族工業並未發展起來，反而受到官僚資本和買辦資本的雙重壓制；西方廉價工業品大規模輸入，也使得中國手工業大量破產。據英國學者威廉·韓丁對當時華北的調研：

> 廉價的工業品大規模的輸入，使得愈來愈多的經濟部門遭到了損害。在紡織工業方面這種情況尤其顯得突出。數以百萬計的織布工人，由於無法同蘭開夏、東京以及後來上海的動力織機競爭，失去了主要的謀生手段，被拋入為那稀少的、已經貧瘠的土地而互相爭奪的人群中，這個人群一直在擴大。無地的窮人迅速增多，使地主能夠提出更苛刻的租佃條件，徵收更多的地租，抬高利率；使糧商們能夠在收獲季節壓低收購價格，而在冬、春兩季則把糧價抬高，使商人能夠擴大農產品與工業品的差價。不僅僱農和佃農，就是有地的中農也感到壓力愈來愈大。為了勉強餬口，他們必須延長勞動時間，起早貪黑，拼命幹活。即使這樣，還是難以維持生計，只好日益頻繁求助於債主。可是一旦背上了債務，便再也難以掙脫出來。在張莊，沒有欠下相當於幾年收入的債務的人家，簡直是例外。由於高利貸的盤剝，苛捐重稅的壓榨和奸商的欺騙，許多有地的農民都破產了……在許多地區，農村人民的處境，就像一個人永遠站在齊頸深的水裏，一個小浪就足以把他淹死。[1]

1929 年歐美經濟大蕭條之後，中國成為西方轉移危機的場所。[2] 大量外國白銀和廉價商品的輸入，讓中國僅有的民族工業大面積破產，而且出現了房地產泡沫。到1935 年，上海已經有一千家企業倒閉，失業人數達到五十萬。這表明，在殖民地的

1　[英] 威廉·韓丁：《翻身：一個中國村莊的革命紀實》，北京：北京出版社，1980。
2　嚴泉：《民國經濟史研究的新視角 —— 讀〈大蕭條時期的中國：市場、國家與世界經濟〉》，《史學理論研究》，2013（01）。

經濟條件下，不可能發展出有效的國內需求，也無法建立起符合中國發展需要的基礎工業體系。[1]

新中國成立時，雖然政治上獲得了獨立，但依附性的殖民地經濟結構尚未改變。中國面臨著艱難的選擇，是繼續走依附大國的道路，還是堅持建立獨立自主的經濟體系。在考察了國內、國際形勢之後，為了儘快改變舊中國重工業嚴重落後的狀況，中國實行了優先發展重工業和軍事工業的戰略，主要依靠國內資源進行積累，經濟發展不能以經濟效率為唯一目標，還要儘快滿足國家安全的需要。

國家能力的約束

近代以來，不管是什麼國家，政權在現代化過程中都起著不可或缺的作用。資產階級革命初期，資產階級依靠國家暴力打破封建束縛，把土地和勞動力變成可以自由買賣的商品，為工業化創造了條件。德國、日本等實行國家資本主義，通過國家力量集中資源，優先發展重工業和軍事工業。二戰之後，資本主義國家在提供公共產品、社會保障、調節收入分配等方面的作用也增強了，這在一定程度上彌補了兩極分化等社會矛盾和風險。

要啟動現代化必須要有一個強有力的國家政權。陷入貧困陷阱的國家，往往缺乏國家治理能力，其表現在兩個方面：一是國家軟弱渙散，沒有能力維護社會穩定、提供公共產品、實施長遠的經濟社會發展計劃；二是國家政權被特殊利益集團所控制，變成個別集團謀利的工具，導致大多數人喪失發展的機會。這兩種國家，都不可能順利實現現代化。而這兩個問題，在舊中國都存在。

一方面，封建社會時期中國的政府是弱政府。其社會政治結構的特點是"皇權不下縣"，基層以地主士紳主導的自治為主。為了維護這種結構的穩定，防止苛捐雜稅導致民變，中央政府只好有意犧牲財政能力，使得封建社會財政的規模未超過GDP 的 4%。清朝中葉之後，地方勢力做大，中央權威迅速銷蝕。據估計，19 世紀後期，政府收入總額約佔 GDP 的 7.5％，而中央政府所得的份額僅為 3％。[2]

"弱政府"崇尚"簡政"，依靠"鄉賢"，提倡地方自治，這種弱化國家能力、

---

1 代春霞：《20 世紀 30 年代世界經濟蕭條影響下的中資銀行業研究》，天津：南開大學，2012。
2 馬敏：《現代化的"中國道路"》，《新化文摘》，2017（3）。

依靠地方自治的傳統，有效維護了封建制度的穩定。直到近代，蔣介石仍然在他的《中國之命運》裏推崇這一傳統，他認為：

> 中國固有的社會組織……其自治的精神，可以修齊舉的實效，而不待法令的干涉。其互助的道德，可以謀公眾的福利，而不待政府的督促。……五千年來……社會的風氣仍能精誠篤實，勤苦儉樸，崇禮尚義，明廉知恥，我們中華民族所以能久於世界，此實為其基本原因。[1]

蔣介石看到了鄉村地方自治對於穩定農村的作用，但他沒看到這種穩定是一種消極的辦法。這種穩定使農村長期保持自給自足的生活方式，無力集中資源實現技術進步，造成了封建社會的停滯。一旦進入工業化、城鎮化時代，政府將無力保護農民，在工商資本和金融資本的衝擊下，農村土地兼併加劇，豪強地主和新興的工商資本相結合，對農民的盤剝更加嚴重。而國民黨政府並沒有把土地問題和農村政權建設提上日程，這是其失敗的重要原因。

另一方面，國民黨政權帶有鮮明的政治依附性。蔣介石主要的權力基礎是壟斷資本集團及其背後的國際資本，這就決定了國民黨政權不可能代表農民、工人和民族資產階級的利益，而只能代表大資產階級、買辦資產階級的利益，從而不可能認真實行土地改革、減租減息等有利於社會公平、改善底層人民生活的措施，也就不可能打破土地食利者、高利貸食利者對資源的攫取。國民黨統治時期，雖然苛捐雜稅多如牛毛，農民的負擔重，但是其稅賦真正進入國家財政的卻十分有限。四川一份調查推測，保甲長把 1/3 的攤派金裝入了自己的腰包。1945 年初《大公報》記載，農民的負擔五倍於政府下達的稅負，中間差額就被地主豪強拿去了。[2]

土地和金融食利者階層的存在（國民黨自身也是這個利益集團的一部分），使得農業生產有限的剩餘無法集中到實業部門。1936 年，國民黨政府的預算僅佔 GDP 的 8.8%，是一個十分典型的弱政府。政府治理能力低下，國民黨為了打仗不得不藉助美援、印鈔票，結果損害了從中產階級到農民的各個階層的利益，這注定了國民

1　李玲、江宇：《有為政府、有效市場、有機社會——中國道路與國家治理現代化》，《經濟導刊》，2014（04）。

2　［美］易勞逸：《毀滅的種子：戰爭與革命中的國民黨中國》，南京：江蘇人民出版社，2009：51。

黨失敗的下場。從這個意義上說，國民黨敗在利益集團林立、基層社會潰敗和國家治理能力缺失。而與此同時，中國共產黨在根據地和解放區進行土地改革，把過去由利益集團攫取的資源分配給農民，既贏得了人民的擁護，又具備了強大的資源動員能力。因此，國共兩黨關於中國命運的決戰，實際上也是兩種經濟發展路線、兩種階級力量的決戰。

可見，小農經濟的約束，封建主義的強大，使得中國內部的資本主義力量十分弱小。與此同時，外部世界資本主義的發展，也遏制著中國民族資本主義的獨立發展。外有帝國主義，內有封建勢力，成為遏制中國實現現代化的兩種力量。對苦難時代的中國人來說，資本主義是一把雙刃劍，"既怕他不來，又怕他亂來"。中國一方面苦於外部資本主義的發展，即帝國主義的侵略；另一方面又苦於內部資本主義的不發展，即封建壓迫。"反帝反封建"就是對"兩個苦於"的回應，今天中國堅持四項基本原則、堅持改革開放，同樣是對"兩個苦於"的回應。[1]

中國在半封建半殖民地的壓迫下進行反帝、反封建的鬥爭，需要一個強有力的政權。清政府和國民黨政府並不能代表被壓迫人民的利益，資產階級政權不能使中國人民獲得獨立自主發展空間，更不可能有效集中資源啟動現代化進程。這就決定了，中國要實現現代化，只能走不同於資本主義的新道路。舊中國的政治經濟模式不可能承擔起啟動現代化建設的任務。中國要啟動現代化進程，實現真實的經濟增長，首先要回答三個問題：第一，如何在小農經濟基礎上有效積累資本，既完成工業化的原始積累，又維護農村的穩定和發展？第二，如何實現獨立自主的發展，擺脫作為"邊緣國家"的依附地位，既利用必要的國際援助，又防止喪失經濟獨立性？第三，如何提高國家治理能力，構建一個強有力的、能夠打破利益集團、啟動現代化進程的現代國家？

中國走上社會主義經濟建設的道路，正是對這幾個問題的回答。

1　秦益成：《如何對待資本主義：中國近現代史的基本問題 —— 兼論中國特色社會主義道路的歷史必然性》，《紅旗文稿》，2009（19）。

▶ ▶ ▶　　　## 2. 新中國現代化的目標和約束

　　新中國成立後，中國共產黨立即面臨著對經濟發展道路的選擇，這不僅要考慮經濟效率，還要滿足維護國家安全和獨立、奠定重工業基礎、改善民生三個方面的要求，而要同時滿足這些要求，就需要制定一套不同以往的經濟發展戰略，找到一條前人沒走過的符合當時中國國情的經濟發展道路。

中國現代化起步時的三大目標

　　第一個目標，維護國家安全和獨立。新中國成立初期，面臨著嚴峻的國際形勢。二戰後，美國與蘇聯等大國劃分了勢力範圍，形成了核壟斷。中國地處兩大陣營對峙前沿，"台灣問題" 尚未解決，東部沿海面臨著美國的威脅，20 世紀 60 年代之後北方又面臨著中蘇關係的破裂。為了維護國家安全，必須先建成國防工業體系，獲得基本安全保障，才能開展一切經濟活動，也才能在比較平等的基礎上進行對外開放。這就決定了，50、60 年代的經濟發展帶有 "戰時經濟" 的性質，重工業優先發展、計劃經濟、三線建設、農業集體化等重大經濟舉措，都同應對戰爭威脅有直接關係。直到 20 世紀 70 年代中國擁有了 "兩彈一星"，初步建立了完整的工業體系，實現石油等戰略物資自給，具備了同超級大國博弈的能力之後，才獲得了一定的安全保障，從而有條件調整經濟發展戰略。

　　第二個目標，奠定現代化所必需的工業基礎。工業化是現代化最主要的特徵之一。但啟動工業化進程和做大經濟總量，是兩個不同的概念。清朝乾隆時期，中國 GDP 佔世界的 1/3，但仍是一個典型的農業社會。晚清政府和國民黨政府都曾努力啟動現代化，但是並沒有具備現代化所必要的起碼產業基礎。新中國成立時，經濟是極端落後的。現代經濟成分只佔 GDP 的 1/10 左右，1950 年中國人均 GDP 不到五十美元；按照 1952 年的人民幣價格，當時中國人均固定資產不足四十元[1]，難以形成有效投資。到 1952 年，雖然工業有了一定發展，但是工農業總產值中現代工業產

1　　方燁、張曉芳、胡鞍鋼：《60 年經濟發展讓中國走向世界強國》，《經濟參考報》，2009-09-03。

值只佔 26.6%，重工業在工業生產總值中佔 35.5%；輕工業主要是紡織、食品加工等作坊式工業。每年人均發電量 7.9 度，還不夠一盞日光燈照明；人均原油產量 0.36 公斤，只夠開幾公里汽車；人均鋼產量 0.29 公斤，不夠打一把菜刀。在這種情況下，要啟動現代化，必須要對落後的經濟結構進行根本的改造，而要具備產業基礎特別是重工業基礎，需要大量的基礎投資，首先要解決如何在一個農業社會的基礎上積累資本的問題。

第三個目標，改善民生和促進人類發展。人類自身的發展，既是現代化的目標，也是經濟增長的動力。舊中國人力資本水平極低。1949 年，全國人口中 80% 以上是文盲，學齡兒童入學率僅 20%，人均預期壽命三十五歲左右，嬰兒死亡率超過 20%，這些指標相當於西歐 1820 年的水平，國民精神萎靡不振，社會一盤散沙，被稱為 "東亞病夫"。這種狀況，不可能產生一支合格的產業工人隊伍，也影響著整個國家的活力和精神面貌。解放戰爭後期，國統區惡性通貨膨脹使得民生維艱，國民黨喪失人心。新中國成立之後，中國共產黨帶領全國人民在一窮二白的基礎上，既要應對國內外的安全威脅，又要啟動現代化工業建設，還要不斷改善人民生活，經濟發展的難度可想而知。

國家安全、工業化和改善人民生活這三個目標都具有 "一票否決" 的性質，哪一個都必須實現。正如毛澤東 1951 年 10 月 5 日在中央政治局擴大會議上所說的那樣："戰爭必須勝利，物價不許波動，生產仍須發展。"[1] 要兼顧這三方面的目標，中國的經濟建設就不能僅僅追求增長速度，而是必須找到能夠兼顧三方面目標的發展道路。

因為沒有意識到這三個目標之間相輔相成、不可分割的關係，中國近代探索現代化道路的各種嘗試都失敗了。洋務運動興辦實業，試圖以經濟振興實現民族獨立，國民黨政府過度依賴外資促進經濟增長，導致重要的資源和基礎工業部門喪失獨立性，使得中國成為國際體系中典型的依附性國家、邊緣國家。中國經濟雖然獲得了一定的增長，卻是以喪失經濟和政治主權為代價的。此外，1840 年以來，中國現代化進程多次中斷，除了外敵入侵之外，還有一個關鍵的原因，就是沒有解決好民生問題，由於工商業資本過度盤剝小農，造成小手工業者破產，農村經濟停滯

1　融冰：《新中國成立初期的增產節約和反浪費運動》，《黨史博覽》，2015（5）。

不前。

　　新中國成立時，世界上已經存在的現代化道路，也都不適合中國。

　　首先，中國不能走英、德、日等資本主義國家的現代化道路。英國等早期資本主義國家，靠殖民和海外貿易獲得原始積累和市場。在國內通過圈地運動，強行把農民和土地分離，獲得廉價的勞動力；在國外通過對外殖民，獲得廉價的奴隸、原料以及產品市場。據美國黑人學者杜波依斯的估計，從 16 世紀開始的三百年歷史中，歐洲和美洲國家從非洲販賣的奴隸達到六千萬，使非洲人口佔世界的比例從 1/5 下降到 1/13，正是依靠這些奴隸的勞動完成了工業化的原始積累。[1] 很顯然，這種道路，中國沒有條件走也不能走。德國和日本等後起的資本主義國家，靠戰爭賠款和殖民獲得原始積累和市場，中國也無法效仿。

　　其次，中國也不能走以 "亞洲四小龍" 為代表的小經濟體的發展道路，靠依附大國獲得安全和市場。有觀點認為，中國如果像 "亞洲四小龍" 那樣，加入全球貿易體系，承接西方產業轉移，從事勞動密集型的加工工業和貿易，發揮勞動力密集的比較優勢，那麼也會和它們一樣，早日實現現代化。這種看法是錯誤的。"亞洲四小龍" 的騰飛有一個共同的前提，即它們加入了以美國為首的西方政治經濟體系，獲得了西方國家的市場、技術和資金支持，這是一種依附型發展道路。這條路對小型經濟體是可以的，對中國這樣的大國並不適用：一方面，中國不可能放棄來之不易的獨立和解放；另一方面，西方國家支持幾個小經濟體作為 "不沉的航空母艦" 是能夠負擔得起的，但是任何國家都沒有能力像支持 "亞洲四小龍" 那樣支持中國，也不敢像扶持 "亞洲四小龍" 一樣扶持中國。

　　總之，中國既不能複製英、德、日等資本主義國家的發展模式，也不能模仿 "亞洲四小龍" 等小經濟體的發展道路。也就是說，當時已經實現工業化、現代化的國家的發展模式，都不適用於中國。不管是自己國家的老路，還是別人的老路都走不通，一窮二白、百廢待興的新中國只能尋找一條新的發展道路。

1　黃紹湘：《美國通史簡編》，北京：人民出版社，1979：23。

中國的比較優勢在哪裏

在看到這些困難的同時，還要看到的是，新中國之所以能夠超越舊中國，是因為新中國成立時已具備了一些獨特的優勢。具體地說，是三個以前並不具備的優勢。

第一，中國大陸實現了完全統一，形成了具有龐大人口的統一市場。人是生產力最活躍的因素。新中國的成立，結束了一百多年來的封建割據和軍閥混戰局面，使全國形成了統一的巨大市場，具有規模優勢。只要採取適當的發展戰略，就能夠只依靠本國的資源和人口，建成比較完整的產業體系，形成巨大的國內需求，而並不依賴國際市場，也不怕被封鎖，從而有可能逃脫邊緣國家走依附道路的宿命，這是中國作為大國的獨特優勢。

第二，中國進行了歷史上最徹底的社會革命，構建了一個公平和團結的社會。舊中國難以啟動工業化，一個重要的原因是食利階層對農村剩餘資源的攫取，這些食利階層既包括國外的（帝國主義）也包括國內的（官僚資本主義和封建主義），導致國內的財富外流或者積聚成為奢侈性消費，但是並沒有轉化成實業，也沒有惠及大多數人群。中國共產黨領導了中國歷史上最徹底的，也是世界歷史上少有的社會革命，打破了當時的各種利益集團，營造了一個公平的社會，將過去由少數群體所佔有的財富釋放出來，用於工業化的投資和改善民生。同時，一個公平的社會，也有利於全民族教育文化素質的普遍提高，有利於社會團結和共識形成。這些都是社會革命對經濟增長的正面意義。

第三，中國共產黨具有嚴密高效的組織能力。從農業社會進入工業社會的過程，就是社會生產組織化程度提高的過程。中國共產黨是一個具有嚴密組織體系和崇高威望的政黨，依靠黨的組織動員能力，可以彌補中國作為傳統發展中國家的政府能力低下以及市場發育不足的問題，保障了國家的安全和穩定，把有限的資源集中到對長遠發展最有效的領域。

這些條件使新中國具有了啟動現代化建設的潛在的可能性。要真正利用這些條件，找到適合中國的現代化道路，還要經過反覆的實踐和探索。新中國成立初期所遇到的第一次經濟危機"四月危機"，對新生的政權是一個很好的教益。這次危機證明了，舊中國遺留下來的經濟制度不可能承擔起社會主義中國建設和發展現代化的任務，從而促使中國共產黨從解決這次危機入手，尋找啟動中國現代化的正確道路。

▶ ▶ ▶ 3. "四月危機"：舊制度和新目標的衝突

新中國成立前夕和成立之初，中國共產黨的主要領導人曾多次表示，在新民主主義革命勝利之後，不可能馬上進行社會主義革命，而要先經過新民主主義的過渡階段。可是，新中國成立剛三年，毛澤東即提出要由新民主主義向社會主義過渡，並只用了三年時間就完成了這個過渡。究竟是什麼原因，或者說究竟出現了什麼新情況，使中國共產黨縮短了原來設想的新民主主義經濟道路，而提前進行了社會主義改造？有人認為，改革開放以來中國實行的就是當年的新民主主義道路，如果當時不那麼早進行社會主義改造，中國經濟可以"少耽誤二十年"。

認為中國進行社會主義改造是"搶跑"的觀點，缺乏歷史依據。實際上，無論是依靠舊中國的經濟制度，還是設想中的新民主主義政策，都不可能啟動現代化。這個結論是在新中國成立初期一系列實踐中得出的，其中，最早的一次就是 1950 年發生的"四月危機"。

"四月危機"

1950 年 4 月，新中國遇到了第一次經濟危機。表面上，這次危機是治理國民黨統治造成的通貨膨脹帶來的後果。

1949 年初，隨著解放戰爭進入尾聲，國民黨統治下的城市地區出現了嚴重的通貨膨脹和投機行為。新中國成立以後，經濟工作的主要任務是平抑物價、打擊投機。1950 年 3 月，中央採取制止通貨膨脹的有力措施之後，物價趨於穩定，但私營工商業的生產經營出現嚴重困難，普遍出現商品滯銷的情況。1950 年 4 月，全國出現了市場蕭條、工廠倒閉、工人失業增多等新的經濟困難，影響到社會人心的安定，民族資產階級更是惶惶不可終日，以上海為例，4 月的棉紗、米、麵粉交易量分別只有 1 月的 53%、17%、56%。[1] 當時有人寫了一副對聯："掛紅旗五心不定，扭秧歌進退兩難"，反映了私營工商業者的心境。這便是"四月危機"。

---

1   上海社會科學院經濟研究所：《上海資本主義商業的社會主義改造》，上海：上海人民出版社，1980。

這次危機對中國共產黨的執政能力提出了挑戰，也是對新政權與工人、民族資產階級的關係的重大考驗。中共中央高度重視應對這次危機，委託中共中央書記處候補書記、中財辦主任陳雲牽頭抓經濟工作，並制定具體應對措施。在 1950 年 5 月召開的七大城市工商局長會議上，陳雲分析了工商業困難的原因：[1]

第一，金融和物價的穩定，暴露了同時又抑制了過去社會上的虛假購買力。他說，自抗戰以後，通貨一直膨脹，物價上升，人民重貨輕幣，都囤積物資，囤積量為數甚大，形成很大的虛假購買力，工商業在此基礎上成長起來。物價穩定後，人民心理改成重幣輕貨，都想保存貨幣，不願保存物資，而且過去陳貨紛紛外拋，致使工商業銷路停滯。

第二，由於帝國主義的統治以及封建主義和官僚資本主義在中國的消滅，過去在半殖民地半封建經濟中發展起來的若干工商業難以為繼，許多貨物失去了市場，另有許多過去滿足特權階級享受的貨物也不適合人民需求的規格。"上海市長陳毅每月能夠自由支配的款僅合五十斤小米，較之國民黨上海市長吳國楨相差至巨。"

此外，許多私營企業機構臃腫，企業經營方法不合理；同一行業內部盲目競爭，地方與地方之間供求不協調；長期戰爭造成人民購買力降低；公債發行和稅收制度不完善等。

陳雲闡述的這幾條，歸結起來就是：在半封建半殖民地條件下形成的畸形經濟結構，已經無法適應社會主義中國的需要。經濟結構的依附性和投機性、廣大人民的購買力不足、民族工業的弱小等問題正是近代以來殖民地經濟所共有的特徵。

在需求方面，當時的中國具有殖民地經濟的一些典型特徵的後遺症：

第一，外國殖民者的特權消除了，甚至對中國進行封鎖，以簡單原材料出口為特徵的依附性需求減弱了。

第二，社會革命消除了原有的特權階層，過去面向食利者階層的奢侈消費受到抑制，據當時估算，這導致全年消費下降折合兩百三十億斤小米。陳雲認為，"這種降低是事實，而且不可能一下子恢復，有些也不應該恢復"。[2]

第三，新中國成立前的民族工商業結構失調，投機性很強，大量需求是投機性需求。1936 年工業和運輸業資產淨值為 13.3 億元，而商業和金融業為 58.7 億元，

1　中共中央文獻研究室：《陳雲傳》，北京：中央文獻出版社，2005：695–696。

2　陳雲：《扭轉商品滯銷》，《陳雲文選（第二卷）》，北京：人民出版社，1995。

是工業和運輸業部門的四倍以上，這種畸形結構使實體經濟嚴重依賴國內外金融資本。隨著打擊金融市場投機行為的力度加大，過去在通貨膨脹條件下形成的金融投機和物資投機性需求也減弱和消失了。[1] 總之，舊中國依靠依附國外、投機炒作和食利者階層的消費所維持的那部分需求，在新中國成立後被削弱甚至消失了，這自然暫時影響到經濟增長。但這種影響屬於"刮骨療毒"，只有真正發展社會主義經濟，才能開啟真實增長。

在供給方面，當時的中國同樣具有殖民地經濟的一些典型特徵：產業結構被動納入國際分工，缺乏完整的工業體系，特別是基礎設施和基礎工業薄弱。1936 年，全國生產資料工業產值只佔工業總產值的 28%，其中機器製造業僅佔 2.2%，[2] 石油、機械等基礎工業幾乎為空白。基礎工業的薄弱，使得輕工業恢復生產後，很快遇到機器設備和原材料瓶頸，開工不足。這既是 1950 年 "四月危機" 的原因，也是隨後幾年輕工業多次開工不足的原因。

在供給方面，舊中國缺乏獨立自主的工業體系特別是基礎工業，這就是新中國成立初期爆發經濟危機的原因。這次危機清晰地表明，舊中國留下的經濟基礎和經濟體制，如果不經過改造，就不能實現工業化的任務。那麼，如何來應對和渡過危機呢？我們仍可從需求和供給兩方面來分析。

需求側改革：土地改革

1950 年 4 月，毛澤東分析了 "財政經濟好轉的三個條件"，他說：

> 整個財政經濟情況的根本好轉需要有三個條件，即土地改革的完成，現有工商業的合理調整和國家軍政費用的大量節減……今後幾個月內政府財經領導機關的工作重點，應當放在調整公營企業與私營企業以及公私企業各個部門的相互關係方面，極力克服無政府狀態。[3]

---

1   吳承明：《中國資本主義與國內市場》，北京：中國社會科學出版社，1985：66。
2   李悅：《中國工業部門結構》，北京：中國人民大學出版社，1983：25。
3   毛澤東：《毛澤東文集（第六卷）》，北京：人民出版社，1999：52。

這三個條件中，除了第三條主要是財政問題之外，前兩條恰恰準確地回答了如何解決經濟困境的問題。"土地改革的完成"是要解決需求側的問題，即通過擴大農民的購買力，啟動農村這個沉睡的大市場。"工商業的合理調整"是要解決供給的問題，就是要通過國有經濟和私營企業的合作，消除無序競爭的狀態，加強基礎部門和基礎產業，從而解決其他產業發展所需要的資金、原料來源。1950 年應對"四月危機"的辦法，正是按照這些思路進行的。

在需求側，最重要的是"促進城鄉物資交流"，實質是用農村的真實需求代替虛假的投機需求和外部需求。當時估計，由於土地改革減輕了農民地租負擔，促成了農業增產，全國農民增加的需求潛力合計六百二十億斤小米，比原來（四百億斤）提高了 155%。[1] 為此，中共中央採取措施鼓勵城鄉之間貿易，構建城鄉統一的大市場。

這一經驗在 20 世紀 60 年代的經濟調整、80 年代農村改革中都起過重要作用。其實質是，通過改善社會公平、啟動農村這個巨大市場的購買力，為城市工業化的發展提供巨大市場。此後，農業合作化和人民公社化，都有一個重要目的，就是促進城鄉之間更好地進行物資交流。這個歷史經驗對於今天解決產能過剩和城鄉差距，仍然有著不可低估的啟示意義。

供給側改革：調整工商業

在供給側，最重要的是發揮國家和國營企業的作用，對私營企業進行"加工訂貨"。既然國外需求削弱、國內需求不足，那麼就動用政府和國有部門的力量，對私營企業進行加工訂貨。實際上，加工訂貨早在 1949 年就已開始。1950 年元旦，陳雲在給毛澤東的電報中說："我們於十二月八日先撥華東五百億元，大部用作收購滬廠商品，小部用作貸款⋯⋯已解救了滬工商界的危機，"[2] 得到了毛澤東的肯定。從此，"加工訂貨"範圍迅速擴大，佔全國私營工業產值的比例從 1949 年的 11.5% 提

1　　陳雲：《陳雲文選（第二卷）》，北京：人民出版社，1995：88–91。
2　　陳雲：《陳雲文選（第二卷）》，北京：人民出版社，1995：51–52。

高到 1950 年的 27.3%，棉紡業為國家加工的部分已佔其生產能力的 70% 以上。[1] 加工訂貨就是後來 "公私合營" 和工商業社會主義改造的起源。

從加工訂貨走向公私合營的歷程表明，社會主義改造並不是像一些人所說的那樣 —— 私營經濟本來發展得好好的，然後被國有化了，而是恰恰相反。半殖民地經濟自身的脆弱性，決定了私營經濟的脆弱性，只有依靠國家在原材料、市場等方面給予的幫助，才能渡過危機、正常發展。這本身就蘊含了走向社會主義改造的必然性。

應對 "四月危機" 的經驗表明，舊中國遺留的經濟基礎和經濟制度，無法實現現代化的目標。具體來說，就是：在需求方面，只有從農村獲取剩餘，同時啟動農村這個大市場，才有可能實現中國的工業化；在供給方面，只有優先發展基礎產業，才能夠使得其他產業獲得更大發展。這些經驗，都體現在了接下來的幾年對中國發展道路的探索中。當然，解決 "四月危機" 只是一個開始，在之後幾年，和應對 "四月危機" 一樣，中國共產黨領導人民，在破解阻礙中國啟動工業化、現代化的一系列瓶頸過程中，逐步找到了一條新道路，從而確定了中國經濟發展的基本制度和發展戰略。

其實，今天中國 "新常態" 面對的問題，和 1950 年 "四月危機" 有不少相似的地方，值得從這次成功的應對當中汲取經驗（見專欄 1）。

專欄 1　穩增長可借鑒應對 "四月危機" 的歷史經驗

歷史是最好的教科書。1950 年上半年，中國經濟出現嚴重蕭條。在中共中央領導下，陳雲主持了對國民經濟的調整，使經濟很快得到恢復。這次經濟調整同當前的情況有不少相似性，可以作為借鑒。

—— 面臨的問題具有相似性。1950 年 4 月起，全國市場出現嚴重蕭條，工商業資金入不敷出，這同當前形勢有一定類似。

—— 出現問題的原因有相似性。一是形勢的穩定暴露了過去由資本投機所帶來的虛假購買力，過去雖然真實購買力低落，但是表面上卻很旺盛。二是

1　上海社會科學院經濟研究所：《上海資本主義工商業的社會主義改造》，上海：上海人民出版社，1980：116。

過去的工商業依附性強，內部沒有形成獨立的產業體系，一旦外部需求減少，就出現困難。三是企業經營方式落後，主要依靠延長勞動時間、加強勞動強度、降低工人工資等手段獲取利潤。四是同一行業內部盲目競爭，地方之間供求不協調。當前，儘管中國發展階段同當時已有巨大不同，但上述現象在部分領域和企業仍然存在。由地方招商引資帶來的無效投資，部分行業沒有形成獨立的體系，一些企業片面依靠壓低勞動力成本擴大再生產，行業內部盲目競爭等問題都是造成經濟困難的原因。

　　—— 解決的辦法有啟示意義。一是政府組織加工訂貨、收購成品，幫助企業維持生產。二是利用農村進行土地改革、農民購買力旺盛的條件，啟動農村大市場，打通城鄉流通，變城鄉"兩個圈"為"一個圈"。三是在稅收、公債、信貸等方面減輕企業負擔。四是通過專業會議、產銷會議、發佈生產情況公告等辦法，限制過剩產能投資，指導私營工商業的生產和經營，逐步消除生產的無政府狀態，加強協調協作。經過調整，1951 年私營工商業盈餘比 1950年增加了 90.8%，呈現"淡季不淡、旺季更旺"的新趨勢。

　　這些辦法值得今天借鑒：一是可以在一些戰略性、資源性行業，利用大宗商品價格下降的機會增加政府儲備，緩解企業需求不足。二是進一步提高農民和農民工收入，加快收入分配，嚴格執行最低工資制度，縮短勞動時間，充分發揮農村合作組織在降低流通成本中的作用，在農村基礎設施建設、農房改

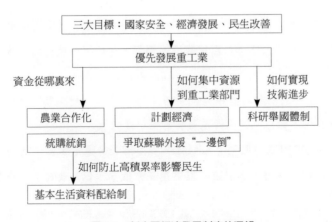

圖 1-1　新中國經濟發展制度的邏輯

造等領域充分消化過剩的鋼鐵、電解鋁等產能，再造一個農村大市場。三是治理工業領域的無序競爭狀態，加強行業協作和整合，發揮政府、國有企業和行業協會在重大核心技術攻關和行業自律方面的主導作用，提高關鍵產業的整合程度。

▶ ▶ ▶ 4. 新制度的新邏輯

以應對 "四月危機" 為起點，經過幾年探索，社會主義中國的基本經濟制度和發展戰略逐步形成。在所有制上，經過社會主義改造，建立了以公有制為主體的所有制結構，而沒有實行 "各種所有制共同發展" 的體制，更沒有實行私有制；在發展戰略上，優先發展重工業，而沒有優先發展勞動密集型輕工業；在經濟體制上，以計劃經濟為主，而沒有實行自由市場經濟；在農村，土地改革實現 "耕者有其田" 之後，又迅速進行了農業合作化，並沒有像大部分發展中國家那樣維持土地個人所有制；在分配上，強調公共消費為主，基本生活資料採取配給制，而沒有實行自由交易。當然，在具體的步驟和路徑上，這些制度並不是同時確立的，而是經歷了一個複雜的過程。

這套戰略的形成，並不是出於意識形態需要或者對計劃經濟、公有制的迷信，而是啟動中國工業化、實現經濟增長的客觀需要，它有著自己內在的、科學的邏輯。

優先發展重工業

優先發展重工業，是中國發展道路最明顯的特徵。如果僅僅從經濟效率出發，按照 "比較優勢"，中國資本稀缺、勞動力充裕，應該優先發展輕工業。因此有人認為，中國優先發展重工業是一個錯誤的選擇，造成了資源配置的扭曲。還有人認為這是迷信了斯大林關於 "重工業優先是社會主義工業化的特徵" 的論斷，因而採用了蘇聯發展模式。這些看法並不符合歷史事實。從新中國成立初期的歷史條件來看，確立重工業優先發展的戰略，是構建現代化工業體系的基礎，也是形成門類齊全的工業產業的基礎，是維護國家安全的需要，也是發展輕工業和改造傳統農業的前提。

首先，從政治上看，發展重工業是維護國家安全的前提。1950 年 6 月，以美國為首的"聯合國軍"入侵朝鮮，並威脅中國安全，中國被迫抗美援朝。抗美援朝戰爭是中國的立國之戰，一仗打出幾十年和平紅利，極大提高了中國的國際威望，但是也付出了巨大的民族犧牲，犧牲的一個重要原因是中國當時還沒有基本的工業體系。戰爭讓中國迫切感受到重工業的必要性，無論是應對常規戰爭還是核威脅，都需要重工業基礎。國防工業涉及大量尖端技術，不可能一步登天，只能在建立完整工業體系的基礎上，日積月累、厚積薄發。對中國來說，優先發展重工業不是效率高低的問題，而是"沒有這個就沒有一切"的問題，其重要性是不能用"比較優勢"衡量經濟效率的邏輯來解釋的。

其次，從經濟邏輯來看，優先發展重工業也是必然的選擇。這是因為，重工業、輕工業和農業並不是相互獨立、互不相干的，優先發展哪個產業也並不是隨意選擇的。在選擇發展戰略的時候，要考慮各種產業之間的技術關係。在農業、輕工業和重工業當中，重工業是基礎，重工業為輕工業部門提供原材料和製造裝備，為農業提供化肥和機械設備。1949 年，在中國國民收入中，工業只佔 12.6%，重工業產值比重又只佔工業總產值的 26.4%，而當時發達國家工業增加值佔 GDP 的比重一般在 50% 上下。中國鋼產量只有 15.8 萬噸，而 1950 年美國的鋼產量為 8785 萬噸，蘇聯為 2733 萬噸。1952 年中國人均發電量僅為 12.6 千瓦時，只有同期蘇聯的1/44，美國的 1/234。這種工業基礎，不可能為農業和輕工業提供機械、化肥等現代生產要素，也無力開展交通、水利、電力、能源等基礎建設。[1]

由於重工業基礎薄弱，農業無法擺脫自然經濟的瓶頸。新中國成立初期，農業基本上還是依靠人力、畜力和使用農家肥，如果沒有現代化的化肥、農藥、良種和農業機械，農業產量就不可能突破土地和傳統技術的約束，也就不可能擺脫"以糧為綱"的狀態，騰出土地來發展經濟作物，更不可能把大量農村勞動力解放出來。實際上，到 20 世紀 70 年代，中國已經形成相對獨立的裝備工業體系，工業裝備

1　梅新育：《對建國初 30 年的重新估值》，《環球財經》，2009（10）：54–58。

x

自給率達到 80% 之後，農業機械化才開始加速普及，為最終解決吃飯問題創造了條件。

同樣，由於重工業基礎薄弱，中國本來就脆弱的輕工業，也不可能獲得進一步發展。輕工業需要從農業和重工業部門獲得原料，"一五" 期間，由於化學工業基礎薄弱，以農產品為原料的工業產值只佔工業總產值的 50% 左右。由於農產品產量有限，再加上土改之後糧食在農村分配更加公平，農民對糧食的需求增加，提供給輕工業的原料就更有限。從 1950 年起，輕工業多次出現開工不足，"四月危機" 期間就出現過棉紗供不應求，棉紡織業部門爭相囤積原料，甚至茶商、薄荷商也爭相囤積棉紗。1952 年經濟恢復之後，輕工業產能仍然利用不足，棉紗、食用油、捲煙、糖的生產能力分別只能達到 78%、57%、21% 和 54%，其背後的原因就是農業部門無法提供足夠的生產原料。

這表明，在農、輕、重三者之間的關係中，只有優先發展重工業，才能給農業和輕工業提供更多的支持，才能給輕工業供給更多的原料。所以，新中國成立初期，確立優先發展重工業的戰略，是理性的選擇、必然的選擇。

這個道理，中國共產黨的領導人當時已在各種場合做了闡述。1953 年 12 月，毛澤東強調：

> 如果我們不建立重工業，我們現有的輕工業就會一天一天破舊，而得不到新的裝備的補充和改造，要擴大輕工業和建立新的輕工業也會困難。因為沒有重工業，過去在中國農業中就幾乎完全不使用機器，也很少使用化學肥料；如果現在我們還不發展機器工業和化學工業，中國的農民就會長期得不到新式農具和農業機器，長期得不到更多更好的化學肥料，中國農業的合作化和農產量的增加就會遇到困難。所有這一切都說明國家社會主義工業化的中心必須是發展重工業。[1]

1955 年 2 月，陳雲在黨的全國代表會議上代表中共中央對 "一五" 計劃草案進行說明，非常明確地指出：

1　董志凱：《中國老一代革命家工業化戰略研究》，《新中國 60 年研究文集（1）》，北京：中央文獻出版社，2009：14。

沒有重工業就不可能擴大輕工業，因而也就不可能有系統地改善人民生活。我們現在的情況是這樣：一方面許多輕工業品不能滿足人民需要；另一方面許多輕工業設備還有空閒，原定增加的紗錠還得減少，原因就是缺少原料。除缺少來自農產品的原料，比如棉、絲、毛、煙葉、甘蔗等等以外，還缺少來自重工業的原料，比如化學品、黑色金屬、有色金屬等等。因此，為了發展輕工業，為了有系統地改善人民生活，也必須發展重工業。[1]

改革開放以來，學術界出現一種觀點，認為新中國成立初期選擇重工業優先發展的路徑是錯誤的。持這種觀點的學者主要用下列三類國家或地區的發展道路來比照中國，從而簡單粗暴地斷定中國優先發展重工業的戰略是錯誤的，忽視了中國發展戰略的特殊性和優越性。

第一類是蘇聯。他們認為蘇聯搞重工業導致了經濟結構失調，所以中國優先發展重工業是錯誤的。這種觀點要放到當時的歷史環境下來看。如果蘇聯沒有重工業基礎，就不可能迅速增強國力，也就不可能在二戰中抵禦住德國的侵略，那麼今天的世界格局恐怕就要改變。蘇聯的問題在於，在完成重工業的任務之後，仍然長期堅持集中的計劃經濟，也沒有及時調整經濟發展結構，不注重改善人民生活，而中國改革開放之後就避免了這個問題。因此，不能以此來否定中國優先發展重工業的戰略。

第二類是其他實行"趕超戰略"的資本主義國家。這種觀點認為，"凡是推行趕超戰略（努力建設獨立工業體系的發展中國家）的國家，經濟增長與發展都沒有取得成功。例如阿根廷、烏拉圭、智利和玻利維亞等資本主義國家，它們的人均收入在19世紀末與德國相差無幾，經歷了一個世紀以後，目前經濟上仍然困難重重，財富分配兩極分化。20世紀60年代曾被認為是僅次於日本的菲律賓，現在經濟也處於混亂、停滯的狀態"[2]。

實際情況是，這幾個國家雖然在歷史上曾經推行過"趕超戰略"，但是導致經濟停滯更重要的原因是，它們都在20世紀70年代之後實行了新自由主義的改革，主

---

1   董志凱：《中國老一代革命家工業化戰略研究》，《新中國60年研究文集（1）》，北京：中央文獻出版社，2009：14。

2   張占斌：《中國優先發展重工業戰略的政治經濟學解析》，《中共黨史研究》，2007（4）：13–24。

動放棄經濟主權，使得經濟命脈為外部大國所操縱，政治上沒有處理好共享發展成果的問題，導致兩極分化。其中，最為典型的是阿根廷。作為在發展中國家中較早初步實現工業化的"新興工業化國家"，阿根廷在 20 世紀 70 年代全盤接受了新自由主義，迷信私有化、自由化，導致經濟基本上被外資所控制，製造業、商業、服務業大部分被西方資本所控制，在金融、通信、軍工、能源等戰略產業部門，外資也有巨大的影響，本來已經具有一定水平的鋼鐵、汽車、飛機製造、軍工和農產品加工業卻日漸萎縮，最終於 2001 年底爆發了震驚世界的阿根廷經濟危機，巨額財政赤字造成財政崩潰，全國 30% 的人口陷入貧困，失業率超過 20%。

阿根廷等國家的失敗，並不是"趕超戰略"的失敗，恰恰相反，是因為它們放棄了獨立自主的發展戰略，放棄了經濟主權，主動充當外部大國的附庸。換句話說，這些國家的失敗，恰恰是資本主義"邊緣國家"的常態。在亞非拉許多沒有實行"趕超戰略"的國家，同樣也出現了這些問題。不趕超，只會崩潰得更早。

第三類是"亞洲四小龍"。這種觀點認為，"亞洲四小龍"在經濟發展的每個階段，都能夠發揮當時要素稟賦的比較優勢，主導產業從勞動密集型逐漸轉為資本密集型和技術密集型，而與之對比，中國優先發展重工業則是違反了"比較優勢"，從而導致效率低下。本書前面已經論述，"亞洲四小龍"的成功，是因為具備了獨特的地緣政治環境，並且以放棄一定的自主權為代價換取了外部大國的援助，這條路中國不能走。進入 21 世紀以來的事實證明，"亞洲四小龍"這種依附性的經濟，很容易受西方經濟波動和產業飽和的影響，並不具備可持續性。

因此，無論從歷史、現實和國際比較來看，中國選擇優先發展重工業，都是必要和理性的選擇。

計劃經濟

新中國成立初期，政府實行計劃經濟體制，在大多數領域限制自由市場發揮作用。1992 年，中國確定了社會主義市場經濟的改革目標之後，很多人認為，改革表明當年實行計劃經濟制度是錯誤的選擇，甚至一講到市場經濟，就全面否定計劃經濟，否定這一時期的工業化成就。中國的發展階段不同，戰略規劃不同，發展手段則不同，全面否定計劃經濟時期是對歷史的不尊重，在現實政策中則更是有害的。

當時實行計劃經濟，是對舊中國市場失靈的反思，也是重工業優先發展的必然結果，具有歷史合理性。具體地說，當時之所以實行計劃經濟有以下幾個現實的原因：

第一，實行計劃經濟可以集中資源發展重工業等基礎產業和基礎設施。經濟發展初期，需要必要的重工業基礎，也需要大量具有基礎性、公共性的基礎設施。重工業投資週期長，初始投資大，規模效應明顯。軍事、能源、交通、原材料、機械等產業領域，具有很強的公共產品屬性。當時弱小的民族資本既沒有動力也沒有能力完成這樣的任務。"一五"期間，由蘇聯援建的一百五十六項工程（實際施工的為一百五十項），絕大多數是具有公共產品和先導產業性質的重工業項目，只有三個是輕工業項目（兩個製藥項目、一個化工項目）。

第二，實行計劃經濟可以組織大規模集體協作，減小企業之間的交易成本。重工業的一個特點是，產業鏈長，需要大範圍乃至全國範圍內的協作。當時中國的資本和技術十分薄弱，能夠用於重工業生產的資源極為有限。在這種情況下，計劃經濟能夠起到獨特的作用，發揮中國共產黨組織嚴密、社會動員能力強的特點，通過組織大規模的集體協作、集體勞動，並通過政府行政力量統配資源來彌補資本和技術的不足。計劃經濟使得全國的企業目標和利益一致，在關係全局和長遠利益的項目中，可以在全國範圍集中調配資源，避免條塊分割，減小交易成本。在"兩彈一星"、潛水艇、"運十"大飛機的研製過程中，都是在全國範圍內調動資源。正是依靠計劃經濟體制，中國才能組織多次大規模的"石油會戰"、"鐵路會戰"、"地質會戰"，從而迅速彌補了在基礎領域的短板。社會主義的制度優勢一直影響到現在，2014 年，據世界銀行編制的"營商環境"排名，社會主義國家和前社會主義國家的基礎設施條件普遍好於同等經濟發展水平的國家，這就是計劃經濟打下的基礎。

第三，實行計劃經濟可以進行重大生產力佈局和調整。在完全的市場經濟條件下，由於自然條件的差距，必然造成資源向有優勢的地區集中，並且地區差距會愈來愈大。中國各地自然條件差異極大，主要的工業部門集中在東部和沿海，這不僅不利於區域協調發展，也影響國家安全和中西部市場的發展。從 20 世紀 50 年代末開始，特別是 20 世紀 60 年代開展"三線"建設後，大量的企業、科研院所及其工作人員團隊、家庭，從東部和大城市來到中西部，這些企業帶動了一大批大中小城市和城鎮的發展，可以說是中國的"西進運動"。如果沒有計劃經濟體制，這一目標是不可能實現的。

第四，通過計劃經濟和公有制，克服了經濟起飛階段大多數國家出現過的大規模失業問題。自由市場機制固然有利於提高某些私營部門的效率，但是在資本匱乏的情況下，有限的資本不可能僱用足夠的勞動力實現全民就業。在發展中國家，勞動力過剩的局面將長期存在，失業將是普遍現象。而中國在計劃經濟和公有制條件下，實現了全民就業（包括農民在人民公社的就業），這樣就把在私有制條件下資本所不能容納的"過剩勞動力"組織了起來，而就業本身是社會穩定、提升人力資源水平的手段。通過這種全民就業的制度，讓全體人民都參與到現代化進程當中，避免了大多數國家出現的兩極分化和大規模失業的現象。

第五，這一時期依託計劃經濟體制建立了低水平、廣覆蓋的社會保障制度。計劃經濟時期的企業和農村組織，不僅是經濟部門，同時也是社會保障和公共服務部門，承擔了教育、醫療、養老、住房等大多數公共服務，如果實行市場經濟，企業是沒有動力這樣做的。這種做法在經濟發展水平很低的情況下，提供了全覆蓋的公共服務和社會保障服務，降低了經濟運行的成本和風險，使得"高積累、低消費"的發展成為可能。在經濟起飛階段，中國工人就享受了穩定的就業權，避免受到經濟危機的衝擊和資本的壓迫，這有利於他們產生長期的勞動積極性和認同感，也有利於人力資源水平的提高。因為，缺乏勞動保護、整日為基本生計和保障所擔憂的工人，是無法產生"工匠精神"的。

還需要說明的是，中國的計劃經濟，並沒有完全消滅市場的作用，而是仍然在一定範圍內發揮市場作用。中央只確定主要產品的計劃，而且這種計劃並不是完全嚴格的，在企業之間、公社之間、個人之間，除了重要物資的調撥之外，市場交易仍發揮作用。這一點是同蘇聯不同的。

有人認為，現代經濟學就是"市場經濟學"，而計劃經濟沒有經濟學依據，這種說法失之偏頗。20 世紀 80 年代之後興起的新自由主義經濟學，完全否定計劃經濟的意義，但是 20 世紀 50 年代時並不是這樣。西方"大蕭條"之後，西方經濟學界也在討論計劃經濟的價值。即使是被媒體稱為"市場萬能論"代表人物的美國經濟學家羅納德·科斯（R.Coase），他的代表性理論（科斯定理）也沒有否認計劃經濟，而是包含計劃經濟的合理性。

科斯定理認為，計劃和市場都是手段，哪種手段好，取決於交易成本的高低。

如果一切經濟行為都通過市場交易的辦法解決，就會產生很高的成本和不確定性，所以才會產生企業，企業內部實行的其實是指令性計劃經濟。只是企業的規模需要有邊界，不能太小也不能太大，太小了就會導致太分散，交易成本高；太大了則會導致內部管理半徑太大，規模不經濟。根據這一理論，完全可以解釋中國當時實行計劃經濟的必要性。當時，中國在資源的約束下，確實需要在全國範圍內集中並調動資源，而中國共產黨的組織能力保障了能夠在最大範圍內實現令行禁止，以最低的交易成本把資源配置到最需要的地方，用當時的話說就是"全國一盤棋"，而計劃經濟適應了這個要求。

從歷史來看，計劃經濟曾經在兩次世界大戰期間和"大蕭條"之後的經濟危機中發揮過關鍵作用。第二次世界大戰中，幾乎一半的美國工業被收歸政府所有，實行定量配給、實物控制。這減緩了市場週期性變化帶來的產能過剩、兩極分化、資產泡沫等現象，提高了政府對經濟的管理能力，基尼係數[1]迅速下降。也正因為如此，二戰後，資本主義世界不但沒有因為戰爭刺激下的需求突然消失而陷入大的危機，反而迎來了持續二三十年的高速增長期。二戰後，美國迅速重回市場經濟的軌道，但戰時計劃經濟留下了深遠影響，[2]它降低了經濟發展的不平等程度，經濟發展又有了一個比較有活力的、公平的起點，防止了利益集團對財富的攫取。經過計劃經濟，國家對經濟的控制力增強，具備了集中力量辦大事的能力和條件，從而有可能進行基礎性、戰略性創新。

中國在 20 世紀 50 年代選擇了計劃經濟體制，主要是由當時特定的社會歷史條件決定的。中國選擇實行計劃經濟是符合當時的歷史條件的，實踐證明這種選擇是實事求是的。

農產品統購統銷

計劃經濟體制解決了"誰來投資"的問題，但是還要回答"投資從哪裏來"的問題，從哪裏獲得發展重工業所需要的資本？首先，中國不可能走海外掠奪的道

1　基尼係數是衡量人群收入差距公平性的指標。基尼係數為 0 時表示收入完全平等，為 1 時表示全部收入都被一個人佔有，極端不平等。基尼係數越大，收入越不平等。

2　邵洋：《美國經濟危機治理對中國的啟示》，長春：東北師範大學，2014。

路；其次，國際援助雖然可以利用，但是一般都附帶很多經濟和政治條件，中國肯定不會接受附加了很多條件的國際援助。而且，新中國作為社會主義陣營的新成員，面臨著來自西方的經濟封鎖和政治孤立，國際環境非常惡劣。因此，當時中國唯一能走的道路就是盡可能從國內收集剩餘產品。中國人口眾多，雖然每個人產生的剩餘產品很少，但是積累起來就是很大的數量。要實現國內積累，就要解決兩個問題：一是如何低成本而有效地從農村獲取資源；二是在獲取資源的同時，還要維護農村的穩定並保障基本民生，否則就會重蹈清政府和國民黨政府的覆轍。歷史上的各種制度，都沒有同時解決好這兩個問題。而新中國是通過農產品統購統銷和農業集體化來解決這兩個問題的。

一方面，中國傳統農業剩餘十分有限。新中國成立後，這種狀況不是改善了，而是更嚴重了，因為土地革命之後，農民分到了土地，糧食屬於自己。農村人均消費糧食從 1949 年的 370 斤增加到 1952 年的 440 斤，據華北局調查："過去山區農民一年只吃上十頓的白麵，現在則每個月可以吃四五頓、七八頓，麵粉需求量空前增大了，這是國家收購小麥困難的主要原因之一。"[1]

另一方面，隨著工業化建設的展開，工業部門對糧食的需求也在增加。1953 年中國城鎮人口已達 7826 萬，比 1949 年增加 2061 萬，私商炒作糧價和囤積糧食，也造成糧食形勢吃緊。私商活動頻繁的地區，糧食市價一般高出牌價 20% 到 30%，青黃不接時私商還預購 "青苗穀" 和 "禾花穀"，囤積居奇，影響整個物價穩定。1953 年，糧食供求矛盾進一步加劇。毛澤東於國慶節期間要求中財委拿出具體辦法，陳雲領導中財委制定了八種可能的辦法，最後決定採用統購統銷的辦法。

統購統銷政策的基本內容是：生產糧食的農民應按國家規定的收購糧種、收購價格和計劃收購的分配數字將餘糧售給國家。統購價格大體維持在當時城市出售價格的基礎上，以不賠不賺為原則。統購價格固定，以克服農民存糧看漲的心理。計劃供應範圍，主要是縣以上城市，也包括集鎮、經濟作物產區、缺糧戶、災民等，覆蓋近兩億人。所有私營糧商一律不許私自經營糧食。

統購統銷的辦法，自然不符合市場經濟規律，所以在今天備受詬病。但是，如果回到當時的歷史條件下，就會發現這是當時能夠選擇的最好的辦法。統購統銷為

1　薄一波：《若干重大決策與事件的回顧（上卷）》，北京：中共中央黨校出版社，1991：257。

工業化積累了大量資金。根據估算，1954 年國家農副產品收購總額為 159 億元，假定牌價與市價平均相差 30%，那麼按照市價收購需要多支付 57 億多元，遠遠超過當年工業基本建設總額 38 億元。如果沒有統購統銷，那麼中國的工業化可能很難有進展。統購統銷的辦法，是服從於重工業優先發展、兼顧工業發展和農村民生的辦法，是一種"多害相權取其輕"的選擇。

有些學者批評統購統銷，認為它過度剝奪農民、破壞自由市場等。其實這些問題，在決策的時候都考慮到了，但任何決策都是兩害相權取其輕的結果。當事人曾回憶當時的決策過程：

> （統購統銷）有無毛病？有。妨礙生產積極性，逼死人，打扁擔，個別地方暴動，都可能發生。但不採取這個辦法後果更壞，那就要重新走上舊中國進口糧食的老路，建設不成，結果帝國主義打來，扁擔也要打來。結論是徵購利多害少。[1]

還有人認為，通過統購統銷，農民賣糧的價格低於市場價，遭受了損失，形成了"工農業產品剪刀差"，形成了工業部門對農民的剝奪。這種看法也不客觀。從歷史上看，同新中國成立前相比，在農業生產技術沒有明顯改變的情況下，留給農民的糧食不是減少了，而是增多了。據記載，在舊中國的生產關係下，農民生產糧食的 50% 左右都要交給地主。而統購統銷的糧食量一直穩定在 30% 以下，而且還有一部分返銷回農村。從 1961 年確定"三級所有、隊為基礎"的制度之後，農村糧食消費量持續增長，告別了幾千年來的饑荒，人口數量、人均壽命都大幅提高。到 1980 年，中國的人均預期壽命從新中國成立前的三十五歲增長到六十八歲，全國人口數量從 4.5 億增加到八億多。如果沒有糧食和基本營養的保障，是不可能取得這樣的成就的。

統購統銷的糧食用於支持工業化建設，這一成果最終還是反饋回農村。從 20 世紀 50 年代到 70 年代，農產品收購價格指數始終在上升，而工業品銷售價格始終在下降，這就是對農村進行的隱性補貼。農業機械、水利設施和日用工業品進入農

1　薄一波：《若干重大決策與事件的回顧（上卷）》，北京：中共中央黨校出版社，1991：263。

村，也是在這個時代。至於有些偏激的言論認為 "統購統銷、人民公社對農民的剝削，遠甚於從前地主對農民的剝削"，這是在顛倒黑白。

農業合作化

要實現農業對工業的支持，除了統購統銷之外，更根本的辦法是提高農產品產量，以增加剩餘產品。在傳統農業條件下，單靠增加個體的勞動投入提高產量的空間已接近極限。只有通過改善農業水利條件，普及機械、良種、化肥等辦法，才有可能把傳統農業改造成現代農業，從而提高糧食產量。但是，當時中國的工業基礎還不足以為農村大量提供機械、化肥等現代化生產要素。在這種情況下，只能充分挖掘傳統農業生產的潛力，即通過興修水利、增施肥料、改良土壤、防治病蟲災害等辦法來提高單位面積產量。而這些事務靠一家一戶的力量是難以完成的，只能把農民組織起來進行集體協作，這正是中國農業合作化最初的目的。

中國實行農業合作化並非照搬蘇聯的集體農莊經驗，而是出於解決現實問題的需要。新中國成立後，最早的合作社出現在山西省平順縣，那裏自然條件差，山地多、耕地少，農民為了解決共同購買農具、共同開荒墾殖的問題，自發組織了農業合作社。後來，中央把它們的經驗推廣到全國，開展了農業合作化運動。對於發展農業合作化的理由，以及農業合作化和工業化的關係，中共八大報告總結道：

> 我們是在沒有農業機器的條件下實現農業合作化的 …… 農業增產的主要方法，仍然是依靠農業合作社和農民群眾採用興修水利、增施肥料、改良土壤、改良品種、推廣新式農具、提高複種指數、改進耕作方法、防治病蟲災害等措施，來提高單位面積產量。[1]

從效果來看，農業合作化有效促進了中國的農業現代化，使傳統農業開始向現代農業轉型；有效提高了農業產量，為工業化提供了大量剩餘；同時還依託集體經濟舉辦了農村社會事業，使農村的基本醫療、基礎教育等基本公共服務得到普及。

1　中央檔案館：《中共中央文件選集（1949 年 10 月—1966 年 5 月）第二十四冊》，北京：人民出版社，2013：85。

公平的基本生活保障

工業化早期必然要實行"高積累、低消費"。在工業化前期，世界各國都毫無例外地付出了巨大的社會代價。英國原始積累和工業革命時期，工人階級以及殖民地人民承受了巨大的社會苦難與犧牲；美國工業化早期直到 19 世紀仍存在殘酷的黑奴制度，開發西部時期對印第安人實行血腥滅絕運動；一些發展中大國更是出現了貧民窟和惡性的兩極分化。[1]中國在社會主義現代化初期就建立了低水平、廣覆蓋的基本保障制度，雖然水平不高，但是保證了大多數人能夠吃飽、穿暖、有房住、有基本的醫療和教育，同西方國家相比，這是一條更加人道、代價更小的道路。

這條道路的核心就是，工業化的成本由全體社會階層比較公平地分擔，以便在高積累、低消費的格局下，能夠保障各個階層特別是工人和農民的基本生活。用當時的話說，就是"正確處理國家、集體和個人的關係"。這種制度的基本特點是：

基本生活資料實行定量配給。1953 年起，中國實行農產品統購統銷，城市口糧定量供應，後來定量供應的辦法也逐步擴大到副食品、服裝、日用工業品等生活必需品，憑票證購買。

在消費結構上，大量發展公共消費，限制私人奢侈消費。在城市，建立了包括醫療、教育、住房、養老、工傷、撫恤等在內的勞動保障制度，在農村，也依託人民公社建立了基礎教育和合作醫療、五保戶等保障制度，廉價或免費向公民提供醫療、教育和住房服務。這些做法的目的是，降低社會保障的成本，解除城鄉居民的後顧之憂和不確定性，可以最大限度地積累重工業建設所需的資金，也促進了基本醫療和教育的普及。

同時，這一時期還營造了平等優先的社會文化。經過土地改革和社會主義改造，社會階層的差距縮小了，過去作為富裕階層身份標誌的奢侈性消費成為批判的對象。在社會上大力倡導人人平等、勞動光榮、工農偉大的文化，使勞動者在經濟發展水平不高的情況下提高了勞動積極性。

在人們的印象中，計劃經濟時期人民生活水平改善不快，實行"平均主義"，"消費品幾十年一貫制，花色款式沒有變化"，甚至有人把計劃經濟時期的"票證經

---

1 何新：《社會主義的選擇與歷史評介 —— 紀念鴉片戰爭 150 週年》，《科學社會主義》，1990（7）：52–56。

濟"妖魔化,這種主觀印象是不正確的,缺乏對歷史的客觀評價。改革開放之前,中國處在工業化起步階段,消費水平低是整體資源約束和發展階段決定的,只有等重工業化基礎具備之後,才有條件發展輕工業,解決人民的吃飯穿衣問題,這是一個先後發展的過程。沒有重工業時期的節衣縮食,就不可能迅速建立重工業基礎,也就沒有改革開放之後輕工業的快速發展。正如 1953 年 9 月,毛澤東在《抗美援朝的偉大勝利和今後的任務》中所說:

> 所謂仁政有兩種:一種是為人民的當前利益,另一種是為人民的長遠利益,例如抗美援朝、建設重工業。前一種是小仁政,後一種是大仁政。兩者必須兼顧,不兼顧是錯誤的。那麼重點放在什麼地方呢?重點應當放在大仁政上。現在,我們施仁政的重點應當放在建設重工業上。要建設,就要資金。所以,人民的生活雖然要改善,但一時又不能改善很多。[1]

統購統銷、"票證經濟"並不是計劃經濟的本質特徵,而是服務工業化戰略的一個階段性措施,這是從設立這個制度開始時就明確了的。1954 年 9 月 23 日,陳雲在第一屆全國人大一次會議上做了題為《關於計劃收購和計劃供應》的講話,對計劃收購與計劃供應的實行期限作了明確解釋。陳雲認為:"計劃供應只能是一種暫時的措施,只要工業和農業的生產增加了,消費品的生產增加到可以充分供應市場需要的程度,定量分配的辦法就應該取消。"但對於計劃供應,陳雲又明確指出,"取消糧食、油料、布匹計劃供應的日子,並不會很快到來"。[2] 也就是說,票證制度的實施,與其說是為了限制高消費,還不如說是在總供給緊缺的情況下,通過票證來保障人人都能獲得最基本的生活資料。對此,吉爾伯特·羅茲曼在《中國的現代化》一書中這樣評價:"與其說這是平均分配財富,不如說這是平均分配貧窮,如果中國能夠在不損害這種公平的前提下實現現代化,那將是人類歷史上無與倫比的成就。"[3]

後來,隨著中國重工業基礎的完善,人民的基本生活資料逐漸豐富,到 20 世紀 80 年代中期開始就逐步取消了票證,這是經濟發展的自然結果。如果不實行票證

1　中央檔案館:《共和國五十年珍貴檔案(上冊)》,北京:中央檔案出版社,1999:280–281。
2　陳雲:《陳雲文選(第二卷)》,北京:人民出版社,1995:261。
3　[美]吉爾伯特·羅茲曼:《中國的現代化》,上海:上海人民出版社,1989:32。

制度，中國極有可能出現歐美國家工業化早期出現的貧富分化狀況。從這一意義上說，對中國這樣基礎落後的農業國而言，"平均主義" 是工業化起步階段更科學、更人道的分配政策和必然選擇。

縱觀世界其他發展中國家的發展歷程，可以發現，中國是唯一一個通過平穩的方式實現早期資本積累的發展中大國，這是得益於統購統銷、農業合作化和 "票證經濟" 三個基本制度。依靠這些措施，中國既實現了重工業資金的積累，又避免了蘇聯那樣農業產量急劇波動的狀況，更避免了西方國家工業化早期殘酷的階級鬥爭和社會動盪。

這裏就有一個方法論問題，那就是如何系統地而不是孤立地看待計劃經濟時期的制度。誠然，如果把統購統銷、農業合作化和 "票證經濟" 這三個制度分開來看，無疑每一個制度都有不足的地方：統購統銷壓抑了農民的積極性，農業合作化容易導致平均主義和大鍋飯，"票證經濟" 不利於迅速提高人民生活水平。但是，如果綜合來看，既要實現重工業優先發展和國家安全，又要保證人民的基本生活，除了這樣的政策組合，還有其他更好的辦法嗎？在當時的歷史條件約束下，中國已經做了當時條件下最可行的選擇。

技術進步的 "舉國體制"

發展重工業，除了需要資金、勞動力之外，還需要科學技術。新中國成立後，依託計劃經濟建立了以實際需求為導向、全國大協作為主要特點的科研體制，實現了技術進步，在一些尖端領域達到了當時世界先進水平。歸結起來，這一時期的科研體制有幾個方面的特點：

首先，社會現實需要引導創新。同計劃經濟體制相適應，中國科研單位的主要目標既不是利潤，也不是發表論文，而是滿足工業化的現實需要。這一階段有代表性的科技創新，如 "兩彈一星"、牛胰島素、雜交水稻、大型飛機、計算機以及斷肢再植等，當時都處在世界領先地位。這些創新，大部分都是著眼於國家戰略發展的需要以及滿足最普通的人吃飽、穿暖、健康、發展的需要。現實需求牽引使得創新資源能夠更多地集中到基礎性、戰略性、長遠性的領域，從而容易在基礎和關鍵環節取得突破，也容易獲得更加長遠的經濟利益，最終達到 "求其大兼其小" 的效果。

以現實需要牽引的創新導向，典型代表就是 20 世紀 70 年代研製成功、2015 年獲得諾貝爾獎的青蒿素提取技術。瘧疾是傳播最廣的傳染病之一，至今在非洲危害依然很大，但由於瘧疾主要是 "窮人的病"，發達國家的醫藥企業對其投入不多。而中國從國際主義的理念出發，支持第三世界國家抗擊瘧疾，從而產生了對抗瘧疾藥物的需求，指引了科技進步的方向。這就是從現實需要出發的科研路線。

其次，建立了全國協作的 "大科學" 體制。當時主管中國科技工作的聶榮臻早就認識到："現代科學技術同十八、十九世紀有很大的不同。那時的科學研究往往是個人獨立完成的，一個人一生可以有多種發明創造。今天的情況有了很大的變化。雖然有些基礎理論和技術研究，比如某些數學理論的探索，還可以沿襲過去的方式，但是對於運用現代實驗手段進行的重大基礎理論、重大工程和重大設備等方面的研究和製作，個人和單位，甚至行業和地區的力量都不夠了，需要國家的力量才行。"[1] 中國實行大科研體制，也是為了在國家的領導和統籌下，迅速壯大中國的科學技術力量，力求某些重要和急需的部門在十二年內接近或趕上世界先進水平。[2] 正是由於建立了全國大協作的科研體制，中國才能夠在工業剛剛起步、經濟發展水平很低的情況下，獨立自主地開拓創新，並且在一些領域達到了當時國際的前沿。

例如，雜交水稻研究就離不開全國大協作的科研體制。[3]20 世紀 60 年代，湖南全省開展了由專業人員和農民相結合尋找水稻不育系的群眾運動，不久，活動席捲全國，各省成立了雜交水稻科研協作組，形成了一個全國範圍的大協作網，在長江流域、華南、東南亞、非洲、歐洲等地的一千多個品種裏進行篩選。如果只有袁隆平等少數科學家的努力，沒有全國各地的協作，就不可能取得雜交水稻研製的成功。中國自主研發的大型噴氣式客機 "運十"，共有二十一個省、市、自治區三百多家工廠、科研院所、大專院校參加。在計劃經濟體制和集體協作文化的作用下，儘管不能說如臂使指，但確實相對於靠單個企業自發協作來說，成本更低且效率更高。1975 年，中國成功預報遼寧海城地震，也得益於專群結合、群防群控的觀測和預報體系。

1　光明日報出版社編委會：《聶榮臻同志和科技工作》，北京：光明日報出版社，1984：10-11。

2　《一九五六——一九六七年科學技術發展遠景規劃綱要（修正草案）》，中共中央文獻研究室：《建國以來重要文獻選編（第九冊）》，北京：中央文獻出版社，1993：436。

3　李晏軍：《袁隆平成功之路回眸》，南寧：廣西大學，2004。

科研領域的集體協作，還有另外一個方面的成果，那就是以"鞍鋼憲法"為代表的普通工人和科研人員相結合的制度。它使得科學研究從少數科學家擴展到一線工人，充分發揮了科學技術的外溢效應，提高了一線工人的研究能力和素質，造就了一代高素質的產業工人。科研上的集體協作，是社會主義制度的優勢，也是科學研究本身的規律。今天提倡大眾創業、萬眾創新，不應該丟掉這個優勢。

最後，"大科學"體制不僅表現在科學研究上，也表現在技術傳播上。當前世界上通用的專利制度，固然有利於激勵創新，但是會阻礙新知識和新技術的傳播，因此即使在西方國家，也存在著專利制度存廢的長期爭論，需要在激勵創新和傳播創新成果方面取得一個平衡。新中國成立後，和蘇聯等社會主義國家一樣，將專利制度看作私有制的產物予以批判，實行了把知識作為公共產品的制度。無論是科研機構還是科研人員，產生研究成果之後，可以獲得一定的報酬和獎勵，但是並不擁有對科研成果的排他性使用權，而是由國家在全國範圍內推廣使用科研成果。這使得科學技術普及速度大大加快，其中最典型的就是在農村依託集體經濟建設的農技推廣站。從新中國成立開始，中國多次實行了新型農具和良種的推廣運動，一旦有先進農具和良種出現，很快就推廣到全國適宜耕種的地方，農民並不需要花錢去購買專利和高價種子，這使得農業科技也能迅速得到傳播。

謹慎的財政和貨幣政策

新中國成立後，中國共產黨把通貨膨脹問題和債務問題看作嚴重的政治問題和不可逾越的紅線，堅持以"四個平衡"為指導思想，即財政、信貸、外匯與物資各自平衡和統一平衡，堅持穩健的金融和財政貨幣政策，使金融和財政貨幣的總量同實體經濟規模相適應，限制貨幣發行和外債的規模，既不為刺激經濟而發行貨幣，也不向國外借債。1975 年 1 月，由周恩來宣讀、鄧小平主持起草的第四屆全國人民代表大會的《政府工作報告》宣佈：

> 工業總產值 1974 年預計比 1964 年增長 1.9 倍，主要產品的產量都有大幅度增長，鋼增長 1.2 倍，原煤增長 91％，石油增長 6.5 倍，發電量增長 2 倍，化肥增長 3.3 倍，拖拉機增長 5.2 倍，棉紗增長 85％，化學纖維增長 3.3

倍……中國現財政收支平衡，既無外債，又無內債，物價穩定，人民生活逐步改善。[1]

中國堅持"既無外債又無內債"，把貨幣和金融限制在為實體經濟服務的範圍內，除了 20 世紀 50 年代少量借蘇聯的外債以及發行少量國債之外，始終沒有背上嚴重的債務。這些做法，短期可能增加一些負擔，但是從長期來看，維護了國家信用，特別是避免了許多發展中國家出現的惡性通貨膨脹、惡性外債危機。拉美國家 20 世紀 90 年代發生外債危機，不僅導致現代化進程中斷，而且使得石油、土地等戰略資源被外國投資者所控制，喪失了經濟主權。同其他發展中國家相比，中國堅持貨幣和物資的平衡，基本保持了物價穩定，未發生嚴重的通貨膨脹，確保了人民生活水平的持續改善。

▶ ▶ ▶ 5. 歷史的誤會，還是歷史的必然

以上的歷史回顧說明了一個道理，那就是，中國的社會主義基本經濟制度不是某一兩個領導人主觀選擇、設計的產物，而是面對當時中國那樣一個落後的農業國要發奮圖強、實現工業化的迫切歷史任務所做出的科學的、理性的選擇，是社會主義的理論邏輯和中國社會發展歷史邏輯的統一。

歷史往往需要經過歲月的沉澱才能看得更清楚，只有理解歷史的縱深，才能不被一時的思潮所迷惑。如果我們回到 20 世紀上半葉的歷史情境，就會發現，中國走上社會主義經濟建設的道路，具有深厚的歷史底蘊，也有著廣泛的群眾基礎。

20 世紀中葉，面對兩次世界大戰和經濟危機留下的傷害，面對資本主義擴張給發展中國家帶來的災難，全球興起了反思自由資本主義的思潮。20 世紀初，美國掀起了一場"進步運動"，在"大蕭條"之後又實行了凱恩斯主義的經濟政策，這些做

---

1 周恩來：《政府工作報告（1975 年 1 月 13 日）》，[2006-02-23]. http://www.gov.cn/test/2006-02/23/content_208796.htm。

法的共同特點是：加強政府對經濟運行的干預、增進社會公平、完善社會保障，解決資本主義自由市場帶來的需求不足、貧富差距、生態破壞等問題。二戰之後，許多新獨立的發展中國家也接受了結構主義的經濟學，主張欠發達國家的政府應當組織資源發展工業，實現經濟趕超。這一輪加強政府干預的思潮，是對20世紀初以來全球化、市場化弊病的糾正。

20世紀初以來，不論是中國共產黨，還是中國社會各界的有識之士，都認識到了自由資本主義的缺陷。孫中山先生年輕時在歐美遊歷，當時正值壟斷資本主義在全球擴張，他看到了歐美國家內部的階級矛盾尖銳，"富者富可敵國，貧者無立錐之地"，歐洲國家為進行社會革命、彌合階級差距，付出了巨大的代價。孫中山認為，中國當時還沒有實現現代化，還沒有大資本家，沒有形成貧富分化，因此進行社會革命比發達國家要容易。所以，要"社會革命先於經濟革命"，在進行經濟建設之前就要解決好社會公平的問題，為此，他提出了節制資本、扶助農工、平均地權、大資本國有等措施。實際上，晚年的孫中山已經成為社會主義者，他自己在多次演講中闡述，民生主義就是社會主義。他說：

> 中國雖然將民族、民權兩革命成功了，社會革命只好留以有待。英美諸國因文明已進步，工商已發達，故社會革命難；中國文明未進步，工商未發達，故社會革命易……中國原是個窮國，中人之家已不可多得，如外國之資本家更是沒有，所以行社會革命是不覺痛楚的。[1]

當然，孫中山逝世之後，國民黨並沒有實現他的設想，他的設想是由中國共產黨實現的。正是從這個意義上來說，中國共產黨人是孫中山革命事業最忠實的繼承者。

另外，還有現代儒家代表人物梁漱溟。他年輕時是毛澤東的摯友，今天人們往往關注1953年他和毛澤東關於工業化道路的分歧，但沒有看到，梁漱溟作為研究儒家和佛教的著名學者，對社會主義有著高度認同，而且在民國時期組織過農村合作化運動。梁漱溟晚年曾談到對社會主義的看法，認為資本主義社會在解決人和自然

1　孫中山：《民生主義與社會革命（1912年3月31日）》，廣東省中山市孫中山紀念館藏資料。

界的關係上獲得了巨大成功，但是也導致了競爭和衝突，並沒有解決 "人和人彼此相安" 的問題，而 "中國自從西洋強大的勢力過來，已經沒有走資本主義的路的餘地了，不能不走社會主義的道路，不能讓個人的福利壓倒社會福利。所以共產黨在中國的出現，並且成功，那是很合理的、不特別、不奇怪的"[1]。

這並不是個案。1933 年，上海《東方雜誌》在全國徵求兩個問題的答案：（一）先生夢想中的未來中國是怎樣？（二）先生個人生活中有什麼夢想？收到的回答能夠體現當時中國知識精英的看法。作家郁達夫回答 "沒有階級，沒有爭奪，沒有物質上的壓迫"。清華大學教授張申府認為理想中的中國 "是能實現孔子仁的理想、羅素科學的理想與列寧共產主義的理想的"。天津女子師範學院教授韋叢蕪 "夢想著未來的中國是一個合作社股份有限公司，凡成年人都是社員，都是股東，軍事、政治、教育均附屬於其下，形成一個經濟單位，向著世界合作社股份有限公司的目標走去"。中央研究院總幹事楊杏佛的夢想 "是一個物質與精神並重的大同社會"。復旦大學商學院院長李權時認為 "理想中的未來中國是須合乎《禮記》'大道之行也，天下為公……是謂大同' 的一段事實的"。失業人員周毓英夢想 "主辦一個月刊，定名 "社會主義"，與全國青年作思想上的往來，毫無顧慮地討論一切學術問題"。這些發言表明，即使是共產黨之外的知識分子，也有許多人從當時的社會環境出發，憧憬著一個沒有剝削、沒有壓迫、物質自由、精神自由的新國家，這些理想根植在古老中國對大同社會的理想中，具有中國文化的深厚積澱。

1920 年到 1921 年，英國哲學家羅素來中國遊歷，之後於 1922 年出版了《中國問題》一書。書中提到中國要發展必須做到以下三點：第一，建立有序的政府；第二，在中國人支配下的工業化；第三，普及教育。這三點看似簡單，實際上每一步的實現對中國來說都具有開創性的意義。國民黨政府並沒有實現 "有序的政府"，原因之一是統治階級自己有特殊利益，脫離人民群眾，故而難以得到擁護。而中國共產黨通過領導社會革命，深入發動群眾逐漸解決問題，建立了有序的政府。"中國的工業化"，一方面要求中國主導，另一方面中國又缺乏必要的資本和技術支持。如果靠外部輸血進行工業化，那麼中國就無法主導這個過程，東歐就是最好的反面例子，所以中國人民只能 "勒緊褲腰帶"，走 "高積累、低消費" 之路。在這個過程

1　艾愷、梁漱溟：《這個世界會好嗎》，北京：東方出版中心，2006：23。

中就需要一個強有力的、代表人民長遠和根本利益的政府，需要執政黨和人民同甘共苦，中國共產黨做到了。工業化的過程需要大量的熟練技工和先進知識，教育和醫療就顯得尤為重要，正是依靠社會革命之後建立的公平的社會基礎和強有力的組織能力，基礎教育、醫療得以普及，通過"邊幹邊學"（learning by doing）的模式實現了位居發展中國家前列的教育和醫療成就，為工業化以及後來的改革開放、建立世界工廠奠定了基礎。可以說，新中國的前三十年把羅素所說的三個要點統統解決了，以至於 20 世紀 60 年代羅素在修改《中國問題》一書時，對他自己當時的看法仍然讚不絕口。

中國的發展歷史表明，中國能夠啟動現代化進程，離不開中國歷史上最偉大、最徹底的生產關係變革。中國走向社會主義，是由"問題導向"的，是由中國社會發展的歷史邏輯所決定的。

中國正是由於進行了社會變革，才建立了強大而穩固的政權，結束了舊中國山頭林立、軍閥混戰的局面，為構建全國統一的市場創造了條件，拯救了面臨被瓜分和亡國危機的中國；也才能夠在人民的高度支持下，不依賴任何外部霸權主義，完成了建立獨立經濟、保護本國市場的歷史任務。

中國正是由於進行了社會變革，打破了小農經濟的約束，才可以集中資源發展重工業，建設了在發展中國家領先的基礎設施和工業基礎，同時避免了土地兼併、高利貸和壟斷資本對小農的剝奪，在為工業化提供資金的同時確保了農村穩定和民生改善，也超越了歷史上週期性土地兼併的歷史週律。正是由於中國體制能夠集中分散的資金、資源和經濟力量，中國才能對抗國際上經濟強大、技術先進的壟斷資本，實現獨立自主的工業化。

中國正是由於進行了社會變革，才對歷史上的等級思想進行了盪滌，為現代化提供了強大的凝聚力。大力宣傳人民當家做主、人人都是國家的主人和社會公平的理念，是針對階級社會中普遍存在的精英主義和等級制文化而進行的一場群眾運動。"人民創造歷史、勞動者最光榮"的理念，改造了傳統中國的政治、社會和文化，使勞動者產生"為自己勞動"的主人翁心態，讓千百年來被侮辱被損害的平民百姓有工作、有尊嚴、有安全感、有希望，這是現代化進程的強大動力。

中國正是由於進行了社會變革，才形成了國家和人民之間的新型關係。正因為有一個公平的社會，所以中國共產黨和政府有強大的社會動員能力。中國依靠強有力的組織和民主集中制，開展了大規模的集體協作，有效地集結了傳統社會形態下處於無序分散狀態的社會力量，從而比較迅速和大規模地推動經濟、政治、文化的現代化運動。這一切都說明，中國選擇的基本經濟制度和發展道路，具有歷史的依據，符合現實的需要。

不過，建立一個新制度，僅僅是萬里長征的第一步，新事物的成長總是充滿曲折，前進的道路上還會有新的風險和挑戰；新制度自身也面臨著不斷鞏固和完善的需要。從 1956 年起，隨著社會主義改造的完成，中國道路面臨著更複雜、更艱巨的挑戰。

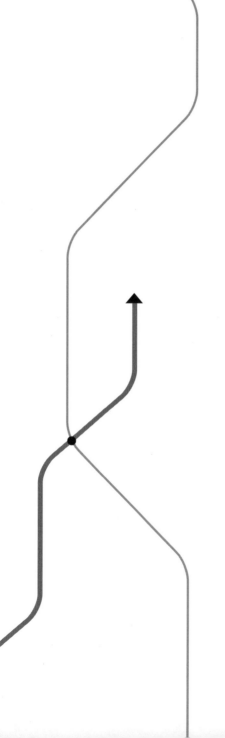

第二章

尋找中國道路

▶▶▶ 導讀 ◀◀◀

　　社會主義思想是為糾正資本主義的弊端而產生的。但是，把社會主義從理論變成現實，是一個漫長的歷史過程。建立社會主義制度的國家，也可能出現違背社會主義的因素，甚至走向理想的反面。

　　從 1956 年起，中國為了避免蘇聯式社會主義的弊端，開始了獨立自主探索發展道路的歷程。中國出現了許多 "社會主義新生事物"：兩次下放權力、"大躍進"、人民公社、農村小工業、赤腳醫生、三線建設、教育革命、"限制資產階級法權"、支援第三世界國家……到改革開放前，中國與蘇聯以及其他西方國家的發展模式已經完全不同。

　　從 1956 年到 1978 年，這二十多年的探索歷程，是中國現代歷史上濃墨重彩的篇章。

　　這是一個 "新生事物" 輩出的時代。

　　這是一個為尋找更美好社會而櫛風沐雨的時代。

　　這是一個有艱難曲折和失誤，但更有殷實收穫和輝煌成就的時代。

　　這是一個為改革開放奠定堅實基礎的時代。

　　1956—1978 年的二十多年，是中華人民共和國經濟史最複雜、最難寫的一段。這個時期上承社會主義改造，下接改革開放，出現了很多獨特的現象，需要深入探討總結。

　　從經濟建設看，這個時期有一條主線，那就是超越傳統模式、尋找新道路。面對其他國家在發展中暴露的問題，面對黨和國家在發展中存在的問題，中國共產黨沒有停止探索的腳步，而是在破除迷信的旗幟下，以自我革命的精神，力求找到一條適合自己發展的道路。這是一個新創造、新事物頻出的時代。這些探索取得了不可否認的成績，也經歷過不可否認的曲折和失誤。但是，無論是正確還是失誤，都是實踐的一部分。只有用辯證唯物主義和歷史唯物主義的態度，認識並理解這些探索，才能更好地理解改革開放和今天的中國道路。

　　中國學習蘇聯的社會主義理論和經驗不是照抄照搬，而是有中國的特色和獨創性。這至少表現在兩個方面：一是針對高度集中的計劃經濟體制，強調發揮中央和地方兩個積極性，兩次大規模下放經濟管理權力，使中國的計劃經濟比蘇聯更有活力；二是針對蘇聯式的官僚主義和體制僵化，探索在經濟工作中發揚民主、擴大普通勞動者的管理權利，努力縮小城鄉差別、地區差別、腦力勞動與體力勞動的差別，普及基本醫療和教育，使中國保持了一個比較公平和有流動性的社會結構。這些都為改革開放奠定了基礎，使中國的計劃經濟和蘇聯有很大的不同。

同時，這一時期的探索又遠不止於突破蘇聯模式，而是觸及所有發展中國家現代化道路的普遍問題。中國在處理城鄉關係、地區關係、經濟發展和人類發展關係、中國和全球體系關係等方面，形成了具有獨特性的一套做法。

在城鄉關係方面，中國實行了農業集體化，把農村組織起來，以便既滿足工業化積累的需要，又促進農業工業和社會事業的全面發展。在地區關係方面，開展了"三線建設"，這是中國歷史上第一次"西進運動"，也為中國實現積極防禦的國防戰略，從根本上擺脫大規模外敵入侵的危險，打下決定性基礎，為改革開放換來了安全的國際環境。在人類發展方面，中國建立了低水平、廣覆蓋的公共服務和社會保障制度，普及了基本醫療和基礎教育，實現了人力資本水平大幅度躍升。在國際戰略方面，面對美蘇主導的世界兩極格局，中國堅持獨立自主，力所能及地支援第三世界國家，維護全球公平正義，在實現自身發展的同時，也影響了世界格局。這些做法，在發展中國家中有開創性意義。

今天的中國已經同那時有了很大不同，但是我們不能用歷史虛無主義的態度看待這二十年。只要從當時的歷史條件出發，進行客觀的評價，就可以發現，這二十年的探索雖然有曲折和失誤，但是同舊中國相比、同大多數發展中國家相比，中國還是成功走出了一條獨特的發展道路，成就和進步是這一時期的主流。

到改革開放前，中國已經具備比較完整的產業體系，農業現代化具備了初步基礎，基礎醫療和基本教育得到普及，人力資源水平大幅度提高，獲得了良好與安全的國際環境。這些都從根本上改變了中國在全球格局中作為邊緣國家的地位，使中華民族以新的氣象自立於世界民族之林，為改革開放創造了歷史條件。這一時期的創新和探索、成功和失誤，也為今後中國的發展提供了深刻的啟示。

1. 中國特色計劃經濟

　　中國主觀上沒有照搬蘇聯模式，但由於兩國國情和實行社會主義制度有相似之處，蘇聯模式的一些弊端，在中國也出現了。20 世紀 50 年代中期，中國共產黨就提出了反思蘇聯模式。

　　20 世紀初，蘇聯從落後的農業國快速實現工業化，躍居世界強國之列，抵禦住了全球經濟危機的衝擊，成為反法西斯戰爭的中流砥柱，而且開創性地建立了勞動保護、社會保障制度，普及了住房、醫療、教育等基本公共服務，也為維護世界公平正義做出了不少貢獻。這些在人類歷史上都是具有進步意義的，直到今天仍然領先於大多數國家。

　　但是，蘇聯模式確實存在不可忽視的弊端，其中最主要的是高度集中的經濟體制和不斷強化的官僚主義。首先，在中央和地方關係上，蘇聯實行的是純粹的計劃經濟，絕大部分計劃由中央政府制定，這有利於有效集中和調動資源，但也造成了體制僵化，抑制了地方的積極性。而且在當時的技術條件下，由於管理半徑過長，容易造成信息失真和效率低下。其次，在縱向權力配置上，採取等級分明的層級制管理，容易帶來官僚主義和幹部特權。蘇聯的官僚主義和幹部特權，使得蘇共領導長期脫離群眾、喪失理想信念，成為背離人民利益的特殊集團，最終導致蘇聯解體。蘇聯解體前，經濟發展和人民生活處於世界的中上等水平，蘇聯解體並不完全是因為 "經濟沒搞好"，而是因為政治上變質了。

　　蘇聯的教訓表明，社會主義國家實現了公有制和無產階級專政，消除了私有制下的勞資對立，為消滅剝削壓迫開闢了道路，但這並不意味著制度鞏固是一勞永逸的。蘇聯至少有兩個重大問題沒有解決：第一，如何在公有制條件下充分發揮地方和基層的積極性；第二，如何確保社會主義國家政權始終代表廣大勞動人民的根本利益。這也是中國進行改革要解決的問題。

毛澤東首先提出突破蘇聯模式

　　1953—1956 年，中國 "一五" 計劃取得顯著成就，奠定了中國工業化的初步基礎。但由於"一五"期間實行的是高度集中的計劃經濟，在取得成就的同時也出現了一些弊端，包括權力過於集中、地方積極性不足、滋生官僚主義等。1956 年年初，毛澤東集中聽取國務院各部委關於經濟工作的彙報時，提出發揮中央和地方積極性的問題。他說："蘇聯有一個時期很集中，也有好處，但缺點是使地方積極性減少了。我們現在要注意這個問題。地方政權那麼多，不要使他們感到無事可做。"[1] 此後，在《論十大關係》等講話中，他又多次提出這個問題，認為"歐洲的好處之一，是各國林立，各搞一套，使歐洲經濟發展較快。中國自秦以來形成大帝國，那時以後，少數時間是分裂、割據，多數時間保持統一局面。缺點之一是官僚主義，統治很嚴，控制太死，地方沒有獨立性，不能獨立發展"[2]。

同時，毛澤東還注意到了進入和平建設時代之後滋生的特權思想和行為，他感到這同革命戰爭年代形成的官兵一致傳統已經愈來愈遠。1956 年，東歐的社會主義國家波蘭和匈牙利相繼發生動亂，毛澤東認為這些國家出現的官僚主義和一些幹部侵害群眾利益，是事件的根源。與此同時，中國國內也出現幹部侵犯群眾利益的情況。1956 年 9 月到 1957 年 3 月，全國發生數十起罷工、請願事件，其中大部分是由於企業行政上的官僚主義。[3] 這些情況使毛澤東感到，在建立社會主義制度之後，黨和群眾之間仍然會存在矛盾，從而提出"正確處理人民內部矛盾"的問題。

促使中國突破蘇聯模式的另一個誘因是中蘇關係的變化。20 世紀 50 年代末，蘇聯希望中國服從其全球戰略，不要發展核武器，希望在中國駐軍，在台灣、西藏等涉及中國主權利益的問題上，蘇聯為了避免同美國衝突，不支持中國炮擊金門和對印自衛反擊戰等維護國家主權、利益的行動。如何處理中蘇關係，中國面臨著新的選擇：是為了繼續獲得蘇聯援助而放棄獨立自主，還是堅持維護國家主權放棄蘇聯的援助？中國共產黨選擇了後一條路。1960 年 9 月鄧小平在中蘇兩黨高級會談時說："中國共產黨永遠不會接受父子黨的關係。你們撤退專家使我們受到了損失，給我們造成了困難……中國人民準備吞下這個損失，決心用自己雙手的勞動來彌補這

1　中共中央文獻研究室：《毛澤東年譜（1949—1976）（第二卷）》，北京：中央文獻出版社，2013：540。

2　《毛澤東讀社會主義政治經濟學批注和談話（下）》，中華人民共和國國史學會，1998：756。

3　趙威：《1956—1957 年工人異動問題研究》，北京：中共中央黨校，2012。

個損失，建設自己的國家。"[1]

中蘇關係惡化，給中國經濟發展帶來兩方面影響：一方面，促使中國更加獨立自主地探索自己的道路；另一方面，國際關係的緊張使中國發展軍事工業的壓力驟然增大。蘇聯撤走援助之後，一百五十六項未完工項目大多陷於癱瘓狀態，"一五"計劃期間本已開始緩解的"農輕重"三者之間的緊張關係重新緊張起來。為了償還蘇聯貸款，中國每年需支出八十六億元人民幣。[2]

中蘇關係的變化，使中國改變高度集中的計劃經濟模式，更加重視發揮地方的積極性，通過調動地方的積極性，加快經濟增長，彌補蘇聯撤走投資之後的損失。在農村則是希望加快農業集體化，更快地提高糧食產量，為工業化提供更多剩餘，縮小城市和農村之間的差距，同時發展農村的工商業和社會事業。從 1958 年開始，中國陸續展開了三個具有內在邏輯聯繫的事件 —— 權力下放、"大躍進"和人民公社化。

第一次權力下放和"大躍進"

1958 年，中國實行了建立計劃經濟以來的第一次向地方的權力下放。這次權力下放的主旨是將以中央政府投資為主的工業化，轉變為發揮中央和地方兩個積極性，並通過"大躍進"鼓勵地方破除對蘇聯的迷信，促進地方工業發展。

中國當時提出"大躍進"，主要不是因為領導人"頭腦發熱"，而是有非常重要的原因：一個是出於對國內經濟結構的考慮，那就是要改變高度集中的計劃經濟結構，調動地方積極性；另一個是政治上的考慮，那就是要讓中國共產黨的社會基礎 —— 基層幹部、工人和農民，成為中國工業化和現代化的主體，都參與到中國工業化與現代化進程中來。

1957 年 9 月，中共八屆三中全會決定把一部分工業、商業、財政管理的權力下放給地方和廠礦企業單位，這次下放的企業佔中央管理企業的 80% 以上，下放後大大增強了地方財力。經過下放，中央財政收入佔全國的比例從 "一五"計劃時期

---

1   曲星：《50 年代末至 60 年代中蘇關係惡化的戰略、理論與利益背景》，《外交學院學報》2000（01）：15–24。

2   王泰平：《中華人民共和國外交史（第二卷）》，北京：世界知識出版社，1998：257–258。

（1953—1956 年）的 70%~80% 下降到 1958 年的 44%、1959 年的 24%，地方獲得了用於發展工業的大量資源。

為了鼓勵地方工業發展，這一階段的工業發展技術路線也以"破除迷信"為主題，從以蘇聯式的標準化、大規模重工業為主，轉向更加重視小規模、低門檻的工業企業和技術，鼓勵群眾性的技術創新。中央各工業部門趕制了多項小型廠礦的標準設計，絕大部分適宜於縣、專區或鄉鎮舉辦，"冶金工業部設計的七種小高爐，最大的不過一百立方米，年產生鐵四萬噸，適宜一個縣舉辦"。"食品工業部設計的小型榨油廠，每個廠投資一千元就能辦起來，普通的民房都可以做廠房。"[1]1958 年 5 月鄧小平表示，發展工業要"大中小結合起來"，"大的中央搞，中的地方搞，小的由鄉和合作社搞"。"到處搞，化學肥料發展速度就可以快很多。"[2]

經濟管理權力的下放，使廣大地方政府第一次具備了獨立發展工業的條件和可能，再加上降低了發展工業的門檻，地方政府發展工業的積極性空前提高，這時中央又發動了"大躍進"運動，進一步提高了地方的發展熱情。

"大躍進"運動經歷了發動、地方競爭加劇、糾正過高指標三個階段。第一階段是發動階段（1958 年 5 月之前）。[3]1957 年 12 月，中共中央提出了中國在十五年內，在鋼鐵和其他重要工業產品的產量方面趕上或者超過英國的號召。1958 年年初，毛澤東在杭州、南寧、成都的三次會議上強調要破除迷信，解放思想，獨立思考，反對教條主義，探索中國自己的建設路線，批評過去八年經濟工作中的教條主義，認為這是在外國經驗壓力下不能獨立思考所致。

第二階段是地方和部門競相提出高指標的階段（1958 年 5—10 月）。在中央鼓勵下，各地方、各部門形成了競爭的局面。如上海提出工業總產值在"二五"期間翻一番以上，華東地區提出四省一市 1958 年糧食總產量達到一千兩百多億斤，比上年增加五百多億斤。其他地區也相繼召開會議，制定各自的"大躍進"目標。1958年，鋼產量在數量上完成了指標，但是質量和效益不高。

第三階段是中共中央糾正高指標錯誤的階段（1958 年 10 月之後）。今天很多人

1　李海濤：《近代中國鋼鐵工業發展研究（1840—1927）》，蘇州：蘇州大學，2010。

2　鄧小平：《鄧小平文集（1949—1974）：中卷》，北京：人民出版社，2014：376。

3　關於"大躍進"發動過程的史實，可參考：中共中央黨史研究室：《中國共產黨歷史：第二卷》，北京：中共黨史出版社，2011。

認為"大躍進"就是高指標、浮誇風、大煉鋼鐵，這是事實，但並不是歷史的全部。從 1958 年秋天起，毛澤東等就開始著手糾正"大躍進"中出現的問題。1958 年 10 月，毛澤東對河北徐水人民公社一畝白薯產量不過兩千斤，卻虛報八千斤，把幾個村的肥豬集中起來，個人財產和私人債務統統"共了產"，分配上實行完全的供給制等做法，明確表示批評[1]。1958 年 11 月，鄭州會議提出人民公社不能搞配給制，要利用價值法則，擴大商品生產，還對高指標提出質疑，批評"鋼、機床、煤、電四項高指標嚇人"[2]。1958 年 11 月，毛澤東在武昌會議上講話指出："過早地否定商品、價值、貨幣、價格的積極作用，這種想法對於發展社會主義建設是不利的，因而是不正確的。"[3]1959 年 2 月，毛澤東在第二次鄭州會議上指出，農村"一平二調三收款"等平均主義做法引起農民很大恐慌，必須立即糾正，"這個大問題不在 3 月上半月解決，將遇到大損失，我擔心蘇聯合作化時期大破壞現象可能在中國到來"。[4]1959 年 3 月，中共中央政治局擴大會議繼續壓縮 1959 年的工業指標。

不過，在糾正這些"左"的錯誤的同時，毛澤東又認為，當時的主要矛盾仍然是調動地方和群眾的積極性，出現這些冒進的情況恐怕也是不可避免的，經濟發展總是一個從平衡到不平衡再到新的平衡的螺旋式前進過程，"不平衡是經常的，絕對的；平衡是暫時的，相對的"[5]，因此他在這一時期的講話總是包含兩方面的內容：一方面批評高指標、浮誇風等問題；另一方面堅持調動地方和群眾積極性、破除迷信的大方向，而不允許藉著糾正這些問題給基層的積極性潑冷水。再加上當時確實還存在高度集中的計劃經濟方式，對於要不要向地方和基層下放權力、調動基層積極性，還存在不同看法，這些都增加了糾正錯誤的難度。

總體上看，1958 年以"大躍進"為主要特徵的體制下放是不成功的，而且導致了"大躍進"初期的高指標和浮誇風，工農關係、輕重關係失去平衡，經濟發展的質量和效益都不高。

但是，評價歷史也應該從當時的歷史事件出發。應該肯定的是，在"大躍進"

---

1   逄先知、金沖及等：《毛澤東傳（1949—1976）》，北京：中央文獻出版社，2003：1149。
2   毛澤東：《毛澤東文集》，北京：人民出版社，1993（7）：436–439。
3   逄先知、金沖及等：《毛澤東傳（1949—1976）》，北京：中央文獻出版社，2003：906。
4   逄先知、金沖及等：《毛澤東傳（1949—1976）》，北京：中央文獻出版社，2003：906。
5   高其榮、李姜：《毛澤東〈工作方法六十條（草案）〉略論》，《黨史研究與教學》，2008（01）：50–55。

當中，發揮地方積極性，把廣大基層和農村納入工業化、現代化進程，這一出發點是好的，而且實際上也取得了一定進展。舊中國搞工業化，有限的工業部門主要集中在少數沿海城市，不僅擴大了地區差距，而且由於廣大中西部和農村沒有納入工業化進程，也限制了工業化的資金和市場來源。不管從道義上還是從經濟發展的現實需要上，中國都不可能讓工業僅僅集中在少數大城市和東部，必須經過一個發展地方工業的過程。從經濟上說，這有利於縮小地區差距，儘快形成中央和地方合理分工的工業體系，擴大工業化的資金和市場；從政治上說，有利於鞏固全國人民的團結，避免形成過大的差距。

實際上，在"大躍進"期間，地方工業確實有很大發展，保證了在蘇聯撤走投資之後很多省市重點項目的投資沒有中斷，而且開工了一大批新項目，改變了投資項目主要集中在中央的狀況。"大躍進"後，地方財政收支和工業產值佔全國的比例都有明顯上升。

為了發展地方工業，片面強調土法上馬、不顧條件大煉鋼鐵，當然不可取。但是也要看到，這一時期也為以後的工業化打下了基礎。據統計，從中華人民共和國成立到 1964 年，重工業各主要部門新建的大中型項目中，有 2/3 以上是在三年"大躍進"期間開工的，一大批項目至今仍是所在行業的龍頭。1966 年同 1956 年相比，全國工業固定資產按原價計算，增長了三倍。[1]

應該汲取的教訓是，"大躍進"時期投資的高增長是以犧牲農村利益、犧牲國內消費、破壞生態環境為代價的。1958 年國有單位固定資產投資總額由 1957 年的一百五十一億元猛增到兩百七十九億元，煤炭、電力、運輸等部門的建設項目也迅速增加，重工業還衝擊和擠佔了農業、輕工業生產，有 10% 左右的農作物沒有收回，不少地方沒能完成農業秋種任務。這一教訓同中國近年來一些地方為追求經濟增長，造成企業無序競爭、破壞資源和生態環境、產能過剩的機制是類似的。這說明，不管是計劃經濟還是市場經濟，如果只考慮經濟規律，只強調競爭和激勵，不考慮科學規律、技術規律和自然規律，就會對經濟的平衡和可持續發展造成破壞。

1　傅鳳閣、谷志強：《十年經濟建設的歷史反思》，《黨史博採》，1996（10）：12–14。

第二次權力下放

20 世紀 70 年代初，中國進行了第二次大規模經濟管理權力下放。這次經濟管理權力下放同三線建設、農村社隊企業發展相配合，使中國工業化的重點向中西部和農村轉移，促進了地方工業的發展，為改革開放之後形成競爭性市場結構奠定了基礎。

20 世紀 60 年代初，中共中央總結三年困難時期的教訓，提出 "調整、鞏固、充實、提高" 的方針，調整的一個重要方面就是把 1958 年下放給地方的權力幾乎全部收回到中央。這種調整對改善 "大躍進" 帶來的地方 "一放就亂" 的狀況是有益的，中國的經濟狀況和秩序也得到了有效的改善。

1964 年以後，毛澤東再次密集批評高度集中的計劃經濟體制，認為 "目前這種按行政方法管理經濟的辦法不好，要改"，"一切統一於中央，卡得死死的，不是好辦法"。[1] 他要求中央認真總結經濟工作的經驗，對經濟工作實行 "徹底的革命"。

毛澤東的這些設想，在 20 世紀 60 年代末到 70 年代得到了實現。1969 年，在 "文革" 初期的局面略為平靜之後，全國計劃座談會決定重新加大向地方放權的力度。1970 年 3 月，國務院各部的直屬企業、事業單位絕大部分下放給地方管理；包括大慶油田、長春第一汽車製造廠、開灤煤礦等大型骨幹企業在內的兩千六百多家中央直屬企業、事業和建設單位，下放給各自所在的省、市、自治區，中央直屬企業產值在工業總產值中的比重從 42.2% 降至 6%。為配合經濟管理體制的這種變革，國務院部門進行了空前的精簡，由九十個精簡合併為二十七個，人員編制減至原來的 18%。[2]

這次分權，除了進一步明確中央和地方的關係之外，還取得了兩個對後來幾十年中國經濟結構影響深遠的成就：三線建設和農村工業化的發展。三線建設是計劃經濟時期對中西部規模最大的一次工業化投資；社隊企業使得農村工業得到迅速發展，成為改革開放後鄉鎮企業的前身。

---

[1]　顧龍生：《毛澤東經濟年譜》，北京：中共中央黨校出版社，1993：637。

[2]　崔鳳軍：《三維分權視角下當代中國行政體制改革的邏輯與出路：中國式分權主義研究》，杭州：浙江大學，2013。

農村就地工業化

農村工業化的發展，是第二次權力下放的一個重要成果。人們通常認為，工業化和城鎮化是聯繫在一起的。但實際上，在西方資本主義發展的早期，也經歷了一個 "農村工業化" 的階段。就地發展農村工業，也是工業化的一種途徑。20 世紀初，中國社會曾就現代化道路產生過激烈爭論，爭論焦點之一就是中國的工業化究竟是從城市大工業開始還是從發展鄉村工業開始。一些學者提出了發展鄉村工業的設想，有代表性的是費孝通教授。他認為，近代以來，農村的傳統手工業被外來的工業破壞，使農民的收入降低到難以維持最低生活水平的程度，由此產生了中國農村的貧困問題。鄉村經濟的衰落打亂了城鎮和農村之間的經濟平衡，造成了鄉村資金的枯竭，加速了城鎮資本對鄉村土地的兼併[1]，解決的辦法就是發展鄉村工業。他說：

> 我們是求工業的充分現代化而讓 80% 的農民收入減少、生活程度降低呢？還是求農民多一點收入，而讓工業在技術上受一點限制？我的選擇是後面這半句。如果鄉村不能繁榮，農民收入不能增加，都市工業儘管現代化得和西洋媲美，工廠裏出產的貨品試問向哪裏去銷售？失去了鄉村這個巨大的消費市場，外部又受到西方工業的激烈競爭和擠壓，那麼工廠沒有市場就得關門。[2]

這一思想的實質是，農村就地工業化的目的除了提高經濟效率之外，更重要的目的是容納農村就業、提高農民收入和支援農業、縮小城鄉差距，改造農村的社會和文化，為城市工業化提供市場，把農村納入現代化進程。在舊中國，由於城市工業基礎薄弱，這些設想並沒有條件實現。

新中國成立初期，首先發展的工業部門都集中在城市。20 世紀 50 年代末，在第一次經濟管理權力下放中，農村工業化成為公社化運動的目標之一。[3]1958 年 8

1　劉長亮：《鄉間小路與工業通衢 —— 費孝通鄉村工業思想評述》，《河北大學學報（哲學社會科學版）》，2005（01）：143-144。

2　彭南生、金東：《論費孝通的鄉村工業化思想》，《史學月刊》，2010（11）：80-85。

3　吳一平：《集體主義、鄉鎮企業與農村工業化》，《財經科學》，2005（02）：168-175。

月，中央政治局擴大會議通過了《關於在農村建立人民公社問題的決議》，這一時期，中共中央還決定每年由中央財政撥款十億元，全力推動農村工業化。1959 年，中國農村已經建成約七十萬個社辦企業，號稱創造產值七十億元。[1] 但這時的社隊企業並不鞏固，1961 年經濟調整之後，社隊企業的規模大幅下降。1961 年，社隊企業數量減少到 4.5 萬個，產值減少到 19.8 億元，1963 年下降到 4.2 億元，達到歷史最低點。[2]

1960 年，毛澤東在讀《蘇聯政治經濟學教科書》時，針對 "大躍進" 期間大量農村人口湧入城市的情況提出："如果讓減少下來的農業人口，都擁到城市裏來，使城市人口過分膨脹，那就不好。從現在起，我們就要注意這個問題。要防止這一點，就要使農村的生活水平和城市的生活水平大致一樣，或者還好一些。有了公社，這個問題就可能得到解決。每個公社將來都要有經濟中心，要按照統一計劃，大辦工業，使農民就地成為工人。公社要有高等學校，培養自己所需要的高級知識分子。做到了這一些，農村的人口就不會再向城市盲目流動。"[3]

1965 年之後，農村工業化又被重新提上日程。1965 年 9 月，中共中央、國務院就發展農村副業生產做出指示，要以生產隊為主，大力發展集體副業。1966 年 5 月 7 日，毛澤東做出著名的 "五七指示"，指出 "農民以農為主（包括林、牧、副、漁），也要兼學軍事、政治、文化，在有條件的時候也要由集體辦些小工廠，也要批判資產階級"。[4] 這為社隊企業的發展創造了政治條件，對 20 世紀 60 年代初在經濟恢復階段中央提出的 "社隊一般不辦企業" 的規定是一個突破。

20 世紀 70 年代初期，農村也具備了發展鄉村工業的條件：農村人口持續增長，人地矛盾尖銳，多餘人口需要出路，城市國有大中型企業主要生產重工業產品，不能滿足農村小型農機等產品的需要。1970 年，中央召開北方地區農業會議，強調大力發展社隊企業，大辦農機廠、農具廠以及與農業有關的其他工廠，統稱 "五小" 工廠，為農業剩餘勞力尋找出路，增加農民收入，滿足長期壓抑的市場需

1   潘維：《農民與市場 —— 中國基層政權與鄉鎮企業》，北京：商務印書館，2003：65。
2   馬泉山：《中華人民共和國工業經濟史》，北京：經濟管理出版社，1998：354–355。
3   毛澤東：《讀〈社會主義政治經濟學〉批註和談話（上冊）》，北京：中央文獻出版社，1992：197。
4   中共中央文獻研究室：《建國以來毛澤東文稿（第十二冊）》，北京：中央文獻出版社，1998（12）：54。

要，[1] 實現農業機械化。

經過兩次權力下放，農村發展工業已經具備了一定基礎。1964 年、1969 年兩次三線建設高潮，又使得大量工礦企業遷移到邊遠農村地區，或者下放給地縣一級管理，增加了農村地區資金和設備使用。1966 年之後，"五七幹校" 的興辦和 "知識青年上山下鄉" 運動的開展，使一批領導幹部、知識青年等科學、文化、技術人才流向農村，帶來了興辦企業的知識和市場信息。江蘇、浙江、廣東等歷史上有傳統手工業的省份首先興辦起農具、糧油加工、建材、編織、服裝等社隊工業。以江蘇省為例，社隊工業總產值從 1970 年的 6.96 億元增加到 1975 年的 22.4 億元，年均增長 20% 以上；社隊工業佔全省工業總產值的比重，由 1970 年的 3.3% 上升到 1975 年的 9.3%。"四五" 期間，社隊企業受到了中央的認可，得到了更快的發展。

1965 年至 1976 年，按不變價格計算，全國社隊工業產值由 5.3 億元增長到 123.9 億元，在全國工業產值中的比重由 0.4% 上升到 3.8%。到 1976 年年底，全國社隊企業已發展到 111.5 萬個，每個縣有四百多個社隊企業，社隊工業總產值 243.5 億元，其中社辦工業產值比 1971 年增長 216.8%。社隊企業的發展客觀上為 20 世紀 80 年代鄉鎮企業的大發展準備了條件。[2]

社隊企業增強了農村集體經濟的實力，改進了農業生產條件，加快了農業水利化、機械化、電氣化、化學化的步伐，增強了農業抵抗風險的能力。社員生活水平的日益提高，給縮小城鄉差別、工農差別、腦力勞動和體力勞動差別創造了條件。1975 年的一篇報道寫道：社隊工業有如爛漫的山花到處開放……它不僅為壯大集體經濟、加速實現農業機械化創造條件，而且對於逐步縮小三大差別、加強工農聯盟、鞏固無產階級專政也有極為深遠的意義。[3]

除了社隊企業，縣一級的 "五小" 企業也獲得大發展。到 1975 年年底，地方 "五小" 企業的鋼、原煤、水泥、化肥年產量分別佔全國的 6.8%、37.1%、58.3%、69%。

社隊企業和 "五小" 企業的發展，使得農業機械和化肥迅速普及。1975 年，全

1　鄧宏圖、李亞：《過渡期中國制度變遷的經濟史解釋：1956—1996——"體制困局" 與改革的內生性和過渡性》，《南開經濟研究》，2005（02）：3–11。

2　何繼華：《廣西社隊企業研究：1953—1983》，桂林：廣西師範大學，2010。

3　佚名：《偉大的光明，燦爛的希望——河南鞏縣回郭鎮公社圍繞農業辦工業、辦好工業促農業的調查》，《新農業》，1975（Z1）。

國農業機械總動力達一億馬力以上，比 1964 年增長了近十倍。其中，手扶拖拉機、機動脫粒機分別增長了 45 倍和 23 倍，電動碾米機、軋花機、榨油機比 1964 年分別增長 10.4 倍、1.8 倍、11.8 倍。[1] 化肥和農業機械的普及，為 20 世紀 80 年代包產到戶之後農業產量提高創造了條件。

權力下放對改革開放的影響

20 世紀 70 年代初實行的第二次權力下放，總體上看是成功的，不僅把廣大基層、農村和中西部地區納入了現代化進程，而且使中國構建了既有中央集中統一，又有地方積極性的中國特色計劃經濟體制，為改革開放初期形成競爭性市場體制奠定了基礎。

首先，權力下放在中國歷史上第一次把農村納入了工業化、現代化的進程。發展中大國在現代化、工業化過程中如何處理城市和農村的關係，不僅是一個關係社會公平的道義問題，也關係到工業化的可持續發展。大多數發展中國家優先發展城市工商業，僅僅把農村作為勞動力、原材料的來源地，使農村和農民游離於現代化進程之外。其結果是城鄉差距擴大甚至尖銳對立、社會割裂，如果實行土地私有制，那麼還會導致大量農民失去土地，形成貧民窟，成為現代化難以逾越的障礙。農村和城市在經濟上的不平等又導致了政治上的不平等，現代化的進程主要由城市人口掌握，形成愈加不利於農村發展的政策取向。亞洲的印度、菲律賓，拉美的巴西等國家是這種城鄉對立型發展道路的典型。

中華人民共和國成立之後，中國共產黨黨內也存在著工業化道路的思路分歧，其中一個方面就是要不要支持農村辦工業。如果工業以標準化的城市大工業為主，那麼廣大農村就會長期游離於工業化、現代化進程之外，不斷地被邊緣化。在 50 年代的 "人民公社運動" 和 70 年代的第二次經濟管理權力下放過程中，農村的工業化得到兩次迅速發展的機遇，這不僅避免了農村被邊緣化，而且提高了農民收入，促進了工業支持農業，還改造了農村的社會和文化，使得現代化的理念影響到農村。儘管初期的鄉村工業是低水平的、粗糙的，到 90 年代之後，鄉村工業已經逐步被市

1　劉國光等：《中國十個五年計劃研究報告》，北京：人民出版社，2006：351。

場經濟淘汰，轉移農民工成為農村參加工業化的主要渠道，但是社隊企業和 "五小" 工業對農村發展的歷史作用應當充分肯定。

即使在今天的條件下，也應該重視農村就地工業化這種路徑。與農民工進城務工相比，農村就地工業化，可以便於農民兼業，在從事工業生產的同時不耽誤務農，可以把一部分農村青壯年精英人才留在農村，避免大量人才外流造成的農村社會治理失敗，有利於農村的組織化和公共服務的提供、社會建設以及民主政治的發展。2013 年 7 月，中共中央總書記習近平在農村考察時表示：

> 即使將來城鎮化達到 70% 以上，還有四五億人在農村。農村絕不能成為荒蕪的農村、留守的農村、記憶中的故園。城鎮化要發展，農業現代化和新農村建設也要發展，同步發展才能相得益彰。[1]

這一論述表明，要讓城市和農村共同參與現代化進程，而不能僅僅把農村看作是城市的附庸、城裏人的糧倉、廉價勞動力和原料的來源。這是對那種以城鎮化的名義推行農村土地私有化、在農村侵佔耕地、剝奪農民利益的做法的糾正。在推進城鎮化的背景下，重新思考和認識 20 世紀 50 年代和 70 年代農村工業化發展的歷史，是有借鑒意義的。

其次，經過兩次經濟分權，到改革開放之前，中國一大批企業由地方管理、大中小微企業共同發展，許多地方也擁有了比較完整的、自成體系的經濟體系。中國在計劃經濟程度最高的時候，中央政府也只控制不到六百種產品的生產和分配，而蘇聯則高達五千五百種；中國只有 3% 的中國國營企業直接歸中央政府調控。從產業的地域分佈看，蘇聯各地區之間是嚴格的分工關係（例如中國第一艘航母的前身瓦良格號就是蘇聯烏克蘭造船廠建設的，但是蘇聯解體之後，由於當地缺乏配套的產業基礎，只好停建）；而中國強調各地 "自成體系"，許多地方形成了完整的工業體系，有利於在改革開放之後迅速形成各地之間競爭的格局。

1　習近平：《農村絕不能成為荒蕪的農村》，http://news.xinhuanet.com/politics/2013-07/22/c_116642856.htm, 2013-07-22。

2. "限制資產階級法權"

中國突破蘇聯模式的另一個方面是，在發展中努力縮小精英階層和平民階層的差距，保持中國共產黨和群眾的聯繫。其在經濟領域的表現主要是，在基層單位推動經濟民主，讓普通勞動者參與企業管理，縮小城鄉、地區和階層差距，當時把這些政策叫作"限制資產階級法權"。

"勞動者管理上層建築"

毛澤東認為，實現公有制和共產黨執政，並不能自動保障勞動者的權益，而是必須使勞動者真正參與上層建築的管理。他將馬克思使用過的"資產階級法權"的概念做了引申，用於表述在社會主義階段，雖然消除了因佔有財產的不平等導致的人和人之間的不平等，但是仍舊存在著因分工、職業、城鄉、社會地位的不同而導致的不平等。1958 年在評論斯大林《蘇聯社會主義經濟問題》一書時，毛澤東認為："經過社會主義改造，基本上解決了所有制問題以後，人們在勞動生產中的平等關係，是不會自然出現的。資產階級法權的存在，一定要從各方面妨礙這種平等關係的形成和發展。在人與人之間的相互關係中存在著的資產階級法權，必須破除。例如，等級森嚴，居高臨下，脫離群眾，不以平等待人，不是靠工作能力吃飯而是靠資格、靠權力，幹群之間、上下級之間的貓鼠關係和父子關係，這些東西都必須破除，徹底破除。破了又會生，生了又要破。"[1]

如何"限制資產階級法權"呢？毛澤東給出的辦法是，讓人民自己管理企業、管理機關、管理上層建築。他認為："一切國家機關、一切部隊、一切企業、一切文化教育事業掌握在哪一派手裏，對於保證人民的權利問題，關係極大……人民自己必須管理上層建築，不管理上層建築是不行的。我們不能夠把人民的權利問題，了解為國家只由一部分人管理，人民在這些人的管理下享受勞動、教育、社會保險等

1　毛澤東：《讀社會主義政治經濟學批註和談話（簡本）》，北京：中華人民共和國國史學會，2000：40–41。

等權利。"[1]

也就是說，毛澤東認為，僅僅給老百姓權利和社會福利還不夠，還要用直接參與的方式，讓人們參與各種國家機構和企業的管理。毛澤東 "限制資產階級法權" 的主要手段是：不斷進行各種政治運動，提倡幹部、知識分子與工農相結合，在企業和人民公社等基層單位吸收普通勞動者參與管理。

毛澤東的這些探索，是要找到一條公有制和經濟民主相結合的道路。在當時的歷史條件下，這種探索有超越發展階段的成分，但是也不能說完全是空想。1960年，他推動 "幹部參加勞動，工人參加管理" 的 "鞍鋼憲法"。他主持制定的《農村人民公社工作條例》中明確提出，"人民公社的組織原則是民主集中制"，"人民公社各級的重大事情……都應該由各級的社員代表大會或者社員大會決定"。[2]

由於中國當時處在嚴峻的國際環境中，再加上長期的封建殘餘和小農意識尚未根本清除，毛澤東的設想並未很好地實現，生前他對這方面的進展也並不滿意。1974 年 12 月 26 日夜，毛澤東、周恩來兩位老戰友圍繞這個問題徹夜長談。毛澤東認為：

> 我同丹麥首相談過社會主義制度。中國現在實行的是商品制度，工資制度也不平等，有八級工資制等等。這只能在無產階級專政下加以限制。…… 列寧說，"小生產是經常地、每日每時地、自發地和大批地產生著資本主義和資產階級的"。工人階級一部分，黨員一部分，也有這種情況。無產階級中，機關工作人員中，都有發生資產階級生活作風的。[3]

之所以強調這些問題，是因為毛澤東已經看到，蘇聯共產黨實際上已經轉變為修正主義的黨，中國要堅決避免走這條道路。今天看來，毛澤東對 "限制資產階級法權" 的探索，不能說完全取得了成功，其中有許多失誤，他並沒有來得及找到並

---

1   毛澤東：《讀社會主義政治經濟學批註和談話》，北京：中華人民共和國國史學會：1998：275–276。

2   參見《農村人民公社工作條例修正草案》，1962 年 9 月 27 日，中國共產黨第八屆中央委員會第十次全體會議通過。

3   中共中央文獻研究室：《建國以來毛澤東文稿（第十三冊）》，北京：中央文獻出版社，1998：413–415。

建立一個成熟、完善的制度。對此，《關於建國以來黨的若干歷史問題的決議》做出了科學結論。但是，從歷史的視角來看，在中國共產黨的努力下，中國確實在一定程度上避免了其他國家在現代化早期形成的劇烈貧富分化和階級矛盾，建設了一個相對公平、扁平、民主的社會。

鞍鋼憲法

"限制資產階級法權"的探索，在經濟領域的一個有代表性的實踐是制定"鞍鋼憲法"。計劃經濟初期，中國學習的是蘇聯的企業管理制度，在企業內部實行"一長制"，即自上而下的等級管理和命令制度。1956年，毛澤東針對蘇聯的"一長制"提出："一個工廠幾千人，很不容易搞好，沒有黨的領導，很容易形成一長獨裁。找兩個廠子分別試一下看，一個是一長制，一個是黨委集體領導制，看後者是不是就一定搞得那麼壞。"[1]

1960年，毛澤東在鞍鋼《關於工業戰線上大搞技術革新和技術革命的報告》上批示，肯定和稱讚鞍鋼"開始相信群眾運動……創造了一個鞍鋼憲法，鞍鋼憲法在遠東，在中國出現了"。[2]毛澤東這個批示，肯定了鞍鋼的五方面做法，即：堅持政治掛帥，加強黨的領導，大搞群眾運動，實行"兩參一改三結合"，大搞技術革新和技術革命。其中，"兩參"是指"幹部參加勞動、工人參加管理"，反對領導者和管理者脫離生產和經營一線，要求管理者融合到下屬員工和一線工作中，進行"現場管理"；而工人不僅是生產者也應當是企業生產和運營的管理者，應當民主地參與企業的管理工作。"一改"是指改革不合理的規章制度。"三結合"是指工人、幹部和技術員三結合的群體協作。其實質是打破過於精細化的流水線分工和科層制的本位主義、官僚主義，開展群體技術協作。有學者認為，這是對西方20世紀30年代形成的大規模生產線、研發和生產相分割的"福特制"的突破，有利於提高企業應對不同需求的能力。[3]

---

1 逄先知、金沖及等：《毛澤東傳（1949—1976）》，北京：中央文獻出版社，2003。

2 中共中央文獻研究室：《建國以來毛澤東文稿（第九冊）》，北京：中央文獻出版社，1996：89–90。

3 樂國林、陳春花：《兩部企業憲法蘊含的中國本土管理元素探析——基於鞍鋼憲法和華為基本法的研究》，《管理學報》，2011，8（11）：1575。

"鞍鋼憲法"的實質是在企業管理中體現經濟民主，擴大普通工人和技術人員的參與權。在 1960 年推廣"鞍鋼憲法"之後，從 1964 年起，全國又開展了"工業學大慶"運動，其中也包括同"鞍鋼憲法"類似的內容。在學習鞍鋼和大慶的過程中，出現了不少實行經濟民主的典型。如鄭州鋁廠、焦作耐火材料廠等實行了"三三制"，規定幹部 1/3 參加勞動，1/3 調查研究，1/3 堅持做好日常工作，這種做法在 60 年代之後在一些國家機關也得到推廣。

　　"鞍鋼憲法"的思想，在"農業六十條"和"工業七十條"中得到了體現。1962 年 9 月 27 日，中共八屆十中全會通過了《農村人民公社工作條例》，明確提出，"人民公社的組織原則是民主集中制"，"人民公社各級的重大事情，都由各級的社員代表大會或者社員大會決定"。[1] 但是，對於這一問題，在起草"工業七十條"的過程中還有比較明顯的意見分歧。[2]

　　這一時期，國有企業內部在一定程度上實現了經濟民主。據一些當事人回憶，通過職工代表大會、班前會、班後會、民主生活會、政治學習會等平台，普通工人對企業的重大事務和關係切身利益的事務，有了一定的發言權，也有了了解企業形勢、發表意見、行使監督權的渠道。[3] 一些企業要求領導必須堅持在生產第一線，而不是成為地位優越的官僚式管理者，企業管理者和工人之間的差距不大，關係較為平等、融洽。

　　"鞍鋼憲法"本身是一種制度建設的探索，在今天仍然有現實意義。有人認為，毛澤東比較重視群眾運動，而不重視制度建設，這種看法不全面。毛澤東在 1956 年就談到，解決制度問題比解決思想問題更重要，更帶有根本性質。"人是生活在制度之中，同樣是那些人，實行這種制度，人們就不積極，實行另外一種制度，人們就積極起來了。"[4] 毛澤東對"如何用制度激勵人"的看法比單純重視物質激勵的西方經濟學的觀點視野更開闊，他認為，生產過程中人與人之間的平等關係也是生產關係的一部分，有了這種平等關係，勞動者就能意識到是在為自己的利益而勞動，從而形成強大的激勵力量。毛澤東提出的"政治掛帥"、"工人階級領導一切"等口

1　中央檔案館、中央文獻研究室：《中共中央文件選集：第四十一冊》，北京：人民出版社，2013：91–120。

2　王永華：《"工業七十條"爭論始末》，《黨史博採（紀實）》，2010（02）：15–18。

3　郭松民：《"鞍鋼憲法"與"經濟民主"無關嗎？》，《國企》，2011（11）：30–31。

4　逄先知、金冲及等：《毛澤東傳（1949—1976）》，北京：中央文獻出版社，2003：472。

號有明確的經濟社會內涵，即打破經濟生活中的等級制度，建立一個平等的社會。今天，在金融危機之後，如何凝聚新的增長動力，擴大經濟民主仍然是不可迴避的話題。

▶▶▶　3. 農業集體化再評價

　　中國自古以來就是一個災荒頻發的大國。鄧拓在《中國救荒史》中指出："將近四千年間，幾乎無年不災，也幾乎無年不荒，西歐學者為之驚詫，稱中國為'饑荒的國度'"，"1949 年以前，中國平均每年有三百萬至七百萬人死於飢餓。民國時代累計餓死過兩億以上人口"。[1] 1949 年 8 月，時任美國國務卿艾奇遜說，"中國人口在十八、十九兩個世紀裏增加了一倍，因此使土地受到不堪負擔的壓力。人民的吃飯問題是每個中國政府必然碰到的第一個問題。一直到現在沒有一個政府使這個問題得到了解決"。對此，毛澤東批評說："艾奇遜的歷史知識等於零"，並且宣告："革命加生產即能解決吃飯問題。"[2] 新中國成立之後，開始解決中華民族的吃飯問題，解決這一問題的核心是實行農業集體化。

　　新中國成立前後，像許多其他國家一樣，中國進行了土地改革，實現了"耕者有其田"，即土地家庭所有制，但是，中國並沒有停留在這一步，而是進一步實行了農業集體化，相繼建立了合作社和人民公社。這是中國農村體制最顯著的特點，也是今天爭議較多的一個問題。特別是包產到戶獲得成功之後，有人認為農業集體化制度"嚴重脫離中國的發展階段"，是迷信"一大二公"、"所有制崇拜"、"空想共產主義"，"是農村貧困落後的根源"。

　　究竟如何評價農業集體化，這不僅關係到對歷史的評價，更關係到對今天土地制度和農村改革的看法。正如我們上一章所分析，農業集體化是中國工業化和現代化戰略的組成部分，也是中國獨特的農村發展道路。儘管集體化在具體工作中出現

1　鄧拓：《中國救荒史》，北京：商務印書館，2011。
2　毛澤東：《毛澤東選集（第四卷）》，北京：人民出版社，1969：1399–1401。

過失誤，特別是在 1959—1961 年的人民公社化期間出現嚴重問題，但是從改革開放前三十年的歷史來看，農業集體化符合中國人多地少的國情，打破了小農經濟對現代化的約束，促進了工業化和農業現代化，改造了農村的經濟、政治、社會和文化，改善了農村民生，避免了現代化過程中的農業和農村危機，也為改革開放後徹底解決吃飯問題打下了不可或缺的基礎。總的來說，農業集體化是符合國情的正確選擇。

中國為什麼要搞農業集體化

合作化不是社會主義國家首創的，而是幾乎和資本主義一同誕生的，最初是工人自發組織起來維護自身利益、抵禦私有制和自由市場缺陷的一種組織形式。1844 年，二十八個紡織工人於英國創立了羅奇代爾平等先鋒社（Rockdale Equitable Pioneer Society），這是西方社會有記載的最早的合作社。先鋒社以批發價買進商品，賣給社員，並定期將利潤分紅給社員，讓工人免受壟斷流通渠道的商人的壓榨。

和私有企業不同，合作社實行民主管理，每人一票，由選舉出來的自治委員會管理交易，社員有權監督賬目，每季度分紅。相對於私有制企業，由於合作社的產權歸全體成員所有，有利於建立平等的人際關係，使得社員有積極性，更加主動地關心組織經營。人和人的關係比較平等。當前西方國家最有名的合作社 —— 西班牙蒙德拉貢公司，職工最高和最低的工資之比只有 4：1 左右，員工工作也比較穩定，對企業的認同感高，公司所在地成為西班牙貧富差距最小、失業率最低的地區之一。[1]20 世紀後，人們又開始重新探討合作社思想以及其文化傳統。目前，合作社所體現出的全員持股、員工參與管理等理念，在西方國家都有所發展，成為資本主義國家實現經濟民主的一種形式。

但是，合作社的成功運行，需要一定的政治、社會和文化條件。其包括：需要一個比較公平的社會基礎，需要集體主義、團隊合作、民主參與的文化，要求成員具有集體主義精神和合作意識。因此，合作社雖然有相對於私營企業的優越性，但是也對管理能力和社會文化條件有更高要求。中國的農業合作社和人民公社能否有

---

[1]　唐冰、宋葛龍：《"蒙德拉貢模式"與現代合作經濟》，《中國改革》，2006（9）：52-53。

效運行，同樣受這些因素的制約。

在西方國家，農業合作社是比較普遍的現象。農業是弱勢產業，經營週期長、地理分散、一般離市場較遠、受自然條件影響大、抗風險能力弱。合作社是農民保護自身利益的組織。歐洲、日本、韓國、以色列等人多地少的國家，建立了綜合農協、基布茲公社等合作組織，是農業的主要組織形式，國家對農業的補貼也主要通過合作組織進行。農民組織化程度的提高還有利於降低科技推廣和信息服務成本，形成規模經濟效益，規範產品流通管理，避免無序的市場競爭。美國農產品的80%，法國穀物的71%，丹麥97%的農產品，日本95%的糧食、80%的水果、80%的家禽以及大部分生產資料，都是通過合作社經營的。

合作化思潮在20世紀初就傳到中國，成為一種重要的救亡圖存主張。中國的不少先進分子認識到，一盤散沙的小農經濟是中國貧弱落後的根源，希望通過合作社來把農民組織起來，避免兩極分化，重建鄉村社會，改造國民性。如梁啟超認為，合作化是介於資本主義和社會主義之間的第三條路，它並不要求消滅私有產權，也不像資本主義制度那樣將權力集中於少數人，導致階級分化和對立，而是倡導互助合作，使社員獲得經濟上、政治上的平等地位。北洋政府議員覃壽公提出，中國有大量貧困的小農，信用合作社可以使他們免於農村高利貸的盤剝。梁漱溟認為，農民階層的"無組織"使得其"政治上無辦法"，應建立合作組織來改造農村、教育農民。孫中山在1918—1919年所寫的"地方自治計劃"中，明確提出要組織農業、消費、保險的合作。毛澤東在1919—1920年間曾力主舉辦"新村"、"工讀互助團"、"自修學社"。

一些先進知識分子當時就提出在中國社會開展農業合作化的實踐。不過，由於當時中國還是一個兩極分化的社會，農民缺乏合作的能力和基礎，同時缺乏必要的政治和社會條件，鄉村合作組織沒能實現維護農民利益的初衷。相反，鄉村合作組織反而被俘獲為利益集團的工具。以高利貸為例，1936年薛暮橋在《中國農村問題》一書中指出，合作社本來是要解決農民被高利貸者剝削的問題，但實際上合作社被地主豪紳把持，銀行資本決不願同地主豪紳發生衝突，而是聯合起來剝削貧苦農民。銀行放款要通過富農，錢未到手時便扣去抵償佃租和利息，再用三分四分的高利轉借給貧苦農民。[1]

土地改革之後，中國並沒有停留在家庭所有制上，而是從 1951 年起就開展了農業合作化，50 年代末又進行了人民公社化。究竟為什麼要進行農業集體化？為什麼要辦合作社和公社，當時許多文件和領導人都有過闡述。如 1964 年 1 月鄧小平在會見外賓時指出了人民公社制度的三個優勢，"第一，有利於發展生產。公社規模大，可以興辦小單位不能興辦的事業，如水利事業；將來通過公共積累的不斷擴大，可以實現農業現代化。第二，有利於鞏固社會主義制度，保障向共產主義道路前進，避免農村出現兩極分化。第三，可以穩定城市市場"。[2] 概括起來，中國實行農業集體化的理由包括：

—— 便於國家和農民打交道，低成本、較公平地從農村積累剩餘，支持工業化，穩定城鄉市場。國家能夠通過直接和人民公社打交道，避免了在自由市場條件下私商對糧食價格的炒作和控制，也避免地主、高利貸者對剩餘產品的攫取。同時，在為工業化提供積累的同時，人民公社可以發揮社會保障作用，在集體內部按照人頭分配基本口糧，可以保障每個農戶都能獲得維持生存的糧食。

—— 通過組織集體協作，改善"土肥水種"等農業生產條件的短板，從而提高農業產量。在傳統農業條件下，勞動投入的效果已經接近極限，制約農業產量的主要因素是土、肥、水、種等條件，而在工業化尚未實現之前，只能通過合作化組織集體勞動，改善農業生產條件。

—— 在村社內部擴大專業化分工，發展工商業和社會事業。小農經濟的一個重要弊端是一家一戶規模過小，不利於形成專業化分工，影響擴大再生產。1958 年人民公社化運動的一個出發點就是發展農村工商業和社會事業，用毛澤東的話說就是"還是辦人民公社好，它的好處是可以把工、農、商、學、兵結合在一起，便於領導"[3]，這裏的意思就是在農村內部形成專業化分工的格局，讓人民公社成為具有多種功能的機構，擺脫單一的農業經濟，縮小城鄉差距，提高農村的收入和醫療、教育、社會保障等水平。20 世紀 70 年代，中國在農村普及"五小"企業、合作醫療和

1　薛暮橋：《薛暮橋文集：第十五卷》，北京：中國金融出版社，2011：166。

2　武市紅：《鄧小平對中國農業現代化的探索與思考》，《黨的文獻》，2006（06）：61–65。

3　山東農業合作化編輯委員會：《山東省農業合作化史料彙集（下）》，濟南：山東人民出版社，1989：118–119。

基礎教育，都是以集體經濟為依託。

——人民公社是一個低成本而有效的基層政權體系。傳統中國政權不下縣，無法對農村進行有效治理，國家政權漂浮在基層之上，既無法遏制周而復始的土地兼併，也沒有能力實行長遠的經濟社會發展計劃。但是，如果依靠正規的行政體系，又具有相當高的成本，農民供養不起。人民公社就充當了低成本的農村治理組織，具有稅收、治安、公共服務、社會管理甚至一定的執法功能。由於公社幹部大部分仍然不脫離勞動，所以這是一個低成本的行政體系，而且可以發揮熟人社會的優勢，容易執行和監督。

——避免歷史上周而復始的土地兼併，避免農村重新出現兩極分化。這方面是毛澤東尤為強調的。把農民組織起來，防止兩極分化，是毛澤東一以貫之的思想，他在新中國成立初期就認為，"過渡時期做什麼事？兩件事：工業化、集體化……要把一萬萬戶農戶變成集體化是艱巨的……中國歷史上，貞觀、開元、康熙、乾隆之治，是無為而治，不能根本的解決問題，過上若干年，農民又要暴動"。[1] 這裏所說的 "無為而治"，就是國家政權弱小，鄉村依靠自治，無法抑制周而復始的土地兼併。1962 年之後，毛澤東又多次強調要避免農村的兩極分化。他說 "搞單幹，兩年都不要，一年多就會出現階級分化，其中有共產黨的支部書記，貪污多佔，討小老婆，放高利貸，買地；另一方面是貧苦農民破產，其中有四屬戶、五保戶，這恰恰是我們的社會基礎，是我們的依靠"。[2] 此後，他又多次強調這一觀點，認為通過資本主義發展生產是一個痛苦而且漫長的過程，應該力求避免這種階級分化的趨勢。

可見，中國農民自發組織合作社和人民公社，中國共產黨領導推進合作化和人民公社化，既不是照搬書本，也不是模仿蘇聯，而是面對中國農村發展的約束和目標，在基層探索的基礎上做出的理性決策。儘管在這個過程中有曲折和錯誤，但是並不能把農業合作社說成是迷信理論和模仿蘇聯的產物。

1　馬社香：《毛澤東為什麼大力提倡農業合作化 —— 陶魯笳訪談錄》，《中共黨史研究》，2012（01）：78–88。

2　中共中央文獻研究室：《毛澤東年譜（1949—1976）（第五卷）》，北京：中央文獻出版社，2013：130。

第一場爭論：要不要辦合作社

中國農業集體化不是一蹴而就的，而是經歷了約十年的探索過程。這個過程以1951年山西農民試辦合作社開始，以1962年中共中央確定"三級所有、隊為基礎"的人民公社基本核算制度宣告定型，從此人民公社制度比較穩定地運行了近二十年。在這個過程中，有兩次比較重大的爭論，這對於理解農業集體化的邏輯來說是很重要的。

第一次爭論是1951年圍繞山西農民自發組織的第一個合作社展開的，爭論的主題是要不要辦合作社。

農業合作化最初是為了解決農業生產工具不足的問題。1951年3月，山西平順縣的農民在李順達、郭玉恩帶領下，提出試辦農業合作社，主要是為了解決五個問題：一是深耕畜力不夠，買好牲口單個農民沒資金；二是增施肥料，單個農民買不起羊群；三是互助組集體勞動，剩餘勞動力個人副業生產不好調配；四是個體買大農具不經濟；五是大的土地改造不能進行，互助組長們希望"把互助組提高一步"。華北地區的自然條件較差，這些試辦的社員只有少量土地，部分人有農具，很少人有耕畜。同一時期聞名全國的河北遵化"窮棒子社"，即使辦社之後，大牲畜也只有一頭毛驢的三條腿（3/4時間的使用權），被稱為"三條驢腿鬧革命"。可見，這些農戶的合作是有現實需求的。

同時，剛剛進行土改的農村已經出現了新的貧富分化勢頭。據時任山西省委第一書記陶魯笳回憶，武鄉縣六個村1949—1950年兩年，有一百三十九戶（總戶數的11.8%）出賣土地四百一十畝（佔耕地總數的2.28%），有的富裕農民買不到地就放高利貸，說"人賺錢累死人，錢賺錢發大財"，年利率高達60%，甚至180%。[1]這樣下去，只會重演土地兼併，不僅會造成農村貧富分化，還將導致大量資金成為地租和高利貸，影響重工業的資金積累。

在這種情況下，長治地委和山西省委相繼支持了平順縣農民自發組織合作社的行為。長治地委書記王謙認為，建立合作社確實符合需要，部分農民受教育程度和勞動能力低，如果任由農民單幹，少數農民成為富農，其他農民就會破產；如果學

---

[1] 曾康、周志強：《建國初期中共黨內關於農業發展道路的爭論》，《黨的文獻》，2003（01）：74–79。

習蘇聯的集體農莊，土地直接收歸國有，又會損害農民的積極性。合作社是解決這一矛盾的有效方法。

　　山西省和長治市的做法，引起了不同看法。最初有一些人不贊成發展合作社，理由是：《共同綱領》裏提出的是先發展新民主主義，再過渡到社會主義，而新民主主義一般不破壞私有財產制度。根據蘇聯經驗，農業合作化是建立在農業機械化基礎上的，在實現機械化之前，沒有條件搞合作化。山西省委和長治地委是"空想社會主義"。消息傳達到長治後，長治地委書記王謙並不同意這種批評，致信中共中央和毛澤東申訴，希望得到支持。毛澤東經過調查，表示支持合作社的嘗試。他的理由是：農業生產合作社能夠合理利用土地、興修水利、改良土壤、改良品種、採用新技術等，這是許多單幹農民難以做到的事情，特別是在抗禦自然災害方面有自己的優越性。同時，毛澤東對土改後農村中出現的階級分化十分關切，認為這是不可避免的，但要力求避免這種趨勢的發展。最終，毛澤東用《資本論》第一卷第11、12章的內容說服了其他領導人。歐洲資本主義發展早期，在蒸汽機發明之前，也經歷了一個工場手工業的時期，由小手工業者合作起來共同勞動，通過協作和分工，提高了生產力。根據同樣的道理，雖然農業機械化尚未實現，但是通過協作分工可以形成新的生產力。其他領導人接受了這個意見。從此，農業合作化開始進入快車道。[1]

表 2-1　1952—1957 年全國農業生產情況（萬噸）

年份	糧食	棉花	油料	黃紅麻	農業產值增長率
1952	16392	130. 4	419. 3	30. 6	
1953	16683	117. 5	385. 3	13. 8	1. 9%
1954	16952	106. 5	430. 5	13. 7	1. 7%
1955	18394	151. 8	482. 7	25. 7	7. 9%
1956	19275	144. 5	507. 6	25. 8	4. 7%
1957	19505	164	419. 6	30. 1	3. 1%

資料來源：國家統計局編：《新中國六十年統計資料彙編》，北京：中國統計出版社，2010 年，表 1–32。

　　1951 年到 1955 年，經過幾年的探索和推動，合作社已經在全國推廣，從結果

1　關於爭論的具體經過，可參考：薄一波：《若干重大決策與事件的回顧》，北京：中共黨史出版社，2008：184–211。

來看，合作社的建立，改變了傳統社會生產力長期保持低水平的局面。1952—1957年，糧食產量和第一產業總值都持續地以較快速度增加（見表2-1）。同時，農村的發展和穩定也為發展全局打下了基礎。

第二場爭論：人民公社還是包產到戶

第二場爭論發生在20世紀60年代初，主題是要不要堅持人民公社制度。

1958年4月，以河南省遂平縣嵖岈山衛星人民公社成立為標誌，人民公社化運動在中國大地上蓬勃展開了。人民公社化是和"大躍進"、第一次企業下放以及國際形勢緊張同時發生的，其中也有邏輯上的聯繫。

開展人民公社化，至少有三方面原因：第一，隨著中蘇關係惡化和企業下放，需要農村提供更多經濟剩餘，支持地方工業發展。第二，興修水利等公共設施，需要更大範圍協作，合作社的規模已經不能滿足調動資源的需要。第三，為了縮小城鄉差距，讓更多農民參與到現代化進程中，通過人民公社在農村提供工商業和公共服務。

人民公社也是基層自發探索出來的。1957年冬春，在農田水利建設中，為了適應跨地區水利工程的需要，有些地方打破社界、鄉界、縣界進行協作。為了讓農民更好地興修水利，舉辦了公共食堂和託兒所等集體福利事業。這些自發的變化引起了毛澤東的重視，1958年他在成都會議上提出小社併大社的主張，4月8日中央政治局通過《關於把小型的農業合作社適當地合併成大社的意見》，全國掀起了小社併大社的熱潮。在時任河南省遂平縣農業工作部副部長陳丙寅推動下，1958年4月20日，遂平縣成立了"嵖岈山衛星人民公社"，成為中國歷史上第一個以"人民公社"為名稱的農村組織，同時其他地區還有集體農莊、合作農場等叫法，最後毛澤東選定了"人民公社"這個名字。[1]

人民公社發展初期，主要是通過政治方式推動，出現了許多嚴重問題。一是"共產風"，即競相擴大公社規模，乃至到一個公社幾十萬人（一縣一社），遠遠超過能夠有效管理的規模，只能按照平均主義的方式分配，挫傷了農民積極性。二是

---

[1]　蘇星：《新中國經濟史》，北京：中共中央黨校出版社，1999：429–430。

"一平二調"，即極端平均主義和無償調撥資源，強制將公社內部收入拉平，所有生產資料都被作為公有財產調撥使用，實質上違背了合作組織的集體所有制性質和按股份分紅、按勞動分配的基本原則。三是"浮誇風"盛行，由於一些幹部的官僚主義、瞎指揮，不少地區出現虛報浮誇產量、徵過頭糧等問題，影響了農業生產和農民生活。

1959 年起，中共中央開始糾正這些錯誤，"大躍進"時期一些提高的指標降下來，人民公社制度漸漸由冒進到穩定。1961 年 3 月 22 日，中央工作會議通過的《農村人民公社工作條例（草案）》，即"農業六十條"，明確規定"三級所有，隊為基礎"，即人民公社由以公社為核算單位，改為以大隊（當時稱生產隊）為核算單位，同時將公社和大隊的規模調小。1961 年 9 月，又將分配權由大隊下放到小隊，以生產小隊為基本核算單位，每個小隊的規模一般是十幾戶到幾十戶，規模不大，這樣就有較強的監督機制，可以實行按勞分配。

對於"人民公社化"過程中出現的錯誤，已經有很多研究。需要指出的是，"一平二調"、"共產風"、"浮誇風"等問題，是 1958—1961 年這段時間集中出現的，但這些問題並不是人民公社制度導致的，也不是人民公社制度的主流，而主要是人民公社制度在建立初期，制度還不穩定的結果。評價人民公社，要把"人民公社化"中的工作方法、步驟上的嚴重錯誤和農村土地集體所有制本身發展方向區分開，要把 1958—1961 年三年時間的錯誤和之後長達二十年穩定的人民公社制度區分開。

在三年困難面前，又出現了解決問題的不同主張：一種主張是實行包產到戶，另一種主張是繼續堅持人民公社制度，但在內部進行核算辦法的調整。今天有些學者認為，如果 20 世紀 60 年代就能實行包產到戶，那麼中國的農業改革成果就能提前二十年。歷史事實表明，這種設想並不成立。

"早點搞包產到戶就好了"嗎？

1961—1963 年，在毛澤東、劉少奇等領導人的支持下，農業大省安徽省進行了長達一年半的"責任田"試驗。試驗結果表明，在當時的生產力條件下，包產到戶起不到提高糧食生產的作用。"責任田"試驗期間，安徽省糧食產量的增幅均低於全國平均水平，也低於 1964 年之後安徽省恢復人民公社制度之後的增幅。

這次試驗的主導者是時任安徽省委書記曾希聖。1960 年 12 月，曾希聖第一次向安徽省委正式提出"責任田"的思考，1961 年 2 月又率先提出"包產到隊、定產到田、責任到人"的"責任田"辦法，並於 1961 年 3 月和 7 月兩次向毛澤東進行了彙報。當時，毛澤東是支持安徽省試點的，並且把能否增加糧食產量作為衡量成敗的標準。[1]

得到毛澤東同意後，安徽省大面積推廣責任田，1961 年 8 月全省實行責任田的生產隊增加到 74.8%，1962 年 2 月達到 90.1%。[2]1962 年李葆華接任安徽省委第一書記，但是責任田的試驗並未立即停止，直到 1962 年年底，安徽省仍有 70% 以上的生產隊執行著"責任田"。也就是說，從 1961 年 8 月到 1962 年年底，"責任田"在安徽持續了一年半時間，覆蓋率最高時達到 90.1%，最低時也有 70% 以上。

但是數據表明，在"責任田"試驗期間，1961 年、1962 年、1963 年安徽省的糧食產量增長率都顯著低於全國平均水平：1961 年全國糧食減產 5.1%，安徽省減產 6.8%。1962 年（這年的夏糧、秋糧全部生產週期都覆蓋在責任田試驗期間）全國增長 13.1%，安徽省增長 6.6%。1963 年（責任田影響這年夏糧的播種和一大半生長週

表 2-2　1958—1970 年全國和安徽省糧食產量增長情況

年份	全國糧食產量（萬噸）	年增長率	安徽糧食產量（萬噸）	年增長率
1958	19765.0		884.5	
1959	16968.0	− 14.2%	701.0	− 20.7%
1960	14384.5	− 15.2%	674.6	− 3.8%
1961	13650.0	− 5.1%	629.0	− 6.8%
1962	15441.0	13.1%	670.7	6.6%
1963	17000.0	10.1%	697.7	4.0%
1964	18750.0	10.3%	812.1	16.4%
1965	19452.5	3.7%	966.6	19.0%
1970	23995.5	23.4%	1263.80	30.7%

資料來源：國家統計局編：《新中國六十年統計資料彙編》，北京：中國統計出版社，2010 年，表 1–32、表 13–15。
註：最後一行指 1970 年比 1965 年的增長率。

1　資料來源：當代中國農業合作化編輯室編輯出版的《中國農業合作史資料》。
2　資料來源：當代中國農業合作化編輯室編輯出版的《中國農業合作史資料》。

期），安徽省糧食產量增加 4.0%，而全國糧食產量增長 10.1%。這三年的數據足以表明，"責任田"對農業增產的作用比不上其他地區實行的以"三級所有、隊為基礎"的人民公社制度（見表 2–2）。

在停止了"責任田"試驗之後，安徽省的糧食產量增長率反而迅速提高，1964年和 1965 年分別為 16.4% 和 19.0%，遠遠高於全國的 10.3% 和 3.7%，1970 年和 1965 年相比，安徽糧食產量增加 30.7%，也高於全國 23.4% 的水平。

安徽省的責任田試驗生動地說明，在 20 世紀 60 年代初期，"土、肥、水、種"等條件還不具備的情況下，進行包產到戶，實際上並不能起到改善農業生產的作用，當時的工業化水平也不足以讓大量農民離開土地到城市就業。而到 20 世紀 80年代初期，農業基礎設施建設已經完成，而且有條件在農村充分發展多種經營，包產到戶才具備了條件。因此，既不能以後來包產到戶的成功來否定 20 世紀 60 年代的人民公社制度，也不能以安徽"責任田"試驗的失敗來否定後來包產到戶決策的正確性。

人民公社制度的成就

1962 年之後，人民公社確定了"三級所有、隊為基礎"的體制之後，大體上穩定了二十年時間。應該如何評價這二十年人民公社制度的作用呢？

從糧食產量來看，農業集體化時代，"土、肥、水、種"等農業生產條件獲得改善，實現了糧食產量的快速增長。在人們印象中，人民公社時期長期吃不飽飯，似乎糧食產量增長不快，這是一種錯覺。之所以人們感受到還是吃不飽飯，是因為兩個因素抵消了糧食產量的快速增長：一是人口的快速增長，二是農業部門對工業部門的貢獻。實際上，新中國成立以來，除了個別年份之外，糧食產量始終保持著快速增長。1952—1979 年，糧食總產量從 16392 萬噸增長到 30476 萬噸，年均增長 2.41%。

在今天中國的輿論界，一提到人民公社，就有人馬上提到"大饑荒"，似乎是人民公社導致了大饑荒。

對於人民公社化到底是促進了溫飽還是導致了饑荒，事實已經做出了明確回答。在實行農業集體化的時代，中國的人口從成立初期的 4.5 億增長到 8 億多，人均預期壽命從三十五歲增長到六十八歲，這是中國歷史上發展最快的時期，在世界歷史上也是少見的。人民公社生產的糧食不僅維持了人口的生存繁衍，還為工業化提供了支持。饑荒在舊中國小農經濟條件下是常態，而自從 20 世紀 60 年代初人民公社制度定型之後到整個 70 年代，中國農業一直是持續發展的，尤其是以糧食為主的農產品產量一直保持著穩定增長的勢頭。1979 年全國人均佔有糧食達 684 斤，當時中國從總體上告別了飢餓，基本上解決了溫飽問題。鄧小平在 1982 年說："建國以來，我們做了一些事情，基本上解決了吃飯穿衣問題，糧食達到自給。這是很了不起的事情，舊中國長期沒有解決這個問題。"[1]

表 2-3　改革開放前後糧食產量增長率比較（單位：萬噸）

年　份	糧食	棉花	油料	糖料	茶葉
1952	16391. 5	130. 4	419. 3	759. 5	8. 2
1978	30476. 5	216. 7	521. 8	2381. 9	26. 8
2008	52870. 9	749. 2	2952. 8	13419. 6	125. 8
年均增長率 (1952 — 1978)	2. 41%	1. 97%	0. 84%	4. 49%	4. 66%
年均增長率 (1978 — 2008)	1. 85%	4. 22%	5. 95%	5. 93%	5. 29%

資料來源：國家統計局編：《新中國六十年統計資料彙編》，北京：中國統計出版社，2010 年，表 1–32。

　　糧食產量的增加，得益於水利、機械、化肥、良種等農業生產條件的改善以及科學技術的開發利用。這些方面在人民公社時期都取得了迅速進步。

　　水利。1949 — 1978 年是中國歷史上大規模興修水利的一個時期。中國自古就是治水大國，中華文明從某種程度上講就是治水文明。新中國提出 "水利是農業的命脈"，依託人民公社制度，組織社員在物質報酬很低甚至沒有報酬的情況下，開展了氣壯山河的水利建設，取得了歷史性的突破。1979 年，全國有大中小水庫 85400 多座，總庫容 4200 億立方米，相當於 4000 多個三峽工程的土方量，開掘興建人工河道近百條，新建萬畝以上的灌溉區 5000 多處。全國可灌溉面積從 1949 年的 2.4 億畝增加到 1979 年的 7.1 億畝（2013 年為 9.46 億畝）。如果沒有人民公社的有力組織，這些工程不可能修成，其中包括有代表性的三大水利工程：擴建都江堰灌區、淠史杭灌區和華北井灌區。僅以位於安徽中西部的淠史杭灌區為例，這是新中國

1　鄧小平：《鄧小平文選（第二卷）》，北京：人民出版社，2002：405。

成立後興建的全國最大灌區，1958 年開工，1972 年建成，總設計灌溉面積 1198 萬畝，最高日上工人數 80 萬人，累計 4 億工日，以每畝不足 40 元的國家投資，開挖了 6 億立方米的土方量。[1] 這些農田水利設施基本由人民公社的社員無償勞動完成，其中不少水庫直到現在還在發揮灌溉、防洪、生態、旅遊等效益。到 20 世紀 70 年代，基本上結束了中國數千年來 "大旱大澇必大災" 的歷史。1978 年是特大乾旱之年，全國農業總產值反比上年增長 9.8%，糧食產量首次突破三億噸大關。一批人民公社成立以來建成的水利骨幹工程對此起到了關鍵性作用，從而保住了農業豐收。

機械化。新中國成立初期，農業機械化幾乎為空白。70 年代初中國 "農輕重" 緊張關係初步緩解，縣域 "五小工業" 和社隊企業普及，為農業機械推廣創造了條件。1970 年到 1980 年的十年，中國農業機械普及率從每平方公里 10 馬力躍升至 80 馬力，遠高於當時低收入國家（15 馬力）和中等收入國家（60 馬力）的水平。70 年代初中國實現石油自給，1973 年又通過 "四三方案" 引進化肥成套設備。這些投入從 80 年代初開始發揮作用，成為 80 年代糧食增產的一大原因。

科技和良種。中國依託計劃經濟和人民公社，建立了覆蓋全國的農業科研和技術推廣網絡，把知識真正變成了公共品，這種體制有利於技術的迅速擴散。到 1957 年，全國建立了 14000 個農業技術推廣站、1400 個種子站和 1900 個育種示範站。20 世紀 60 年代河南幾個高產小麥品種開發成功，1973 年袁隆平的雜交水稻培育成功，1979 年李振聲的小麥雜交品種培育成功。

農業集體化突破了小農經濟對工業化的約束，為快速實現工業化提供了積累，同時又避免了工業化帶來的土地兼併和農村兩極分化，維護了農村社會穩定。集體所有制從制度上消除了傳統社會危害農村穩定和發展的兩個因素 —— 高利貸和土地兼併，消滅了地租和高利貸對農村有限剩餘的攫取，讓有限資金用於發展工業生產和提高農民生活。自秦朝以來，中國封建社會發生的週期性土地兼併，是改朝換代和社會動亂的主要原因，每次動亂都要付出巨大的社會成本，甚至人口大幅下降。西方國家工業化早期同樣伴隨著對農村的掠奪和衝擊。當代的一些發展中國家，如巴西、阿根廷等國家，自然資源豐裕，但土地為大地主、大莊園主所有，大量農民沒有土地，這一直是社會動盪的根源。中國的小農經濟為工業化提供積累，維護了

1　浿史杭灌區管理局網站：http://www.pshgq.cn/。

農村發展穩定。

　　人民公社以集體經濟為依託，開展了大量的公共事業和服務的建設。在 20 世紀 50 年代末的人民公社化運動中以及 60 年代後期，依託人民公社相繼普及了基礎教育和基本醫療，民辦教師和赤腳醫生作為公社成員，其薪酬由人民公社從公益金中支出，具體事務由公社組成委員會等機構進行管理。這滿足了農民群眾對公共產品的需求，使當時中國農民所享有的公共服務水平遠高於生產力的發展水平。農業的集體化也為工業化和城市化水平還很低的中國，提供了巨大的就業蓄水池，維護了城鄉穩定。人民公社還具有互助互濟的保險職能，在經濟發展和財政收入低的情況下，形成互助互濟的機制，為農村提供了低成本的救災救濟。

　　人民公社也在農村普及了新文化，改善了農村的面貌和人的面貌。人民公社把農民組織起來，農民自己管理自己，培育了合作精神、集體意識、民主意識，這對於適應現代化大生產的時代是具有進步意義的。鄉鎮企業的普及，培養了一支有經營經驗的人才隊伍。同時，人民公社把農民組織起來，改變一盤散沙的狀態，對於中華民族的現代化具有劃時代意義。

集體農業就是"大鍋飯、養懶漢"嗎？

　　一段時間以來，大眾對於人民公社有這樣的印象：人民公社就是"大鍋飯、養懶漢"，"幹活大呼隆，分配大鍋飯，生產瞎指揮"，特別是在一些場合，為了突出包產到戶的意義，出現了全盤否定人民公社的聲音。這些批評對於一部分管理水平較低的人民公社無疑是成立的。但是，把這些看作是人民公社的本質特徵，並不正確。

　　首先，人民公社在分配中的"平均主義大鍋飯"，實際上指的是"基本口糧＋按勞分配"的制度。之所以要這樣分配，主要是因為人民公社可分配的口糧有限，當時的生產能力只能保證分配基本的口糧。不能簡單地說因為當時的決策不懂調動積極性。

　　實際上，人民公社的分配方式並非簡單的"大鍋飯"可以概括，而是存在著按股份、按勞動和按人頭等不同的分配方式。

　　基本口糧按人頭平均分配（同時考慮年齡因素），在基本口糧之外的多餘口糧以及公社經營的現金收入,按照勞動投入分配,多勞多得。從全國來看,在整個人民公社時期,實物分配佔集體收入分配的比重達到 70%~80%,[1] 俗稱"人七勞三"或"人八勞二"。例如,山東省一個公社實行按人、勞、肥比例分配,1964 年三者比例分別是 70%、20%、10%,即"人七勞三"。[2]

按照人頭分配,確實會導致同一個生產隊內糧食分配的差距不大,但這並不是人民公社制度的本質特徵,而是在可以分配的口糧總量有限的條件下不得不做出的選擇。可以設想,隨著糧食總產量的提高、工業化的實現,也完全可以在集體組織內部提高按勞動和股份分配的比例,降低按人頭分配的比例。在小農經濟條件下,這種實物保障是十分重要的。再加上土地改革之後家家都有住房,中國的農村基本上不再有傳統農村週期性出現的流民、破產現象。

至於按勞動(工分)、按股份分配的部分,能不能真正做到拉開差距,這和具體公社的管理能力、民主參與程度等有很大關係。既有大批管理得比較好、能夠科學分配的公社,也有管理能力不夠的公社。從我們能夠收集到的當年部分生產隊分配的賬目來看,並不是所有的地方都是吃大鍋飯。以山東省齊河縣賈市公社許坊大隊第一生產隊 1971 年家庭收益分配為例(見表 2-4)。該生產隊共 22 戶人家,每戶人均分配到的糧食平均為 420 斤,最高的 496 斤(王維橋家),最低的 376 斤(陳敬珍家),而 376 斤幾乎是維持正常生存的底線,如果再擴大差距,恐怕就有家庭要捱餓了。而現金分配的差距就更大,按家庭人均分到的餘款,最高的是 31 元(王維橋家),最低的是 0.75 元(焦其常家,另外還有兩戶是欠款戶,即曾向集體貸款)。[3]

1 梅德平:《60 年代調整後農村人民公社個人收入分配制度》,《西南大學學報(社會科學版)》,2005,31(1):99–103。

2 鄭衛東:《集體化時期農村人口高出生率原因新論 —— 以山東省東村為中心(1949—1973)》,《上海市社會科學界學術年會》,2008。

3 "1971 年齊河縣賈市公社許坊大隊第一生產隊社員家庭收益分配表",由山東省齊河縣賈市公社許坊大隊提供,本書作者收集。

表 2-4 1971 年齊河縣賈市公社許坊大隊第一生產隊社員家庭收益分配表（部分）

戶主	人口	公分合計	合計應分糧食（斤）	該戶人均糧食（斤）	該戶應分餘款（元）	該戶欠款（元）	人均應分餘款（元）
王維雲	10	20580	4414	441	141.33		14.13
王克水	1	1840	426	426	15.32		15.32
王希廷	1	2125	446	446	19.08		19.08
焦方瑠	6	14048	2772	462	143.69		23.95
王希珠	8	14583	3396	425	95.92		11.99
王宗生	4	6750	1659	415	7.7		1.93
王維橋	3	8484	1489	496	93.03		31.01
焦其常	6	7289	2286	381	4.47		0.75
焦恆玉	4	8838	1809	452	78.04		19.51
焦守臣	10	11893	3890	389		27.99	
焦其華	4	7285	1698	425	46.54		11.64
王希付	8	12991	3282	410	79.27		9.91
王希瑠	5	6792	1956	391	5.59		1.12
陳敬珍	3	3190	1128	376		27.03	
				......			
平均				420			10.4
最高值				496			31.01
最低值				376			0.75
最高/最低				1.32			41.62

資料來源：山東省齊河縣賈市公社許坊大隊提供。

　　綜合以上分析，我們認為，人民公社時期的 "平均主義" 主要體現在基本口糧分配上，但即使是基本口糧分配也是有一定差距的，而現金分配的差距就更大。這種辦法，是在當時的歷史條件下能夠採取的最好的辦法，如果當時不搞 "平均主義"，固然可能提高一部分人的勞動積極性，但是支持工業化、保障農村民生、發展農村公共設施和公共事業等目標就有可能不會實現，農村有可能發生更大的危機。

　　其次，人民公社導致農民缺乏勞動積極性的問題。這種觀點認為，由於人民公社 "產權不清"，農民不是為自己勞動，所以積極性受挫，導致勞動投入下降和農業發展不快。這種說法過於片面了。第一，從糧食產量來看，這三十年糧食產量是持續增長的。第二，人民公社時期，除農業耕種之外，在農閒時期還組織集體勞動，在二十多年時間裏修建了大量公共工程，勞動投入比傳統社會大得多。在個體勞動力投入的作用已經接近極限的情況下，恰恰是人民公社組織的集體勞動，彌補了農業生產要素的短板。從微觀上看，集體勞動中不可避免地存在搭便車、偷懶現象，但是如果沒有人民公社，這些設施根本不可能開工建設，僅這一項就可以否定人民公社導致勞動投入下降的結論。第三，目前也沒有有力證據表明人民公社時期勞動參與率低，據人民大學溫鐵軍教授回憶，從 20 世紀 80 年代起，一批經濟學者為了驗證 "人民公社時期勞動投入率低" 的結論，調查了大量農村生產隊的台賬，但是至今卻並未拿出可以佐證這一結論的數據。第四，人民公社時期確實出現過幾次大範圍的積極性下降現象，但主要是在政策波動的時期。到 20 世紀 60 年代，人民公社制度穩定之後，沒有出現過農業產量的大起大落。還有一些案例用局部地區的例子來說明人民公社效率低，例如安徽省小崗村 "二十多年沒有上繳一斤公糧，反而還要吃國家救濟"，這也不能說明人民公社缺乏效率，因為當時全國農村實行的都是人民公社制度，國家用來救濟小崗村的糧食也是從其他公社調來的，小崗村吃救濟，只能說明這個村有問題，而不能說明整個人民公社制度有問題，因為救濟小崗村的糧食也是其他人民公社生產的。

總之，人民公社是具有農業生產、社會保障、公共服務、基層政權、合作金融、鄉村工業等多種功能的綜合性組織，不能僅僅看作農業生產組織，更不能把 "吃大鍋飯，缺乏積極性" 當作人民公社的全部。"幹活大呼隆，分配大鍋飯，生產瞎指揮"，是人民公社時期現實存在的問題，這不能否認，但是也並不是所有的公社都這樣。那個時代，既有吃著大鍋飯、消極怠工、親兄弟之間都要打破頭的公社，也有大量像大寨、紅旗渠、華西村這樣，付出艱苦勞動，為中國現代農業發展打下堅實基礎的公社。因此，不能用個別的落後典型作為人民公社的全貌。

人民公社的歷史局限性

我們之所以詳細討論人民公社，就是因為當前存在一些對人民公社的片面論述，影響著人們對歷史的看法。

當前對人民公社制度的誤讀，主要體現在三個方面：一是僅僅從經濟角度出發，而沒有考慮集體化對政治、社會和文化的作用；二是僅僅考慮了農村組織的糧食生產功能，而沒有考慮到農村民生、社會事業、基層治理等功能；三是認為糧食生產僅僅需要農民個體勞動這一個生產要素，而沒有看到水利、化肥、技術和工業化支持等公共要素，把複雜的、具有多種功能的人民公社簡單地看作僅僅是糧食生產部門，認為糧食生產唯一的影響因素是個體勞動，認為收入分配是勞動的唯一激勵因素。於是得出最終結論：人民公社期間，因為大鍋飯，農民沒有積極性，所以糧食產量上不去，所以全國人民吃不飽飯。這是一種脫離歷史條件，用主觀臆測和想象代替現實的結論。

當然，和任何歷史事物一樣，人民公社也有不可避免的歷史局限性。不承認人民公社的積極意義，或者不承認人民公社的局限性，都是錯誤的，否則就無法解釋20世紀80年代初包產到戶為什麼能夠得到人們的廣泛擁護。

人民公社有著不可避免的歷史局限性，主要表現在：

第一，人民公社是伴隨著中國工業化的進程舉辦的，公社對於促進生產的好處主要被轉移到了城市，從而使得廣大農民感覺到，人民公社對於吃飽飯沒起多少作用。如果在建立人民公社的同時，不從農村提取剩餘，甚至對農村給予補貼，那麼農民對人民公社的感覺會顯著不同。現在已經到了以工補農的時代，再實行集體經濟，就一定能夠比歷史上發揮更大的優越性。

第二，歐洲現代合作社是在工業革命已經發生、工人階級有參加社會化大生產經驗的基礎上自發產生的。而中國從半封建半殖民地社會進入社會主義社會，小生產者的思維不可能一夜之間消除，合作起來從長期來看是有利的，但是相當多數的農民仍然是從經驗和習慣出發，更多地考慮眼前利益。在合作過程中，也沒有足夠動力、能力和意識，通過積極參加合作社的民主管理、公共事務，來規範合作社的行為。也許，只有那些切身體驗過市場經濟對小農經濟衝擊的農民，才能真正感到合作的必要性，這是歷史前進必然要經歷的過程。

當時，不僅是普通農民，甚至共產黨的幹部對於合作制的意義，在不同地方也是意見不一的。1966年由新華社記者採寫的通訊《縣委書記的榜樣——焦裕祿》中提到，面對蘭考縣惡劣的自然條件，當地也有幹部放任自流，讓農民出去討飯。而焦裕祿主張把幹部和農民組織起來，植樹造林、治理風沙，並通過示範說服農民形成共同的行動。很多人民公社發展的歷史說明，像焦裕祿這樣的幹部，才能夠在缺乏經濟資源的情況下，把農民組織起來改善生產條件。而如果幹部缺乏合作意識，就可能讓公社運行不下去。

第三，人民公社制度的一些制度設計由於管理水平和手段的限制，未能充分發揮作用。人民公社作為集體組織，管理的難度比家庭經營要大。要發揮集體組織的優勢，能否進行有效的管理是關鍵。對人民公社來說，有效管理的內容至少包括：能否對社員的勞動數量和質量進行準確評價，能否真正實現按勞分配，能否真正實現村民參與民主管理。能否實現有效管理，又取決於當地幹部的管理水平、民俗民風、文化傳統等。這就使得當時人民公社的實際績效在不同地區有一定差異，人民公社的績效和幹部的管理水平、社員的合作精神具有直接關係。

人民公社的這些局限性，在當時的歷史條件下無法避免，需要通過歷史的進一步發展來解決。但是總的來看，農業集體化是中國農村幾千年來發展的一個轉折點，改變了幾千年來小農經濟的社會結構，打破了小農經濟對現代化的束縛，開始了傳統農業向現代農業、傳統農民向現代農民的轉型。

▶ ▶ ▶　　　**4. 無聲的革命：基礎教育的普及**

改革開放之前的三十年，中國發展的一個重點是基礎教育和基本醫療的普及，以健康和教育水平為代表的人力資本水平大幅度躍升。1949 年前，中國人均預期壽命只有三十五歲，識字率不足 20%，不具備實現現代化的起碼人力資本儲備。而到了 20 世紀 70 年代末，中國的國民健康、基礎教育、人口質量等指標，均已超過發展中國家平均水平，預期壽命達到六十八歲，識字率超過 80%。中國發展基本醫療、基礎教育和人口轉型的經驗得到世界認可和讚譽。改革開放之後的經濟奇跡，得益於有一支數量多、質量好、成本低的勞動力隊伍。

新中國普及基礎教育，不僅提高了全民族的文化水平，而且是一場深刻的社會革命。通過基礎教育的普及，結束了只有少數人讀書識字的狀況，增加了社會流動性，讓普通工農後代有了更多機會改變自己的命運。

教育是重要的公共產品，同時具有很強的政治屬性。二戰以來，經濟學界普遍認為教育是經濟增長的主要動力，教育是彌合階級差距、維護社會公平的工具，是弱勢群體改變命運的最主要途徑，也決定著國家的長治久安。中國封建社會長期穩定的一個重要原因是，通過科舉制度把大量人才選拔進政治體制。然而，即使在商品經濟發達的宋朝，識字率也只有 30%。英國 19 世紀中葉，統治者為了維護特權地位，反對普及教育，是在工商業資產階級發展經濟的要求下，才實現教育普及，可見教育問題具有鮮明的政治性。

新中國成立時，識字率只有 20%，同許多發展中國家一樣，陷入教育水平低和經濟發展滯後的惡性循環。各級教育均未普及，學習成本高昂，絕大多數適齡青年由於知識與經濟水平的原因被排除在大學門外。1949 年之後，中國選擇的是優先發展基礎教育而不是優先發展精英教育的發展路徑。到 70 年代末，中國的基礎教育入學率、識字率均已位居發展中國家前列，而且城鄉、性別之間的教育水平的差距也顯著縮小。中國第一次從幾千年來只有少數人讀書識字的國家，變成普及基礎教育的國家，有效改善了社會公平，而且為 "中國經濟奇跡" 的出現準備了一支高素質的勞動大軍。

兩難的選擇：精英教育和大眾教育

教育發展有兩種路徑：一種是先普及後提高，先普及基礎教育，實現公平覆蓋，再發展高等教育和精英教育；另一種是先提高後普及，集中力量培養少數人才和精英。新中國面臨著普及和提高兩種教育發展路徑的兩難選擇：一方面要擴大勞動人民受教育的權利，迅速普及教育，另一方面又要為工業化和國防建設迅速培養大批精英人才。其表現在具體政策上就是：在教育資源極為有限的情況下，是優先培養少數精英還是使大多數國民接受必要的教育？

新中國成立初期，對教育的普及和提高都有十分迫切的需要，不能簡單地說兩種教育路徑孰是孰非，因此，教育體制也在正規化、知識化、制度化和革命化、大眾化、勞動化兩種目標之間不斷權衡調整。[1] 新中國成立初期，教育工作的方針是普

1　楊東平：《新中國 "十七年教育" 的基本特徵》，《清華大學教育研究》，2003（01）：9–16。

及與提高結合，在較長一段時間裏以普及為主。1949 年 12 月，第一次全國教育工作會議提出教育必須為國家建設服務，學校必須向工農開門。1951 年，政務院決定把工農速成學校、業餘學校、識字學校納入學校系統，機關、部隊、工廠、學校普遍設立工農中學，大量舉辦業餘補習教育，開展識字運動。[1]

"一五"期間，隨著計劃經濟體制的形成和對高端人才的迫切需要，普及教育的目標開始讓位於精英教育，教育方針從"以普及為主"調整為"首先集中力量發展和改進高等教育，中小學著重質量的提高"[2]，決定舉辦重點中學，1955 年工農速成中學停止招生，優先發展培養專才的高等教育，在中小學實行重點學校制度，為高等學校輸送少數"尖子"，培養了一批適應工業化需要的優秀人才。

精英教育的導向，容易影響基礎教育的普及和教育的公平性。早在 1954 年，毛澤東收到湖南省第一師範老同學蔣竹如的來信，說"特殊的教育制度似應加以改進。湖南的育才幼兒園、省幼兒園、軍區幼兒園在教育界中顯得特殊，組織龐大，管理人員眾多，耗費巨大，一則給群眾不好的印象，二則那些幼兒，過慣了優裕的生活，也沒有好處"[3]。毛澤東將其批示給陳雲、鄧小平。1957 年 2 月，毛澤東提出新的教育方針："我們的教育方針，是使受教育者在德育、智育、體育幾方面都得到發展，成為有社會主義覺悟的有文化的勞動者"，並提出減少課程、減輕教材、方便農民子女就近上學、鼓勵公社辦學、民辦學校。[4]

在人民公社化運動中，農村民辦教育機構和招生人數迅速增加，開展了大規模識字掃盲運動。1958 年 9 月，中共中央、國務院《關於教育工作的指示》，提出用 3—5 年時間基本掃除文盲、普及中小學教育。主要措施包括：通過下放教育管理權限，發展全日制中學、職業民辦中學，半耕半讀中學、農業大學統統搬到農村去以及通過改革考試制度，降低門檻，擴大工農子弟受教育機會。20 世紀 70 年代中期拍攝的電影《決裂》，就是以戲劇的形式，表現了兩種教育路線的衝突：一種主張農

1　　楊東平：《大眾主義到精英主義》，http://theory.people.com.cn/GB/49157/49166/4923124.html，2006–10–16。

2　　中國教育年鑑編輯部：《中國教育年鑑（1949—1981）》，北京：中國大百科全書出版社，1984：966。

3　　中共中央文獻研究室：《毛澤東年譜（1949—1976）（第二卷）》，北京：中央文獻出版社，2013：311。

4　　中央教育科學研究所：《中華人民共和國教育大事記（1949—1982）》，北京：教育科學出版社，1984：190。

業大學要按照蘇聯的規範教學，要辦在城市，不能降低標準，工農同學跟不上就退學；另一種主張認為，新中國成立剛剛九年，上大學要這麼高的標準，實質上是把工農同學拒之門外，主張根據勞動技能和實踐經驗來招生。

"大躍進"和人民公社化中擴大的農村教育基礎並不鞏固，1961 年之後，隨著國民經濟調整，教育的重點再次調整，改為縮小辦學規模、提高教育質量，減少了對基礎教育的投入。1962 年小學入學率從"大躍進"期間的 80% 降到 56.1%，1962 年要求各地選定一批重點中小學，集中精力先辦好一批"拔尖"學校，這些重點學校主要建立在城市和城鎮，[1] 城鄉之間的教育差距有所擴大。據 1963 年 9 月的統計數據，北京、吉林、江西等九省市區共一百三十五所重點學校，其中城市八十四所，縣鎮四十三所，農村僅八所，有七個省、自治區沒有選定農村中學。

"教育革命"

到 20 世紀 60 年代中期，精英教育和大眾教育的衝突、城鄉教育水平差距擴大的矛盾再一次凸顯，中共中央推動了一系列政策促進教育普及。60 年代末到 70 年代，基礎教育實現了快速普及。主要的做法包括：農業院校等下放到農村，在農村擴大和普及高中教育。縮短學制，實行小學五年、初中二年、高中二年、大學三年。發展多種形式、因地制宜的教育模式，如"七二一大學"、耕讀小學、馬背小學。"開門辦學"，讓學生走出學校，"學工、學農、學軍"。取消重點學校制度和各種學校的差別，取消男校、女校、華僑學校、職業學校等，中小學實行免試就近入學。取消或減少各級學校的考試制度，反對用"教育質量"和分數標準把工農子弟關在門外，否定教育中的等級制。高校實行免試推薦入學，招收有實踐經驗的工農兵學員，從 1963 年起，農、林、醫、師的中等專業學校即採取公社保送與考試相結合的辦法，並實行"社來社去"（學生從公社來，回公社去），1966 年中共中央、國務院決定推遲舉行高考，1972 年起，部分高校恢復招生，至 1976 年，共招收了七屆學生，被稱為"工農兵學員"。知識青年上山下鄉，"到農村去"成為一個時代的

1　楊東平：《中國教育制度和教育政策的變遷》，http://www.aisixiang.com/data/6728. html，2005-05-11。

口號。[1]

20 世紀 60 年代末到 70 年代，這些措施很大程度上改變了教育資源過多集中於城市、集中於精英的傾向，最突出的表現就是基礎教育和農村教育獲得了更多的資源，教育的普及率和公平性有所改善，特別是工人和貧困農民家庭子女受教育的機會明顯增多。而且小學教育實現了普及，小學入學率由建國前的 23% 上升到 1952 年的 49.2%，"大躍進" 時期，由於 "開門辦學" 及辦學權力下放，小學入學率由 1957 年的 61.7% 上升至 1958 年的 80.3%。但這一成就並不穩固，60 年代初的經濟調整使得小學入學率略有下降，1962 年為 56.1%。60 年代中期之後，小學入學率快速上升，1976 年達到 96%。

更值得注意的是，在校中學生分佈的比例有了突出變化。初中生中，農村生源從 1962 年的 37.1% 上升到 1976 年的 75.2%，高中生中，農村學生佔比從 1962 年的 7.8% 上升到 1976 年的 62.3%（見表 2-6）。

表 2-5　1965—1976 年中小學教育情況

年份	小學（萬所）	小學生數（萬人）	普通中學學校數（所）	高中生數（萬人）	初中生數（萬人）
1965	168	11621	18102	131	803
1966	101	10342	55010	137	1113
1968	94	10036	67210	141	1251
1970	96	10528	104954	350	2292
1976	104	15006	192152	1484	4353
1976 / 1965		1.3	10.6	11.3	5.4

資料來源：《中國教育年鑒（1949—1981）》，北京：中國大百科全書出版社，1984 年版，第 1006 頁。

20 世紀 60—70 年代對基礎教育的普及更深遠的意義是，影響了 70 年代之後高等學校學生的結構，讓更多工農家庭的子弟有機會進入大學學習。通過對北京大學和蘇州大學的生源調查研究發現，新中國成立初期，兩所學校的學生幾乎都來自城鎮；1952—1955 年，北大農村學生的比例從 2.4% 增長到 6.5%，到 1972 年則高達 30% 以上。蘇州大學農村學生比例從 1952 年的 3.6% 增加到 1955 年的 11.4%，1965

1　楊東平：《"文化大革命" 與教育烏托邦》，http://theory.people.com.cn/GB/68294/72286/72288/4939387.html，2006-10-20。

年則躍升到 60%，在農民子女內部，貧下中農子女比例也不斷上升，1956 年以前，富農地主子女佔一半以上，1957 年起，貧下中農子女數迅速增長，比例超過一半。[1]

表 2-6　1962—1976 年在校中學生生源比例（%）

年份	初中			高中		
	城市	縣鎮	農村	城市	縣鎮	農村
1962	35.2%	27.7%	37.1%	42.6%	49.6%	7.8%
1965	42.1%	24.2%	33.7%	43.1%	47.9%	9.0%
1970	19.0%	8.0%	73.0%	22.7%	16.0%	61.3%
1976	15.6%	9.2%	75.2%	22.7%	15.0%	62.3%

資料來源：《中國教育年鑒（1949—1981）》，北京：中國大百科全書出版社，1984 年版，第 1006 頁。

除了普及基礎教育、改善教育公平之外，這一時期 "教育革命" 的另一個內容是 "促進教育和生產勞動相結合"。這一方面有經濟建設的需要：國家財政不足以舉辦大批專業化、規範化學校，需要依託企業、人民公社等組織舉辦教育。1958 年 5 月 30 日劉少奇表示，"中國應有兩種教育制度、兩種勞動制度"，"可以比較充分地滿足許多人的升學要求，工廠裏人多的問題也可以解決，勞動就業的人可以多些"。[2] 從更深層次看，教育和生產勞動相結合還有知識分子勞動化、勞動人民知識化，消除體腦差別、城鄉差別、工農差別的考慮。

這一時期和教育革命密切相關的是知識青年上山下鄉運動。上山下鄉是在當時的特殊歷史背景下，解決城市過剩勞動力的必要措施，也是縮小三大差別、培養革命接班人、改進社會公平的措施。一些知青在鄉下經歷了苦難，受到不公正待遇，這表明政策有不完善的地方，值得認真汲取教訓。但同時要看到，上山下鄉是中國近代以來第一次城市知識分子大規模地進入農村。為改善農村的科技、教育、醫療條件，加快城市的科技和文化向農村滲透，大量知青把知識和文化帶到農村，並促進了城市和農村的融合，鍛煉了才幹。70 年代之後，農村能夠很快地普及基礎教育和合作醫療，與知識青年的貢獻是分不開的。一大批知青經歷了艱苦磨煉，後來成

1　梁晨、李中清、張浩等：《無聲的革命：北京大學與蘇州大學學生社會來源研究（1952—2002）》，《中國社會科學》，2012（01）：98–118，208。

2　劉少奇：《劉少奇選集》，北京：人民出版社，1985：324–326。

為中國各領域的傑出人才。[1]

實現工業化需要一支結構合理、規模宏大的人才隊伍。新中國普及基礎教育的過程中也有一些政策並不完善，特別是一段時間以來高等教育受到了影響和衝擊，為糾正教育不平等而採取的一些政策在執行中也有偏差。但是，總的來看，從新中國成立到 20 世紀 70 年代末期，中國在初等和中等教育方面成效斐然。文盲率從建國初期的 80% 下降到 1981 年的 30% 左右，青壯年文盲率僅有 15%，同期印度文盲率仍然維持在 60%。在正規教育上，中國的小學入學率從 1949 年以前的 25% 左右提高到 1976 年的 96%，並在此後幾年穩定在 90% 以上，接近發達國家水平，小學生中 45% 為女生。中學的毛入學率是 46%，略高於世界平均水平，遠遠高於同等收入水平的國家。[2] 由此可見，當時國家人才培養的基本方略是將資源用於基礎教育，提高人民群眾的整體科學文化素質。基礎教育的普及，對於亟須提高勞動力整體素質，以迎接世界範圍的產業轉移的發展中國家來說，中國無疑做了較為充分的準備。

▶ ▶ ▶　　5. 強國先強身：新中國的健康奇跡

基本醫療的普及和人民健康水平的迅速提高，是新中國成立後第一個三十年的又一個突出成就。基於新的經濟和社會制度，中國建立了一套嶄新的和獨特的醫療衛生制度。在保障模式上，主要依託國有企事業單位和人民公社，迅速實現保障全覆蓋；在資源配置上，面向工農兵，以農村為重點，優先保障基本服務的提供；在服務內容上，重視面向群體的公共衛生服務，而不是像西方強調面向個人的醫療服務；在技術路線上，以預防為主，中西醫結合，採取低成本適宜技術，而不是以治療為主的高成本資本密集型技術；在服務提供上，既依靠專業人員，又依靠經過簡

1　張曙：《不對稱的社會實驗 —— 論"文革"中的知青上山下鄉運動》，北京：中共中央黨校，2001。

2　印度為 31%，印度尼西亞為 29%，巴西為 34%，墨西哥為 47%，數據來源於《國際統計年鑒（1995）》。另外，毛入學率在計算口徑上各國不盡一致。

單培訓的初級醫療衛生人員，使醫療衛生和群眾工作相結合。這條道路，超越了當時西方社會醫療衛生商品化、專業化、以治療為中心的路線，實現了面向全民、預防為主，以較低的成本維護了人民健康。

中國創造的以愛國衛生運動、三級醫療保健網、赤腳醫生、農村合作醫療等為代表的有獨創性的醫療衛生制度，被國際組織稱為“低收入國家普及初級衛生保健的獨特典範”。

衛生工作四大方針

國民健康是民族精神的基礎，是國家發展重要的軟實力。

新中國成立初期，中國外有封鎖，內有工業化的迫切需要，能夠用於醫療衛生的投入極為有限。當時其他發展中國家大都仿照西方醫療體制：依賴高成本培養的專科醫生，強調使用高新技術，治療為主，關注面向個人的醫療服務。但對於中國這樣的發展中國家，缺乏培養大量高技能西醫人才的資源，有限的醫療技術人員大部分待在城市，居民支付不起高成本的醫療費用，專業人員有限，無法有效解決農村傳染病蔓延、營養不良、疾病充斥等問題。

在這種情況下，中國基於現實情況探索出了一條獨特的醫療衛生發展道路，這就是醫療衛生四大方針：面向工農兵、預防為主、團結中西醫、衛生工作與群眾運動相結合。

——面向工農兵，體現在把醫療衛生機構納入計劃經濟體制，建成了覆蓋城鄉的醫療服務網，建立了公費醫療、勞保醫療和農村合作醫療制度，分別覆蓋城鎮和農村人口，全體居民都可以以較低費用享受基本醫療衛生服務。

——預防為主，衛生工作與群眾運動相結合，體現在國家的醫療衛生投入和醫療衛生工作的重點是預防環節。國家依靠遍佈城鄉的防疫站、衛生院、衛生室和基層醫療衛生人員，開展傳染病預防、環境治理、健康教育、預防保健、傳播新法接生等有利於健康的新技術，組織群眾性愛國衛生運動。以預防為主符合醫療衛生規律，既有利於改善健康，又能夠控制醫療成本。中國能夠有效開展群眾性公共衛生運動，得益於高度的組織化和資源動員能力。

——中西醫結合，是把中國傳統醫學和現代醫療衛生制度結合起來的探索。中

醫具有 "簡便驗廉" 的優勢，其重視預防保健、系統論的思想方法有現代意義。19世紀以來，隨著中國的內憂外患，中國主流知識界的文化自信日益喪失，中醫遭受了千年未有的變局，國民黨政府甚至用行政性手段，對中醫採取歧視和滅絕政策。新中國成立後，根據對傳統文化 "古為今用、推陳出新" 的方針，提出團結中西醫的方針。這是解決現實問題的需要，因為中醫屬於人力密集型技術，主要依靠醫生的技術和經驗，以及農村容易採集和種植的中草藥，而不依賴需要工業化支持的藥品、器械以及高成本的西醫。特別是到 60 年代後期，赤腳醫生和農村合作醫療大發展，對低成本適宜技術的需求增加，中醫獲得了更充分的空間。

愛國衛生運動

愛國衛生運動起源於抗美援朝期間，為應對美軍在中國東北、青島等地投放細菌武器，國務院於 1952 年 3 月成立中央防疫委員會，全國城市和鄉村迅速開展以消滅病媒蟲害為主要內容的群眾運動。1952 年年底，中央防疫委員會提升為中共中央的機構，更名為 "中央愛國衛生運動委員會"，周恩來、習仲勳分別為第一任和第二任主任。

從 20 世紀 50 年代起，中共中央多次直接部署愛國衛生運動。1956 年 10 月 13日，毛澤東在最高國務會議的講話中指出："除四害是一個大的清潔衛生運動，是一個破除迷信的運動。……如果動員全體人民來搞，搞出一點成績來，我看人們的心理狀態是會變的，我們中華民族的精神就會為之一振。我們要使我們這個民族振作起來。"[1]1958 年 1 月上旬，毛澤東親自帶隊檢查了杭州市小營巷的愛國衛生運動情況。

新中國成立初期，威脅健康最主要的疾病是傳染病，公共衛生服務就顯得更加重要，愛國衛生運動彌補了專業醫療衛生人員的不足。依託城鄉醫療服務網和廠礦、企事業單位、人民公社，建立了包括防疫站、地方病、婦幼保健以及國境防疫在內的公共衛生機構，調查研究常見病、多發病，不少地方還開展了對農民的全面體檢，定期發動群眾服藥，預防地方病。到 1959 年，愛國衛生運動取得巨大成就。

1　《毛澤東著作專題摘編（下）》，北京：中央文獻出版社，2003：1657。

天花、鼠疫、霍亂等烈性傳染病基本絕跡，血吸蟲病、絲蟲病、鉤蟲病、瘧疾等幾種嚴重危害人民健康的疾病，也得到了有效的防治。同時，愛國衛生運動還起到了移風易俗的作用，使人們逐步養成了講衛生光榮、不講衛生恥辱的社會風尚。20 世紀 60 年代後期，隨著農村合作醫療和赤腳醫生的普及，愛國衛生運動在農村得到更大範圍的開展。在一些瘧疾、絲蟲病、黑熱病、克山病疫區，於 70 年代初開展了大規模的普查普治工作。大批醫務工作者和赤腳醫生深入田間地頭、工礦車間，為群眾免費檢查，送醫送藥，注射疫苗。經過幾年的努力，中國的大部分急、慢性傳染病得到有效控制。

愛國衛生運動能夠有效開展，得益於城鄉基層的組織能力，這是中國公共衛生事業的成功模式。同時，在公共衛生項目的實施過程中，充分發揮了居民的主動性和參與精神，把公共衛生事業和移風易俗、社會管理結合起來，做到了以較低的成本實現了較高的健康績效。

公費醫療和勞保醫療

除了公共衛生之外，醫療衛生體制的另一個重要部分是醫療保障和服務體系，用來解決看病吃藥的問題。1965 年之前，中國集中力量建設城市醫療保障和醫療服務體系。1965 年之後，把更多醫療衛生資源放到農村，實現了以三級醫療保障網、赤腳醫生和合作醫療制度為特徵的農村醫療衛生體系。

在城市，形成了市、區兩級醫院和街道門診部（所）組成的三級醫療服務及衛生防疫體系，醫院經費來源主要渠道包括兩部分：醫療業務收入和政府財政撥款。除了藥費略有盈利外，其他收費均低於成本，藥品的價格由政府制定，在不引起脫銷的情況下堅持“藥價從低，微利經營”的原則。同時，城市建立了覆蓋全體城市居民的公費醫療和勞保醫療制度，1970 年覆蓋率達到 76.6%，1975 年達到 84.6%。

“把醫療衛生的重點放到農村去”

到 20 世紀 60 年代中期，城市醫療保障體系已經比較完善，但是農村缺醫少藥、城鄉差距過大的問題日益突出。據衛生部 1965 年統計，高級衛生技術人員 69%

在城市，31% 在農村，其中在縣以下的僅佔 10%。全年衛生事業費 9300 餘萬元中，用於公費醫療 2800 餘萬元，佔 30%；用於農村 2500 餘萬元，佔 20%，其中用於縣以下的僅佔 16%。[1] 政府更加重視縣醫院建設，對農村合作醫療制度以及半農半醫，在政策上引導和支持不足；在醫學教育上，強調中級教育並且要逐步過渡到高等教育，重視規範化的教學和臨床訓練。對中醫不重視。[2]

這些問題引起了中共中央特別是毛澤東的重視。毛澤東從他一貫的觀點出發，把醫療衛生工作上升到政治路線高度看待，認為醫療衛生資源集中於城市，過度重視高精尖技術而忽視常見病和多發病的治療，重視依靠專業人員而忽視群眾運動等做法，是醫療衛生這支知識分子隊伍脫離群眾的表現。早在 1958 年，江西省餘江縣消滅血吸蟲病之後，毛澤東就曾寫下“綠水青山枉自多，華佗無奈小蟲何”的詩句（《七律·送瘟神》），委婉地表達他對衛生部門過度重視專業化，不重視發動群眾的批評。

2008 年世界衛生組織的年度報告《初級衛生保健：過去重要、現在更重要》，指出了過去三十年來，全球醫療衛生體制呈現過於重視醫院、過於重視治療和過度商業化的趨勢。在 20 世紀 60 年代的中國，如果採取這種過度重視專業化、重視治療和以醫院為中心的模式，自然會阻礙基本醫療衛生服務在農村的普及。

1965 年前後，面對醫療衛生領域存在的城鄉差異大，以及預防措施落實不到位、對常見病多發病投入較少的狀況，中央領導人多次提出批評。其中影響最大的是 1965 年 6 月 26 日毛澤東的談話，後來被稱為“六·二六指示”。他談道：“告訴衛生部，衛生部的工作，只給全國人口的 15% 服務，這 15% 中主要還是老爺……廣大農民得不到醫療，一無醫院，二無藥。衛生部不是人民的衛生部，改成城市衛生部或老爺衛生部，或城市老爺衛生部好了。……現在醫院那套檢查治療方法，根本不適合農村。培養醫生的方法也只是為了城市，可是中國有五億多人是農民。那種做法脫離群眾，中國 85% 的人口在農村，不為農村服務，還叫什麼為人民服務。工作中，把大量的人力、物力放在所謂尖端、高、難、深的疾病研究上，對一些多發病、常見病、普遍存在的病，如何預防，如何改進治療，不管，沒人注意，或放

1　衛生部：《關於把衛生工作重點放到農村的報告》，《中共中央文件選集》，北京：人民出版社，2013（49）：228。

2　《衛生部原老幹部局副局長張蔭庭同志訪談》，北京大學健康發展研究中心提供。

的力量很小……把醫療衛生的重點放到農村去嘛！"[1] 同時，毛澤東還談到了醫療教育、醫學技術路線等問題，主要精神是：（1）在資源配置上，重點由城市轉向農村；（2）在醫療技術路線上，優先發展面向大多數人常見病技術，而不是把過多精力放在攻克疑難雜症上；（3）醫學教育也要適應這一趨勢，培養低成本、養得起、適合農村的醫療衛生人員。除此之外，這一時期毛澤東還批評了在醫療衛生領域存在的特權現象。1964 年，他在衛生部關於改進幹部保健工作的報告上批評道："北京醫院醫生多，病人少，是一個老爺醫院，應當開放。"[2] 同一時期，周恩來、劉少奇等也對醫療資源過度集中城市的現象進行了批評。

　　1965 年之後，全國掀起了一場長達十多年的"農村衛生革命"，使醫療衛生領域中的城鄉差異現象大為改觀，農村衛生事業蓬勃發展，農村合作醫療制度、赤腳醫生以及農村三級轉診體系成為農村衛生的"三大法寶"。

　　農村合作醫療是依託集體經濟為農民提供醫療服務的制度。國民黨政府時期，一些知識分子在推動農村合作化和鄉村建設運動的過程中，將合作醫療作為內容之一。但是由於缺乏實行合作化的社會基礎，並未成功。新中國成立後，合作醫療出現於 1958 年前後的人民公社化時期，是人民公社制度的一部分。1958 年 9 月 4日，《人民日報》發表了河南省遂平縣衛星人民公社試行簡章（草案）第 18 條對"合作醫療"做出的規定：社員按照家庭人口多少，每年交納一定數量的合作醫療費，就診不另交費。中心醫院對無法治療的特殊重病號，應該介紹到適當的醫院治療，並負責開支旅費和醫藥費。在"大躍進"和人民公社化運動中，合作醫療作為新生事物，迅速推廣，1962 年，合作醫療在全國農村的覆蓋率達到 46%。

　　但是，在人民公社化運動之後以"調整、鞏固、充實、提高"為方針的經濟調整中，不少地方也把合作醫療和公共食堂等一樣，作為"左"的對象進行調整。1962 年 8 月，衛生部批評過去幾年"在治病方面，一個時期有公社包下來的傾向"[3]。到 1964 年，全國農村只有不到 30% 的社隊還維持合作醫療，1968 年下降到 20%，農村衛生人員的數量和機構也大幅減少。

1　中共中央文獻研究室：《毛澤東年譜（1949—1976）（第五卷）》，北京：中央文獻出版社，2013：505–506。

2　中共中央文獻研究室：《建國以來毛澤東文稿（第十一冊）》，北京：中央文獻出版社，1996：124–125。

3　夏杏珍：《農村合作醫療制度的歷史考察》，《當代中國史研究》，2003（05）：110–118，128。

1968 年，在鄉村醫生覃祥官的帶領下，湖北長陽縣的農民又自發辦起合作醫療。1968 年年底，毛澤東批轉湖北省長陽縣樂園人民公社舉辦合作醫療的經驗，並稱讚"合作醫療好"[1]。12 月 5 日，《人民日報》介紹了樂園人民公社的合作醫療經驗。這一報道總結了合作醫療的四點意義：解決了貧下中農看不起病、吃不起藥的困難；使"預防為主"的方針真正落實在行動上；進一步發揮了廣大貧下中農的階級友愛精神；防止了資產階級思想氾濫，加速了醫務人員思想革命化和工作革命化。

同合作醫療相配套的是赤腳醫生制度。赤腳醫生是農民對不脫離農業勞動、半農半醫衛生員的稱呼。1968 年，毛澤東批轉了《從"赤腳醫生"的成長看醫學教育革命的方向》的調查報告，這篇報告第一次把農村半醫半農的衛生員正式稱為"赤腳醫生"。報告以上海市川沙縣江鎮公社為例，認為"貧下中農需要這樣一支新型的醫療衛生隊伍"，赤腳醫生一半時間參加勞動，生產大隊對他們的補貼不多，貧下中農養得起，他們的收入保持農村一般同等勞動力的水平。培養"赤腳醫生"的途徑，一種是公社衛生院集訓，另一種是在實踐中加以培養。"有些赤腳醫生的實際工作能力，勝過了這個公社衛生院裏某些從學校出來又沒有實踐經驗的醫生。"[2]

在這些推動下，農村合作醫療和赤腳醫生制度於 20 世紀 60 年代末基本成型，其主要特點是：社員每年繳納合作醫療費，生產隊從公益金中補貼，也有些地方直接由公社從總預算中支出。赤腳醫生的人選主要在當地產生，標準是文化水平和政治表現，培訓方式以短期進修、臨床觀察和實踐為主，以當地常見病、多發病和草藥土法治療為主要內容。赤腳醫生的培訓使得廣大農村人口享受到了基本的衛生服務。

20 世紀 60、70 年代，農村的醫療條件迅速改變。1965 年到 1975 年，鄉鎮衛生院床位數從 14.5 萬張增加到 65 萬張，農村病床佔全國的比例從 40% 上升到 60%，全國衛生經費的 65% 以上用於農村。合作醫療的覆蓋率從 1968 年的 20% 上升到 1976 年的 90% 以上，形成了集預防、醫療、保健功能於一身的三級（縣、鄉、村）衛生服務網絡。全國赤腳醫生人數達到 180 萬人，生產隊衛生員人數達到 340 萬人，農村接生員人數到 75 萬人，遠遠超過了當時衛生部所擁有的衛生專業技術人員

1　毛澤東：《對〈人民日報〉發表〈深受貧下中農歡迎的合作醫療制度〉等文章的批語》，中共中央文獻研究室：《建國以來毛澤東文稿（第十二冊）》，北京：中央文獻出版社，1998：604。

2　《從"赤腳醫生"的成長看醫學教育革命的方向》，《紅旗》，1968-09-10。

數量，成為農村醫療衛生人才隊伍的核心力量。從東南海島漁村到青藏高原，中國大地上的村莊都有了赤腳醫生。這次衛生革命基本上實現了"小病不出村、大病不出鄉"的目標，被世界衛生組織和世界銀行譽為"以最少投入獲得了最大健康收益"的"中國模式"。[1] 聯合國婦女兒童基金會在 1980—1981 年年報中稱："中國的赤腳醫生制度在落後的農村地區提供了初級護理，為不發達國家提高醫療衛生水平提供了樣板。"[2] 2008 年，當世界衛生組織呼籲全球重新重視初級衛生保健時，再一次引用中國經驗，指出："在 1980 年以前就已將國人的期望壽命提高到遠高於 20 世紀 70 年代其他低收入國家的水平，農村初級衛生保健和城市醫療保險對這一成績的貢獻是有據可查的。"[3]

婦女解放和人口紅利

中國人健康水平的提高，除了基本醫療衛生服務的普及之外，還有一個容易被忽略的方面，就是婦女解放和性別平等方面的進步。

新中國成立之後，中國用了三十年時間，就完成了歐洲用一百多年的時間完成的人口轉型。所謂人口轉型，即人口從高出生率、高死亡率轉變到低出生率、低死亡率，這是社會發展進步的標誌。1949 年，中國的人口死亡率為 20‰，出生率 35‰，還是典型的傳統社會。而到 1957 年，人口死亡率就下降到 10‰，即使是三年困難時期有反彈，也顯著低於建國初期的水平。到 20 世紀 70 年代末，人口死亡率已經下降到 5‰左右，這主要是由於營養的改善、基本醫療衛生的普及等原因。

人口出生率的下降主要始於 1963 年之後，到 1979 年改革開放前已經下降到 18‰左右，其中從 1968 年到 1979 年，是人口出生率下降最快的時候，婦女總和生育率（平均一個婦女生育的孩子總數）從 6.45 下降到 2.27，已經接近更替水平（剛好保持人口總數不增不減的水平）。其中，城鎮婦女的總和生育率 1974 年就下降到兩個以下，農村婦女總和生育率也在 70 年代中期開始大幅度下降。這表明，到 70

1　王紹光：《中國公共衛生的危機與轉機（上）》，《國情報告［第六卷 2003 年（下）］》，2012：12。

2　李碩洪：《赤腳醫生：20 世紀中國的溫暖記憶》，《黨史文苑》，2008（11）：49–51。

3　世界衛生組織：《2008 年世界衛生報告：初級衛生保健——過去重要，現在更重要》，http://www.who.int/whr/2008/zh/，第 5 頁。

年代末，中國已經基本完成了從"高出生率、高死亡率"向"低出生率、低死亡率"的轉型。

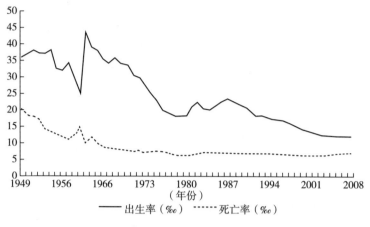

圖 2-1　新中國的人口轉型

資料來源：國家統計局編：《新中國六十年統計資料彙編》，北京：中國統計出版社，2010 年，表 1–3。

　　人口出生率迅速下降的原因之一，是教育和醫療條件的改善。有人誤認為，新中國初期國家鼓勵生育，導致了人口膨脹，這一認識並不全面。1953 年，中國人口達到 5.4 億，毛澤東、周恩來即提出要實行計劃生育，以群眾自願為基礎，採用漸進、平和的方式抑制人口增長。《1956 年到 1967 年全國農業發展綱要》第 29 條提到："除了少數民族地區以外，在一切人口稠密的地方，宣傳和推廣節制生育，提倡有計劃地生育子女，使家庭避免過重的生活負擔，使子女受到較好的教育，並且得到充分就業的機會。"[1]

　　人口出生率下降是一個自然歷史過程，政策固然能起一定作用，但更重要的是經濟發展、教育水平和健康水平的提高。從建國初期到 1981 年，中國嬰兒死亡率下降了 3/4，使家庭不必要通過多生育子女來提高存活數量。教育水平的提高使得人們關注健康、增加健康投入，也使得人們擁有增進健康的知識。教育年限增加，使得初婚年齡推遲，中國婦女的初婚年齡到 70 年代中期就已經達到二十二歲左右，而主要發展中國家直至 1990 年前後才基本達到這個水平，婦女在生育決策上擁有了話語權。

1　《1956—1967 年全國農業發展綱要》，《中華人民共和國國務院公報》，1960（13）：251–268。

人口出生率迅速下降的原因之二，是性別平等和女性解放。性別平等受社會、經濟、文化等多方面因素的制約，只要一個社會還存在政治、經濟權利方面的不平等，就都能夠轉化為性別的不平等。18 世紀法國空想社會主義者傅立葉提出："女性解放的程度是衡量一個社會普遍解放的天然標尺。"馬克思主義把女性解放運動看作無產階級革命的組成部分，認為男女不平等、婦女受壓迫的社會根源是私有制和階級剝削，無產階級如果不爭得婦女的完全自由，自己也就不能得到完全自由。

　　中國的女性解放，是中國反帝反封建社會革命的組成部分。新中國成立後，成為世界上性別平等、女性解放事業最徹底的國家之一，這是中國人力資本發展和經濟發展的重要原因。中國一方面根據馬克思主義婦女觀提出"婦女能頂半邊天"，把男女平等作為基本國策，在法律上明確規定婦女與男性享有同等的政治經濟權利。追求平等的社會制度和社會風氣為性別平等創造了社會環境，女性被納入到國有和集體單位，實現了勞動的普遍參與，全民所有制單位 1949 年女職工的人數為 60 萬人，1977 年增至 2036 萬人 [1]，農村人民公社也實現了女性在各個行業普遍就業，使女性在家庭中獲得了一定的經濟地位。國家對掃盲活動的重視促使了廣大農村婦女的角色的轉變。城鄉三級醫療服務網的設立，赤腳醫生的推廣，婦幼保健網、幼兒園、託兒所的建立，不僅切實保障了婦女健康，而且減輕了婦女在照顧子女和老人方面的負擔，從而可以有更多的時間參加學習和工作。婦女地位的提高，帶來了生育率的降低。婦女所受的教育，使得婦女在生育方面的自決性增加，生育率下降。婦女教育水平的提高又有利於提高子女教育水平，並讓婦女有更多時間參加社會活動，不但為家庭帶來更多收入，也為家庭成員帶來更為健康的生活方式。婦女解放和人力資本提升形成良性循環。

為什麼新中國能創造人力資本躍升的奇跡？

　　新中國的頭三十年，在教育和健康事業上取得了巨大進步，平均壽命從 1949 年前的三十五歲增加到 1980 年的六十八歲，出生嬰兒死亡率從 1950 年約 250‰減少到 1981 年低於 50‰。

1　　吳忠民：《從平均到公正：中國社會政策的演進》，《社會學研究》，2004（01）：75–89。

通常認為，醫療、教育水平的提高要以經濟發展為前提。但是，為什麼中國能夠在經濟發展水平不高特別是工業還沒有充分發展的條件下，迅速提高了人民健康水平呢？

首先是樹立了平等優先的執政理念和社會風尚。美國學者、曾撰寫《毛澤東傳》的羅斯·特里爾說："毛澤東的政府使新中國比舊中國在三種方式上有更多的社會正義：酬勞主要取決於工作而不再是出身或者土地和資本的佔有，因此中國的產品分配成為世界上最為平等的分配方式之一，絕對貧困和死於身無分文的人極少。進步的基本手段 —— 首先是衛生保健和初級教育 —— 不再是只有少數人才可購買的商品。"[1] 中國堅持人民當家做主、人人都是國家的主人和社會公平的理念，在物質條件匱乏的情況下，把有限的醫療、教育資源儘可能平均分配給全體人民，還組織群眾積極參與公共衛生運動、掃盲運動、基礎教育等關係切身利益的工作，並且煥發出了無盡的創造力。其他一些沒有經歷這樣社會革命的發展中國家，基層的組織能力不足，人民不能有效團結起來，又支付不起高成本、標準化的服務，導致基礎醫療和教育的普及成為一個難題。

其次是採取了符合國情的低成本社會福利模式。中國在生產健康、教育等人力資本方面，大量採用勞動密集型技術，如赤腳醫生、民辦教師等，而不是主導西方社會的資本密集型技術，如專利藥物、高科技診斷、高端的醫學院、商學院教育等。勞動密集型技術的採用符合中國當時的資源稟賦，實現了最佳的成本效益比。基於中國的經驗，諾貝爾經濟學獎得主阿瑪蒂亞·森指出，醫療、教育等是勞動密集型程度極高的社會服務，在窮國中其相對價格和成本也比較低。與富國相比，窮國只需要較少的錢就可以提供富國要花多得多的錢才能提供的服務。

最後是群眾運動與民主決策相結合，充分發揮了群眾的積極性和創造性。群眾運動是能夠促成集體協作的方式，是一種社會資本。衛生領域的愛國衛生運動，教育領域的掃盲運動，實際上都是一種大規模的社會協作，而協作過程中普遍運用的人際互助模式，實際上比單純依靠專業人員的服務模式更加節省成本，也更有利於因地制宜，增進社會團結，以滿足人本身的發展需要。這與西方通過物質消費刺激個人需求的發展模式有根本不同，是中國社會主義制度優勢的體現。

1　[美] 羅斯·特里爾：《毛澤東傳》，北京：中國人民大學出版社，2006：500。

▶ ▶ ▶ 6. 正確義利觀：新中國和新世界

　　關於中華人民共和國前三十年，一個常見評價就是"閉關鎖國"。新中國在一定程度上的封閉，首先是被列強封鎖，而不是主動封閉。中國希望在平等的基礎上發展國際關係，但是超級大國不肯給中國公平的待遇，不尊重中國的主權和安全，中國就只能被迫封閉。在封鎖面前，中國並沒有無所作為，而是把目光投向廣闊的第三世界和"兩個中間地帶"：一方面獨立自主發展工業；另一方面支持第三世界國家的民族解放運動，維護全球公平正義，最終也為自己迎來了和平與平等的國際環境。

　　新中國的第一個三十年，在國際經濟關係上，經歷過三個特點鮮明的發展階段。國際戰略的變化，對中國的經濟戰略有著巨大影響，甚至在一些問題上起了決定性作用。同時，經濟發展的狀況也反過來影響國際戰略。

　　50年代"一邊倒"：面對美蘇爭霸的格局，中國堅定加入社會主義陣營，在蘇聯援助下，中國進行了歷史上最大規模的經濟技術引進，取得了"一五"計劃的成就，奠定了重工業的初步基礎。

　　60年代"反兩霸"：中蘇關係惡化，中國同時反對蘇聯和美國的霸權主義。中國的經濟實力和綜合國力還不足以讓美國在台灣等核心利益問題上做出讓步，因此，這一時期成為中國外交最困難的時期。中國堅持獨立自主、自力更生，不會屈服於霸權主義強加的國際秩序，因此國內經濟增長主要依靠國內積累，這加大了發展困難。60年代中期，為了應對美蘇兩國核戰爭的威脅，中國還在中西部開展了規模浩大的三線建設。為了拓展國際空間，中國堅持國際正義，團結亞非拉國家和歐洲民主國家這兩個中間地帶，支持第三世界的民族民主革命，獨立自主地建設工業體系和國防體系。可以說，60年代是中國克服國內三年困難時期、國際上兩霸的巨大壓力，堅持走獨立自主、自力更生道路的時期。十年臥薪嘗膽，為後來的全面開放積蓄了力量，創造了條件。

　　70年代初，中國已經初步具備了"兩彈一星"等戰略威懾能力，"反帝反殖反霸"以及勒緊褲腰帶發展重工業分別從政治上和經濟上提高了中國的國際影響力和談判籌碼，中國終於能夠比較獨立自主地發展同西方大國的關係。以中美關係緩和為起點，中國實現了同西方國家外交的大突破，抓住機遇大規模引入技術設備，逐步走向全面開放的局面，為改革開放準備了良好的國際環境。

可見，新中國成立初期一定程度的封閉，是中國在西方的制裁和孤立下，為了堅持獨立自主而付出的必要代價。中國堅持獨立自主，迅速提高了工業化水平；又由於中國維護國際公平正義，才為獨立自主地加入經濟全球化創造了條件。1949—1978年的這三十年，中國不是閉關鎖國的三十年，而是不斷打破外部封鎖、獨立自主、自力更生的三十年。學習別人但不跟在別人後面爬行，爭取別國援助但不妥協依賴，引進別人先進的東西但也創造自己的東西。

新中國為何不在剛成立時實行對外開放？

新中國成立後，確實沒有立即全面開放，特別是沒有向西方國家開放。但這主要不是中國單方面因素造成的，而是在冷戰格局下，中國受到以美國為首的西方國家封鎖的結果。

新中國成立初期，美蘇兩國已經初步完成了在全球範圍內的勢力劃分，但是因這種格局剛剛形成，並不穩定，雙方還在相互試探和博弈，在歐洲、東亞等許多地區，美蘇還都在爭取獲得更多的利益和勢力範圍。雖然中國人民政治協商會議第一屆全體會議通過的《共同綱領》中提出："在平等和互利的基礎上，與各外國的政府和人民恢復並發展通商貿易關係。"[1] 然而，中國和西方國家平等發展外交關係的努力失敗了，這有幾方面的原因：第一，中國共產黨堅持獨立自主的原則，不接受美國在中國繼續享有居住、採礦、租賃和保有土地、開放口岸航行、文化教育等權利，與美國希望保留在華特權和希望中國成為遏制蘇聯橋頭堡的定位相去甚遠。第二，出於遏制蘇聯的動機，美國的全球戰略已經對中國的安全造成了影響，特別是1950年之後入侵朝鮮，對中國構成軍事威脅。朝鮮戰爭失敗之後，美國又在中國周圍構建了軍事包圍圈。第三，美國國內推行的麥卡錫主義，也使得一些同情中國共產黨和主張發展對華關係的人士受到排擠甚至迫害。1950年12月28日，美國政府宣佈管制中國在美國的全部財產；1952年9月，美國又操縱"巴黎統籌委員會"，制定的對中國的禁運項目達五百多種。可見，不是中國主觀上閉關鎖國，而是中國為了

1　中共中央文獻研究室：《建國以來重要文獻選編（第一冊）》，北京：中央文獻出版社，1992：13。

維護主權獨立，被迫受到封鎖禁運。中國不可能在喪失主權的條件下去發展不平等的國際關係。

在新中國成立初期，中國尚不具備起碼的重工業和軍事工業基礎，在這種情況下，還沒有實力同美蘇這樣的大國競爭博弈，也不存在走 "第三條道路" 的可能，必須加入一個陣營。同時，新中國作為發展中國家，作為資本主義體系中的邊緣化國家，作為剛剛脫離半殖民地地位的國家，兩國結盟必須有一定的共同理想信念作為基礎。新中國成立第二天，蘇聯政府第一個照會中國政府，表示願意與中國建立外交關係，在台灣問題上，蘇聯也採取支持新中國的立場。1949 年，毛澤東第一次訪蘇，提前二十多年收回了蘇聯在華特權，在西方敵視的國際環境中迅速鞏固了政權，更重要的是，獲得了寶貴的經濟和技術援助。[1]

蘇聯對中國的援助，是近代以來規模最大的國際合作和技術引進。蘇聯從工業項目、技術、資金和技術人才方面給予中國多方面的援助，使中國完成了工業化的初步積累，其中有代表性的是蘇聯直接援建的一百五十六項工程，這是中國 "一五" 計劃建設的核心。通過援建項目，蘇聯還對中國進行了技術和人員輸出，促進了技術的迅速擴散，先後到中國幫助經濟建設工作的蘇聯專家共計 1093 人。[2] "一五" 計劃的建設規模遠遠超過洋務運動和國民黨十年建設時期的工業投資規模，1957 年年底，中國提前超額完成了 "一五" 計劃的主要指標，機械設備的自給率超過 60%，鋼材的自給率提高到 86%，合金鋼的品種也趨於完備。

中國能像 "亞洲四小龍" 那樣在 20 世紀 60 年代走出口加工的道路嗎？有人認為，"亞洲四小龍" 抓住了發達國家產業轉移的機遇，實現了迅速崛起，然而中國錯過了機遇期，落在了後面。這種看法不正確。"亞洲四小龍" 是二戰之後少數成功實現經濟起飛的國家和地區，其成功有許多因素值得學習，但是，中國與 "亞洲四小龍" 的外部條件不同。首先，"亞洲四小龍" 處在美國遏制蘇聯和中國的第一島鏈上，是美國遏制共產主義的 "橋頭堡"，至今仍然駐有美國軍隊，這種地位使得 "亞洲四小龍" 可以直接從美國獲得資金、技術、市場以及安全保障，而中國不可能走這種依附性的道路。其次，建國立初期中國不具備基礎設施、完整的工業生產

1　外交部網站資料，http://quiz.fmcoprc.gov.hk/chn/ckzl2009/t538638.htm。
2　中國社會科學院、中央檔案館：《1953 年—1957 年中華人民共和國經濟檔案資料選編：固定資產投資和建築業卷》，北京：中國物價出版社，1998：386-388。

能力，基礎教育尚未普及，並沒有條件接受大規模的產業轉移。中國計劃經濟時期集中精力搞重工業，實際上是為經濟發展打基礎，"磨刀不誤砍柴工"，沒有這個時期打下的產業基礎，也就沒有後三十年的製造業大國。再進一步說，對中國這樣的大國來說，即使有條件接受發達國家的產業轉移，也不應該將其作為主要的發展道路。如果靠承接產業轉移，形成對國際市場的過度依賴，沒有核心技術和完整的工業體系，也不可能真正成為大國。中國必須獨立自主地發展完整的工業體系，特別是 20 世紀 50 年代末期蘇聯撤走援助項目之後，中國自力更生，到 70 年代末，基本建立了完整的工業體系。而相比較，印度從獨立開始就同美蘇兩國都保持著貿易關係，卻至今沒有形成完整的工業體系。因此，不可將中國的發展道路和"亞洲四小龍"的發展道路進行簡單對比。

獨立工業化的起點

20 世紀 50 年代末期，中蘇兩國在國家利益和思想理論上的分歧愈來愈大，關係迅速惡化。赫魯曉夫成為蘇聯最高領導人後，開始調整蘇聯的外交戰略，把改善同美國的關係放在蘇聯外交政策的首位，追求同美國緩和，希望西方承認蘇聯在第二次世界大戰以後在歐洲獲得的既得利益。蘇聯希望中國服從蘇聯的全球戰略，不要發展核武器，在台灣問題、中印邊界等問題上，也不完全支持中國維護國家利益的立場。蘇聯希望在中國建設長波電台和聯合艦隊的要求被中方嚴詞拒絕。蘇聯希望其他國家服從蘇聯的全球戰略，納入蘇聯主導的軍事和國際貿易分工體系。蘇聯這些主張，無論是從國際關係還是國家利益來說，都是中國不能接受的，隨之，中蘇兩國關係逐漸惡化。中蘇不僅結束了同盟關係，而且在 20 世紀 60 年代末，中蘇關係一度發展到在邊境陳兵百萬、劍拔弩張的地步。

中蘇關係的惡化，加劇了當時正處在三年困難時期的中國的經濟困境。但同時也要看到，在這個過程中，中方不完全是被動的，而是在發展道路上有戰略性的考慮。當時社會主義陣營的國家，如果照搬蘇聯模式，在經濟和政治上形成對蘇聯的依賴，對其思想意識和政治經濟的獨立自主都是不利的。而中國卻擺脫了近代以來依附外部的工業化道路，徹底走上了獨立自主的發展道路。1964 年中國擁有了原子彈，具備了對核大國的戰略威懾和戰略相持能力，中國初步獲得了安全保障；隨著中國工業化的發展，到了 70 年代初，已經能夠為農業提供機械，農業機械化開始迅速普及，化肥廠也開始大規模建設，傳統農業開始向現代農業轉型。中國對發展中國家的民族解放運動和社會革命的支持，使中國的國際威望和文化感召力大大提高，這些成就都是中國堅持開展獨立自主外交的結果。

面向兩個中間地帶

在反對美蘇霸權主義的同時，中國外交並不是無所作為，而是像當年走 "農村包圍城市" 的道路一樣，中國共產黨面對美國和蘇聯的壓力，提出國際形勢 "大動盪大分化大改組" 的判斷，把目光投向了美蘇之外的廣大中間地帶。1963—1964 年，毛澤東提出 "兩個中間地帶" 的判斷，認為："整個亞洲、非洲、拉丁美洲的人民都反對美帝國主義。歐洲、北美、大洋洲也有許多人反對美帝國主義。有的帝國主義者也反對美帝國主義，戴高樂反對美國就是證明。我們現在提出這麼一個看法，就是有兩個中間地帶：亞洲、非洲、拉丁美洲是第一個中間地帶；歐洲、北美加拿大、大洋洲是第二個中間地帶。"[1]

"兩個中間地帶"，體現的是建立反對霸權主義、反對殖民主義國際統一戰線的大思路。在這一大思路下，20 世紀 60 年代的中國外交工作重點就是面向 "兩個中間地帶"。其中，對 "第一個中間地帶" 即亞非拉國家的支援，包括在政治上支持亞非拉的民族解放運動，毛澤東先後會見數百位來自亞非拉的各階層人士，多次發表談話和聲明，支持亞非拉民族國家獨立解放、反帝反殖反霸、維護主權的鬥爭。當時世界上許多為民族獨立和解放而奮鬥的人士，都把中國作為希望和信心的來源。南非民族獨立運動領袖曼德拉 1999 年訪華時說："當年我在羅本島坐牢時，每到 10 月 1 日，我們的獄友們就偷偷地用各種方式來慶祝中國的國慶日。因為我們覺得，中國的國慶是我們被壓迫民族的希望……在我們感到孤立無援的時候站在我們一邊，支持我們。"[2] 除了政治上的支持，中國還對非洲國家進行直接的經濟援助。從 1956 年到 1979 年約有四十個非洲國家得到中國的經濟援助，其中撒哈拉以南國家所得援助累計為 24.45 億美元。中國還向五十多個第三世界國家派出了醫療隊，累計派出

---

1   毛澤東：《毛澤東文集（第八卷）》，北京：人民出版社，1999：345。
2   賴晨：《曼德拉與中國的友誼》，《華人時刊》，2014（3）：12-13。

醫務人員一萬多名。

中國的對外經濟援助，既是基於共同的歷史命運，也是基於共同的國際利益。中國成為發展中國家反帝反殖的旗幟，是經濟利益和道義責任的統一，成為全世界遭受不公正待遇的國家的一面旗幟。當今中國在非洲的影響力，離不開當年留下的外交遺產。中國在自身遇到困難的條件下，節衣縮食支援第三世界國家的正義鬥爭，使中國獲得了超出其經濟地位的政治地位，這些也使美國等大國更加重視中國的國際地位。這充分說明，在國際關係中，"義"和"利"是相通的，中國堅持國際正義，堅持道義責任，最終也獲得了實際的經濟利益。一個民族只有自尊、自重、自強、自立，才能得到對手的尊重，才能真正屹立於世界民族之林。

近年來，一種觀點認為，中國對外援助是出於"意識形態狂熱"，得不償失。這種觀點總體上不成立。有人認為，如果中國對某個國家的援助沒有立即得到回報，那麼這種援助就"不符合國家利益"。這種認識是只算了小賬，沒算大賬。就算對企業來說，也不能認為每一筆投資都必須獲得立竿見影的回報，更何況中國這樣一個大國。對當時的中國來說，對外援助獲得的長遠收益，有助於中國打破被美蘇兩國封鎖的局面，使中國在堅持獨立自主的條件下拓展了外交空間。就大國戰略來說，道義感召力是軟實力的一部分，中國至今在亞非拉國家特別是在獨立運動老一輩領導人中有很高的影響力。從經濟方面看，即使在當時，中國在援助過程中也獲得了技術和市場。

中國援助第三世界的啟示就是，發展中國家在全球化當中，一方面能夠利用全球化發展自己，另一方面也可能陷入全球化陷阱，加大同發達國家的差距。故而發展中國家應該盡力爭取第一種前途，避免第二種前途。從世界歷史來看，這個時期正是全球反對霸權主義和殖民主義的高峰期，中國的做法推動了國際關係的民主化和公平化，也反過來讓自己獲得了更好的發展環境。

備戰備荒為人民

20世紀60年代另一項具有戰略意義的經濟戰略，就是備戰備荒和三線建設。三線建設具有重要的軍事和經濟意義。在軍事上，三線建設表達了中國軍民反對侵略但不怕侵略的決心，對美蘇兩國形成了戰略威懾；在經濟上，三線建設是中國最大的一次西部開發，顯著改善了西部的經濟和社會面貌。

三線建設要從"三五"計劃的調整說起。"三五"計劃試圖調整以前存在的過度投資重工業的傾向，主要內容是"先抓吃穿用、實現農輕重"，以更多的精力發展輕工業和農業，集中力量解決人民的吃、穿、用等問題。但是，這一設想還沒有具體實施，國際形勢從 1964 年起就發生了新的變化，使得過去制定的農輕重均衡發展的戰略不得不讓位於國防建設的需要。

國際形勢的變化，首先是美國對中國的軍事威脅加劇。20 世紀 60 年代初，美國對亞洲加強滲透，1961 年進行了兩次針對中國的核戰爭演習，1962 年擴大對越南的侵略，同時蔣介石加快策劃反攻大陸的步伐。1964 年美國確實制訂了對中國進行突然襲擊的計劃，而且制訂了具體實施方案。同時，蘇聯不斷對中國挑起領土爭端，特別是對中國進行核威懾。

在這種情況下，由於中國工業過於集中（十四個一百萬人口以上的大城市就集中了約 60% 的主要民用機械工業、50% 的化學工業和 52% 的國防工業），大城市人口多、大部分都在沿海地區，主要鐵路樞紐、橋樑和港口碼頭一般在大中城市及其附近，以及水庫緊急泄水能力都很小等，中共中央立足於戰爭進行經濟建設佈局，以保障內地後方有生產和生活保障的能力，這就形成了加快三線建設的思路。

1964 年 9 月，中央做出調整"三五"計劃佈局的建議。首先，在區域佈局上，把投資的重點放到三線地區。其次，農業上，改變了過去確定的"增加對農業投資"的計劃，農村仍延續前兩個五年計劃期間的方針，主要依靠組織剩餘勞動力進行農田水利建設、增加勞動力投入來增加糧食產量。最後，"先抓吃穿用、實現農輕重"的指導思想被"備戰備荒為人民"的指導思想所替代。由上述分析可見，三線建設是在"戰爭已經迫近"的判斷之下，出於"和敵人搶時間"的目的而實施的。正因為如此，三線建設的出發點就不僅僅是經濟效益，而是要在儘可能短的時間內，在西部腹地建成鞏固的戰略大後方。

1964—1978 年，在中國中西部的十三個省、自治區進行了一場大規模的以戰備為指導思想的國防、科技、工業和交通基本設施建設，稱為三線建設。三線建設覆蓋了 1/2 以上的國土，歷經三個五年計劃，前後十四年，投入資金 2052 億元，投入人力高峰時達 400 多萬，安排了 1100 個建設項目，是一個傾全國之力而為之的浩大工程，其動員之廣、規模之大、時間之長，堪稱中華人民共和國建設史上最重要的一次戰略部署，也是新中國成立以來的一次國民經濟、區域經濟、戰略安全佈局、生產力佈局的大調整。[1]"三五"計劃期間，總投資 900 億元，其中三線地區 344 億元，一、二線地區 384 億元，還有 172 億元屬全國性投資，其中也有一部分投入到三線。三線地區的省區數只佔全國的 1/3，可是投資卻接近一、二線地區的投資總和。用在三線地區的投資佔該行業總投資的比例分別為：國防工業 74%、冶金工業 58%、鐵道工業 45%、電力工業 40%、煤炭工業 35%、石油工業 30%、化學工業 48%。

從國家安全方面考察，三線建設使中國建立起了較為完備的國防工業體系，具備了對超級大國的戰略防禦和戰略威懾能力。這有效改善了中國的防禦態勢，遏制了兩個超級大國對中國的戰爭企圖，發揮了遏制戰爭、維護國家安全的作用。1975 年，三線地區的兵器生產能力已佔全國一半，形成核動力、核武器研製的核工業體系，建成 100 多個航空工業基地，佔全國航空工業生產能力的 1/3。到 1975 年，三線地區國防工業的固定資產原值、淨值和主要產品生產能力、生產技術及設備水平都已接近一、二線地區。三線建設在中國遼闊腹地形成了能夠利用地形、能打能藏、能攻能守、能長時間獨立堅持的戰略後方，能在敵人攻擊第一波後保存戰爭潛力。可以這樣說，20 世紀 60 年代末以後，強敵不敢對中國採取貿然行動，與三線建設密不可分。

從更長的歷史視角看，三線建設使中國第一次具備了"禦敵於國門之外"的能力，從而為改革開放創造了和平環境。三線建設的實施、完整的軍事工業體系的建立，使得中國具備了對衝美蘇兩個超級大國核威懾的能力。在這種情況下，外部大國從陸地上進攻中國的可能性，不能說完全消除了，但是已經變成極小概率事件，從而東南沿海地區才可以消除戰爭威脅，在和平的環境中規劃經濟建設、引進外資。也正是由於 20 世紀 70 年代中國具備了"禦敵於國門之外"的軍事能力，改革開放初期中國才有條件、有信心實施對外開放、引進外資的政策。

20 世紀 80 年代之後，對於三線建設的評價，一度出現單純從經濟效益出發，認為三線建設"過高估計了戰爭風險"的批評，我們不同意這種批評。因為這種批評是從事後來看的，自然比當年決策時有更多的信息可以掌握。戰爭的規律就是：

1　　陳東林：《1964 年三線建設決策中的分歧及其對西部開發的啟示》，《黨史研究資料》，2001（6）：1–11。

不做準備，戰爭可能發生；做了準備，戰爭可能不來，或者被遏制。現在回頭來看，毛澤東根據第二次世界大戰時期蘇聯由於未能建成烏拉爾以東地區的工業基地，致使二戰初期慘遭巨大破壞和嚴重損失的歷史教訓，做出集中國力加速西南、西北內陸地區建設的重大戰略決策是明智的。從國家安全來看，這一決策是十分必要的。如果中國沒有積極備戰，就難以獲得後來的和平環境，這是"用戰爭遏制戰爭"辯證思想的體現。進入 20 世紀 90 年代，特別是海灣戰爭之後，三線建設的重要性更容易被人們認同了。

除了軍事效益之外，三線建設也取得了顯著的經濟和社會效益。1984 年，國務院三線辦公室曾對三線地區的 1945 個大中型企業和科研設計院所進行調查，認為佈局合理、效益好、成功的佔 48%，基本成功的佔 45%。[1] 從社會效益來看，三線建設縮小了東西部的差距，進行了中國歷史上第一次西部大開發，使中國中西部地區有了部門較為齊全的工業體系和相對成型的交通網，初步改善了中國工業佈局不合理的狀況，大大縮小了東西部的差距。從 1964 年到 1980 年，三線地區的鐵路佔全國的比重，由 19.2% 提高到 34.7%，這些鐵路至今仍是西部地區的交通大動脈。三線建設時期，三線地區新增公路里程二十多萬公里，佔全國同期增長的 55%，對開發西部以至於建設今天的絲綢之路經濟帶，都仍然發揮著作用。三線地區建成的機械工業大中項目共 124 個，一批新興工業城市與三線建設相伴而生，如四川攀枝花、貴州六盤水、湖北十堰、甘肅金昌等。從這個意義上說，三線建設是新中國第一次也是近代以來中國歷史上第一次"西進運動"。

中美建交是中國堅持獨立自主換來的

經過 20 世紀 60 年代這十年的努力，中國擁有了"兩彈一星"，建成了必要的軍事工業體系，首次具備了對美蘇兩國的戰略相持和戰略威懾能力；初步具備了完整的重工業體系，石油等主要工業品實現了自給自足，在中西部開展了大規模的三線建設後，工業重心純佈局於東部沿海的局面得到改變。中國在國際上特別是在第三世界國家中的影響力空前提高，中國支持的亞非拉民族解放運動也鼓舞了西方國家

1　　向嘉貴：《略論大三線的調整》，《開發研究》，1987（01）：22–25。

內部的社會運動，基於此，中國可以在平等的基礎上與西方國家開展外交活動。

中美關係正常化正是中國從被迫封閉到對西方開放的轉折點，這一轉折是中國採取正確發展戰略，通過艱辛努力換來的。

中美關係正常化引發了中國外交大突破。1970—1979 年，中國共與七十五個國家建立了外交關係，其中包括加拿大、荷蘭、英國、日本、聯邦德國、澳大利亞、新西蘭、西班牙、美國、葡萄牙等主要發達國家（中法已於 1964 年建交），至此，到改革開放前，中國已經同西方主要發達國家全部建立了外交關係。在建交之初，這些發達國家都表達了同中國進行經濟合作的願望。

外交大突破一實現，中國就抓住機遇進行了大規模的技術引進，這是新中國歷史上繼 "一五" 期間蘇聯援建一百五十六項工程之後，第二次大規模的技術引進。其中最有代表性的是 1973 年的 "四三方案"，在三到五年內引進四十三億美元的成套設備，即大化肥設備十三套、大化纖設備四套、石油化工設備三套、綜合採煤機組四十三套、十個烷基苯廠、三個大電站等。其中，大化肥和石油化工、化纖設備發展了化肥和服裝產業，加快解決了吃飯和穿衣問題。從西方引進技術還導致中國經濟發展區域佈局的調整，發展重點從突出和強調三線建設的西部地區，轉向東南沿海地區和中國傳統的工業發達地區，從而為改革開放奠定了政策、技術和物資的基礎，打開了中國重新融入國際體系的大門。[1] 同時，中國開始了戰略性地利用世界市場的實踐。1973 年，中國利用世界蔗糖危機積累了一大筆外匯，同時動用存在外國銀行的外匯，買入一批黃金，增加了國家的黃金儲備，中國的黃金儲備從 1970 年的 700 萬盎司到增加到 1974 年的 1280 萬盎司，在以後的美元狂跌中保證了外匯儲備的安全，還為以後的改革開放提供了可靠的金融支持。

正確義利觀和中國崛起

新自由主義全球化的論點認為，只要發展中國家敞開國門，就應讓發達國家的資金、技術無條件流入發展中國家，實現產業升級。但實踐中靠這種方式成功的經濟體很少，大量對歐美國家全面開放的國家，不僅差距沒有縮小，反而導致喪失經

1　戴超武：《美國 "貿易自由化" 政策與中國 "改革開放"（1969—1975）》，《當代中國史研究》，2010（2）：83–104。

濟主權和資源，和發達國家的差距越拉越大。由於強國和弱國在政治和軍事力量上的不平等，真正公平的國際貿易是不存在的，強國不會甘心同弱國進行平等的國際貿易，而是希望弱國長期充當其原料和低成本勞動力、初級產品的來源地。

新中國自成立以來，沒有像其他發展中國家那樣，無條件地加入全球體系，成為世界體系的一環，而是獨立自主地參與全球治理，爭取自己的發展空間。從內部來看，獨立自主戰略，使中國具有了獨立的工業體系，避免了經濟和技術上的依附地位。對一個大國來說，把關鍵技術和戰略部門控制在自己手裏是必要的，正是由於中國建立了獨立的工業和技術體系，改革開放之後，中國才能在對外合作和技術引進中爭取對自己有利的、相對較為平等的合作地位，如 20 世紀 80 年代對外開放初期，美國麥道公司就同中國進行深度合作，如果當時中國沒有獨立研製大型飛機的能力，這種合作是不可能的。獨立的工業和經濟體系，也使中國在 20 世紀 70 年代初就具備了對核大國的戰略威懾能力，從而才能實現國防戰略從消極防禦轉變為積極防禦，能夠禦敵於國門之外，這樣才能為國內特別是東南沿海營造和平的建設環境，從而進一步進行改革開放。

從外部來說，中國堅持獨立自主、堅持正確的義利觀，支持第三世界民族解放運動和人民民主運動，反對美國和蘇聯的霸權主義、殖民主義、帝國主義，從短期來看似乎付出了代價，但是從長期來看，中國獲得了巨大的國際道義感召力，獲得了第三世界國家的支持和幫助，最終也獲得了包括美國、蘇聯在內的世界強權的承認和尊重。中國的國際戰略，是義和利的統一，是國家民族利益和國際道義的統一。從此之後，中國結束了一百多年來在全球體系中被邊緣化、被迫依附的局面，開始了獨立自主融入全球化的進程。

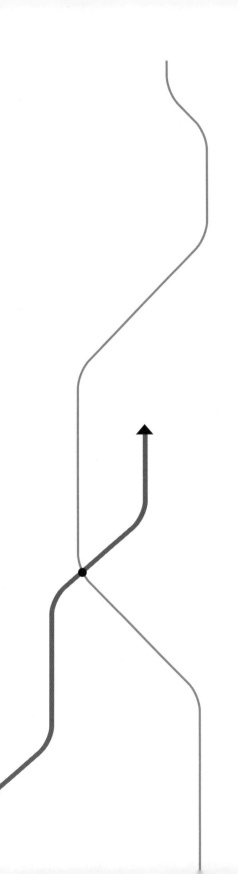

第三章

前三十年的遺產和改革開放

▶▶▶ 導讀 ◀◀◀

　　如何評價中華人民共和國第一個三十年的經濟建設，這既是一個歷史問題，又是關係中國未來發展的現實問題。當前，一些照搬西方經濟學的觀點，傾向於全盤否定這三十年的經濟建設道路和成就，這是非常不客觀的。

　　歷史證明，新中國第一個三十年的經濟建設是成功的，雖然這三十年的經濟發展也存在著曲折和失誤，但是無論同其他發展中國家相比，還是同發達國家的工業化過程相比，中國都毫不遜色，而且避免了大多數發展中國家在發展早期面臨的各種陷阱，創造了不少直到今天為止仍然有鮮明現實意義的經驗。這是歷史的主流。

　　新中國前三十年的經濟體制同改革開放後有很大差別，與近幾十年影響很大的西方新古典經濟學的主張也相去甚遠。改革開放初期實施的包產到戶、市場經濟、對外開放、發展民營經濟等做法，看起來是對過去的"糾正"，因此一種觀點就自然地認為，既然改革開放以來經濟發展很快，那就說明以前的經濟戰略和政策是錯誤的。

　　進入 21 世紀以來，隨著改革中出現的新問題、新矛盾，又出現了另一種觀點，那就是認識到改革開放之前某些做法的合理性，希望從當時的做法中找到解決當今問題的鑰匙。這些不同的觀點常常相互碰撞和對立，影響著改革共識和社會團結，也直接影響著人們對現實和未來走向的看法。

　　只有正確看待歷史，才能正確認識現實。中國要成功地向前走，就必須對歷史做出科學的評價。2013 年 1 月 5 日，習近平在中共中央黨校發表講話，第一次提出"兩個不能否定"的思想，"對改革開放前的歷史時期要正確評價，不能用改革開放後的歷史時期否定改革開放前的歷史時期，也不能用改革開放前的歷史時期否定改革開放後的歷史時期。要堅持實事求是的思想路線，分清主流和支流，堅持真理，修正錯誤，發揚經驗，汲取教訓"。[1] 這為科學評價改革開放前的歷史時期營造了政治環境。

1　習近平：《關於堅持和發展中國特色社會主義的幾個問題》，引自中共中央文獻研究室：《十八大以來重要文獻選編（上）》，北京：中央文獻出版社，2014：109。

1. 前三十年的成就

評價一個時代的經濟發展，既要看經濟總量和增長率，但又不能只看經濟總量和增長率，還要看發展的質量和效益，看經濟發展是否滿足了這個時代國家和人民優先的需要，看經濟和社會發展的協調性，看這個時代給後代留下了什麼。

按照這些標準，中國當時已實現了國家獨立和主權安全，啟動了現代化建設和改善了民生，實現了經濟的較快增長，初步建立起了完整的工業體系和基礎設施，普及了基本醫療和基礎教育，實現了社會結構和文化的變革，這些成就領先於同期的大多數發展中國家。總的來看，這是近代以來中國從沉淪到復興的關鍵轉折時期，是一個快速發展的時代，是一個抓住機遇啟動現代化進程的時代。這一時期經濟社會發展是成功的，儘管 1978 年改革開放時，中國仍然是低收入國家，但是同 1949 年時相比，中國的綜合實力和影響力已經大大提高，和世界的差距已經大幅度縮小，而且為改革開放之後的發展，提供了寶貴經驗、理論準備、物質基礎。

經濟快速增長

1952—1978 年，中國經濟實現了快速增長。根據《中國統計年鑒》，按不變價格計算，這一時期國內生產總值年均增長 6.6%。而舊中國經濟增長最快的 1929—1936 年，GDP 年均增長率僅為 1.5%。[1] 按照經濟史學家安·麥迪森的數據估算同期國內生產總值年均增長率，世界為 4.6%、亞洲為 5.8%、非洲為 4.3%、拉美為 5.3%、西歐為 4.4%。可見，這一時期中國的經濟增長遠遠快於舊中國，也領先於當時世界平均水平。

從主要產品的產量看，20 世紀 50 年代初，中國都排在世界工業國家的後面，而到 1978 年，中國鋼產量超過了英、法、意，成為繼美、蘇、日之後的第四大鋼鐵生產國；石油由過去有名的"貧油大國"成為基本上自給的世界第八產油大國；原煤產量躍居第三位；棉紗產量躍居第一位；發電量躍居第七位；糧食產量躍居第二

1　胡鞍鋼：《中國政治經濟史論（1949—1976）》，北京：清華大學出版社，2008：528。

位；棉花產量躍居第三位。

再按照用電量、鐵路貨運量和銀行貸款發放量這三個與經濟增長高度相關的指標來衡量，1952—1978 年，鐵路貨運量年均增長 8.5%，工業用電量年均增長 12.6%，新增貸款年均增長 8.2%，其中鐵路貨運量和工業用電量的增長率都高於改革開放之後。可見按照實物量計算，當時的中國經濟實現了快速增長。

由於這一時期實行計劃經濟，大量經濟活動並沒有進入市場，因而用 GDP 這一指標實際上還低估了經濟建設的成就。例如，大量農村基礎設施，是在國家投資很少的情況下由農民無償勞動建設的，用實物方式分配的住房、醫療、教育等產品，如果按照市場經濟的辦法，將其價值納入 GDP 統計，數值還會大得多。為了優先發展重工業，大量資源和勞動力是無償調撥的，大量基本工業品的價格是低於市場價格的，這些因素都可能造成 GDP 的低估。也就是說，如果按照實際的經濟活動來計算，新中國前三十年的增長速度比上述數字還要高。

需要指出的是，這一時期的 GDP 是在當時國際環境惡劣、周邊戰爭不斷的情況下，通過自力更生實現的。以毛澤東為核心的第一代中央領導集體退出歷史舞台時，中國既無外債也無內債，更沒有通貨膨脹和失業，這在發展中國家是極其罕見的。同時，他們還為後人留下了一個安全穩定的國際環境、大量外匯儲備和較為完善的基礎設施。截至 1977 年，中國共有黃金儲備 1280 萬盎司和外匯儲備 23.45 億美元，為後來改革開放時期大規模引進技術準備了條件。

以上對比清晰地說明，無論同舊中國還是同當時的其他國家相比，新中國成立後 GDP 的增長以及工農業產值的增長速度都是可觀的。

中國的工業革命

改革開放前三十年，中國不僅實現了 GDP 的較快增長，而且產業結構得到改善，其中最突出的是建成了獨立完整的工業體系、國防體系和基礎設施，中國從一個典型的農業國轉變為工業國。1952 年到 1980 年，中國的工業產值佔 GDP 的比例從 21% 上升到 48%，工業結構從以紡織、食品加工等小規模輕工業為主，轉變為以重工業和軍事工業為主。在這二十八年時間裏，全國工業固定資產按不變價計算增長了 26 倍多，達到 4100 多億元。[1] 同 1952 年相比，1978 年主要工業品的產量都實現了快速增長，其中化纖、化肥、原油等對於解決吃飯和穿衣問題發揮關鍵作用的產品從無到有地發展起來，增長超過 200 倍，鋼材、水泥、硫酸、化肥等主要工業產品年增長率均達到 10% 以上（見表 3-1）。

表 3-1　主要工業品產量增長情況（1952—1978 年）

1952—1978 年年均增長率（%）	1952 年	1965 年	1978 年	1978 年是1952 年的倍數	1952—1978 年年均增長率（%）
化纖（萬噸）	0.02	5.01	28.46	1423	32.3
紗（萬噸）	65.6	130.0	238.2	3.63	5.1
原煤（億噸）	0.66	2.32	6.18	9.36	9.0
原油（萬噸）	44	1131	10405	236.48	23.4
發電量（億度）	73	676	2566	35.15	14.7
鋼材（萬噸）	106	881	2208	20.83	12.4
水泥（萬噸）	286	1634	6524	22.81	12.8
化肥（萬噸）	3.9	172.6	869.3	222.90	23.1

資料來源：國家統計局編：《新中國統計六十年統計資料彙編》，北京：中國統計出版社，2009 年第一版，表 1-37。

　　這三十年，中國的基礎設施水平得到提升。1953 年全國基礎設施資本存量為202 億元，1978 年上升為 1113 億元，是 1953 年的 5.5 倍。一個由鐵路、公路、內河組成的交通網已經形成。鐵路里程、公路里程、客運量、貨運量、貨物周轉量等衡量交通能力的指標，1978 年比 1952 年增長了 2~13 倍（見表 3-2），其中，鐵路里程、公路里程和貨物周轉量的增長倍數，還高於改革開放後的三十年。三十年間，修建了水庫總庫容 4200 億立方米、人工河渠總長 300 多萬公里、機井 220 萬眼，各類堤防總長 16.5 萬公里。

　　重工業和基礎設施對國民經濟整體具有帶動和輻射作用，改革開放之後中國成為世界製造業大國，離不開改革開放前奠定的重工業基礎。工業的發展還塑造了一支龐大的工人階級隊伍，到 1978 年，全國職工總數接近一億人，這支技術精湛、紀律嚴明的產業工人成為中國社會發展進步和穩定的主力軍，也是改革開放之後創造

1　《關於建國以來黨的若干歷史問題的決議》，《三中全會以來重要文獻選編》，北京：中央文獻出版社，2011：130。

表 3-2　改革開放前交通建設成就

	1952 年	1965 年	1978 年	2008 年	1978 年是 1952 年的倍數
鐵路營業里程（萬公里）	2. 29	3. 80	5. 17	7. 97	2. 26
公路里程（萬公里）	12. 67	51. 45	89. 02	373. 02	7. 03
客運量（萬人）	24518	96334	253993	2867892	10. 36
貨運量（萬噸）	31516	121083	248946	2587413	7. 90
貨物周轉量（億噸公里）	762	3464	9829	110301	12. 90

資料來源：國家統計局編：《新中國統計六十年統計資料彙編》，北京：中國統計出版社，2010 年，表 1–43、表 1–44、表 1–45、表 1–46。

經濟奇跡的基礎。美國學者莫里斯・邁斯納評價道：毛澤東的那個時代遠非現在普遍傳聞中所謂的經濟停滯時代，而是世界歷史上最偉大的現代化時代，與德國、日本和俄羅斯等現代工業舞台上幾個主要的後起之秀的工業化過程中最劇烈的時期相比也毫不遜色。[1]

新農村和新農民

　　新中國的前三十年，開始了傳統農業向現代農業、傳統農村向現代農村的轉型。建國初期，中國農村幾乎全部是手工勞作、靠天吃飯，幾乎沒有農業機械、化肥和電力，而到 20 世紀 70 年代末實行包產到戶之前，現代農業需要的化肥、水利、機械化和良種都已經得到顯著改善。一方面，工業的發展，為農村提供了化肥和機械，化肥的使用提高了單位畝產，機械化雖然對提高畝產作用不大，但是節約了大量勞動力，農村勞動力得以被解放出來發展工商業或進城務工，繼而成為改革開放後大量低成本勞動力的來源。另一方面，合作社和人民公社組織集體勞動，開展農田水利建設，通過全國大協作進行良種繁育和技術推廣，到 20 世紀 70 年代末，農用拖拉機、排灌機械和化肥施用量都大大增加，年用電量等於建國初期全國年發電量的 7.5 倍，耕作條件發生歷史性變化。

　　現代化和工業化不僅增加了農民的收入，而且改變了傳統農村的精神和文化。

1　曾昭禹：《市場經濟的起源、本質與中國發展道路 —— 兼與韋森教授商榷》，《社會科學論壇》，2013（03）：189–205。

集體所有制的實現，避免了封建社會幾千年來土地兼併的治亂循環，一直以來一盤散沙的小農社會第一次被組織起來，舉辦工商業、提供公共服務、管理公共事務、進行民主建設，儘管這些成就還是初步的，但是已經根本改變了傳統農村的社會風氣和文化。中國的農民，從舊中國在政治經濟枷鎖下形成的愚昧、麻木、自私的弱者形象，變成具備健康的體魄、有文化、可以組織起來進行民主管理、把握自己命運的新形象。

醫療和教育的普及

　　人力資本是生產力最活躍的因素，以健康、教育和性別平等為主要標誌的人力資本發展水平滯後，使世界許多國家陷入貧困陷阱，呈現"窮、愚、病"的惡性循環。新中國把醫療、教育和婦女解放作為重大政治問題來解決，優質資源向基層和農村傾斜，避免了精英教育和資本密集型的醫療模式。通過發揮集體協作的優勢，開發了以合作醫療、赤腳醫生和民辦教育為主的低成本而有效的技術路線，普及了基礎教育和基本醫療，人均預期壽命從新中國成立前的三十五歲增長到 20 世紀 70 年代末的六十八歲，小學淨入學率從 25% 躍升到 90% 以上，比發展中國家平均水平高出 30 個百分點，接近發達國家。[1] 婦女解放也走在世界前列，中國的總和生育率在 20 世紀 70 年代就下降到 2.2 左右，擺脫了低收入國家出現的高生育率、高死亡率，越生越窮、越窮越生的惡性循環。教育和國民健康水平大幅度躍升，使得昔日的"東亞病夫"成長為一支有文化、守紀律的產業工人和新型農民隊伍，為後來的發展積累了長達幾十年的人口紅利，成為支撐中國經濟長期增長的有生力量。

　　健康和教育的改善，不僅有利於經濟發展，而且有利於實現人的自由全面發展，使新中國呈現出同舊中國截然不同的社會風尚。整個社會呈現出團結、積極向上的精神面貌，成為物質匱乏條件下激勵人們奮鬥的精神動力。中國依託國有企事業單位和人民公社，在城鄉均建立了包括醫療、養老、住房、工傷、喪葬、撫恤在內的社會保障制度，確保人民不必為基本民生擔憂，降低了經濟運行成本，使大規模集中發展重工業成為可能。社會事業的發展，也改變了舊中國一盤散沙、貧富懸

1　潘維：《中國模式：解讀人民共和國的 60 年》，北京：中央編譯出版社，2009：217。

殊、脆弱和充滿風險的社會結構，平民百姓有工作、有尊嚴、有安全感、有希望，為啟動現代化增添了強大動力。

中國普及基本醫療和基礎教育的歷史，打破了"窮國不能辦大教育、窮國不能搞免費醫療"的偏見，超越了西方國家"先實現現代化再建立社會保障"這種伴隨著巨大社會代價的路徑。中國人用實際行動證明：普及教育和醫療並非富國的專利，在經濟落後條件下普及醫療和教育、建設一個不以利潤為目的的醫療體系、一個不以考試和分數為目標的教育體系，也是能做到的。印度裔諾貝爾經濟學獎得主阿瑪蒂亞·森評價："1949年政治變革時，中國的生活條件與當時印度的情況大致相差無幾。兩個國家都在世界上最窮的國家之列，死亡率、營養不良和文盲程度都很高。"[1] 但到改革前，"印度和中國所處的相對地位就決定性地確立了"，"改革前中國在教育、醫療、土地改革和社會變化方面的成就，對改革開放後的發展有著巨大的貢獻，使中國不僅保持了高預期壽命和其他相關成就，還為基於市場改革的經濟擴展提供了堅定支持"。[2]

中國發展的世界意義

毛澤東時代是中華民族近代以來歷史的轉折點，是中華民族從沉淪走向自信、從依附走向自立、從屈辱走向自強的時代，在這個時代，中華民族開始了偉大復興的歷程。

新中國的革命和建設，不僅發展了自己，也改變了資本主義全球化塑造的世界格局，為扭轉不公正的國際秩序做出了貢獻，具有世界意義。二戰之後，在社會主義陣營和制度競爭壓力下，資本主義世界內部進行了調整和改良，完善福利制度、縮小收入差距、限制資本特權，社會矛盾得以緩和，而廣大發展中國家則出現了社會主義運動和民族解放運動的高漲，其中，中國自身堅持獨立自主的發展以及對第三世界的支持，是推動全球公平、正義的重要力量。對第三世界的支持，使中國獲

1　龔松柏：《中印經濟轉型與發展模式比較》，成都：西南財經大學，2009。
2　龔松柏：《中印經濟轉型與發展模式比較》，成都：西南財經大學，2009。

得了豐厚的外交遺產和道德感召力，而且反過來推動了美蘇兩個大國同中國改善關係，打開了中國同西方進行經濟合作的大門。從這個角度上說，中國的發展壯大，一個有著八億人口的國家實現工業化，本身就是對資本主義全球化塑造的全球格局的突破。同時，中國還在一定程度上扭轉了工業革命之後，資本主義全球體系帶來的殖民化、南北差距擴大的局面。

總之，新中國的前三十年，是經濟快速增長、經濟實現起飛的時代，是建立獨立完整的工業體系和基礎設施、實現工業革命的時代，是傳統農業向現代集體農業轉型、傳統農村向現代農村轉型的時代，是中國第一次普及醫療和教育，人力資本水平躍升、為人的自由全面發展開闢道路的時代。經過三十年的發展，一個任人欺凌、四分五裂的弱國，變成具有鞏固國防和民族尊嚴的強國；一個一盤散沙、人心渙散的國家，變成組織起來、民族精神高度凝聚的國家；一個等級森嚴、兩極分化的國家，變成一個人民當家做主、公平正義的國家。這三十年，是中國共產黨和中國人民同甘共苦、團結奮鬥的三十年，是胸懷理想信念、不信邪、不怕壓的三十年，是改天換地、感天動地的三十年。

關於改革開放前三十年，鄧小平是一位權威的評價者。1979 年，他在《堅持四項基本原則》的講話中說："我們儘管犯過一些錯誤，但我們還是在三十年間取得了舊中國幾百年、幾千年所沒有取得過的進步。我們的經濟建設曾經有過較快的發展速度。"[1] 1980 年，在起草《關於建國以來黨的若干歷史問題的決議》時，他說："中國在世界上的地位，是在中華人民共和國成立以後才大大提高的⋯⋯沒有中國共產黨，不進行新民主主義革命和社會主義革命，不建立社會主義制度，今天我們的國家還會是舊中國的樣子。我們能夠取得現在這樣的成就，都是同中國共產黨的領導、同毛澤東同志的領導分不開的。恰恰在這個問題上，我們的許多青年缺乏了解。"[2]

---

1   鄧小平：《鄧小平文選（第二卷）》，北京：人民出版社，2002：167。
2   鄧小平：《鄧小平文選（第二卷）》，北京：人民出版社，2002：299。

2. 跨越陷阱

新中國前三十年，不僅取得了多方面的進步，而且走出了一條符合中國國情的現代化道路。這條發展道路，回答了兩個歷史課題，而這兩個歷史課題對於許多發展中國家都是有普遍意義的：

第一，如何在全球資本主義體系已經形成的前提下，啟動現代化進程，實現一個落後大國的崛起，加入世界體系？

第二，如何在實現現代化的同時，避免走發達國家走過的代價巨大的彎路，跳出"歷史的週期律"？

實現現代化是每一個國家的夢想，但是從工業革命以來的歷史來看，只有少數國家邁進了高收入國家的門檻，今天國際上主要的發達國家，仍然是十八、十九世紀率先進入現代化進程的歐美國家。而進入 20 世紀以來，全世界約兩百個發展中國家和地區，能夠進入發達國家和地區行列的並不多。據統計，20 世紀以來，只有十三個國家和地區進入發達國家和地區的行列，而這十三個國家和地區，要麼是"亞洲四小龍"這樣具有特殊地緣政治因素的小經濟體，要麼是中東等地具有石油等特殊資源優勢的國家和地區。迄今為止，還沒有一個人口超過一億的發展中大國從發展中國家進入發達國家的行列。二戰之後，世界上發達國家和發展中國家的差距，不是縮小了，而是擴大了。

按照自由主義經濟學的假設，由於生產要素的邊際收益總是遞減的，生產要素會自動從富裕國家流向貧窮國家，最終實現各國發展的"趨同"，窮國和富國的差距應當不斷縮小，但為什麼世界上還有那麼多國家沒有走上繁榮的道路？哈佛大學經濟學家、20 世紀 90 年代俄羅斯"休克療法"的設計師傑弗里·薩克斯在目睹了俄羅斯"休克療法"的失敗之後，痛定思痛，開始系統研究全球貧困問題。他提出了導致貧窮國家深陷貧窮的"八大陷阱"——貧困陷阱、地理陷阱、財政陷阱、政府失靈、文化障礙、貿易障礙、缺乏創新和人口陷阱。[1] 對照這些陷阱可以看出，中國恰恰是因為走出了一條獨特的新道路，才避免了所有這些發展中國家經常遇到的陷阱。

1　對這八大陷阱的論述，詳見：薩克斯著，鄒光譯：《貧窮的終結：我們時代的經濟可能》，上海：上海人民出版社，2007。

社會革命：超越貧困陷阱

所謂貧困陷阱，是指貧困國家無力憑藉自身能力擺脫這種困境。這是因為，當人們處於貧困狀態時，大量收入只能用於維持生存，不可能有多餘的收入來儲蓄和擴大投資。而且，窮國往往人力資本和基礎設施水平低，被迫通過過度消耗自然資源來發展經濟，導致自然資源枯竭。這些都使得貧困形成惡性循環——越窮越沒有能力改變貧窮，所以會愈來愈窮。

舊中國處在典型的"貧困陷阱"中。在小農經濟的約束下，農業剩餘本來十分有限，再加上地租、高利貸和買辦資本等利益集團的攫取，難以形成有效集中的投資，特別是難以形成投向基礎設施、重工業等基礎性、戰略性部門的投資。新中國通過深刻的社會革命，打破和改造了舊有的利益集團，為跳出"貧困陷阱"開闢了道路。

過去人們往往從政治的角度來解讀"推翻三座大山"（帝國主義、封建主義、官僚資本主義），但從經濟領域看，"推翻三座大山"是中國跳出貧困陷阱的前提。只有通過社會革命，才能打破各種利益集團對資源的攫取，把有限的農業剩餘集中起來，提供給重工業和基礎設施等部門，而剩餘的生存物資通過統購統銷、配給制以及低水平、廣覆蓋的社會保障等辦法，保障了全體人民的基本生活。同時還通過不斷的整風等運動，防止中國共產黨在執政條件下形成新的利益集團，黨的幹部、社會精英和人民群眾同甘共苦，使得工業化的成本由各個階層比較平均地分擔。這些制度安排使中國突破了一般的窮國難以形成有效投資的困境，啟動了真實的經濟增長。

同"貧困陷阱"相關的往往是財政陷阱。許多發展中國家之所以缺乏用於建設基礎設施的最基本的財政能力，至少有以下三個原因：第一，人民本身非常貧困，因此無法徵稅；第二，政府不稱職、腐敗或低效率，因此不能徵收足夠的稅收；第三，政府可能已經負有巨大的債務，有限的稅收只能用於還債。

與這些國家相比，中國通過計劃經濟體制，建立了一套成本低、有效率而又相對公平的稅收體系。與市場經濟國家依靠國家收稅再"購買"基礎設施服務不同，中國依託公有制的經濟制度，把發展基礎設施作為計劃經濟的內容，並且通過糧食統購統銷、工農產品剪刀差等辦法，為工業化的發展提供了盈餘。相對於其他發展中國家，這相當於一套成本更低、稅收負擔更加公平的稅收體系。中國建立了一個廣覆蓋的、具有高效組織能力的政府，在經濟資源不足的情況下，通過組織集體協作彌補了資金的不足。再就是，中國堅持"既無外債又無內債"的方針，儘管成立初期為恢復經濟發行過國債，但是很快就償還了，到 1968 年中國成為"既無外債又無內債"的國家，不像一些發展中國家那樣債務纏身、經濟發展陷入泥潭。這些，都使得中國避免了大多數發展中國家為之困擾的財政和債務陷阱。

組織起來：超越政府失靈

大部分發展中國家都面臨著政府失靈，主要有兩種可能：一種是政府組織渙散，沒有能力提供維護社會秩序、安全、基礎設施等基本的公共產品或服務；另一種就是政府被利益集團所把控，成為少數利益集團的代言人。舊中國的政府，這兩方面失靈都存在。中國共產黨建立了一個強大而有代表性的政權。這個政權是強有力的，從而避免了像一些發展中國家那樣，國家軟弱渙散，無力組織經濟社會發展計劃，也無力遏制利益集團和保持社會穩定，還避免了一些發展中國家出現的政權異化為特殊利益集團的現象。這樣一個強有力並且有代表性的政權，成為中國現代化的動力。

依靠有力的組織，才可能在小農經濟的基礎上把有限的剩餘產品集中到關鍵部門，並且在市場不健全、市場範圍有限的情況下，通過高效的組織體系把人民組織起來，以較低的成本實現各種生產要素的組合，集中資源實現工業化，制訂長遠的發展規劃，並且不中斷、有計劃、有步驟地實施。發展中國家搞現代化，遇到的首要難題是資本和技術不足，同時就業不足，有大量剩餘勞動力，這在根本上是因以資本為中心的發展道路所致。中國打破了傳統的社會結構，建立了高度組織化、扁平化的社會，組織大規模集體協作，彌補了資本和技術的不足。在農業領域，把農村組織起來；在工業領域，大量基礎設施也是在工資收入極低的情況下，通過工人集體協作完成的。在農村，通過集體協作，利用農閒開展農田水利建設，改善農業生產條件，彌補資本和技術不足，以分散風險，避免農村的分化和破產。

中國的政權不僅是強有力的，而且是具有廣泛代表性的。中國共產黨在長期的革命戰爭和社會改革中，構建了一個比較平等的社會，從而在黨和人民之間形成了互相信任和合作的關係，而不是對立和對抗的關係，這樣，可以在經濟發展水平很低的情況下，圍繞共同的長遠目標，形成共同的意志，犧牲短期的利益，把更多資源投入到具有長遠回報的領域。當時實行的統購統銷、配給制等辦法，就是為了完成工業化的積累，而這些分配辦法同時覆蓋普通百姓、黨員和領導幹部。通過這種方式，黨和人民能夠同甘共苦，正確處理短期和長期利益、集體和個人利益。中國共產黨始終具有崇高威信，社會保持著穩定，所以中央政府才有條件對國家發展進行長遠規劃。正是由於國內社會穩定，所以才能在國際上堅持獨立自主，維護國家主權。所以，一個有代表性而強有力的國家政權，是中國實現現代化的動力，是中國超越一般發展中國家的制度優勢。

建設新文化：超越文化障礙

很多發展中國家陷入貧困，也受制於文化上的障礙。例如，有些國家的文化和宗教阻礙婦女或特定民族、特定階級的人群參加經濟社會活動。其中，印度是一個典型，由於宗教文化的原因，至今印度社會的流動性很低，不同階層的分化明顯，處於低種姓的階層在參與教育和社會生活方面處於弱勢，社會缺乏基本的經濟保障，往往陷入深度貧困。這至今仍是一些亞洲國家面臨的難題。

新中國進行了深刻的社會和文化變革，打破了幾千年來形成的等級制度和等級觀念，改變了"勞心者治人，勞力者治於人"的舊文化，進行了一場"平民化運動"，樹立了人民偉大、勞動光榮的新文化，普通勞動者獲得了空前的社會地位，這是對等級社會、等級制度和等級觀念的盪滌。這個時期，中國社會革命的深度、廣度和徹底性，在發展中國家裏都是少見的。中國的社會革命所樹立的平等理念，符合人類文明進步的方向，其本身就是現代化建設的成就。社會革命打破了等級森嚴的社會結構，普及了平等文化，為經濟增長提供了強大動力。正如馬克斯·韋伯認為新教運動促進了資本主義發展一樣，中國的社會革命盪滌了根深蒂固的等級制度。"人民創造歷史、勞動者最光榮"的理念，"工人參加管理、幹部參加勞動"的經濟民主探索，"官兵一致同甘苦"的作風，"破除資產階級法權、縮小三大差別"的願景，都從根本上改造了傳統中國的政治、社會和文化。迅速普及了基礎教育，實現了全民就業，勞動者也有了"為自己勞動"的主人翁心態，這些在經濟資源不足的情況下對勞動者起到了巨大的激勵作用。

獨立自主：超越全球化陷阱

全球化是一把雙刃劍，對一個發展中國家來說，加入全球化有兩種前途：一種是利用全球資源發展自己；另一種是成為大國的附庸，與大國的差距被拉大，被鎖定在產業低端，失去自主發展能力甚至失去經濟、政治獨立。從世界範圍看，絕大部分發展中國家更容易陷入第二種前途。舊中國也不例外，是典型的依附型經濟。

中國堅持獨立自主地建設工業體系，並沒有簡單和被動地加入大國主導的國際分工格局；在政治上，中國沒有依附蘇聯或美國等霸權主義大國，而是支持第三世界國家的民族解放運動，和其他發展中國家一起盡可能爭取對發展中國家有利的國際環境。中國的努力獲得了回報，中國成為唯一一個具備獨立完整工業體系的發展中國家，並且掌握了相當多的尖端技術，從而具備自主產業升級能力，可以比較平等地同發達國家進行經濟技術合作，避免了成為大國政治經濟附庸的命運，結束了一百多年來被迫對外開放及在全球體系中被邊緣化、被迫依附、淪為原料產地和產品傾銷地的局面。中國堅持國際道義，贏得了廣大發展中國家的支持和信賴，最終也獲得了和超級大國平等博弈的砝碼，營造了比較公平的國際政治環境，從而可以為經濟合作保駕護航。20 世紀 70 年代，中國能夠在較為平等的條件下同美國談判建交，並且獲得從歐美引進的大量技術設備，與中國自身在國際上具備的影響力和具有完整的工業體系是分不開的。

促進人的發展：超越人口陷阱

舊中國同現在的很多貧困國家一樣陷入"人口陷阱"，低收入國家的總和生育率在 5 以上，因為貧窮而多生育，生育率高又導致兒童的營養、健康和教育水平低，快速的人口增長也給土地和環境資源帶來極大的壓力，由此使貧困狀況更為惡化，造成"越窮越生、越生越窮"的惡性循環。

如何避免"人口陷阱"？新中國選擇了一條不同的道路，那就是堅持經濟發展和人自身發展並重，優先發展社會事業，在經濟發展水平很低的情況下就普及了基本醫療、基礎教育和社會保障。這是中國現代化道路又一個突出特點，而且它對現代化有兩方面的作用：一方面，使人力資本快速提升，從而提升生產力；另一方面，降低了經濟運行成本，使得集中資源發展工業成為可能。

1945 年，民主人士黃炎培在延安對毛澤東說："我生六十餘年，耳聞的不說，所親眼見到的，真所謂'其興也勃焉，其亡也忽焉'，一人，一家，一團體，一地方，乃至一國，不少單位都沒有能跳出這週期率的支配力……一部歷史，'政怠宦成'的也有，'人亡政息'的也有，'求榮取辱'的也有，總之沒有能跳出這週期率。中共諸君從過去到現在，我略略了解了的，就是希望找出一條新路，來跳出這個週期率的支配。"[1] 這段對話提出了近代以來中國歷代仁人志士孜孜以求的一個理想 —— 找出一條新路，讓中華民族沿著這條新路走向新生、走向復興，不要再重蹈其他國家現代化過程中走的彎路。從上面的分析來看，新中國前三十年，儘管還沒有找到一條成熟穩定的道路，但是已經走出了一條具有自身獨特性的發展道路。

<h2>▶ ▶ ▶　　3. 在歷史條件下看失誤</h2>

人世間沒有一帆風順的事業，新中國前三十年，也不乏失誤和挫折。甚至在經濟領域，很多人認為這一段發展歷史乏善可陳。在以上篇幅中，我們分析了前三十年經濟建設的成績，這些事實表明，無論同舊中國相比，還是同大多數其他發展中國家相比，新中國都走出了一條獨特的發展道路，成功啟動了現代化進程，成為近代以降發展最快的時期。這是這三十年的主流。

然而，肯定成績並不代表要否認失誤和錯誤，全面認識這一時期的失誤和錯誤，同全面認識問題是不矛盾的。近年來，對新中國前三十年經濟發展中的問題和錯誤，已經有了大量的批評和反思，相對來說，對成績的認識卻是不夠的。而當前對前三十年的批評中，既有大量科學的、理性的評價，如 1981 年十一屆六中全會做出的《關於建國以來黨的若干歷史問題的決議》，但是也有大量簡單套用某種現時流行的理論或外國模式來比附中國道路的，甚至出於歷史虛無主義的歪曲，把前三十

1　黃方毅：《黃炎培與毛澤東週期率對話》，北京：人民出版社，2012。

年經濟建設說得毫無可取之處。這些形形色色的觀點混雜在一起，反而不利於真正地認識錯誤、汲取教訓。

應該如何認識這一時期的錯誤？最重要的是要把具體問題放到具體的歷史條件下進行分析："對歷史人物的評價，應該放在其所處時代和社會的歷史條件下去分析，不能離開對歷史條件、歷史過程的全面認識和對歷史規律的科學把握，不能忽略歷史必然性和歷史偶然性的關係。""不能用今天的時代條件、發展水平、認識水平去衡量和要求前人，不能苛求前人幹出只有後人才能幹出的業績來。"[1]

是否"違反了比較優勢"

按照新古典經濟學理論，對中國經濟增長道路最主要的批評就是，新中國成立初期，沒有按照要素稟賦的優勢優先發展輕工業、外貿工業，而是優先發展重工業，違背了資源稟賦的比較優勢。由於優先發展重工業與市場的導向相違背，只能依靠計劃經濟、國有制以及人民公社，形成了扭曲的宏觀政策環境，以計劃為基本手段的資源配置制度和沒有自主權的微觀經營制度，導致產業結構失衡，中國與發達國家的差距沒有縮小，甚至還有擴大的趨勢。這種分析是迄今為止，較為規範的用西方經濟學方法分析中國經濟史的研究，其對微觀機制的分析有價值，方法也值得借鑒，但是結論卻是錯誤的。

首先，這種分析完全從經濟邏輯出發，把經濟效率最大化作為選擇發展戰略的唯一目標，而忽視了中國的發展特點，忽視了新中國成立初期面臨的最緊迫任務是生存和安全。中國選擇重工業優先，不是出於主觀上對重工業的偏好，而是由於重工業的發展關係國家的生死存亡。小國難以有獨立的外交和國防政策，只能依附大國，把經濟效率作為發展戰略的首要目標並無大礙。但是對大國來說，還有更重要的目標，大國要實現國家安全、民族獨立、技術自主，要實現輕工業和農業的長遠發展，都需要以重工業為基礎。

其次，這種分析的模型過於簡單，只看到了重工業和輕工業的區別，而沒有看到兩者之間的聯繫。從技術上，即使當時中國不發展重工業，放任市場經濟和私人

1　《習近平在紀念毛澤東同志誕辰 120 週年座談會上的講話》，來源於新華網。

資本發展輕工業，輕工業能夠增長的速度，也要受到農業等來源渠道的限制。在沒有重工業的情況下，輕工業的原料很快就會遇到瓶頸。

再次，中國實施公有制和土地集體所有制，固然有服務於重工業優先的階段性目標，但是並非完全如此。如，關於舉辦人民公社的目的，我們在第二章已分析，既包括服務於重工業優先戰略，又包括要保護農民利益、提高農村的抗風險能力、擴大農村內部分工、發展多種經營、維護農村穩定等；而以公有制為主體，既有重工業優先的要求，又有集中資源同全球資本主義體系競爭、提供廣義公共產品、調節收入分配、體現人民主體地位等目標。如果認為公有制和集體所有制僅僅是服務於重工業優先發展的目標，那麼就會得出一個結論，即現在已經不是重工業優先了，就不需要這些制度了。事實並不是這樣。

最後，從實證上看，這種主張是讓中國走"亞洲四小龍"的路，通過加入國際分工體系逐步實現產業升級。但是在實踐中，"亞洲四小龍"是通過這種方式成功的特殊例子。20世紀50年代，中國的工業基礎和人力資本水平還不足以承接西方的產業轉移，而且如果在沒有完整工業體系的時候就走上參與全球分工的道路，將會被鎖定在產業鏈低端，失去自主創新和產業升級的能力。

實際上，比較優勢框架的分析是普遍適用的，只要能全面認識新中國成立初期面臨的約束，就可以發現，中國優先發展重工業的戰略同樣是符合比較優勢的，那就是，中國同其他發展中國家相比也有幾個獨特的優勢：第一是人口眾多，地域遼闊，有著巨大的國內市場潛力，但在舊制度下，無法形成有效投資和消費；第二是中國進行了徹底的社會革命，有比較公平的社會基礎；第三是中國共產黨強有力的組織能力。中國的這幾大優勢，是很多發展中國家不具備的，中國也正是充分發揮了這幾個優勢，才形成了具有獨特性的發展道路。

如何看待高積累付出的代價

在新中國成立初期，為了優先發展重工業，實行的是"高積累、低消費"的分配方式，人民生活改善不快，特別是消費工業發展不快，這確實是中國在實行計劃經濟時重點發展導向帶來的問題，也是許多人批評這一時代的主要原因之一。然而，評價這一問題也要從歷史條件出發，任何時候的發展戰略都不能不考慮客觀條件的約束。

之所以這一時期消費工業發展不快，最主要是因為受發展階段的限制。發展重工業和發展消費工業是一個遞進的關係。如果那時候不優先發展重工業，人民生活就能改善了嗎？並不是這樣。改善人民生活水平需要一定的前提，這些前提就包括重工業基礎。上面已經分析，如果沒有重工業、機械、化肥、石油，那麼就沒有條件發展現代農業和紡織工業。

除了以上討論的紡織和食品之外，再比如"赤腳醫生"的問題，很多人以"赤腳醫生"的水平低、缺醫少藥、只有青黴素等少數幾種藥品為理由，否定"赤腳醫生"制度的合理性。他們沒有看到，"赤腳醫生"儘管水平不高，但是比舊中國和許多同水平的發展中國家城鄉分化、農村沒有醫生要進步；"赤腳醫生"的藥不多，特別是西藥不多，並不是制度設計的原因，而是因為在當時的發展水平下，還不能大規模生產西藥，只能保障少數基本藥物的生產。恰恰是到了 20 世紀 70 年代，在實現石油自給、在第二次體制下放和發展"五小工業"的過程中，大批小化工廠才建立起來，形成了八九十年代"縣縣有藥廠"的局面。

再比如，關於農村人民公社制度對農民的剝奪，形成了城鄉之間的"剪刀差"問題。這固然是當時中國存在的問題，今天我們有條件實行"以工補農、以城帶鄉"政策，比當年通過剪刀差從農村轉移剩餘是有進步的，也是對當時農民歷史貢獻的償還。但是也要看到，人民公社時期的"剪刀差"儘管存在，但是比舊社會土地私有制條件下實際存在的"剪刀差"還是大大縮小了，農民的福利是在不斷改善的。新中國成立之後，通過制度變革，減輕了農民稅收負擔，同時增加了農民通過統購統銷的剪刀差繳納給國家的實物稅，這種稅收的負擔，第一比新中國成立前要小，第二這些稅費並不是像過去那樣被利益集團拿走了，而是政府通過發展重工業、維護國家安全特別是工業支持農業，又轉為了農民的福利。

任何國家的發展不可能沒有代價，不存在十全十美的政策。中國高積累、低消費的發展方式確實是付出了代價，但是要看到兩個基本點：第一，同其他國家工業化初期相比，中國付出的代價是有限的，是選擇了一條代價比較小的道路。在發展過程中，中國通過配給制、農村集體所有制、勞動保險制度等，避免了大多數西方國家早期出現的圈地運動、大量流民失業、血汗工廠、尖銳的兩極分化現象（對此恩格斯在《英國工人階級狀況》中做出了詳細研究），就更不用說早期的西方大國在工業化過程中通過奴隸貿易等方式，把發展的成本向殖民地轉移。而中國完全依賴國內積累實現工業化，同時還滿足了全國人民的基本生存需求，這一時期，人口從五億左右增加到八億，是歷史上人口增長最快的時期，人均預期壽命也大幅增長，這都表明中國選擇的是一條代價更小的道路。

第二，這種代價不是無償的，而是通過國家和人民根本利益的一致，在改革開放之後進行了補償。高積累率並不是被利益集團剝奪了，沒有變成少數人的奢侈消費，也沒有被轉移到國外，而是轉換成了實實在在的國有資本，通過加快工業化進程，最終為全體人民所共享。也正是從這個意義上說，不能割裂改革開放前後兩個時期的關係。當代中國的發展進步所需要的大量前提條件，是改革開放前全體人民通過高積累、低消費、"一輩子吃了三輩子的苦"換來的，因此所有中國人民對今天中國的發展進步都有一份天然的"期權"，這也是今天中國走共同富裕道路、讓人民共享發展成果的歷史依據。因此，今天中國發展社會福利、社會事業，並不是政府部門對人民的恩賜，而是對全國人民在革命、建設、改革時期付出的回報。從這個意義上說，要糾正當時"高積累、低消費"的錯誤，最好的辦法就是在今天堅定不移地走共同富裕的道路，讓人民共享改革發展成果。

政治運動和經濟建設

重視群眾運動、忽視制度建設，是這一時期經濟發展的又一個缺點。通過"大躍進"群眾運動的方式推進經濟建設，對經濟發展造成了嚴重影響和損失。"大躍進"初期的全民煉鋼，人民公社化初期的共產風、浮誇風都造成了重大損失。從 20 世紀 60 年代初開始，又展開政治運動，特別是在"文化大革命"當中，在指導思想上犯了把階級鬥爭擴大化的錯誤。

但是，也並不能說這三十年一直在搞群眾運動、忽視經濟建設。從黨的指導思想和工作部署來看，這三十年，儘管沒有明確提出"以經濟建設為中心"的表述，但經濟建設一直是黨最重要的工作之一。

還要看到，一些表面上看起來是群眾運動的事件，實質上的出發點也是要解決經濟發展中的瓶頸和矛盾。比如，"大躍進"、人民公社等運動的一個重要出發點就是解決經濟社會發展中城鄉不平衡、中央和地方不平衡等問題，實現農村的全面發展，這個出發點不能說是錯誤的。農業合作化運動、人民公社化運動、掃盲運動、愛國衛生運動這些運動本身就是推動經濟建設的手段，對經濟建設都產生了直接的影響，也取得了一定的效果。

中國在一定程度上超越了其他國家在現代化早期出現的劇烈貧富分化和嚴重階級矛盾，也避免了蘇聯式的嚴格的等級制度和階層分化，形成了一個相對來說更為公平的社會。這些做法，在經濟發展水平低的情況下，凝聚了人心，調動了勞動者的積極性，也為改革開放打好了有利的基礎。

還有的觀點認為，這個時期超越歷史階段搞"平均主義"，不重視物質激勵，只重視精神激勵。這種批評有道理，但是也要看到當時的歷史條件：第一，當時搞平均主義，並非因為主觀上不要激勵，而是由於物質條件的限制，在高積累、低消費的情況下，不搞平均主義，就無法保證大多數人的生存。第二，在缺乏必要物質激勵的情況下，靠激發人的主觀能動性，既是一種替代的辦法，也有著更深遠的意義。那就是，要超越資本主義國家的唯福利主義、拜金主義等庸俗經濟觀念，這些即使在當代西方社會也被認為是陳腐、有害的東西。

是"左傾幼稚病"嗎？

這個時期被一些人評論為"左傾幼稚病"、"意識形態掛帥"，為了追求社會主義意識形態的純潔性，而違反了經濟規律、超越了歷史階段。

這確實是當時多次出現的一個嚴重問題。其中，最為突出的就是人民公社運動和"文化大革命"。在人民公社時期，一些地方為了調動地方積極性，過於樂觀地提出"跑步進入共產主義"等口號。但也要看到，目前對這個問題的反思有些卻走向了另一個極端，把社會主義的意識形態和實事求是對立了起來，認為堅持社會主義就不是實事求是，堅持實事求是就不能堅持社會主義。這一看法從表面上看有些道理，因為改革開放之後，中國表面上看起來是突破了計劃經濟、絕對公有制等教條。但是，這個論斷在本質上是錯誤的。如果按照這種解讀，就會推演出一個很危險的結論，那就是今天中國堅持社會主義方向，也是出於意識形態，而不是因為實事求是。這正是當前很多錯誤觀點的源頭。這種解釋在很多問題上都存在。比如，有人認為，新中國成立初期，市場經濟、多種所有制發展得好好的，如果這樣發展下去，早就實現小康了。農村本來是適合家庭經營的，結果，某些領導人為了追求"社會主義的純潔性"，搞了社會主義改造，搞了農村土地集體所有制，導致經濟效率低下、發展速度減慢。為什麼說這種觀點不正確呢？

中國走上社會主義道路，是歷史的大邏輯。把意識形態和經濟理性對立起來的看法，首先它不符合事實，我們在前兩章都分析過，中國在改革開放前實施的經濟政策，既不是照搬理論，也不是照搬蘇聯。中國搞公有制和計劃經濟，不是因為迷信公有制、迷信計劃經濟，而是因為舊中國的事實證明，僅僅靠私有制和市場經濟解決不了問題。在一個小農經濟的國家實行對外開放，實現不了繁榮富強。中國只有走社會主義道路，實行計劃經濟和公有制、土地集體所有制，才能夠打破小農經濟的約束，在較低水平上比較有效地集中資源；只有實行社會主義公有制，才能抵禦已經形成的全球壟斷資本的封鎖以及競爭。所以，中國選擇社會主義經濟制度，是從經濟發展自身規律而做出的現實選擇，只不過在一些具體步驟、方法、路徑上違背了經濟規律，比如"大躍進"時期大煉鋼鐵，但這是實施步驟和具體工作的問題，而不能說這一時期的制度選擇都是錯誤的。

從實際的決策來看，無論是選擇公有制、計劃經濟、重工業優先，還是實施社會主義改造、實行農業合作化，都不是哪個領導人拍腦袋決定的，而是在現實中存在各種主張和做法的情況下，經過反覆的調查研究、幾上幾下，從理論到實踐、從實踐到理論，做出的決策。其中最典型的就是人民公社制度初期，全黨經過大範圍調查研究和試驗，包括在安徽省進行包產到戶的試點，最終確定了"三級所有、隊為基礎"的制度。

在當前的話語體系中，持錯誤觀點的人，是為了構造一種語言陷阱，即堅持社會主義、堅持公有制，就是"搞意識形態"、"思想僵化"、"左"，而堅持私有化、市場化、自由化，才是"實事求是"、"務實"、"懂經濟"。這種觀點沒有看到，迷信西方道路本身就是一種意識形態選擇，而且在今天是更強大的一種意識形態。如果真的從實事求是的角度出發，那麼就應該完整地考察整個資本主義和社會主義的歷史，考察其他發展中國家走資本主義道路的歷史，就可以證明中國走社會主義道路的必然性。今天很多人對資本主義的迷信，恰恰是因為對其不了解造成的。

再舉一個具體例子，證明這一時期不是從意識形態出發的，那就是毛澤東在商品經濟問題上對"極左"思潮的一貫反對。有人認為，這一時期中國為了追求社會主義的純潔性，消滅了市場，消滅了商品生產，實際上這種判斷是不成立的。當時不僅市場和商品生產普遍存在，而且中國共產黨還主動利用商品生產。中共八屆六中全會正式提出："在今後一個必要的歷史時期內，人民公社的商品生產，以及國家和公社、公社和公社之間的商品交換，必須有一個很大的發展。"[1] 對於斯大林"決不能把商品生產看作是某種不依賴周圍經濟條件而獨立自在的東西"的論斷，毛澤東是贊同的。他認為，絕不能孤立地看待商品生產，"要看它是同什麼經濟制度相聯繫，同資本主義制度相聯繫，就是資本主義的商品生產，同社會主義制度相聯繫，就是社會主義的商品生產"[2]。他根據郭沫若關於商朝名稱的考證，認為商品生產自古就有，並不是資本主義的特有現象。毛澤東認為，社會主義經濟是一種有計劃、按比例發展的經濟，同這種經濟相聯繫的社會主義商品生產也要納入計劃的軌道。首先，商品生產要有計劃地進行。在論及人民公社的生產特點時，毛澤東認為人民公社的商品生產應"有計劃地進行生產"，也就是說，根據本公社的需要和國家、地區的需要合理安排生產。進而言之，商品生產必須納入計劃的軌道，在計劃範圍內有序開展，"商品生產可以乖乖地為社會主義服務"，"只要是對於社會主義有幫助，有利於社會主義發展的，無論是何種經濟形態，都要發展和鼓勵"。[3]

總之，在對待市場、商品、工資等"資本主義要素"的態度上，這一時期的中國共產黨人一直是堅持兩點論的。在實踐中始終反對兩種傾向，其中一種傾向是超越歷史階段消滅商品交換、私營經濟和價值規律。1958 年，一些地方過早消滅商品交換、消滅工資制、消滅貨幣、實行物資無償調撥，毛澤東提出了嚴厲批評並進行制止。在對待資產階級的問題上，毛澤東認為"它有剝削工人階級取得利潤的一面，又有擁護憲法、願意接受社會主義改造的一面……可以轉變為非對抗性的矛盾，可以用和平的方法解決這個矛盾"。[4] 社會主義的商品生產，主要是為了滿足社會需要，可以在公有制的基礎上限制和削弱商品經濟的消極作用。可見，在新中國

1　林志友、曲星頤：《1958—1960 年毛澤東商品經濟思想及其評價》，《河南師範大學學報（哲學社會科學版）》，2015，42（05）：51–55。

2　林志友、曲星頤：《1958—1960 年毛澤東商品經濟思想及其評價》，《河南師範大學學報（哲學社會科學版）》，2015，42（05）：51–55。

3　林志友、曲星頤：《1958—1960 年毛澤東商品經濟思想及其評價》，《河南師範大學學報（哲學社會科學版）》，2015，42（05）：51–55。

4　毛澤東：《毛澤東文集（第七卷）》，北京：人民出版社，1999：206。

的前三十年，雖然在個別時期和領域出現過過於強調意識形態、違背經濟規律的現象，但是從總體上看，堅持社會主義和堅持經濟規律，是有內在統一性的。

▶ ▶ ▶　　4. 中國人吃飽穿暖問題是如何解決的

改革開放初期，中國引入市場經濟，實行對外開放，取得了很大的成功。於是就有人認為，如果建國初期就搞改革開放，中國早就成為發達國家了。這種看法不是歷史唯物主義的。改革開放以來的成就，固然離不開改革開放以來採取的正確戰略，但是也離不開改革開放前打下的基礎。改革開放前的積累，為改革開放後解決吃飽穿暖問題打下了良好的基礎。從人們的主觀感受看，農副產品的豐富、衣著服飾的多樣化，確實是 20 世紀 80 年代開始的。這一方面得益於包產到戶和市場經濟的引入，極大地提高了農民和企業的積極性；另一方面也要看到，農民和企業的積極性不能憑空發揮作用，改革開放前準備的物質基礎也起了不可或缺的作用。

先說吃飯問題。1979 年，包產到戶從安徽小崗村迅速推廣到全國，覆蓋率從 1979 年的 1% 增加到 1983 年的 98%，同時全國糧食產量從 1978 年的 30477 萬噸增加到 1984 年的 40731 萬噸，人均糧食產量從 1978 年的 317 公斤增長到 1984 年的 390 公斤。

包產到戶促進了糧食增長，但並不是唯一的因素。除了包產到戶之外，這一時期農業生產條件的改善、糧食徵購政策的改變和氣候變化等因素，也對農業增產起了不可替代的作用。

第一方面原因是化肥、機械和良種的推廣。首先是化肥使用大幅增加。在氮、磷、鉀三種主要化肥中，氮肥的生產首先需要在高溫高壓條件下生產合成氨，磷肥主要以磷酸鈣礦石和濃硫酸為原料，鉀肥可以從自然界獲得氯化鉀礦粉，但也需要提純和混合。可見，化肥工業的建立和發展，離不開機械、能源、電力、材料等重工業基礎。新中國成立初期，僅有大連和南京兩個化肥廠，年產量僅 6000 噸，後將化肥列入優先發展的產業，到 1965 年產量達到 172.6 萬噸。20 世紀 70 年代初，兩個原因促進了化肥工業的快速增長：一是第二次體制下放帶來的地方工業化，小化肥廠是縣域 "五小工業" 之一，到 1979 年中國化肥產量就猛增到 1086.3 萬噸，是 1965 年的約六倍；[1] 二是 1972 年中國通過 "四三方案" 從國外引進十三套合成氨和尿素的裝備，就是俗稱的 "十三套大化肥"，這些項目到 1979 年全部建成投產，在時間上正好同包產到戶的啟動時間重合（見表 3-3），這樣 1984 年的化肥使用量又大幅增加到 17398 萬噸。

表 3-3　"十三套大化肥" 的基本情況

項目名稱	累計投資（億元）	簽約時間	投產時間
滄州化肥廠	2. 39	1973 年	1977 年 12 月
遼河化肥廠	3. 48	1973 年	1977 年 12 月
大慶化肥廠	2. 43	1973 年	1977 年 6 月
湖北化肥廠	2. 45	1973 年	1979 年 8 月
洞庭湖化肥廠	2. 50	1973 年	1979 年 7 月
瀘州天然氣化工廠	2. 40	1973 年	1977 年 3 月
赤水河天然氣化工廠	2. 73	1973 年	1978 年 12 月
雲南天然氣化工廠	2. 77	1973 年	1977 年 12 月
棲霞山化肥廠	2. 98	1974 年	1978 年 10 月
安慶化肥廠	3. 01	1974 年	1978 年 12 月
廣州化肥廠	3. 14	1974 年	1972 年 10 月
齊魯第二化肥廠	2. 47	1973 年	1976 年 7 月
四川化工廠	2. 61	1973 年	

資料來源：陳錦華：《國事憶述》，北京：中共黨史出版社，2005：17–19。

其次是雜交水稻等良種的推廣。這一時期，依託集體經濟建立了覆蓋全國的農業科技推廣體系。雜交水稻是 20 世紀 70 年代中期研製成功的，1976 年到 1984 年，雜交水稻的播種面積從 40 萬公頃增加到 2670 萬公頃。雜交水稻對化肥的要求強於一般水稻，而農田水利和化肥的使用，進一步增加了雜交水稻的優勢。

最後是農業機械的使用。由於 20 世紀 70 年代初將小機械廠納入 "五小工業"，1970—1977 年，中國實現了農業機械的爆發式發展，全國農業機械總功率從 1970 年的 21653 馬力增加到 1977 年的 102617 馬力，在七年時間裏增加到原來的近五

1　武力：《論中國共產黨領導下的中國農業現代化》，《中國共產黨 90 年研究文集》，2011。

倍。1978年之後，儘管由於投入的減少以及分田到戶之後一些地方對農業機械的需求放慢，農業機械化的增長速度有所放緩，但到1984年，全國農業機械總功率已經超過19萬馬力。

第二方面原因是氣候的變化。今天，即使是世界上最發達的農業國，也尚未克服氣候對農業生產的影響。中國在人民公社時期修建了大量水利設施，但這些水利設施只能減弱而不能完全消除氣候對農業生產的影響。表3-4列出了1970—1987年中國的氣候指數波動情況，數值（絕對值）越大表示天氣越壞，越接近0表示天氣越好。可見，中國1976—1980年以壞天氣為主，而1981—1984年氣候轉好。特別是1978年和1984年這兩年，分別是前後十多年氣候條件最差和最好的年份，人們用這兩年間的糧食產量做比較，來說明包產到戶的效果，會誇大包產到戶的作用，把氣候變好的影響也歸結到包產到戶上。

表3-4　中國農業生產條件的變化（1970—1987）

年份	包產到戶覆蓋率（%）	化肥使用（千克／畝）	出售價格（1950=100）	雜交水稻面積（百萬公頃）	農業機械總功率	天氣指數	複種指數
1970	0				21653	- 73.72	141.9
1975	0	12	209		74786	- 12.62	150
1976	0	13	210	0.4	86296	1.55	150.6
1977	0	14	209	6.2	102617	28.89	150.5
1978	0	19	217	12.6	117499	53.61	151
1979	1	24	266	15.4	133795	12.02	149.2
1980	14	27	284	14.2	147457	47.4	147.4
1981	45	28	301	15.4	156801	26.91	146.6
1982	80	31	308	16.8	166142	7.74	146.7
1983	98	34	321	20.3	180219	10.17	146.4
1984	99	35	334	26.7	194972	2.69	146.9

資料來源：布拉默爾：《中國集體農業再評價》，http://www.guancha.cn/Rural/2012_08_06_89276.shtml。

第三方面原因是糧食收購和農村投入等政策的改變。新中國成立初期，為了服從工業化的需要，糧食統購統銷的徵購數量多、價格低，口糧僅夠勉強滿足基本溫飽的需要，而且20世紀60年代還要實行三線建設、備戰備荒，需要一定的糧食儲備，這也影響了人均糧食水平。到20世紀70年代末，國際形勢已經緩和，三線建設基本完成，重工業基礎已經具備，備戰備荒的壓力減小，國家利用這些有利條件，降低積累率，擴大消費率，得到了人民的支持。20 世紀 70 年代末到 80 年代初，國家連續上調了糧食徵購價格，減少了徵購數量。1978 年之後，一方面是糧食徵購價格的大幅提高，1979 年糧食統購價格提高 20%，超購部分再增加 50%，十八種農副產品收購價格平均提高 24.8%；[1] 另一方面是大幅減少徵購數量，放開商品糧市場，1978 年到 1984 年，統購糧食所佔的比例從 75% 急劇下降到 26%。1980 年，國家財政的糧油價差補貼、超購糧油加價補貼和糧食企業虧損補貼支出共計 108.01 億元，比 1979 年增加了 47.39%，這些措施也有利於激勵農民增加糧食生產。

也就是說，從 20 世紀 70 年代末到 80 年代初，中國農村實行了包產到戶，同時農業機械化、雜交水稻、化肥等生產要素迅速普及；許多開始於 20 世紀 60 年代中期的灌溉工程得以竣工；新的高產良種實現大規模應用；國家又調整了糧食收購政策，提高了收購價格，減少了計劃收購數量；從氣候上，1978 年到 1981 年的糟糕氣候過後，迎來了 1982 年到 1984 年的風調雨順。這些因素，都是有利於農業產量增加的。

那麼，包產到戶到底對於農業增產起了多少作用呢？這需要利用當時的歷史數據進行分析。就當前的研究來看，既有支持包產到戶是農業增產的主要原因的，也有不支持包產到戶是農業增產的主要原因的。綜合現有的定量研究，包產到戶對農業增產的貢獻率的估計在 27%~71%。

同時，也還存在一些研究不支持這些結論。韓（Han）研究了山東即墨縣的情況，發現在集體化時期即墨縣的糧食產量迅速增加，但包產到戶之後，農業機械化水平下降，一些農民把拖拉機拆解下來賣鐵，灌溉也遇到困難。[2] 布拉默爾（Bramall）研究了四川省縣級的數據，發現未包產到戶的縣的產量並不低於先包產到戶的縣。相反，一些縣在包產到戶之後還出現了產量下降。[3] 普特曼（Putterman）發現河北某

1　中共中央黨史研究室：《中國共產黨大事記》，http://cpc.people.com.cn/GB/64162/64164/4416113.html。

2　Han, Dongping (2008): *The Unknown Cultural Revolution:Life and Change in a Chinese Village*, New York: Monthly Review Press.

3　Bramall, Chris (1995): "Origins of the Agricultural .Miracle.:Some Evidence from Sichuan", *The China Quarterly*, 143: 731–55.

縣在 20 世紀 70 年代糧食增產，但到實行包產到戶的時期增產就停止了。[1] 黃宗智對長江三角洲的一項研究表明，"去集體化"並沒有導致產量增加。[2] 這些結論固然在方法上有所缺陷，但結論也有一定的參考意義。

根據目前的信息，我們的結論是：一方面，包產到戶確實調動了農民個體勞動的積極性，有利於解放剩餘勞動力，為農村副業市場和鄉鎮企業發展創造了勞動力來源，包產到戶的作用不能否定。另一方面，也不能把包產到戶的作用誇大化、絕對化。包產到戶並不是農業增產的唯一原因，改革開放之後，農業增產離不開改革開放前積累下的農田水利、機械化、良種改造等基礎，不能把包產到戶和之前的這些基礎割裂開來，應該用歷史唯物主義的觀點來看待包產到戶，既不能產生"一包就靈"的迷信，也不能搞歷史虛無主義。否則怎麼解釋，從封建社會開始，一直到民國，中國農民一直都是單幹，"產權"可謂非常清晰，為什麼一直都吃不飽穿不暖呢？

再說穿衣。解決穿衣問題，在現代社會主要依靠手工業和紡織工業。紡織工業的原料有兩種來源：一種是棉花或者其他可以替代棉花的植物纖維，另一種則是以石油為原料生產的化學纖維。洋務運動以後，紡織工業逐步成為中國輕工業的主要部門之一，主要原料是棉花等天然纖維，但是因中國土地面積的限制和糧食生產的需要，不可能大規模種植棉花。1949 年全國棉布總產量 18.9 億米，人均僅 3.5 米。[3] 因此，1952 年經濟恢復之後，紡織工業很快就面臨著開工不足的問題，棉紗生產能力只發揮了 78%。在這種情況下，只能依靠棉花之外的植物纖維以及化學纖維，來擴充紡織業原料的來源。

20 世紀 60 年代初，努力的重點是尋找替代棉花的植物纖維，但是效果有限，發展化學纖維成為發展紡織業的必經之路。而生產化學纖維的基礎原料是石油，發展化纖工業必須以石油工業的建立為前提，同時還需要機械工業部門提供重型化工設備。

中國長期以來都被認為是一個貧油國，新中國成立初期，軍事訓練和交通需要

1　Putterman, Louis (1989): "Entering the Post-Collective Era in North China:Dahe Township", *Modern China*, 15(3), pp.275–320.

2　Huang, Philip.(1990): *The Peasant Family and Rural Development in the Yangzi Delta*, 1350–1988, Stanford:Stanford University Press.

3　陳義方：《超過了人們原先最樂觀的預期》，《中國紡織報》，2009-10-01。

的石油都保障不上，就更不用說為化纖工業提供石油原料了。直到 1959 年，發現大慶油田之後，中國才逐漸實現了石油的自給自足。1972 年，中國原油產量達到 4567 萬噸，不僅能夠自給，而且實現了出口。而 1971 年中國的棉花產量只有 4300 萬擔，扣除農民自用、軍用和城市居民用的絮棉之外，能夠用於紡織的只有 3100 萬擔。1971 年下半年，時任輕工業部部長錢之光提出，可以利用中國自己的油氣資源，建設幾個化纖基地，所需的技術設備可以從國外引進。1972 年上半年，引進國內急需的化纖新技術成套設備 4 套、化肥設備 2 套以及部分關鍵設備和材料，約耗資 4 億美元，投產後每年可生產化纖 24 萬噸、化肥 400 萬噸，所需的石油氣、油田氣、石油原料在國內也有保障。到了 20 世紀 70 年代末，中國具備了年產 38.1 萬噸各種化學纖維的能力。[1] 由此可見，正是改革開放前具備了重工業基礎，改革開放之後才能實現紡織工業的快速發展。中國人解決溫飽問題，離不開改革開放，但也離不開改革開放之前奠定的重工業基礎。今天一些學者用改革開放之前吃不飽、穿不暖來全盤否定改革開放前的經濟發展，這是不科學的。

▶ ▶ ▶　　5. 前三十年的遺產和 "改革紅利"

改革開放前後兩個時期，在指導思想、方針政策、實際工作上有很大差別，但都是中國探索社會主義的道路上不可否定的時期，兩個時期有著不可分割的延續和繼承關係。兩個時期在具體政策上有很大差異，一個重要原因是兩個時期面臨著不同的國際環境、發展任務和發展條件。現在有條件做的事，以前未必有條件做；適合以前的發展戰略，現在未必適合。不能用一個時期來否定另一個時期。具體地，又有這樣幾種情況。

第一種情況是，兩個時期面臨不同的國際環境，決定了對外開放有先有後。新中國成立初期，中國沒有全面開放，是由當時國內外客觀條件決定的。一方面，在

1　劉振華：《外交戰略轉變下的 "四三方案"》，《中國檔案》，2009（05）：82–83。

兩大陣營對立的國際格局下，因中國堅持維護國家利益而受到西方國家的封鎖；另一方面，中國產業基礎差，不加選擇地開放，難免會像建國前那樣"捱打"。後來，中國國防和經濟實力加強，相繼取得了恢復聯合國席位、中美建交等重大外交突破，不斷積累實力和擴大國際空間，對外開放的條件不斷成熟。同樣，即使是改革開放之後，中國也沒有無限制地開放，而是始終按自己的需要，有順序、有步驟、自主性地擴大開放。

第二種情況是，兩個時期經濟發展面臨不同的階段性重點，決定了經濟建設分輕重緩急。改革開放前，人民生活水平確實改善不多。但是，中國必須集中國內的有限資源優先發展重工業，這是實行計劃經濟的一個重要原因。改革開放後，重工業已有一定基礎，才有條件調整發展戰略、引入市場經濟、發展消費工業。如果不及時完成這個轉變，就會像蘇聯那樣，人民生活水平長期得不到提高，引發各種社會問題。正是前一時期勒緊腰帶、節衣縮食，才換來了後來人民生活水平的大幅改善，這是一個先後遞進的過程，不能相互否定。

第三種情況是，中國發展起點落後，不少做法是"兩害相權取其輕"的選擇。對此可以總結教訓，但不應求全責備。改革開放前，雖然存在積累率過高、大鍋飯、束縛個人自由等問題，但是畢竟在短時間內實現了工業化，保障了民族獨立和基本民生。發展中國家容易出現的貧富分化、大量農民失去土地、健康和教育水平停滯、社會動盪、經濟命脈被外國控制等問題，中國都成功避免了。中國堅持"既無外債又無內債"，雖然暫時增加了負擔，但是避免了像拉美國家那樣的債務危機和惡性通貨膨脹。在後一時期，中國實行漸進式改革，避免了蘇聯東歐等國休克療法帶來的問題。對這類情況，不僅要看到現實中的不足，更要看到避免了更嚴重的問題。不能做事後諸葛亮，根據想象中的理想模式，完全否定實際中的做法。

兩個時期的延續性還表現在，改革開放之前的三十年，給改革開放之後的經濟發展留下了豐厚的遺產，這才是"改革紅利"的來源。

產業紅利

改革開放初期，中國經濟發展的重要動力是國際貿易中的"三來一補"，這與當時已經建立的完整工業體系分不開。完整的工業體系具有公共品的性質，它確保了在一個國家甚至是一個地區範圍內，能夠滿足來料加工的要求。在計劃經濟時期建立的軍事工業和重工業，也在市場經濟條件下面向市場轉產，國有企業發揮了技術的外溢效應，最初的民營企業的資金、技術、設備和人才都來自國有企業，而不必從頭進行原始積累，這也是改革開放之前三十年留下的遺產。

改革開放之前三十年還有一個重要遺產就是，經過兩次體制下放而形成的地方工業、農村"五小工業"和社隊工業，這些企業成為改革開放以後地方中小企業和鄉鎮企業的主體。社隊企業成為鄉鎮企業的前身。1978 年中國社隊企業共有 150 萬家，企業工人有 2800 萬人，近 30% 的公社和大隊收入來自社隊企業。1984 年廢除人民公社之後，社隊企業改稱鄉鎮企業，1984—1994 年鄉鎮企業以年均 37.9% 的速度增長，1996 年鄉鎮企業的工業總產值佔當年全國工業總產值的近 1/3，同時它也解決了全國 1/4 勞動人口的就業問題，[1] 成為改革開放初期中國經濟發展和農民收入增長的主力軍。

人力資本紅利

新中國前三十年為改革開放後培養了一支身體健康、有文化、有紀律的人力資本大軍。李玲等學者對改革開放以來各地區的人力資本水平和經濟發展速度之間的關係進行了計量研究，以評估人力資本水平對中國經濟增長的貢獻，其主要結論是：健康水平對經濟發展有顯著影響，人口死亡率每下降 10%，未來五年的人均 GDP 則上升 5% 以上；高中以上受教育程度人口佔比在原來基礎上每提高 10%，人均 GDP 上升 4% 左右；生育率（以 15~65 歲婦女為基數）在原來基礎上每下降 10%，人均 GDP 上升約 3.8%；生育率越高的地區，經濟發展速度越慢。由此可見，人力資本對中國經濟增長的貢獻顯著，前三十年中國較高的人力資本積累，是改革開放後創造"中國經濟奇跡"的基礎和動力。[2]

---

1 吳一平：《集體主義、鄉鎮企業與農村工業化》，《財經科學》，2005（02）：168-175。
2 李玲、李明強：《人力資本、經濟奇跡與中國模式》，《當代中國史研究》，2010（01）：63-71，127。

外交紅利

改革開放前三十年，中國以經天緯地的大手筆，為改革開放營造了良好的國際環境，使得中國能夠在開放中避免成為他國的附庸，獨立自主地進行開放。改革開放初期，無論是南方還是北方，陸上還是海上，所有重大的安全威脅都消除了。需要指出的是，改革開放之後的和平，是在改革開放之前三十年努力備戰備荒的基礎上得來的，是以戰爭遏制戰爭、"打得一拳開、免得百拳來"的辯證思維的體現，因此，不能把改革開放之前"革命與戰爭"時代主題的判斷和改革開放之後"和平與發展"時代主題的判斷對立起來。正因為前三十年的努力，所以到 1985 年，鄧小平才能有底氣宣佈，世界大戰短期打不起來，中國可以進行和平建設。

改革的社會和政治基礎

改革開放前，中國一直實行公平優先的發展戰略，努力縮小三大差別。一個公平的社會，為改革提供了公平的起點和強勁的內需。20 世紀 80 年代初，中國基尼係數只有 0.18，[1] 是世界上收入差距最小的國家之一。市場經濟有公平的起點，是比較接近理想狀態的市場經濟，工人、農民、私營企業主都能從市場化改革中獲益。公平還有利於擴大內需，前三十年"高積累、低消費"的國民分配格局一結束，強大的國內需求就表現出來了，80 年代消費品市場迅速擴張。直到 90 年代末，由於一般消費品消費接近飽和、收入差距擴大和社會保障不完善等原因，才開始出現內需不足。

社會保障制度降低了勞動力成本。改革前，中國已經有了低成本、廣覆蓋的社會保障和公共服務體系。改革開放初期，城鎮勞動保障制度仍然低成本地有效運行，而且覆蓋職工及其家屬，使得民營企業僱用工人可以"搭便車"，不需要支付勞動保障成本。公共服務部門的市場化尚未開始，醫療、教育、住房的成本較低，使得企業可以用較低的工資水平僱用工人，從而形成所謂"低勞動力成本"優勢。農村集體所有制也支持了農村和城鎮化的發展。農村集體土地和宅基地為農民提供了

---

1 丁冰：《當前中國基尼係數過大的主要原因何在 —— 與吳敬璉先生商榷》，《當代經濟研究》，2007（12）：25-29，73。

基本保障，成為大規模勞動力轉移的蓄水池和保障線。農村實行土地集體所有制，大大降低了城鎮化、工業化和交通基礎設施建設的成本，提供了低成本的土地來源。

最後，經過三十年的發展，中國共產黨和政府建立了崇高的威信，即使在 "文化大革命" 時期國家也保持了穩定和一定程度的發展。中國共產黨和政府有力的執政能力，能夠應對改革過程中的風險挑戰。正是由於中國共產黨和政府有崇高威信，人民對黨高度信任，所以在改革初期才能形成全國上下共同推進改革的局面，這是推進改革的政治資源和社會基礎。

作為本章的結束，提一個有意思的問題 —— 毛澤東本人是怎麼評價中華人民共和國成立之後二十多年的歷史的呢？其實，毛澤東自己的評價並不那麼樂觀。

1970 年 8 月，七十七歲的毛澤東會見了老朋友、美國記者斯諾，斯諾問他怎麼評價當時的中國和共產黨，毛澤東回答："不怎麼樣"，"你說好一點我贊成。你說中國怎麼怎麼好，我不贊成。兩個東西在鬥，一個進步的，一個落後的"。[1]

此前，斯諾還問過毛澤東，你已經從根本上改變了中國，但年輕一代將來會做些什麼呢？毛澤東回答："未來的事將由未來的人決定。從長遠來看，年輕的一代，總是比我們更有知識。"[2]

毛澤東寄希望於青年，寄希望於未來。新中國的歷史，就是這樣一個不斷在正確與錯誤的鬥爭中前進、不斷接近真理的過程。以毛澤東為代表的開國一代告別歷史舞台之後，在前人的基礎上，新中國又開始了新的偉大征程。

1　毛澤東：《會見斯諾的談話紀要》，中共中央文獻研究室：《建國以來毛澤東文稿（第十三冊）》，北京：中央文獻出版社，1998：176。

2　陳晉：《大型文獻紀錄片〈走近毛澤東〉解說詞》，http://news.21cn.com/luntan/liantang/2007/12/20/4058778.shtml。

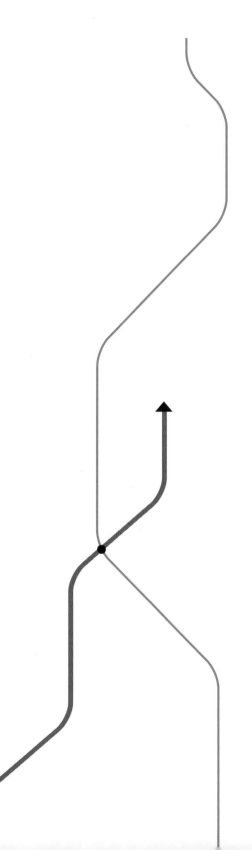

第四章
市場經濟辯證法

　　改革開放以來，中國創造了經濟奇跡，這是人們公認的。但對改革開放也有眾多爭議。有的認為，改革開放就是 "市場化改革"，改革開放的成功，歸功於市場化、私有化、自由化，歸功於國家和國有企業逐漸從經濟領域的退出。這種觀點並不成立。世界上絕大多數國家都實行市場經濟，但結果卻大不一樣，有的獲得了繁榮和發展，有的卻陷入貧困與動盪。中國的成功，在於市場經濟前面的 "社會主義" 四個字。

　　本章以 "市場經濟的辯證法" 為題，通過對世界以及中國歷史的考察，提出 "市場範圍擴大、市場失靈加劇、治理市場失靈" 是一個循環往復、螺旋前進的過程。中國改革開放以來的 "市場化" 之所以能夠成功，離不開改革開放之前為市場經濟奠定的基礎，也離不開在引入市場經濟的同時，發揮了社會主義的制度優勢，限制了市場的負面作用，治理了市場失靈。只有同時認識到這兩個方面，才能全面總結改革開放的經驗，也才能正確應對今天中國經濟面臨的挑戰。

　　中共十一屆三中全會以後，以鄧小平為主要代表的中國共產黨人，總結中華人民共和國成立以來正反兩方面的經驗，解放思想，實事求是，實現全黨工作中心向經濟建設轉移，開啟了改革開放的偉大征程。四十年過去了，中國取得了舉世矚目的成就，人民生活殷實富足，中國的國際地位大幅提高。

　　堅持改革開放，首先就要總結改革開放的成功經驗。其中最關鍵的一個問題是如何看待市場經濟，如何看待政府和市場的關係。改革開放前，人們一度認為社會主義國家不能搞市場經濟。改革開放之後，中國建立了社會主義市場經濟體制，促進了生產力的發展和經濟效率的提高。但在這個過程中，也出現了 "市場萬能論" 的極端觀點。這種觀點來自西方新自由主義經濟學，認為只要將產權交給私人，讓市場充分發揮作用，把政府干預程度降到最低，市場這隻 "看不見的手" 就會源源不斷地創造財富，達到資源的最優配置。

　　按照這種觀點，改革開放成功，就是因為政府和公有制的作用愈來愈小，市場和私人資本的作用愈來愈大，甚至有國外學者直接把中國經濟發展歸功於走了 "資本主義道路"。有人甚至主張，中國下一步改革的方向就是按照改革開放以來的經驗，繼續擴大市場範圍、縮小政府職能及取消國有企業、集體土地和社會福利等，即"自由化、私有化和小政府"。

進入 21 世紀以來，另一種觀點的影響也逐步增大。20 世紀末，隨著國際上"華盛頓共識"肆意蔓延，窮國與富國、窮人與富人之間的鴻溝愈來愈大，又隨著 2008 年金融危機爆發至今，西方對過度迷信市場、迷信資本的新自由主義展開了反思。中國在收入差距、教育、醫療、社會公平、生態環境等方面矛盾日益凸顯，促使人們對"市場萬能論"進行批評，主張讓政府和社會發揮更大的作用，對市場失靈進行治理。不過，也有一些觀點走向極端，從整體上否定改革開放和市場經濟，甚至認為中國已經出現了"資本主義復辟"。

"市場萬能論"和"市場萬惡論"這兩種看法都過於極端，從歷史唯物主義的觀點看，市場經濟是一個歷史過程。和任何歷史過程一樣，它既不是人類社會與生俱來的，也不是"永恆的秩序"。和萬事萬物一樣，市場有積極的作用，也有不可忽視的弊端，只有同時認識這兩個方面，揚其所長、避其所短，讓市場出現在該出現的地方、消失在不該出現的地方，才是對待市場的科學態度，而不是唯市場論。

當今世界上，最繁榮、最富強的國家實行的是市場經濟，但大量陷入貧困、饑荒、動盪的國家實行的也是市場經濟。這就說明，有成功的市場經濟，也有失敗的市場經濟；有高水平的市場經濟，也有低水平的市場經濟。市場經濟發揮作用，需要一定的環境和條件。不能簡單地把中國的成功歸因於市場經濟，也不能簡單地把中國存在的問題歸咎於市場經濟。既然市場是人類社會發展的產物，那麼人類可以認識它、掌握它、利用它、改造它，用其利、抑其害，讓市場為人民服務。

把中國的改革開放放到世界最近三百年的歷史中去考察，我們發現一條清晰的規律：自工業革命以來，"市場範圍擴大—市場失靈加劇—治理市場失靈"是一個循環往復、螺旋前進的過程。市場在發揮驚人魔力的同時，也在埋下市場失靈的隱患，從而引起約束和限制市場的社會運動和政治運動，如果能夠有效地治理市場失靈，市場就會重新煥發活力，如此周而復始，直至現有社會制度所能容納的生產力全部釋放出來。

中國是在資本主義全球體系中開始現代化的。從 1840 年起，當帝國主義把中國強行納入全球市場時，中國是資本主義在全球擴張的受害者，替發達國家承擔了市場失靈的成本，這是市場經濟在中國的第一個階段。

新中國的第一個三十年，以實行計劃經濟為主，市場發揮的作用有限，這卻是落後國家發展市場經濟必不可少的一個階段。中國進行了社會革命，建立了公有制的經濟體系，啟動了工業化，積累了大量公共財富，實現了獨立自主，這些既是對舊中國市場失靈後果的治理和彌補，也為改革開放之後建立的社會主義市場經濟奠定了基礎。正是因為有了這三十年打下的基礎，舊中國那種"壞的市場經濟"才變成改革開放之後"好的市場經濟"。

改革開放初期，是市場經濟在中國的第三個階段。過去奠定的社會主義基本制度和市場經濟結合起來，市場機制主要在一般競爭性領域發揮作用，市場和資本的力量還沒有滲透到社會生活的方方面面，市場失靈並不顯著，是公平和效率、政府和市場關係比較和諧的時候。

隨著市場發揮作用的擴大，市場經濟自身的弊端也開始顯現，中國的市場經濟進入了第四個階段。為發揮社會主義制度優勢，彌補市場失靈，中國提出政府和市場兩隻手都要用好，既發揮市場在資源配置中的決定性作用，又更好地發揮政府作用（見圖 4-1）。

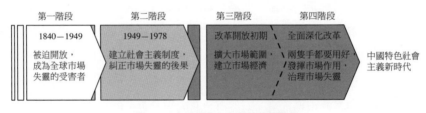

圖 4-1　市場經濟在中國的四個階段

可見，市場經濟在中國的發展，是一個符合辯證法的、螺旋式前進的過程，並不能簡單地說"市場化"好還是不好。要看清今天中國改革的方向，就要全面地認識這個過程，而不能把歷史曲線上的一個小階段當成歷史的永恆規律。

▶ ▶ ▶　　1. 市場經濟的正、反、合

《道德經》說"反者道之動"，意思是事物都包含著向相反方向轉化的規律，這

是樸素的辯證法思想。黑格爾則將辯證法概括為事物發展要經歷"正題、反題、合題"三個階段。從正題到反題，就是事物在發展過程中會不斷孕育向相反方向發展的因素，到一定程度後就走向自己的反面，但反題並非是要反對和打倒事物本身，而是糾正其缺陷，最終實現正與反的合題。但合題也不是簡單的回歸正題，而是把正反兩個階段的積極因素在更高基礎上統一起來，實現"否定之否定"，看起來是向正題的回歸，但實質上是更高層次的新事物。在日常生活中，團結—批評—新的團結，就是"正—反—合"的典型例子。

市場經濟也是這樣一個不斷循環的"正—反—合"過程。市場本身能夠促進生產力發展，這是"正題"。市場在起作用的同時，會不斷導致資本集中、兩極分化、階級矛盾、宏觀經濟不穩定、生態破壞、道德危機、全球經濟失衡等問題，這些問題將阻礙市場機制進一步發揮作用，這是"反題"。市場對社會的破壞，引起政府和社會糾正市場失靈的運動。糾正市場失靈並不是要取消市場、打倒市場，而恰恰是為了修正市場的缺陷，限制市場經濟的負面效應，從而構建一個新的市場形態，為市場經濟向更高層次發展創造條件，這是"合題"。可見，市場經濟是一個在不斷自我否定中實現螺旋式上升的過程。工業革命以來，市場經濟的這種"否定之否定"至少有過三次比較典型的週期（見圖4–2）。

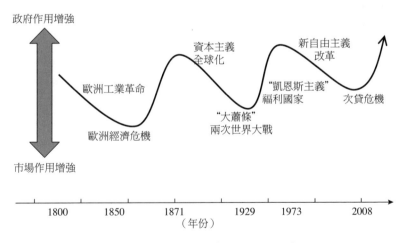

圖 4-2　資本主義國家政府—市場關係的演變

第一個週期：工業革命（18 世紀至 19 世紀末）

　　交換是人類的本能，但從原始社會到近代的漫長歲月，交換僅僅是生產的次要目的，世界上大部分地區實行的是自給自足的自然經濟，市場並未取得支配作用，"為了交換而生產"還沒有成為生產的主要目的，土地、勞動力、資本等重要生產要素也還沒有成為商品。相反，廣泛存在自發的、基於家族和宗教等非經濟關係的社會保障機制。英國工業革命之前，就有《濟貧法》，中國封建社會採取多種措施限制土地流動、防止土地兼併，農村以自給自足的產品經濟為主。

　　以商品交換為目的的生產，是在資本主義社會才形成的。資產階級藉助國家政權的力量，打破了封建勢力對土地、勞動力的束縛，把土地和勞動力變成了真正可以自由流動的生產要素，又廢除了《濟貧法》等社會救濟的法律，從而讓勞動者不得不出賣勞動力，這就為工業革命提供了大量廉價勞動力和土地。可見，市場經濟絕對不是古來有之的"自發秩序"，而是通過血與火、刀與劍的暴力實現的，"自由市場"恰恰是靠國家暴力造就的。

　　市場經濟一建立，就表現出巨大的歷史進步性，生產力快速提高。同時，和任何歷史範疇一樣，自從市場經濟誕生的那一刻起，其自身的缺陷就開始顯現出來。不受約束的自由市場機制導致社會兩極分化、財富日益集中、無產階級陷入貧困、內需不足和宏觀經濟失衡。狄更斯的《艱難時世》描寫的就是焦煤鎮勞資之間的尖銳對立，譴責資產階級對工人階級肉體和心靈的摧殘。恩格斯《英國工人階級狀況》一書揭露了大城市的工人死亡率迅速上升，患熱病、肺結核等疾病的人愈來愈多，女工、童工人數所佔比重加大，窮人反對富人的鬥爭愈來愈激烈。

　　隨著市場經濟弊端的出現，工人運動也隨之興起，成為對抗自由市場經濟的力量。恩格斯曾預言，隨著財富分配不均現象愈來愈顯著，無產階級與資產階級之間的革命必將到來。在工人運動的推動下，從 19 世紀 50 年代起，英國等國允許工人成立工會、出台最低工資法、實行社會保險制度、廢除僱用童工等。1883 年，德國建立了人類歷史上第一個社會保險制度。這些措施使得資本主義的經濟社會危機得以緩和，為市場經濟的繼續發展創造了條件。

第二個週期：全球化和大蕭條（19 世紀末至 20 世紀 70 年代）

歷史總是在螺旋發展中前進。19 世紀下半葉，資本主義又迎來一輪新的繁榮，資本主義生產方式傳播到全世界。到 20 世紀初，各國普遍採取自由放任的經濟政策，市場失靈的矛盾又不斷積聚，貧富分化加重，供給過剩和需求不足並存，金融投機盛行，最終由金融市場崩盤引發了 1929 年開始的全球經濟危機。各國為了應對危機，展開了更激烈的競爭，引發了兩次世界大戰。

"大蕭條"和兩次世界大戰，使資本主義世界認識到自由市場的缺陷，從而強化政府權力，糾正市場失靈。美國 20 世紀 30 年代實行的"羅斯福新政"，主要措施就是興建公共工程、增加政府支出、推行失業和養老保險、實行高額累進稅、興辦國有經濟等帶有強烈社會主義色彩的措施，美國最大的國有企業田納西流域管理局就誕生於這個時候。

二戰後，資本主義內部進行了調整，強化政府職能、約束資本權力、限制市場失靈。資本主義國家普遍對資本進行了一定程度的限制，對企業的投資行為以及土地等重要生產要素的用途進行嚴格監管，使得資本和企業不再具有為所欲為的權力，資本介入政治的渠道更加隱蔽。實行保護勞動者的措施，通過社會保障、最低工資法等，確保勞動者收入的穩定性。實行普遍的社會福利制度，美國在婦女解放運動、黑人運動和工人運動壓力下，於 20 世紀 30 年代建立了社會保障制度，60 年代實行"偉大社會"建設計劃，通過了數百項涉及民權、稅收、教育、醫療、就業、養老、消除種族歧視的政策。到 1969 年，美國政府的福利開支已經上升到佔國民生產總值的 14.1%。歐洲國家從 20 世紀 50 年代起普遍建立了被稱為"從搖籃到墳墓"的社會福利制度，英國建立了資本主義國家第一個全民免費醫療制度並運行至今。經過這一輪治理，西方資本主義國家的市場經濟已經遠遠不是自由市場經濟，政府不再是簡單的"守夜人"，政府功能遍及社會生活的各個方面。西方國家的政府是名副其實的"大政府"，政府職能不僅比歷史上空前增強，也比發展中國家政府的規模大得多。

這一輪資本主義國家的調整，有這樣幾個原因。從內部來說，"大蕭條"暴露了自由市場的缺陷，使得加強政府職能更容易達成社會共識；第二次世界大戰削弱了壟斷資本集團的力量，強化了政府的權力，因此政府有可能在民意的壓力下採取一定的社會改良措施。從外部來看，社會主義運動作為一支獨立的政治力量，在蘇聯、中國等國家取得了勝利，廣大殖民地和第三世界國家掀起了民族解放運動，鼓舞了西方國家內部工人階級的反抗。

正是由於資本主義國家加強了政府職能，因此 20 世紀 50—70 年代是發達國家和發展中國家經濟發展的一個黃金時代，表現為經濟增長快、國內收入差距縮小、社會矛盾緩和。許多學者把這一時期稱作資本主義發展的 "黃金時期"。

第三個週期：新自由主義到全球危機（20 世紀 80 年代以來）

經過三十多年的和平發展，到 20 世紀 80 年代，市場經濟的缺陷又顯現出來：資本再次出現過剩，導致滯脹危機。這時歐美國家的壟斷資本走向集中，力量增強，他們推動實施了有利於資本的新自由主義改革，主要傾向是：放鬆對資本的管制，鼓勵資本在全球流動；放鬆金融管制，允許資本以 "金融創新" 的名義增強投機性；實行國有企業私有化，社會保障的私有化、商業化，削減稅收，實質上是減少資本所有者的負擔，降低政府調節收入分配的力度。可見，這些措施的實質就是，將經過調整、帶有一定社會主義因素的資本主義，向自由資本主義方向回歸。

新自由主義改革的代表人物是美國的里根、英國的撒切爾夫人和蘇聯的戈爾巴喬夫。改革在短期內減輕了企業的負擔，讓資本有了更強的逐利能力，但是，不久之後就導致了市場過度投機、社會保障水平降低、收入差距擴大，最終導致了 2008 年國際金融危機。新自由主義改革更大的受害者是發展中國家。一些國家和地區盲目迷信西方經驗，照搬新自由主義的做法，而且做得比西方國家還要徹底，造成了災難性的後果。其中最典型的是拉丁美洲、蘇聯、東歐。這些地方搞新自由主義的共同特點是：依靠政權的力量為新自由主義開路。蘇聯末期，西方國家以經濟上援助、政治上支持為誘餌，引導蘇聯領導人戈爾巴喬夫實行自由主義的改革，實行快速私有化，導致寡頭林立、貧富懸殊、民族精神渙散。東歐的典型波蘭在 1989—1993 年實行新自由主義改革，損失了 20% 的 GDP，失業人口從 0 躍升到 300 萬，佔人口比例的 17%。在拉美，阿根廷是一個典型例子，西方大國利用阿根廷的債務危機，迫使阿根廷推行私有化、金融自由化的經濟改革，大規模的私有化和外資進入，使阿根廷的產業政策、勞工政策形同虛設，國家缺乏調控手段、能力不足，導致了嚴重後果。作為在發展中國家中較早初步實現工業化的“新興工業化國家”，阿根廷的經濟基本上被外資控制，不僅競爭性領域中的製造業、商業、服務業大部分被西方資本控制，而且在金融、通信、軍工、能源等戰略產業部門，外資也有巨大的影響，本來已經形成規模並具有一定水平的鋼鐵、汽車工業、飛機製造、軍工和農產品加工業卻日漸萎縮。20世紀90年代，拉美貧困人口增加了2400萬，一些國家相繼發生了嚴重的經濟和金融危機，私有化帶來的腐敗醜聞不斷。

　　拉美國家深受新自由主義之害，與它們在社會科學特別是經濟學研究上受美國影響過大有直接關係。比如，20世紀60年代起，在美國政府和一些基金會的支持下，美國自由主義經濟學的大本營芝加哥大學接納了大量來自智利的留學生，在皮諾切特靠軍事政變上台後，他們都被提拔到了很高的位置（如經濟部長、財政部長等），被人們稱為“芝加哥弟子”，掌控了智利經濟決策部門，主張必須用“看不見的手”代替“看得見的手”，大刀闊斧地實行私有化，廢除對國內市場的保護政策。因為這些政策對美國等國際資本有很大益處，所以“芝加哥弟子”受到國際組織和資本的大力支持。為了支持“芝加哥弟子”推出的政策，弗里德曼、哈伯格以及哈耶克都訪問過智利並發表了大量的演講。[1]

　　新自由主義高歌猛進，最終以2008年全球金融危機為轉折點。金融危機以來，從西方世界到廣大發展中國家，開始對新自由主義進行系統地反思。首先是拉美地區出現了全面“向左轉”的趨勢。世紀之交，中左翼政黨相繼在十多個拉美國家上台執政，對內強調維護社會公平正義，對外維護民族利益，拉美經濟出現了恢復增長的趨勢。其次是在俄羅斯，普京2000年就任俄羅斯總統後，提出包括愛國主義、強國意識、國家觀念以及社會團結在內的“新俄羅斯思想”，這是對20世紀90年代俄羅斯盛行的民族虛無主義、國家虛無主義、新自由主義以及個人主義思潮的糾正，體現了普京對俄羅斯發展道路與模式的探索總結。[2]最後是在歐洲，1997年英國工黨在選舉中擊敗了執政十八年的保守黨，修正了保守黨傾向大資產階級利益的政策，加大對醫療等社會福利投入，將私有化的鐵路系統重新收歸國有。2009年，美國奧巴馬上台之後，順應民意，採取了一系列措施限制資本特權、改善民生。不

1　朱安東：《“芝加哥弟子”與新自由主義在拉丁美洲的氾濫》，《中國經貿導刊》，2006（20）：47–50。

2　牧菲：《2000年十件國際大事》，《現代國際關係》，2001（1）：55–57。

過，由於美國政治固有的矛盾，利益集團十分強大，這些措施的效果並不明顯，特別是被他當作"第一新政"的醫療衛生改革，由於受到以醫藥企業和商業保險為代表的商業利益集團的強烈反對，可謂舉步維艱。2013 年當選的法國總統奧朗德在自傳中明確提出，他自己是左派，是社會主義者，他指責薩科齊政府擴大了法國的社會貧富差距，提出"通過公平恢復增長"的政策主張。[1] 2016 年以來在很多西方國家的大選中，都出現了主張社會公平、批判資本主義甚至直接主張社會主義道路的候選人。當然，受制於當前西方國家的政治和利益格局，這些設想能否真正實現，還要接受現實的考驗。

小結：市場經濟是一個過程

通過上述回顧，基本結論有以下四點。

第一，市場經濟並不是從來就有的，而是資產階級藉助政權力量構建的。因此，市場經濟並不是"自發的、永恆的秩序"，而是一定歷史階段的產物。

第二，市場經濟的建立需要一定的政治和社會基礎，包括穩定的政治秩序、比較公平的社會基礎、豐富的公共產品、對風險的保障機制等，這些基礎越穩固，市場經濟就越容易發揮積極作用並促進經濟增長。在一個貧富懸殊、階層分化的社會，市場機制只會被強勢利益集團所操縱，成為掠奪弱勢群體的工具。只有公平的社會才能實現良性競爭，社會公平才能夠擴大有效需求，而貧富懸殊的社會往往購買力不足。市場經濟還需要一定水平的社會保障，以實現互助互濟，降低自然和市場風險對人們的傷害。除此之外，基礎設施、國家安全、社會安定、宏觀政策穩定等這些都需要政府來提供。

第三，市場經濟在促進經濟增長的同時，也會不斷侵蝕和破壞它所賴以運行的社會基礎。例如，市場機制不能夠自發地解決社會公平問題，反而會不斷擴大社會差距，到了一定程度，就會因為供給過剩和需求不足而導致經濟危機。市場不能自發提供公共產品，全球市場機制缺乏提供全球公共品的制度，發展中國家和發達國家的差距日益擴大。過度信任金融市場經濟的調節功能，導致了過度投機，並帶

1　[法] 弗朗索瓦·奧朗德著，劉成富、房美譯：《改變命運：奧朗德自述》，南京：譯林出版社，2013：6。

來全球金融危機。市場機制把一切物品都變成商品，把一切社會關係都變成交易關係，破壞社區、家庭等社會結構。總之，單純依賴市場機制，就會產生經濟社會發展不平衡、社會階層分化、公共產品提供不足、生態環境破壞、全球經濟失衡等後果，從而使得市場經濟自身也難以繼續健康發展。

第四，當市場失靈出現時，政府和社會治理市場失靈的措施，包括政府管制、舉辦國有企業、提供公共產品、實行收入再分配、宏觀經濟政策等，會緩解市場對社會的破壞、遏制利益集團、縮小兩極分化，重新恢復一個比較公平的起點、穩定的社會、有力的保障，從而為市場經濟發展奠定新的起點，開始一輪新的繁榮。這時的市場經濟，已經是新一階段的市場經濟，這種過程還將繼續下去。

從這個意義上說，市場經濟是在否定之否定中螺旋前進的，只有有效抑制其消極作用，才能更好地發揮其積極作用。在歷史上，有時候市場有效是矛盾的主要方面，有時候市場失靈是矛盾的主要方面。拓展歷史的視野就會發現，某些時期市場的作用大一些，某些時期政府的作用大一些，這都是符合市場經濟自身規律的。不能一葉障目，把這一個曲線的任何一個片段、碎片、小段變成（被片面地變成）獨立完整的直線，而這條直線能把人們（如果只見樹木不見森林的話）引到泥坑中去。不能把暫時的、局部的趨勢當作永恆的歷史規律。

▶ ▶ ▶　　　　　# 2. 市場經濟在中國

與西方國家不同，市場經濟在中國是從“反題”開始的。中國是被迫納入全球市場的。從鴉片戰爭到新中國成立，市場化、全球化給中國帶來的不是繁榮和發展，而是民族的苦難和發展失敗。這是因為，作為半殖民地的舊中國，並不具備發展有效市場的前提條件，在全球市場中處在不公平的起點上。這個階段，中國沒有分享到市場經濟的發展紅利，而是成為西方國家轉嫁經濟危機的對象。

第一階段 —— 舊中國：壞的市場經濟

一些觀點認為，新中國成立前實行的就是市場經濟，是中國共產黨非要取消市場，搞社會主義改造，結果走了幾十年彎路，到改革開放才回到"正道"，發展市場經濟。

這種觀點並不客觀。舊中國的市場經濟是低水平的、畸形的、失敗的市場經濟，不僅沒能給中國帶來繁榮和發展，反而成為資本主義世界向中國轉嫁危機的渠道。

中國的市場經濟並不是在本土自發演化產生的，而是在資本主義全球化已經形成的條件下，被迫納入全球市場體系，實質是一種半殖民地經濟。1840 年鴉片戰爭的經濟根源是英國出現工業產能過剩和資本過剩、國內需求不足，需要向發展中國家轉嫁危機。在實現工業化過程中，英、美、法、日等主要西方大國為了解決國內資源、勞動力和市場的不足，在全球範圍瓜分殖民地、傾銷工業品、發展奴隸貿易。這種發展方式支持了少數國家實現現代化，但後果是南北差距擴大，許多國家的資源被無償掠奪，原有的經濟基礎被破壞，社會結構被摧毀，喪失了內生的發展能力。

這種"輸入式"市場經濟，一開始就把中國和西方列強置於十分不平等的地位。中國更多承擔的是市場失靈的後果，成為發達國家經濟危機的轉移場所。

由於舊中國沒有完整的國家主權，是一種依附型的半殖民地經濟，所以並沒有平等參與國際貿易的機會，資源、關稅、關鍵產業甚至政治主權都被外國列強控制，實際上成為發達國家的原料產地和產品傾銷地。那時中國的國際地位、經濟實力以及人民生活水平，比封建社會的康乾盛世時期還要低，GDP 佔全世界的比重從康乾盛世時期的 1/3 下降到新中國成立前的不足 5%。

由於中國沒有公平的社會基礎，所以市場化加劇了國內的階級分化，引起尖銳的社會矛盾，屢次打斷現代化進程。經過清朝前期和中期的興盛，封建社會王朝中後期容易出現的土地兼併、官僚體系膨脹已經顯現。在這種狀況下引入市場經濟，各階層不可能有公平的參與機會，商品經濟成為強勢階層剝奪弱勢階層的工具。在商品化過程中獲益的，主要是依附於列強的官僚和買辦資本；而數以億計的農民和小手工業者，則在市場的衝擊下破產。其結果是有限的經濟發展成果，不僅沒有被中國人民分享，反而衝擊了原有的社會結構，給中國帶來巨大社會問題。

這一階段由於中國的市場經濟是外來的，所以中國自身的資產階級非常軟弱，無法完成反封建的任務，更不可能建立起一個代表民族利益的強大國家。無論是清政府還是國民黨政府，代表的是封建地主或者買辦資產階級、官僚資產階級的利益，不可能起到維護社會公正、實現長遠經濟發展的職責。

總之，從 1840 年鴉片戰爭到 1949 年新中國成立之前，中國被迫納入了全球市場體系，市場經濟有一定發展。但總的來說，這個時期的市場經濟是不健康的，它損害了中國的主權，降低了中國人民的福利，擴大了中國和西方的差距，造成了國內的階層分化和對立，中國成為國際格局中典型的"邊緣國家"，這時的市場經濟是"壞的市場經濟"。

第二階段 —— 毛澤東時代：醫治市場失靈

新中國成立後，實行了社會主義改造，建立了公有制、計劃經濟等制度，這是為了滿足國家安全、發展和現代化的需要，也是與市場經濟"正—反—合"的規律相契合的。

既然舊中國為市場失靈所困，那麼新中國自然不能再延續舊中國低水平的、依附性的市場經濟。新中國的前三十年，對舊中國的市場失靈進行了全面的治理。這種治理，既是在醫治舊中國市場失靈的負面後果，也是在為改革開放之後全面引入市場機制打基礎、做準備。

這三十年，中國建立了獨立完整的工業體系和國民經濟體系，擺脫了在全球化中的依附地位，可以比較平等地（還不是完全平等）和發達國家開展經濟技術貿易合作，而不是僅僅被鎖定在產業鏈的低端，簡單地充當勞動力和原料出口國。

這三十年優先發展的基礎性、戰略性和公共性部門，奠定了大量的能源資源、基礎設施以及交通、科技等領域的基礎，正是由於有了豐富的公共產品，改革開放之後才能夠充分利用這些公共物品的外溢效應，實現快速增長。

這三十年進行了深刻的社會變革和社會建設，改變了貧富懸殊、階層對立的社會結構，從而能建立一個在公平基礎上的、健康的市場經濟，使得各個階層都能獲得利益。1980 年，中國基尼係數只有 0.18，[1] 是世界上最平等的國家。農村包產到戶之後，農民進入市場，獲得農產品的市場收益，這個時期成為農民收入增長最快、城鄉差距縮小的時期；國有企業進行了放權讓利的改革，放鬆了之前 "高積累、低消費"、"先生產、後生活" 的做法，提高了工人工資；私營經濟開始獲得增長空間，知識分子、黨政幹部和普通消費者也從收入增加、消費增長中獲益。因此，這個階段進行的是一個普惠性的改革。這種普惠性改革之所以有空間，正是因為新中國前三十年建立了一個比較公平的社會。

這三十年建立了覆蓋全民的基本社會保障和公共服務體系，健康和教育水平躍升，為 "世界工廠" 提供了一支產業後備軍，支撐了中低端勞動力密集型產業大規模擴張，也降低了經濟發展的成本。改革開放初期，在引入市場機制的同時，在計劃經濟時期遺留下來的、依託國有企業和人民公社的社會保障體系還比較完整地保存著，基礎教育和基本醫療體系仍舊維持著公益性的運行機制，尚未進行市場化、商業化的改革，因此這個階段的社會保障、人力資源成本都保持在較低水平，這是市場經濟改革能夠順利開展的前提條件。

這三十年農村集體經濟的積累，支持了農村和城鎮化發展。20 世紀 70 年代依託集體組織開辦的社隊企業，是鄉鎮企業的前身。集體經濟時期興修的農田水利設施，在改革開放後繼續發揮作用。這些因素加上包產到戶，使得 20 世紀 80 年代農村的農業和鄉鎮企業都獲得快速發展。土地和宅基地的公平分配也為農民提供了社會保障，使得農民即使離開土地從事工商業和服務業，也沒有後顧之憂，這成為市場經濟健康發展的一個前提。集體土地為城鎮化發展、交通基礎設施建設提供了廉價的土地來源。

這三十年建立了一個強有力的、緊密聯繫群眾的新型政權，不僅維護了國家安全和社會公平，也提供基礎設施等公共服務。中國在國際上倡導道義責任，成為縮小南北差距的重要力量，使中國初步擺脫了在國際體系中的弱勢地位，從而有條件比較公平地參與國際經濟。

國家主權獨立和安全、社會公平穩定而有保障、政府有強大治理能力，是市場經濟健康發展的前提和基礎。經過新中國第一個三十年對市場失靈的治理，到 20 世

1　丁冰：《當前中國基尼係數過大的主要原因何在 —— 與吳敬璉先生商榷》，《當代經濟研究》，2007（12）：25–29，73。

紀 80 年代初改革開放時，中國再次引入市場經濟，這時的市場經濟所面臨的環境和土壤已經和舊中國有了本質的不同，成為健康的市場經濟。所以，認為新中國的第一個三十年耽誤了市場經濟發展的觀點是錯誤的，如果沒有這三十年，市場經濟的發展就不可能具備健康的基礎。認為改革開放是"一夜回到解放前"也是錯誤的，因為改革開放之後的市場經濟，同建國前的市場經濟有著本質的不同，是在新的基礎上構建起來的。

第三階段 —— 改革開放初期的市場擴張

在很多人印象中，改革開放初期是經濟增長速度較快、社會具有活力、改革推進順暢的時期，社會各個階層在改革中都能得到好處。之所以會出現這種情況，有兩個不可或缺的原因：一方面，中國逐步引入了市場機制，實行了對外開放，提高了資源配置的微觀效率；另一方面，改革前打下的基礎產業、社會公平、社會保障等方面的基礎比較牢固，政府有很強的調控能力，市場的作用僅僅局限在一般競爭性領域，還沒有出現明顯的市場失靈，這是前三十年留下的紅利。因此，這個時期的市場機制發揮了積極的作用，實現了"正題"和"反題"比較完美的結合。這是中國市場經濟的特殊性所在：不同於西方國家先引入市場經濟再治理市場失靈，中國是先通過建立社會主義基本制度，為市場失靈打了"預防針"，再引入的市場經濟。因此，與西方國家一引入市場經濟就帶來經濟和民生危機不同，中國在改革開放初期，經濟社會發展比較均衡協調，能夠兼顧公平和效率。這一階段是中國經濟發展平穩、社會和諧穩定的時期。

具體來說，改革開放初期能夠實現快速增長，至少得益於以下四方面的動力，其中，有兩方面是促進供給的動力，另外兩方面是促進需求的動力。

第一方面動力是改革前積累的實物資產進入市場，迅速形成了供給能力。改革開放前，中國已經積累了大量基礎設施、工業資產、農村集體資產和人力資本，相當於為市場經濟的發展奠定了原始積累。這些資產在計劃經濟條件下，並沒有完全進入市場。而改革開放初期，在農村實行包產到戶，在城市對國有和集體企業放權讓利，允許發展民營經濟，這些都使得過去積累的資產不斷進入市場流通，迅速形成供給能力。

第二方面動力是調整了重工業優先的發展戰略,讓資源配置到微觀效率更高的領域。從建國初期直到 20 世紀 70 年代開展三線建設,重工業和軍事工業一直是優先發展的領域,這實際上是犧牲當代人的消費,為後人積攢下了和平紅利。到改革開放初期,中國已經具備了和平的環境,重工業的基礎也初步具備,調整重工業優先發展的戰略也就更順理成章了。在城市,鼓勵優先發展加工工業、輕工業等下游產業、消費產業。在農村,由於基本溫飽問題已經解決,有條件發展多種經營,提高農民收入。輕工業、農業等領域主要是一般競爭性領域,市場能夠比較有效地發揮作用。

第三方面動力是利用西方世界滯脹的機遇擴大對外開放。20 世紀 80 年代初,中國擴大對外開放,面臨著得天獨厚的機遇。當時西方世界經過二戰之後幾十年的和平發展,又一次遇到資本主義經濟危機,實體經濟產能過剩、國內消費不足、勞動力成本上升,需要向發展中國家大規模轉移投資和中低端產業,獲得更廉價的消費品。同時,歐美國家為了應對經濟危機,紛紛出台寬鬆的貨幣政策和信貸政策,通過增發貨幣和鼓勵負債消費,產生了巨大的購買力。這種需要和中國巨大的生產能力結合起來,促進了西方產業向中國轉移以及中國低端產品出口的高速增長。

第四方面動力是人民收入增長較快和公平的社會結構,產生了強勁的國內需求。建國初期,為了集中資源發展基礎工業,實行了"高積累、低消費"的分配方式。20 世紀 70 年代末,隨著重工業積累初步完成,有條件、有必要適當提高城鄉居民收入。其具體途徑包括:提高農產品收購價格,減少徵購數量,開放農村市場;提高企業工資標準,允許民營和個體經濟發展。1979 年,農產品收購價格提高了 25.7%,1979—1981 年又提高了 38.5%,在此期間,國家用於提高農副產品價格、提高職工工資、安排城鎮就業和住宅的支出共 1400 多億元,佔財政總收入的 40% 以上。[1] 改革開放初期延續了較為公平的收入分配格局,基尼係數只有 0.3 左右。這些情況有利於消費迅速增長,消費在國民收入中的比重由 1978 年 63.5% 上升到 1981 年 70%,20 世紀 80 年代,居民消費年均增長 15.3%,與 GDP 增長保持同步,一直保持著強勁內需。

總之,在改革開放初期,供給和需求都有著強勁動力。改革能迅速推開,並使

1　根據國家統計局編:《新中國六十年統計資料彙編》表 1–15 計算。

得社會各個階層都比較滿意，是因為這時的市場經濟是建立在改革開放之前奠定的良好的經濟社會基礎上的，同時又抓住了全球需求擴張的機遇。這是改革開放前後兩個時期的延續性、一致性的表現。這個階段的改革，確實讓中華大地變成一片希望的田野，煥發出無窮的活力。正如 1989 年鄧小平所說，"這次什麼口號都出來了，但是沒有打倒改革的口號"，[1] 這說明當時的改革，確實是受到各個階層擁護的。

但是，計劃經濟時期留下的基礎，畢竟不是一勞永逸的，一旦這些基礎的作用發揮殆盡，那麼市場機制的負面作用就會充分顯現，從而引起各種社會問題，也制約市場經濟本身的健康發展。

第四階段："兩隻手"都要用好

當市場發展到一定程度，市場的負面作用就開始顯現。自 20 世紀 90 年代以來，雖然 "市場萬能論" 還有很大影響，但中國已經發揮了社會主義制度的作用，開始從各方面糾正市場失靈。一方面發揮市場在資源配置中的基礎性作用，另一方面加強政府在宏觀調控、支持國有經濟發展、提供公共產品等方面的作用。

改革開放之初，由於改革前政府的經濟職能很強，改革的主要方向可以概括為 "放"，政府作用發揮得並不明顯。但到了 20 世紀 90 年代初，引入市場機制之後出現了一些社會矛盾，社會上對市場經濟的爭論多了起來。中國確定了 "社會主義市場經濟" 的改革目標，要求同時用好政府和市場 "兩隻手"。1992 年 6 月，江澤民指出："市場對經濟發展的積極作用，已為社會主義國家愈來愈多的人們所認識，過去對市場的片面認識和偏見正在被拋棄。當然，我們強調充分看到市場的優點，並不是說市場是全面的、萬能的。市場也有其自身的明顯弱點和局限性。例如，市場不可能自動地實現宏觀經濟總量的穩定和平衡；市場難以對相當一部分公共設施和消費進行調節；在某些社會效益重於經濟效益的環節，市場調節不可能達到預期的社會目標；在一些壟斷性行業和規模經濟顯著的行業，市場調節也不可能達到理想的效果。因此，這就要求我們必須發揮計劃調節的優勢，來彌補和抑制市場調節的這些不足和消極作用，把宏觀經濟的平衡搞好，以保證整個經濟全面發展。在那些

1　鄧小平：《鄧小平文選（第三卷）》，北京：人民出版社，1993：297。

市場調節力所不及的若干環節中，也必須利用計劃手段來配置資源。同時，還必須利用計劃手段來加強社會保障和社會收入再分配的調節，防止兩極分化。"[1]

有人認為"社會主義市場經濟"前面的"社會主義"四字只是一個修飾或者政治策略，是"打左燈向右轉"，這種看法是錯誤的。中國搞市場經濟不是改旗易幟，"社會主義"不是修飾，而是代表中國的社會主義性質不能變，在改革中社會主義原則不能變，1992 年確定"社會主義市場經濟"目標時，是堅持"兩手抓"的，既發揮市場的作用，又發揮制度優勢彌補市場失靈。儘管在不同階段、不同領域，"兩隻手"的力量配比不同，但是總體上說，改革開放以來市場起作用的範圍在不斷擴大，政府的作用也在不斷加強。

——提供基礎設施。這是政府的主要職能之一。在經歷了 20 世紀 80 年代對基礎建設投入的減少之後，從 1997 年亞洲金融危機開始，中國開始在市場經濟條件下實施積極財政政策，開展基礎設施建設。1998—2002 年，水利投資為 1949—1997 年投資的總和，公路投資是 1949—1997 年投資總和的 1.7 倍，高速公路里程從世界第三十九位躍居第二位，電信用戶增加 5 倍，居世界首位。[2]2003 年以來，政府支持的基礎設施建設也成為拉動經濟增長的主要因素。

——發展國有企業。20 世紀 90 年代的國有企業改革，在改制中小國企的同時，保留了一批大型國有企業，使國有企業向基礎產業和戰略性產業集中，加大對國有企業的技術改造投入，這些措施有力保障了 21 世紀以來一大批骨幹國有企業成為經濟崛起和"走出去"的引領力量。

——支持農村發展。1986 年之後，隨著包產到戶的紅利基本消失，政府對農業投入逐漸減少，農民在市場上的弱勢地位凸顯，農村發展也遇到了新的困難。1991 年，中共十三屆八中全會提出"必須始終把農業真正擺在首位，切不可農業狀況一有好轉，就忽視和削弱農業的基礎地位"，重新強調"要在穩定家庭承包經營的基礎上，逐步充實集體統一經營的內容"，"逐步壯大集體經濟實力"。[3]在這之後，糧食產量和農民收入增幅顯著。但直到 20 世紀 90 年代末，由於農村公共服務、公共管

1   江澤民：《江澤民文選：第一卷》，北京：人民出版社，2006：200–201。

2   朱鎔基：《政府工作報告》，http://news.sohu.com/38/81/news207298138.shtml，2003–03–20。

3   《中共中央關於進一步加強農業和農村工作的決定（中國共產黨第十三屆中央委員會第八次全體會議 1991 年 11 月 29 日通過）》，《人民日報》，1991–12–26。

理等領域的資金仍然由農民負擔，農民的負擔並沒有減輕。21 世紀初，中央正式提出對農業和農村"多予、少取、放活"的方針，並進行了農村稅費改革和綜合改革，增加了對農村的投入，完善了農村公共服務和社會保障等制度，農村又出現了糧食增產、農民增收較快的局面。2004—2013 年，農民人均純收入年均增長 9.1%，對保證宏觀大局穩定發揮了重要作用。

—— 實行再分配、縮小三大差別。市場經濟不能自動解決公平問題。面對改革開放以來城鄉、地區之間差距擴大的趨勢，中央政府積極採取措施應對。在縮小地區差距方面，中央政府加大了對各省尤其是中西部經濟相對落後省份的財政轉移支付，扭轉 20 世紀 80 年代以來由於財政"分灶吃飯"導致的東西部差距加大的局面，同時還實施了西部大開發、對口支援等具有中國特色的制度。在縮小城鄉差距方面，針對一度出現的農村稅費負擔過重的問題，對農村實行稅費改革，精簡鄉鎮機構，減輕農民負擔。

—— 重建公共服務和社會保障體系。國企改革和農村改革雖然增加了企業和農村的活力，但代價是計劃經濟時期的社會保障制度被瓦解了，給人民生活帶來了困難。20 世紀 90 年代起，政府先是面向企業職工，再面向農村和城鎮居民，建立了醫療、養老、低保、社會救助等社會保障體系。21 世紀初，中國社會各界對醫療市場化、教育產業化進行了反思，鮮明地批判了對經濟增長的迷信、對自由市場的迷信，開始糾正公共服務領域政府責任不到位的問題，落實政府對教育的投入責任，保障醫療衛生的公益性。目前這些改革還在進行。

改革開放以來，中國大地上同時出現了"雙向運動"：一方面是市場範圍的持續擴大，繼續解放和發展生產力；另一方面是政府採取措施，校正市場失靈，持續為市場經濟提供公平的社會基礎。這種"正—反—合"的過程就是市場經濟的辯證法。市場經濟的辯證法在改革開放的各個領域都有體現，下面討論其中最為典型的三個領域：農村改革、國有企業改革和公共部門改革。

3. 農村："統"與"分"的辯證法

安徽省鳳陽縣小崗村，是包產到戶的發源地。包產到戶是中國農民的偉大發明。在肯定包產到戶的同時，不能把包產到戶的經驗絕對化、極端化，不能以包產到戶的成功作為今天廢除農村土地集體所有制、搞土地私有化的依據。

2009年，安徽省財政廳派駐小崗村任黨委第一書記的沈浩因公殉職。在宣傳沈浩的先進事跡時，人們看到了與"改革第一村"形象不太一樣的小崗村。小崗村雖然是大包乾的帶頭村，但至今還是貧困村，常年依靠上級救濟，當地人一盤散沙，"一朝邁進溫飽線，二十年跨不進富裕門"，"小崗村一度成為安徽人心中的一個痛"。沈浩到小崗村工作之前聽人說："你別說發展了，你能把小崗幾百口人統一思想了，就是最大的成績。"他到小崗之後發現"小崗村根本不是我們想象得那麼好，連個會都開不起來，看著很髒、很亂、很糟"。他努力組織村民修路、整修住房、招商引資、發展集體經濟，但是由於村民不合作，難度很大。[1]

小崗村的例子，揭示了農業領域"統"與"分"的辯證法。由於"大包乾"時把所有的土地都分了，小崗村要建蘑菇大棚、修建居民新區，因為徵地難以達成一致，無法動工；五保戶、孤寡老人無人照顧，遇到急症無人送醫；村民的小農意識濃厚，小富即安，缺乏合作意識。這些問題的出現，從根本上來說都與農村集體組織功能的弱化有關。

從表面上看，農業的產業結構是最接近完全競爭市場的。但實際上，由於生產分散、週期長、抗風險能力差，個體農民在市場上處於弱勢地位。世界上成功的農業模式，沒有多少是完全暴露在自由市場中的小農經濟，而是通過政府補貼、產業保護、合作化等辦法對農業進行保護，提高農業的競爭力。南北美洲地廣人稀，人均佔有土地面積大，可以採用家庭農場模式，單個農場的規模就足以承受市場的風險。而東亞、歐洲地區人多地少，普遍採用合作制，通過合作社、綜合農民協會

1　見中央電視台2010年1月9日"新聞調查"節目《小崗村記憶》。

等方式，接受政府支持，限制城市大資本下鄉，開展多種經營。農民不僅分享養殖業、種植業的收益，而且可以獲得金融、加工、流通、生產資料供應、農產品超市、土地"農轉非"等多方面的支持。

包產到戶是中國改革開放的象徵性起點，這一意義不能否定。但是，在中國也始終存在著把包產到戶的經驗絕對化、教條化的看法，認為"把地一分就吃飽飯了"，並且把"一包就靈"、"一分就靈"、"一私就靈"套用到其他改革領域。在實踐中，包產到戶雖然解決了農村溫飽問題，卻沒有解決提高農業經營收益、農民致富、農村可持續發展等問題。針對包產到戶之後農村出現的新問題，20 世紀 90 年代初開始，中央在農村問題上進行了新的探索，核心問題是如何處理"統"和"分"的關係。

改革不能止於包產到戶

包產到戶的最初幾年，是農村的"黃金時代"。1979—1986 年，農民人均純收入增長率（按可比價格計算）始終高於城市，一度接近 20%。但是到 1985 年前後，包產到戶的紅利基本耗盡了，農村遇到了新的問題。1985—1988 年，糧食生產連續四年徘徊不前（見圖 4-3），農民人均純收入增長率在 5% 以下（見圖 4-4），"六五"期間（1981—1985 年），農業總產值平均每年增長 8.1%，而"七五"期間（1986—1990 年）下降為 4.6%。[1]1991 年，中共十三屆八中全會之後，農村的狀況明顯改善，但到了 90 年代後期，農民負擔重、農村民生脆弱、幹群關係緊張等問題又嚴重起來。這些現象表明，僅僅靠包產到戶，並不能最終解決農村持續發展和農民致富的問題。

1　劉國光等：《中國十個五年計劃研究報告》，北京：人民出版社，2006：540。

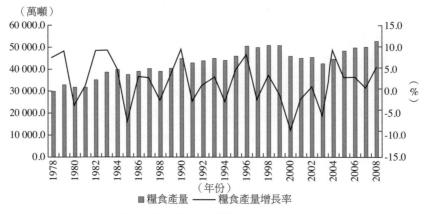

圖 4-3　糧食產量及增長率（1978—2008）

資料來源：國家統計局編：《新中國六十年統計資料彙編》，北京：中國統計出版社，2010 年。

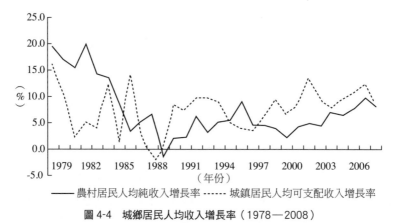

圖 4-4　城鄉居民人均收入增長率（1978—2008）

資料來源：國家統計局編：《新中國六十年統計資料彙編》，北京：中國統計出版社，2010 年。

　　從國家來說，對農業的投入減少了。改革開放之前，農業基本建設投入佔基本建設投資總額的比例一直小於 20%，大部分年度在 10% 左右。中共十一屆三中全會提出農業投資要逐漸提高，要佔基建總投資的 18%，[1] 但實際上"六五"期間（1981—1985 年）只達到 8.7%，"七五"期間（1986—1990 年）進一步下滑到 5%，其中基本建設投資的比重下滑至 1.5%。尤其是被視為農業命脈的水利建設投資，1986—1990 年的"七五"時期，水利建設投資在基本建設投資中的比重僅 1.6%，比 20 世紀 80 年代以前的二十八年平均比重下降 5 個百分點。不誇張地說，這一時期的水利

1　　陸學藝：《農業面臨比較嚴峻的形勢》，《農業經濟叢刊》，1986（5）：5–12。

基礎設施主要是“吃老本”，這個問題暫時被農業產量增長較快掩蓋了，但幾年之後就顯現了出來。[1]

從農村自身來說，包產到戶之後，農村集體組織的職能弱化，過去由集體承擔的農田水利建設、金融、技術傳播、社會化服務和公共服務等職能被弱化了。據 1986 年中國社科院學者調查，全國有 50% 左右的水利工程設施不能正常發揮作用，有 70% 的水庫帶病運轉，灌溉面積自 1980 年以來每年平均減少 700 萬畝。全國農業機械實際保有量和使用量均顯著減少，許多農機需要更新大修，農民只使用不修，國家已無補貼。20 世紀 80 年代初，安徽省委書記張勁夫在調研中發現，淮北的井灌面積由 30.6 萬公頃減少到 7.8 萬公頃，下降了 74.5%；1980 年，合肥市供銷社 1~11 月收購牛皮 6475 張，比上年同期增長 70%，這是因為包產到戶後，牛在“各家吃派飯”，無專人餵養，造成一部分耕牛非正常死亡。[2]

在有些地方，農民之間形成新的合作的難度加大。“一大片地裏，某塊地是旱田，其他地是水田，水渠路過旱地，人家不需要，不讓過，你這個水田就澆不上水了。”[3] 由於產權過分細化而增加了交易成本，導致本來可以共同獲益的事情沒法完成。機耕、灌溉、收割和加工、儲運、銷售等需要合作的環節，組織的難度也增加了。農村組織能力的下降，使得農民在市場上處於弱勢地位，“面對瞬息變化的商品信息，出現了賣豬難、賣兔難、賣蛋難、賣茶難、賣棉難、賣糧難！目前中國多數農民的農本很小，一次賣難，就可能傾家蕩產，喪失擴大再生產的能力”。[4]

農業技術方面，過去依託公社的農技服務體系也削弱了。大量農技服務站進行了改制，變成了自負盈虧的商業機構，農業技術從原來的無償傳播變為必須由農民出資購買，而農技站的主要功能從傳播公共知識，轉變為從事營利性的業務，影響了農村的技術傳播。農民貸款也遇到困難，公社時期的農村信用合作社是解決農民融資需求的主要手段，農村基層組織削弱也影響了農村信用社發揮作用。解決溫飽問題之後，農業發展進入資金密集階段，金融服務供給的不足，制約了農業的技術升級。

1　董志凱：《中國農村基礎設施投資的變遷（1950—2006 年）》，《中國經濟史研究》，2008（03）：29–37。
2　張勁夫：《嚶鳴‧友聲》，北京：中國財政經濟出版社，2004：138。
3　陸學藝：《農業面臨比較嚴峻的形勢》，《農業經濟叢刊》，1986（5）：5–12。
4　陸學藝：《農業面臨比較嚴峻的形勢》，《農業經濟叢刊》，1986（5）：5–12。

在 20 世紀 80、90 年代發揮很大作用的鄉鎮企業，多數從過去的集體企業改制為私營企業，或者為城市的企業所兼併，在相當程度上改變了農村的分配結構，讓大部分農民失去了分享集體經濟收益的機會。農村對剩餘勞動力容納的能力減弱，農民"離土不離鄉"的空間減少了，農村勞動力向城市轉移就漸漸成為改革開放以來的主要形態。在這期間，有 1 億~2 億農民工到城市務工。從城市和企業的角度看，這固然提供了低成本的勞動力。但是從農村經濟以及政治和社會發展的角度看，這種勞動力的流動也造成了農村的空心化、農村家庭結構的瓦解、農村治理的弱化。

農村社會治理和公共服務的削弱，是包產到戶之後出現的另一個問題。公社是一個低成本的公共治理和公共服務組織，是醫療、教育、救濟等公共服務的載體。人民公社解散之後，過去靠集體分配來支持的公共服務，失去了資金的來源，公共服務從公共產品變成了必須由私人負擔的個人消費品，於是提出了"人民教育人民辦"、"人民衛生人民辦"等口號，讓農民為公共服務集資。

在教育方面，20 世紀 90 年代，由於農村義務教育的財政投入問題還沒有解決，教育成為農民的主要負擔。在醫療方面，農村合作醫療覆蓋率從 1976 年的 90% 下降到 1985 年的不足 20%，除了少數集體經濟力量較強的村莊外，大部分農民完全是自費就醫。文化方面，由於缺乏公共文化活動，不少地方的封建迷信活動死灰復燃。

人民公社解散後，農村實現了政社分開，鄉鎮幹部從過去以社員身份參加勞動、按工分配，變成了專業化的行政管理人員，導致基層組織膨脹、幹群關係緊張和農民負擔加重。1985 年對山東省 71.6 萬戶農戶進行調查，結果顯示 1984 年農民共有 11 大類 96 項負擔，每個農民年平均負擔 53.8 元，佔人均純收入的 11.5%，為各項農業稅的 7.7 倍；同時村一級的組織卻削弱了，"許多村幹部、黨支部成員都外出經商做工去了，鄉黨委、鄉政府開個幹部會也召集不起來。幹部中比較普遍存在的問題是：侵佔、挪用、貪污原來集體的財物，多佔宅基地，低價承包集體的農機房屋和社隊企業"，[1] 因農民負擔過重引發的群體性事件時有發生。

農村組織的瓦解，也改變了農村的社會結構。在封建社會，中國農村主要以宗

1　　陸學藝：《農業面臨比較嚴峻的形勢》，《農業經濟叢刊》，1986（5）：5–12。

族為基礎，依靠鄉紳自治對基層進行治理。新中國成立後，人民公社和生產隊等基層組織取代傳統宗族，成為農村基本的治理單位。但20世紀80年代，由於人民會社解散，農村治理失去經濟基礎，再加上農村勞動力流動增加，農村進入歷史上組織能力較低的一個時期。兒童教育、老年人贍養和農村社會管理都弱化了，導致出現文化、倫理、健康等方面的許多社會問題。

農村改革之後，對如何建立一套新的組織和制度缺乏認識。同時，滿足農村和農民對公共產品的需要，保護在市場經濟汪洋大海中處於弱勢的、分散的小農等問題沒有很好地得到解決。從這個意義上說，改革之後農村最大的問題，仍然是如何通過政府、社會和農村組織的力量，治理和彌補市場失靈。

改革前的人民公社，儘管在當時起到了很大作用，但是也有著不可否認的歷史局限性。人民公社是服務於重工業發展的組織形式，其優勢尚未充分為農民所體會到，許多農民還受到小生產者意識的影響，合作的意識和能力不強。正如當時人們感受到的："農民對合作、聯合有著內在客觀要求，但主觀上又怕回到集中統一的大鍋飯年代，農民說：天不怕，地不怕，就怕第二次合作化，這種客觀困難和矛盾心理……在理論上和實踐上都還有一系列問題沒有解決。"[1]從20世紀90年代開始的農村改革，就是對這些問題的探索。

農村綜合改革

上述問題，從20世紀80年代下半期就開始出現。20世紀90年代初，中共中央、國務院扭轉了過去一度忽視農業的狀況，把"三農"問題提高到了更加重要的地位，主要措施是增加對農村的投入、實行保護價收購糧食、規範農村稅收、減輕農民負擔等。

農村基礎設施投資比重下降的趨勢，從20世紀90年代開始扭轉。"九五"時期（1996—2000年），農業基本建設投資由"八五"時期的258億元猛增至1151億元。同時農村稅費改革試點工作啟動，改革的主要內容是：取消鄉統籌費、農村教育集資等專門面向農民徵收的行政事業性收費和政府性基金、集資；取消屠宰稅；逐步

1　陸學藝：《農業面臨比較嚴峻的形勢》，《農業經濟叢刊》，1986（5）：5–12。

取消統一規定的勞動積累工和義務工；調整農業稅和農業特產稅政策；改革村提留徵收使用辦法。2005 年 12 月 29 日，第十屆全國人大常委會第十九次會議決定，2006 年 1 月 1 日起廢止農業稅條例，標誌著具有兩千六百多年歷史的農業稅正式退出歷史舞台。

稅費改革減輕了農民的負擔，但是還沒有從根本上解決農村公共產品供給來源的問題。相反，農業稅取消之後，一些地方把原來的公共服務也一併取消了。例如，開展稅費改革試點的安徽省某縣，稅費改革後縣、鄉、村級共減少收入 5036 萬元，佔財政收入的 40%，全縣可用財力 1167 萬元，而僅僅幹部和中小學教師的工資就需要 1.5 億元，學校負債運轉，有的小學危房無錢整修，只好在戶外上課。這一時期，農村鄉鎮衛生院也出現類似的情況，只有 1/3 的鄉鎮衛生院能正常開展業務，1/3 勉強維持。全縣至少有 1/3 的行政村無法運轉。[1]

為解決這些問題，中央進一步增加了對農村的投入。中央增加了糧食直補、農資綜合補貼、良種補貼、農機具購置補貼等財政補貼，建立了普及農村義務教育經費保障機制，建立了新型農村合作醫療制度，很大程度上緩解了上述問題。

重建農村集體組織

20 世紀 90 年代以來，中央主要是通過在不改變農村基層組織形態的前提下，通過加大對農業的投入、加強城市對農村的支持來解決"三農"問題。在這個歷史階段，這無疑是十分重要的。

但是還要看到，僅僅靠外部投入，不可能從根本上解決"三農"問題。農村工作者在 20 世紀 80 年代就提出"農村建立一個什麼樣的新型組織制度"的問題，到現在仍然沒有完全解決。隨著農業發展階段的變化和農村面臨的新矛盾，這個問題需要引起人們的重視。要回答農村建立什麼樣的組織形式的問題，首先就要正確認識改革開放前後兩個時期中國農業、農村發展的經驗和教訓，也就是要全面認識"統"和"分"的辯證法。

改革開放前後兩個時期，農村發展有一條共同的經驗，那就是既要堅持農村土

1　何開蔭：《再看農村稅費改革》，《安徽決策咨詢》，2002（05）：11–14。

地集體所有制、把農民組織起來，又要在集體經濟基礎上建立有激勵、有活力的內部運行機制，"統"和"分"都不可或缺。改革開放之前，中國建立了農村土地集體所有制，突破了小農經濟對現代化的約束，農村的公共設施、生產條件、公共服務和社會文化建設都有很大進步，缺點是由於管理水平和國內外環境約束，沒有建立起制度化的、穩定的內部激勵機制，這也是一部分農民對公社的印象不好，不願再繼續合作的原因。

改革開放之後，農村通過包產到戶，加強了對農戶個人的激勵，農村經濟取得了很大發展，但農村的集體合作程度下降了，這是導致當時很多問題的一個根源。如何在農村集體所有制的基礎上，把農民重新組織起來，是下一步解決農村問題的關鍵。當前，解決這個問題更加迫切，有這樣幾個方面的原因。

首先，這是由中國人多地少的基本國情決定的。中國最大的基本國情是人多地少，即使按照目前的規劃，到 2030 年城鎮化率達到 70%，還將有四億多人生活在農村，人均耕地只有四畝多。在這種情況下，土地不僅是生產資料，更是農村穩定和農民生存的保障。在當前法律和基層治理體系不完善的情況下，如果實行不受限制的土地流轉政策，那麼強勢的資本甚至一些地方政府就會奪取農民的土地，農民既得不到合理的補償，又失去生產資料和生活依靠。大資本兼併土地，從經濟效益出發，必然會採取土地密集、資本密集的技術，而不會採取能夠大量容納勞動力的技術，那時候農民就會從農村土地所有者變成單純的僱傭勞動者，大量農業人口失去工作機會。不受限制的土地流轉，削弱或廢除土地集體所有制，可能有利於提高短期的經濟效率，但是從長期來看將動搖農村的根基。

其次，這是農業發展階段升級的要求所決定的。農業產業升級大致可以分為以下幾個階段：第一個階段是在人民公社和包產到戶初期，主要是解決"吃得飽"的問題，以提高糧食產量為主要目標，主要措施是改善農村基礎設施、鼓勵勞動力投入，小農家庭經營是適合這個階段需要的，到 1985 年前後，"吃得飽"問題已經初步解決了。第二個階段是追求價格效益、促進農民增收，這一階段需要資本密集的技術，需要以小農組織化生產經營為主要措施。第三階段是像發達國家那樣，追求市場效益和國際影響，以實現農產品市場化、國際化，獲得穩定長久收益為目標。這個階段需要高度的組織化、產業化，按照訂單組織生產具有品牌特色、綠色健康的農產品。可見，農業發展階段升級，伴隨著農業組織化程度的提高和社會化程度的加強。在人多地少的約束下，要提高農村組織化程度，就只能堅持集體經濟。

最後，這也是解決農村治理中現實問題的需要。農村不僅是農業生產的場所，也是農民的家園、生態的屏障、文化的載體、鄉愁的寄託，因此在制定農村政策時，不能僅僅把農村當作糧食生產地。目前，雖然國家和城市對農村支持的力度逐年增大，但是在農村基層組織弱化、治理能力不高的情況下，這些支持還不能夠完全轉化為農村發展的動力。

比如，當前制約農村產業升級的一個瓶頸 —— 金融問題 —— 仍然沒有解決。從國際經驗看，農村金融資金供給的主要渠道是合作金融，因為農業生產貸款週期相對較長，而且規模小、風險大。農村社會缺乏正式的信用體系，甄別風險難度大，對銀行來說風險高、利潤低、手續繁雜，因此正規銀行通常不會把農村作為主要市場，從而導致農村金融服務供給長期不足。而合作組織扎根於農村，由農民集體參加管理，能夠有效利用熟人社會的特點，點對點地甄別和控制風險，可以建立區別於城市金融體系的金融組織。目前，由於農村基層組織的削弱，農村一千多家村鎮銀行實際上還是商業化的，真正扎到鄉鎮的很少，而且需要用嚴格抵押擔保來規避風險，週期長、手續繁，遠遠不能滿足農村資金需求。在這種情況下，農村民間借貸盛行，尤其在鎮以下的農村地區，高息的民間借貸往往成為農民獲得資金的主渠道。

農村治理能力弱，也制約了國家支持農業的政策在村社這"最後一公里"落地。比如，許多地方出現的農村低保"關係保、人情保"現象，就是因基層治理不完善所致，沒有民主監督和信息披露制度，普通村民沒有監督的渠道，實際上形成幹部的特權和腐敗。當然，這些問題通過農村外部行政力量的介入也可以解決，如政府、司法、媒體等，但如果農村內部沒有有效治理，就不能從根本上解決農村基層治理的問題。

基層民主之所以異化，"選舉"成了"錢舉"，一些地方出現誰有錢，誰掌握的勢力大，誰就能贏得選舉的現象，與農村集體經濟瓦解，沒有形成民主管理制度有關。既然沒有集體經濟，或者集體經濟的收益同各家的利益沒有明顯關係，那麼農民就不會太關心誰當選，或者認為"誰當選都一樣"，在這種情況下，農民會追逐短期利益，誰買選票的出價高，就投誰的票。有人曾對全國 246 個村做過調查，結果發現在受訪的 3447 個農戶樣本中，有 547 個農戶認為存在賄選行為。[1]

這些問題的出現表明：已經到了要認真對待鄧小平關於"兩個飛躍"設想的時候。1990 年，鄧小平在同中央領導談話時提出："中國社會主義農業的改革和發展，從長遠的觀點看，要有兩個飛躍。第一個飛躍，是廢除人民公社，實行家庭聯產承包為主的責任制。這是一個很大的前進，要長期堅持不變。第二個飛躍，是適應科學種田和生產社會化的需要，發展適度規模經營，發展集體經濟。"[2]

習近平早在 20 世紀 90 年代在福建省寧德擔任地委書記時就鮮明地提出，農村扶貧的關鍵是發展集體經濟。他說：

> 有的同志說，只要農民脫貧了，集體窮一些沒有關係。我們說，不對！不是沒有關係，而是關係重大。加強集體經濟實力是堅持社會主義方向，實現共同富裕的重要保證……發展集體經濟實力是振興貧困地區農業發展的必由之路……是促進農村商品經濟發展的推動力。[3]

中共十八大以來，隨著思想理論領域的撥亂反正，已經有愈來愈多的人士，開始嚴肅地思考如何在新形勢下重建農村集體組織的問題。2016 年 11 月 5 日，浙江省十八名基層農村幹部，向全國發出關於農村走集體化道路的公開倡議書，提出："削弱和淡化已經很脆弱的土地集體所有權，必將失去發展集體經濟的物質基礎和制度保證，弱化甚至瓦解農村基層組織的作用，必將為適應農業生產客觀要求 —— 農地適度規模化集約化經營製造新的障礙；必將誘發農村社會新的族群矛盾，重返一盤散沙的格局。"[4] 倡議強化集體所有權，創新土地經營制度，提出走華西村、南街村、周家莊鄉農工商合作社及浙江省航民、滕頭等集體化村開創的道路。

中國農村土地所有制的集體性質決定了中國的農業合作化只能走社會主義道

1　呂小莉：《從拉票現象看當前農村的賄選 —— 基於全國 246 個村 3447 個農戶的調查分析》，《華南農業大學學報（社會科學版）》，2011（03）：39–45。

2　鄧小平：《鄧小平文選（第三卷）》，北京：人民出版社，1993：355。

3　習近平：《扶貧要注意增強鄉村兩級集體經濟實力》，《擺脫貧困》，福州：福建人民出版社，2014：141–148。

4　浙江十八位鄉村幹部聯名呼籲全國農村恢復公有制的倡議書，見中國民生網，https://www.minshengwang.com/nipingwolun/340542.html。

路，而不能像其他一些資本主義國家那樣通過買賣兼併將土地集中在少數人手裏，將土地私有化，否則，農村的貧富分化將嚴重加劇，不但不能實現農民共同富裕的美好前景，而且會造成社會動亂。這個新的合作化生產的實現，既要借鑒 20 世紀 50 年代中國自己在集體化過程中的經驗教訓，也要學習現有國營農場和別的國家不同形式的合作實踐。

經過改革開放，農民的文化知識、經營和市場意識、風險意識都有提高，特別是互聯網的出現，已經使農民的組織形式比過去大大豐富了。雖然目前還不能給新型農村集體化過程劃定具體的軌跡，但是，只要認識到生產力的發展決定了社會化的合作生產是現代農業的必由之路，那麼我們就有理由相信中國農民一定會經過不斷的實踐和探索成功地走上這條康莊大道，一定能夠在新的時期找到組織起來的新辦法。

▶ ▶ ▶　　　　　# 4. 為國有企業正名

> 國有企業的發展和進步，必須同國家和民族的命運緊緊聯繫在一起……國有企業是中國特色社會主義的重要支柱，是我們黨執政的重要基礎，也是貫徹和實踐黨的基本理論的重要陣地。[1]
>
> —— 習近平

國有企業改革是改革開放以來影響最大、難度最大，恐怕也是爭論最多的改革之一。直到今天，要不要做大做強國企，仍然是充滿爭論的問題。一種觀點認為，改革開放的成功就是因為"國退民進"，而今天中國經濟存在問題，則是由於"國企是最大的體制問題"，國有企業"腐敗、低效、壟斷"，認為做強做優做大國企的主張是"走回頭路"、"改革倒退"。究竟如何看這些觀點？

1　《習近平在大慶油田發現 50 週年慶祝大會上的講話》，《石油政工研究》，2009（05）：10-14。

國企是啟動中國現代化的關鍵力量

　　新中國成立之後，建立了以全民所有制和集體所有制為主導的經濟體制，有觀點認為，這是出於"公有制崇拜"和意識形態上的"左傾"。這種觀點並不符合客觀事實。中國發展國有企業，是理性客觀的需要，是因為依靠私營企業無法承擔起現代化的任務。

　　中國的現代化，實際是要在一個資本、技術、人才都匱乏的農業大國，面對已經形成的全球資本主義體系，衝破"突圍"，打破大國壟斷，建設獨立自主的工業體系。鴉片戰爭後，民族資本主義雖在中國萌芽，但是中國並沒有實現工業化和現代化，在一百多年的時間裏，民族產業風雨飄搖。從外部看，舊中國走的是依附型工業化道路，希望依靠外國投資、技術和人才實現工業化，結果資源、交通、軍工等關鍵經濟部門過度依賴外國，經濟缺乏自生能力，危害國家獨立和安全。從內部看，工業部門從農村汲取大量資源，導致農村土地兼併、農民破產，工業化進程半途而廢。

　　中國的民族產業在全球體系中風雨飄搖，這是資本主義世界體系形成之後，一切落後國家的共同命運。民族產業受封建制度和國際壟斷資本雙重壓迫，只能做附庸、做買辦、寄人籬下。當時很多人都認識到，沒有強大而獨立的工業體系，是中國積貧積弱的根源，許多仁人志士也提出建立國有經濟、集中力量實現工業化的設想，比如孫中山在《建國方略》中就提出發展國有資本、實行計劃經濟建設的思路。也正因為如此，從舊中國走過來的榮毅仁等愛國資本家真心實意地擁護共產黨。中國進入大工業時代，是從 20 世紀 50 年代建立國有經濟體系開始的。1952—1978年，中國依託國有經濟，集中資源建設了機械、冶金、有色金屬、石油、電力、交通、化工、航空航天等工業部門。新中國成立之後每年積累的工業資產相當於舊中國一百多年積累的工業資產的總和，中國成為世界上唯一的產業門類齊全的發展中國家。這雄辯地證明，國有企業是中國經濟發展的中堅力量。

　　依託國有企業組織大規模集體協作，資源集中到產業鏈上的薄弱環節，在關鍵科技領域獲得突破，並實現技術的快速傳播和普及。

　　國有企業作為"全能型企業"，不符合西方經濟學的教條，但是在工業化早期，還沒有條件提供專業化、社會化的公共服務時，由國有企業（單位）承擔公共服務和社會事業，是一種成本較低、便於管理的選擇。國有企業提供的公共服務不僅服務了自己的職工，而且輻射到家屬和周圍居民，使得中國在經濟發展水平很低的情況下保障了職工家屬上學、就醫、住房等基本需求，使得集中資源發展工業成為可能。在中國工業化早期，國有企業和集體企業還解決了全民就業問題，避免了發展中國家在工業化過程中出現的失業現象，提高了全體勞動者的素質。這些，都是國有企業制度優勢的體現，不能以西方理論來衡量和否定國有企業的作用。

這些歷史說明，中國建立和發展國有經濟，既是由社會主義的國家性質所決定的，也是由發展的歷史條件和任務所決定的，是總結近代一百多年歷史而做出的正確選擇。改革開放以來，中國在世界上領先的載人航天、探月、深潛、高鐵、特高壓輸變電、移動通信等領域，均是由國有企業主導；國有企業在安全生產、職工福利、社會責任方面，也優於其他所有制形式的企業。實踐表明，國有企業是啟動中國現代化的關鍵力量，也是治理市場失靈、實現自主發展的關鍵力量。

90 年代：國企虧損不全是 "體制問題"

20 世紀 90 年代，國企出現較大面積的虧損，於是有人認為國企並不符合市場經濟的發展規律。這種觀點不準確。從中國的歷史來看，無論是與私營企業相比，還是與其他國家的企業相比，中國國有企業的績效並不低，而且做到了私營企業做不到的事情。20 世紀 90 年代國有企業遇到的困難，並不能完全歸結於 "體制問題"，而是由發展戰略變化、宏觀經濟週期以及人口老齡化等多種因素導致。

實際上，改革開放最初十幾年，國企的效率一直比較高。20 世紀 80 年代，國企的銷售利潤率超過 20%，直到 1988 年，國有企業的虧損面始終在 5% 以下（見表 4-1）。1978—1998 年，國有及國有控股工業總產值年均增長 8.7%，資產總額年均增長 16.8%，上繳稅金年均增長 1.23%。無論與其他國家相比，還是與中國其他時期相比，增長率都是比較高的。當然，可能會有人說，這是因為政府有補貼和預算軟約束，這個看法不正確。當時國有企業佔全國企業的絕對主體，財政補貼也是來自企業上繳利稅，不可能所有的企業都靠補貼生存，如果國有企業是靠政府的補貼或負債才經營下來的，那麼補貼的財政資金又是從哪裏來的呢？

表 4-1　改革開放初期國有企業經營狀況

年 份	利潤和稅收總額（億元）	虧損總額（億元）	虧損佔利潤比重（%）
1978	634	42. 1	5. 3
1980	864. 4	34. 3	3. 7
1985	1152. 8	32. 4	2. 4
1988	1514. 1	81. 9	4. 6

資料來源：劉國光：《共同理想的基石：國有企業若干重大問題評論》，北京：經濟科學出版社，2012：93。

　　國企虧損加劇，始於 1993 年，1996 年首次出現全國國企淨虧損，1998 年仍有 2/3 的國有企業虧損，全部國有企業只有 213.7 億元利潤。按照西方經濟學理論，國有企業虧損是公有制本身的缺陷。這種解釋顯然過於簡單和武斷，是一種典型的教條主義。如果國企虧損是 “體制” 導致的，那麼就無法解釋 20 世紀 80 年代國企良好的經營績效，也無法解釋 21 世紀以來大量國企（包括在競爭性行業中的國企）的良好表現。20 世紀 90 年代的國企虧損，有國有企業自身的體制問題，但這並不是主要的。國有企業虧損的根本原因是宏觀經濟上出現產能過剩、需求不足，結構轉型，優先發展重工業的戰略發生了轉變，國有企業要承擔更多社會責任等等。

　　經濟週期導致的產能過剩是國有企業虧損的主要原因。經過 20 世紀 80 年代放權讓利的改革，國有企業的競爭性逐步增強，為了追求利潤最大化，在 “分灶吃飯” 的財政體制下，在地方政府也支持企業擴大投資的情況下，國有企業出現了大量重複建設。國有企業在 20 世紀 90 年代的投資率明顯高於 80 年代，特別是 1992 年之後，企業投資衝動增加，1993 年、1994 年出現投資高峰，直接造成大量過剩產能。同時，隨著收入分配差距的加大和社會保障體系的瓦解，居民購買力下降。這是典型的市場經濟導致的需求不足、產能過剩，可見當時國企虧損並不是國有企業的公有制性質導致的。

　　在市場經濟的下行週期，出現大規模產能過剩，這是市場經濟調節的滯後性、無序性的表現，無論是國有企業是非國有企業，都會面臨大量虧損。只是中國當時大多數企業還是國有企業，所以人們會誤以為軟預算約束、投資衝動是國企特有的問題。而 2008 年國際金融危機之後，人們發現，無論是美國的大型私營企業，還是中國民營經濟份額佔比已經超過或接近國企、市場競爭非常充分的鋼鐵、電解鋁等行業，也都出現預算軟約束和產能過剩，難道這也是公有制帶來的 “體制問題”？這充分說明，投資衝動不是國有企業特有的問題，靠國企私有化解決不了，反而需要國有企業更多地來承擔並解決因市場失靈導致的問題。

發展戰略的轉變是國有企業虧損的另一個原因，這也是國有企業承擔社會責任的表現。計劃經濟時期，中國為了迅速建立工業基礎、保障國家安全等，使國有企業資本集中於重工業部門，導致了國有企業產品單一，對下游消費市場反應不靈敏。重工業的初始投資大、沉沒成本高，短期盈利能力不強，還有大量國有企業為了社會公平和三線建設等需要，位於自然和交通條件不利的地區，這些企業的經營成本高，往往包括為下游產業和其他地區分擔的成本，甚至為後來民營企業的發展預先分擔了成本。20 世紀 80 年代之後，重工業優先發展戰略逐步退出，導致以重工業為主的企業、老工業基地、資源型企業和中西部地理位置沒有優勢的企業競爭力削弱了。這就好比，一個家庭的長子，年輕時為了掙錢養活全家，犧牲了自己的健康，也沒有為自己積累任何財富，那麼等其他子女成長起來之後，理應為他分擔一些任務，彌補其早年的付出。

還有就是，國有企業比其他所有制企業承擔了更多的社會責任。自 20 世紀 80 年代以來，這些社會責任不是減輕了，而是加重了，使得國有企業在與新發展起來的其他所有制企業競爭時處在不利的地位。這包括以下幾個方面：

首先，國有企業承擔著就業和社會保障的責任。在中國，國有企業安置城鎮就業人口比例長期高達 70%，1978—2003 年，國企職工工資年均增長 13.2%，而 20 世紀 90 年代以來，私營企業職工工資年均增長 5%，國企職工工資增長遠遠高於私企職工。國有企業一直承擔著支付廣大退休人員工資的重負，企業的歷史越久、退休職工越多，負擔就越重。隨著人口進入老齡化，醫療費用快速上升，1993 年，國有企業醫藥費支出佔到了工資總額的 10.8%，已經成為企業的沉重負擔。[1]

其次，國有企業承擔著支援農村等社會責任。為了緩解 20 世紀 90 年代初的農村經濟困難，1990—1995 年，農副產品收購價格上漲 87.7%，國有企業原材料購進價格提高 135%，但工業產品出廠價僅提高 1%，[2] 特別是能源性、資源性企業，價格受到國家管制，也等於在為其他企業分擔成本。在質量安全、環境保護等方面，國家對國有企業的要求也更高。

1　曹春：《社會保障籌資機制改革研究》，北京：財政部財政科學研究所，2012。
2　劉國光：《共同理想的基石：國有企業若干重大問題評論》，北京：經濟科學出版社，2012：97。

最後，為了扶持私營和外資企業，在很長一段時間裏，國有企業的稅負顯著高於其他所有制的企業。為了支持私營經濟發展，私營企業的稅負被大幅降低，1990年之後，國企的稅率就明顯高於集體、個體和股份制經濟。據徐則榮估計，20世紀90年代，各類企業每100元產值所繳納的稅金中，國有企業為13.28元，鄉鎮企業為4.88元，中外合資為5.06元，外資企業為2.41元（見表4-2）。[1]

表 4-2　1985—2000 年各類所有制企業稅負

年份	國有企業	集體企業	個體、股份經濟	其他經濟	外資企業
1985	21.3%	12.8%	41.7%	15.6%	
1990	16.8%	6.4%	17.9%	15.3%	
1995	14.2%	3.2%	3.2%	2.3%	
1996	11.5%	4.4%	5.6%	3.8%	3.1%
2000	10.6%	5.1%	6.9%	4.0%	3.3%

資料來源：劉國光：《共同理想的基石：國有企業若干重大問題評論》，北京：經濟科學出版社，2012：97。

民營企業的發展，離不開國企的貢獻。大量民營企業的第一桶金來自國企改制，資產、人員、技術均是直接以較低的成本從國企獲得，甚至是"空手套白狼"。為了支持民營企業發展，不少地方在國企改制中是"半賣半送"，大量地方通過廉價出讓土地和礦產資源支持民企發展，這也造成了國企和民企的不公平競爭，是國有企業遇到困難的原因之一。可以說，脫離公有制經濟的支持，中國民營經濟將失去盈利和增長的基礎。我們在理論研究上不能迴避這個問題（這並不是說要追究民營企業的原罪），而是要讓人們真正理解國有企業的歷史貢獻。

國有企業虧損還有一個不可忽視的原因，就是一段時間以來，國有企業改變了黨委領導下的廠長分工負責制和"兩參一改三結合"的管理制度，對黨的領導、職工的主人翁地位強調得少了，放棄了社會主義民主管理企業的政治優勢。國有企業管理制度的改革一方面可能有利於國有企業管理者發揮積極性，另一方面卻可能導致放鬆對企業管理者的監督。在舊的監督制度被削弱、新的監督制度不健全的情況下，一些國有企業管理者出現了機會主義行為甚至嚴重腐敗，如故意把國企搞垮，以便為私有化創造條件，利用國企的資源辦"廠中廠"等，並進行利益輸送。因這

1　徐則榮：《國有企業定能重振雄風》，《國企》，2011（11）：106-107。

種原因而出現的國有企業虧損，與企業的公有制性質無關，恰恰相反，是因為放棄了公有制的制度優勢。

可見，國有企業遇到的困難，並非像 "主流經濟學" 的信奉者宣傳的那樣，不是由於國有企業自身的體制問題，而是由於產能過剩、國家發展戰略的轉變等。實際上，在 90 年代末採取一系列措施改革之後，到 21 世紀，國有企業煥發出了勃勃生機，這說明國有企業是完全能夠搞好的。

國企改革三年攻堅

1997 年，中共中央和國務院提出國企三年脫困的目標。1999 年，中共十五屆四中全會通過了《中共中央關於國有企業改革和發展若干重大問題的決定》，並制定了一攬子措施。這些措施一方面是緩解國企積累的困難，另一方面是建立新的國有資產管理體制。在緩解短期困難方面，國家主要採取債轉股、技改貼息和政策性關閉破產這 "三大撒手鐧"。三年攻堅為國企改革打下了良好基礎，到 2000 年，大多數國有大中型虧損企業擺脫了困境。國家為國企改革與發展採取的長期措施，主要體現在以下三個方面：

首先是堅持公有制的主體地位。在市場經濟轉型中，中央抵制住了將國有企業全盤私有化的主張，提出 "搞好國有大中型企業不僅是重要的經濟問題，更是重要的政治問題"。儘管由於多種原因，這一時期也出現了部分國有資產流失、職工利益受損的問題，國企職工人數從 1.1 億人銳減到 4288 萬人。但是從總體上仍然堅持了中國公有制的主導地位。

其次是對國有企業的佈局進行了戰略性調整，"抓大放小"。地縣級政府管理的中小國有企業絕大部分被改制，國有資本實行 "三個集中"，即向關係國家安全和國民經濟命脈的重要行業和關鍵領域集中、向未來可能形成主導產業的行業和領域集中、向優勢企業和行業排頭兵集中。這樣中央企業的總數從 2003 年的 196 家減少至 2010 年的 125 家。

最後是以國資委成立為標誌，建立新的國有資產管理體制，歸納起來就是 "三分開、三統一、三結合"。"三分開" 即：政企分開，政府授權國有資產監督管理機構對企業國有資產履行出資人職責，不直接管理國有企業；政資分開，國有資產監督管理機構不行使政府的社會公共管理職能，政府其他機構、部門不履行企業國有資產出資人職責；所有權與經營權分開，國有資產監督管理機構不得直接干預企業的生產經營活動，讓國有企業成為真正的市場主體，利潤成為國企的主要經營目標。"三統一"即權利、義務和責任相統一。"三結合"即管資產和管人、管事相結合。新的國有資產管理體制極大地激發了國有企業活力，促進了國有企業的改革和發展。

國有企業改革的成就

曾經一段時間，在中國的學術界和輿論氛圍中，國有企業已經被做了"有罪推定"，似乎國有企業天然意味著壟斷、低效和腐敗。這與其說是事實，不如說是帶有偏見的意識形態。

實際上，自從國有企業改革以來，經過十多年的發展，以央企為代表的國有企業，已經在中國經濟中佔據了核心地位，成為引領中國國家發展戰略的主要引擎。在航空航天、高鐵、大飛機、軍工、電信等戰略工業前沿領域，在石油石化、電力、交通、礦產資源開發等關係國家安全和基本民生的關鍵領域，國有企業始終佔據著主導地位。

國有企業在戰略性領域提高競爭力，佔據產業制高點。在航天、高鐵等領域開展自主創新，走在國際前列。智能電網達到世界先進水平，在西方屢屢出現大面積停電事故的情況下，中國始終保持安全穩定運行。特別是央企作為國有經濟的核心，帶動了產業集群發展，發揮了主幹引領者作用。2008 年金融危機後，央企走向世界的腳步加快，中國第一代全球企業的崛起初見輪廓。2016 年《財富》世界五百強企業排行榜出爐，中國企業入榜數目達到一百一十家，其中國有或國有控股企業超過九十家。這將帶動中國引領全球新一代經濟、金融全球化，與 19 世紀的英國和 20 世紀中後期美國大量跨國企業走向世界具有同等重要的意義。

國企抵禦國際市場風險，維護國家經濟安全。隨著中國經濟的發展，全球化對中國的影響日益深刻。發達國家通過跨國企業和大型金融機構操縱原材料、能源資源、金融等市場，它們翻手為雲覆手為雨，如果發展中國家沒有足夠規模的企業，經濟命脈就免不了被控制。中國國企在這方面起到定海神針的作用。2008 年國際原油價格上漲，中石化和中石油為國內市場價格補貼一千多億元。2006—2008 年，發生了一場席捲全球的國際糧食危機，一些國家因為糧食問題導致社會動亂，而中國的中央糧食企業堅決執行國家最低收購價、拍賣銷售、跨省移庫，維護了糧食市場穩定。中國五礦集團、中國有色礦業集團等企業是中國有色金屬工業"走出去"的排頭兵，在澳大利亞、南美、非洲等地開展經營，而且融入當地社區，承擔社會責任，被所在國視為"全天候的朋友"，成為傳播和平外交理念的使者，為維護國家利益和促進共同發展做出了貢獻。

國企引領了技術進步，中央企業已累計擁有有效專利七萬餘項，許多技術走在了國際前列。中國建築在國際上承建了很多高難度的建築，在全球主跨超千米的二十六座橋樑中，中交集團設計建造了十座。神華集團煤炭產量和銷量均居世界第一，百萬噸死亡率低於美國等發達國家的水平。中國鋁業等自主開發的新型鋁電解技術達到世界領先水平，實現了成套技術出口。全球金融危機催生了新科技革命，國有企業應樹立強烈的創新自信，堅持自力更生、自主創新，敢於走前人沒走過的路。值得一提的是，成為國家名片的中國高鐵、大飛機，是國有企業從引進、消化、吸收、再創新到自主創新的典範。據統計，2011 年到 2014 年的國家科學技術進步獎特等獎獲獎項目五個，其中，中央企業主導、參與的項目四個；一等獎獲獎項目四十九個，其中央企、地方國企主導、參與的項目二十五個，超過半數。[1]

增強對國企的制度自信

中共十八大以來，中央多次重申堅持國有企業改革的正確方向，明確拒絕私有化的主張，強調國有企業是推進現代化、保障人民共同利益的重要力量，要堅持國有企業在國家發展中的重要地位不動搖，堅持把國有企業搞好、把國有企業做強做優做大不動搖。要求推進國有企業改革，要有利於國有資本保值增值，有利於提高國有經濟競爭力，有利於放大國有資本功能。

相當一段時間以來，關於中國要不要辦國有企業、要不要做大做強國有企業，還存在各種缺乏自信的、虛無主義的、照搬書本的、言必稱希臘的觀點。發展國有

1　《國企囊括一半國家科技進步獎》，http://www.stutimes.com/toutiao/a3809160673/，2015-01-11。

經濟是一種治理市場失靈的綜合性手段，國有企業在治理宏觀經濟失衡、提供公共物品、消除外部性、調節收入差距等方面都能起到作用。無論從歷史還是從現實來看，不管是改革開放前還是改革開放後，國企都是推動中國現代化、維護人民根本利益的主體力量。這是歷史的必然，是現實的必然，也是走向未來的必然。

國有企業是國民經濟發展的中堅力量。對國有企業要有制度自信。深化國有企業改革，要沿著符合國情的道路去改，要遵循市場經濟規律，也要避免市場的盲目性。要搞好國有企業改革，就需要正確評價中國的國有企業。

第一，國有企業首先是企業，要遵循企業發展的普遍規律。這些規律包括成為真正的市場主體，按照市場規律運行，建立完善的法人治理結構，建立有激勵有約束的運行機制，實現信息透明公開等。經過多年改革，這些體制機制正在不斷完善，這方面爭議並不大。

第二，國有企業作為中國這個正在崛起的發展中大國的企業，承擔著引領現代化進程、參與國際競爭的任務。世界大國的崛起，都離不開一大批龍頭企業的生長。這些龍頭企業的生長，除了依靠市場競爭和資本集中之外，也都離不開國家的保駕護航。發達國家依靠堅船利炮完成資本原始積累，確立全球分工秩序之後，發展中國家就失去了公平參與市場競爭的機會。發展中國家通常是資本極度稀缺的，為了具備平等參與全球化的話語權，只能通過國家力量集中資源，這是二戰之後大量發展中國家舉辦國有企業的原因，其中既包括發展中國家，也包括大量剛剛獨立的國家。近年來的主流經濟學家認為，這一實踐是失敗的，這不符合事實。20世紀50—70年代，是發達國家和發展中國家縮小差距的時代，這是同廣大發展中國家發展國有經濟、贏得和維護經濟主權分不開的。今天，中國參與國際競爭的廣度和深度空前加大，國有企業具有歷史形成的規模、資金、技術、管理和人才優勢，理應成為參與國際競爭、爭奪國際話語權的主要引領力量，而不能迷信自由貿易和"越小越好"的教條，自廢武功，放棄制度優勢。南車和北車合併之後，改變了"窩裏鬥"而一致對外，就是這個道理。

第三，國有企業是社會主義性質的企業，起著治理市場失靈、約束資本特權的功能，"避免市場的盲目性"。自19世紀末以來，發達資本主義國家也在探索限制市場失靈和資本特權的途徑，創辦國有企業就是其中一種主要辦法。美國的田納西流域管理局至今仍是運營良好的國有企業，德國最高時有一千一百多家國有獨資企業，法國超過一半的鐵路、郵電、航空和港口都由國有企業經營。中國作為社會主義國家，就更有條件利用國有企業調節勞動關係、維護生態平衡和國家安全。在近年來多次經濟、金融危機中，如果中國沒有一大批召之即來、來之能戰的國企作為定盤星，恐怕早就被跨國資本衝垮了。

第四，國有企業是歷史形成的資產。中國經濟基礎的建立，依靠的不是殖民和掠奪，而是靠億萬人民在低回報的情況下的辛勤勞動。從這個意義上說，國有資產本來就凝聚著不可分割的全民付出，是屬於全民的財產，這是特定歷史條件下為了實現工業化所必然付出的代價，這是今天的國有資本必須屬於全民、服務於全民，並由全民通過一定的程序實施民主管理的源頭。

思考國企改革，需要尊重歷史，而不能割斷歷史。特別是改革開放前的三十年，國家和人民之間建立了政治契約，人民願意以低工資、低福利的條件在國有企業努力勞動，其預期回報是等公有制企業發展壯大之後，其發展成果能夠由全體人民共享。如果沒有公有制，如果沒有對未來共享勞動成果的預期，中國不可能在這樣低的起點下實現工業化。

與其他一些國家比較之後，我們更能發現中國國有企業改革發展的意義。俄羅斯全盤私有化後，失去了能與西方跨國資本抗衡的工業體系，淪為與中東和非洲一樣的資源和原料出口國。20 世紀 70 年代中期以來，拉美國家實行絕對私有化，雖然短期內減輕了財政負擔，但最終導致大量失業和兩極分化，金融資本迅速聚集到少數大財團手中，全國大部分經濟活動被大財團控制，社會經濟陷入危機之中。

需要特別注意的是，俄羅斯、東歐和拉美國家向私有化轉型時，他們的經濟發展水平都比中國高。如果今天中國搞了全盤私有化，那麼就將變成連俄羅斯、印度、菲律賓都不如的國家，對外無力維護國家主權和統一，對內無力維護人民利益，中華民族偉大復興的道路將就此中斷。這也是一些西方國家極力向中國灌輸全盤私有化理念的重要原因。

澄清對國企的誤解和歪曲

當前，國企改革還在進行中，國企確實存在許多不容忽視的問題，需要重視和解決。但是，也有一些影響很大的觀點，把問題都一股腦地推到國有企業的公有制性質上，進而把國有企業妖魔化，要"打破黨國大公司"，認為只有實行私有化才能解決這些問題。

有人說，"國企壟斷，與民爭利"。這種指責，大多數是沒有道理的。所謂"國企壟斷"有兩種情況。第一種是國企在歷史上形成了較大的規模和優勢競爭力，這對中國參與國際競爭是有利的，本質上是行業集中度的問題。例如，美國明知波音和麥道合併會導致美國航空市場的壟斷，卻仍然進行了合併，這說明，美國更關注的是企業的全球競爭力，而並非僅僅把眼光放在國內市場，中國在這一點上要向美國學習。實際上，央企在國際市場上的表現證明，國企依靠的是由規模帶來的核心競爭力，而不是其壟斷地位。國企的盈利大戶，不僅有石油石化、電力、電信等行業企業，也包括船舶、汽車、航運、冶金、建築等競爭性行業企業。中石油、中石化在國外的油田都是外國企業不肯去的地質情況複雜的地方，在沒有行政保護甚至是面臨劣勢的情況下，央企仍有足夠的競爭實力。

第二種是帶有自然壟斷性質的行業，如鐵路、電網等。這類企業，在國際上也是以國企為主，但是通過嚴格的監管，使之不能藉助壟斷地位攫取超額利潤。國企由於本身就承擔著政策性目標，再加上政府自身就是所有者，監管力度最大，能夠有效避免這種風險，解決這類壟斷問題主要是靠監督和民主管理、信息披露，私有化可能適得其反。

有人說，"國企效率低下"。這種狀況確實存在，民營企業的機制更加靈活，能夠有效避免人浮於事、吃大鍋飯等現象，許多民營企業家吃苦耐勞、精打細算，這些都是民營企業的優勢。但同時也要看到，國企的效率不僅體現在經濟效率上，也體現在社會效率上。例如建設基礎設施，投資大，收益時間長。中國鐵路以世界 6% 的總里程完成 24% 的總運量，每公里鐵路承擔的運量比歐美高 3~6 倍，幹線高十多倍。如果僅看鐵路自身經濟效益，固然不高，但是如果沒有這麼大的運量，中國經濟不可能達到這樣高的增長率。國有經濟還承擔著優化產業地區佈局、促進全國平衡發展的社會責任。中西部創辦一個大中型企業，就帶動了一片地區的經濟增長，這種企業，經濟效率必然低於東部，但是不能不辦。

有人說，"民間投資下降，全怪國企壟斷"。這就好比說，私家車開得慢了，怪公交車太多了。顯而易見，交通擁堵不是因為公交車太多了，而是多方面因素導致。在私有制條件下，投資同樣會經歷週期性下降，因為企業追逐利潤的盲目性會導致投資和產能過剩、平均利潤率下降。中國民間投資下降也是因為過去投資增長過快透支了投資空間。不看市場變化而一成不變地認為，過去民間投資增長多快，現在就還應該增長多快，這肯定不全面。恰恰相反，目前還有投資空間的，主要是非營利性、公益性、戰略性的領域和環節，民間資本還沒有足夠的能力和覺悟為這些領域做貢獻，還是要發揮國企在投資中的關鍵作用。因此，民間投資下降主要是市場變化，不能歸咎於國企的壟斷和限制。在中國，國企和民企是分工合作、優勢互補的關係。要避免操弄"國進民退"的話題，在國企和民企之間製造矛盾。

有人說，國企私有化，才能激發市場活力。這是一個話語陷阱，認為只有市場和私營企業才是更有"活力"的，而公有制就是"僵化"的，這個看法不正確，是機械地照搬了改革開放初期的狀況。改革開放初期，國有企業一統天下，適當降低比例是必要的。但是目前，在一般競爭性領域搞私有化，不可能緩解已經普遍存在的產能過剩，還可能加劇產能過剩。在能源、資源等自然壟斷領域搞私有化，將加大經濟運行的風險和成本，山西當年私有煤炭企業出現普遍的官商勾結、安全生產事故和破壞環境的情況，經過收歸國有企業整頓之後才有所好轉。在鐵路、電信等具有規模效應的領域搞私有化，將破壞網絡的整體性，增加交易成本和安全風險。在公用事業、醫療、教育等公共服務領域搞私有化，將危害公共服務的公益性和公平性，影響民生和收入分配。可見，無論在哪個領域，並不是通過私有化就能夠激發經濟增長活力，相反，還有可能帶來很大的社會成本和風險。一盤散沙、支離破碎的經濟結構，是不可能有活力的。

還有一些觀點，把屬於行業監管、行業政策的共性問題，也歸結到國有企業頭上。比如，產能過剩是由於企業的無序競爭和一些地方和行業放鬆規劃和監管所造成的，但個別地方僅僅要求國企限產。再如，房地產"地王"頻現，是由房地產政策造成的，國企僅佔房地產開發企業的 1.9%，如果僅僅要求國企退出房地產市場，"地王"問題並不能解決，反而降低了國家的調控能力。再如，目前公立醫院過度擴張，是由於逐利性過強造成的，如果不扭轉公立醫院的逐利性，僅僅限制公立醫院發展，甚至把公立醫院私有化，老百姓看病將會更難、更貴。這些問題，並不是通過私有化就能解決的。

上述錯誤認識的根源，主要在於用西方經濟理論來比照中國的現實。但是，即使是西方經濟學者，也並不認為私有制就一定比公有制有效率。2016 年的諾貝爾經濟學獎得主奧利弗・哈特（Oliver Hart）就認為，市場交易是有成本的，成本高到一定程度，市場就是無效的，而改變所有制是降低交易成本、提高效率的替代辦法。2001 年諾貝爾經濟學獎得主約瑟夫・斯蒂格利茨（Joseph E.Stiglitz）在《社會主義向何處去》一書中批評了國有企業比私營企業效率低的論斷，認為"私有制比國有企業更有效率"這一說法存在簡單邏輯推理的謬誤，是一種傻瓜式的經濟理論。[1] 可見，即使是在嚴肅的西方經濟學理論中，國有企業的存在也有充分的理論依據。

更重要的是，目前在中國國企和私企之間的矛盾是表象，國資跟外資的矛盾是本質。有一些對國企的意見，帶有跨國企業自身的利益訴求。隨著中國國企的日益壯大，在國際上開展收購，開發資源，跨國企業和外國政府感到危機和壓力，他們利用中國改革中尚不完善的環節，製造輿論，想要中國解除武裝，是十分自然的。他們對其他發展中國家也是這樣做的。對這種情況，中國一方面要有自主意識，不能被人牽著鼻子走；另一方面要有深化改革的緊迫感，讓國企以更新更好的形象展示出來，經得起苛刻的質疑。

中國的國企改革和發展具有世界性的意義，它把馬克思關於社會所有制的設想和 20 世紀以來各種關於社會市場經濟的設想變成了現實。但是，國有企業的理論建設遠遠跟不上豐富多彩的現實。實際上，中國已經探索出了不少獨特的國企改革經驗。例如，中國沒有像蘇聯那樣搞高度集中的國有經濟，而是把中央和地方的積極性、管理者和工人的積極性都調動起來；也不像發達資本主義國家那樣主要在市場失靈的領域發展國企，國家主要掌握資產收益權，而是在競爭性和非競爭性領域都充分發揮國企的引領作用，綜合發揮國有資本優勢、制度優勢和組織優勢，有效地將黨的政治優勢轉化為企業的核心競爭力。這些經驗的總結，有利於中國增強制度自信，有助於中國堅定辦好國企的信心。

中國已經成為世界第二大經濟體，面臨的國際競爭更加激烈，資源能源的爭奪更加殘酷，國際市場瓶頸更加凸顯，國家安全的邊界和內容空前擴大。國企在應對國際競爭、維護國家安全方面的職能將更加重要。目前，在世界 500 強的五十個行業分類中，中國只佔領了其中十八個行業，僅佔 1/3，其中主要是國企。對國企而言，應以世界 500 強為對手，不是退，而是進，不是有進有退，而是能大進則大

1　蔡萬煥、劉震：《關於國有企業討論的最新進展及背景原因分析》，《學習與探索》，2012（11）：87–91。

進，能進多少進多少，深度參與國際市場競爭。培育具有國際競爭力的大型跨國企業，成為參與國際競爭的大國重器。國企的成敗，同中國特色社會主義的成敗是融為一體的。有了正確的方向，再經過改進作風、反對腐敗的洗禮，總結正反兩方面經驗，中國的國有企業一定能夠加把油、爭口氣，在深化改革中浴火重生。[1]

5. 公共部門的 "大轉型"

　　發展公共服務，提供公共產品，是現代國家政府最重要的職能之一。市場重點解決效率問題，而不以實現公平和可持續發展等為目標。因此，無論是社會主義國家還是資本主義國家，都設置了公共部門，來實現公共利益的目標。

　　在計劃經濟時期，中國公共服務體系是和計劃經濟體制、國有企業融為一體的，由國家全額和差額撥款，不以贏利為目標，按照計劃組織生產和提供服務。如果說，在經濟領域，計劃經濟可能存在信息傳播效率低等現象，但是在公共服務領域，計劃經濟恰恰有著獨特的優勢：因為基本公共服務的首要要求就是按照需要公平地提供。市場經濟本質上是 "按錢分配"，一定會破壞公平性和普遍服務的原則。也正是如此，二戰以來，實行計劃經濟的社會主義國家在提供基本公共服務方面，比資本主義國家要更加有效。據王紹光 2015 年研究，1980 年，人類發展指數（主要衡量指標是教育和健康水平）領先於經濟發展水平較多的國家，主要都是當時的社會主義國家。[2]

減少撥款、鼓勵競爭

　　改革開放初期，公共部門改革的總體方向是政府減少撥款和投入，默許甚至

1　本節部分內容曾以 "黨管國企　有理有據" 為題發表在《紅旗文稿》2017 年第 1 期。
2　王紹光：《歷史比較視野中的中國五年規劃》，《清華大學人文與社會科學高等研究院二十世紀蘇聯和中國的社會主義理念與實踐研討會論文集》，2015：9。

鼓勵其自我發展、自我創收，可以靠向群眾收費提供服務，並和職工收入掛鉤。同時，隨著國有企業和農村改革的進行，國有企業和農村集體發展成比較單純的經濟組織，提供公共服務的職能被削弱甚至被取消了。

放權讓利、鼓勵競爭政策的覆蓋範圍十分廣泛，不僅包括醫療、教育、科技、文化等一般意義上的公共部門，甚至相當一部分政府機關、軍隊也鼓勵開展經營性活動。在改革初期，這種方向激發了公共服務機構的活力和積極性，大大促進了公共部門自身的發展，具有當時的進步性。然而，改革不久，這種以盈利為目標的、市場化、商業化的方向，同公共服務的目標就發生了衝突。

最直接的後果是居民的負擔加重。公共服務機構營利性增強，導致費用快速上升。在教育領域，表現為教育機構的總收入中，學雜費所佔的比例大幅上升，而政府撥款的比例持續下降。在醫療領域，居民支出佔醫療衛生費用的比例，從 20 世紀 80 年代初開始不斷上升，到 21 世紀初達到 60% 的最高水平，不僅高於國際上發達國家（20% 以下），也高於發展中國家的平均水平。

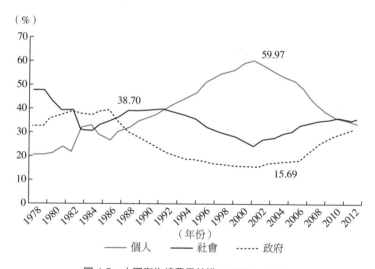

圖 4-5　中國衛生總費用結構：1978—2011

資料來源：《2013 中國衛生統計年鑒》，北京：中國協和醫科大學出版社，2013 年版。

其次是公共服務普遍服務的原則受到破壞，公平性和均衡性降低，出現了向城市集中、向富裕地區集中、向少數重點機構集中的趨勢，特別是農村的公共服務被削弱，突出的表現在醫療和教育領域，有購買力的人希望獲得更優質的服務，這反過來刺激了少數名校、名院的擴張，造成了更大的不公平。

在醫療領域，醫療市場化之後，醫療機構出於競爭的需要，大量購置醫療設備、改善硬件設施、吸引優秀醫生，這在短期內促進了一批優秀醫院的出現，但其代價是地區差異的擴大和廣大基層醫療機構的弱化。過去的分級診療體系破壞，既使得患者過度集中於大醫院，造成看病難；又導致醫療費用上升過快，導致看病貴。同時，大醫院的過度擴張刺激了醫療服務技術路線的改變，適宜技術、基本藥物等低成本的治療手段逐漸消失，高成本、大處方的技術受到青睞。醫療衛生的商業化、市場化，導致人民健康改善速度滯後於經濟發展。和同等經濟發展水平的國家相比，1960 年中國國民健康水平與中國經濟發展水平是同步的，1981 年國民健康水平超過同等經濟發展水平的國家，而 1981—2000 年主要健康指標又落到了平均趨勢左右，這表明，1981—2000 年間，中國的居民健康狀況增長低於經濟增長。2000 年，中國醫療衛生制度公平性在世界衛生組織的報告中名列倒數第四位。1997年 1 月，中共中央、國務院發佈《關於衛生改革和發展的決定》，確定醫療衛生事業是政府實行一定福利政策的社會公益事業。但是，這一文件的精神並未得到很好落實。

教育領域也出現類似的變化。在教育產業化導向下，"普及"和"提高"的關係發生變化，優質資源向"重點學校"集中，人為地擴大了義務教育學校間在資源配置和教育質量上的差距，學校之間、地區之間、城鄉之間的差距擴大，學校之間差距擴大，刺激了下一級學校和學生以升學為目標，強化了應試教育的教學方式。雖然有關部門一直提倡實施素質教育，但是在教育資源不均衡的情況下，很多方式反而更加有助於富裕地區、富裕家庭的考生，又進一步擴大了教育機會的不公平。

商業化、市場化還破壞了一些公共服務的完整性，只看中那些有利於利潤的目標，而輕視甚至放棄利潤低和沒有利潤的產品。在教育領域，主要表現為未納入義務教育的幼兒教育、職業教育等環節薄弱；在醫療領域，主要表現為社會效益高、但利潤空間不大的公共衛生、預防保健工作受到弱化。

科研是市場化破壞公共服務完整性的又一個例子。計劃經濟時期，中國繼承了蘇聯式的科研體制，目標是短時間內趕超世界先進水平，將有限的資源向戰略目標領域動員與集中，在短時間內在一些戰略性、尖端性領域縮小了和國際一流水平的差距。20 世紀 80 年代中期，提出科研體制的目標是"使科學技術成果迅速地廣泛地應用於生產，使科學技術人員的作用得到充分發揮”，主要科技力量要面向國民經濟主戰場，為經濟建設服務。這些做法調動了企業和科研院所的積極性，但是也影響了基礎研究和公共科技事業。一些經濟效益不明顯的研究，如基礎類、公益類的院所受到衝擊，吸引不了一流的人才，公益性科研成果供給嚴重不足，導致原初性創新受到限制，也限制了應用性創新。放權讓利的改革加大了課題組和科技人員的自主權，但是也造成了科研體制的碎片化，“集中力量辦大事”的優勢有所削弱；導致科研機構重視短期的、小型化研究，不易形成科技積累，基礎性、長遠性、超前性項目以及根據學科發展需要設置的課題難以開展。研究機構協調進行重大項目的成本在增加，從事重大項目的能力在下降。

地質勘探領域又是一個例子。地質勘探具有典型的公益性，只有在對地質條件進行一定的公益性普查之後，才有條件進行商業化的勘探和開發。20 世紀 80 年代之前，中國有一支事業單位編制的地勘隊伍，勘探資金由國家支出，探礦權、採礦權由國家所有，80 年代後提出“戴事業的帽子、走企業的路子”，導致公益性的普查工作量減少。20 世紀 90 年代中期，每年鑽探量只有 70 年代的 1/10，重大資源勘探缺乏足夠的突破。

重建公共服務體系

公共部門的商業化、市場化改革，很快就導致了不良的後果，在 20 世紀 90 年代，看病貴、上學難日益成為嚴重的社會問題。同時，社會保障的不完善、公共服務成本的提高，加劇了社會矛盾，對國有企業改革、擴大內需、加強農業等中心工作造成了衝擊。這些衝擊推動了公共服務領域的改革。

20 世紀 90 年代初開始，國家就著手解決義務教育的籌資問題。1993 年，中共中央、國務院《中國教育改革和發展綱要》，2001 年，國務院《關於基礎教育改革與發展的決定》提出確保中小學教師工資發放是地方各級人民政府的責任。不過，由於教育資源的分佈仍然不均衡，升學率的競爭帶來優質教育資源的集中，優質資源集中反過來又加劇學校之間出於升學率的競爭。公眾反映強烈的“擇校”問題、中小學生課業負擔過重問題等，也誘發了諸多扭曲甚至腐敗行為，扭曲了教育發展的目標，也損害教育公平。這些問題一直沒有得到根本緩解。

醫藥衛生體制改革自 2003 年"非典"之後開始醞釀,主要的方向是強化政府責任,於 2006 年正式確定了醫改的方向,提出"政府主導、社會參與",堅持公共醫療衛生的公益性質。2009—2012 年,醫改重點在基層推開,以職工基本醫療保險、城鎮居民基本醫療保險、新型農村合作醫療為主體的醫保制度體系初步形成,廣大基層醫療衛生機構實現了公益性。但是,由於佔醫療服務體系最主要的公立醫院改革尚未全面推開,醫療衛生體制的逐利性仍然較強,醫療費用增長較快,群眾的感受還不明顯。

20 世紀 90 年代末,為配合國有企業改革和農村改革,開始全面構建社會保障體系。現代社會是以構建社會公共保障體制來應對化解社會公眾面對的多種風險的。社會保障至少有三個目的:一是互助互濟,在全社會甚至國家範圍內分散和緩解個人可能遇到的、無法抵禦的風險,如生病、失業、貧困等,這些風險往往不完全是個人責任所造成的,只靠個人和家庭難以負擔;二是代際公平,即一代人和另一代人之間的公平,生老病死是每個人要經歷的自然過程,社會對於沒有勞動能力的兒童和老年人提供幫助,是各代人之間分享發展成果的方式,這在社會保障領域主要是通過養老保險實現的;三是改善社會公平,社會保障本身是社會成員互幫互助的體現,並不是像一般商品那樣,誰有能力誰就多消費,而是按照能力繳費、按照公平享受,這就自然起到了改善社會公平的作用,即強者幫助弱者,富人幫助窮人,富裕地區幫助貧窮地區,年輕人幫助老年人,健康人幫助生病的人,有產者幫助無產者。

從 20 世紀 90 年代起,隨著傳統的農村集體和單位的保障制度削弱和瓦解,以及市場經濟的深化,中國社會開始進入高風險的階段。中國用了十多年的時間,重新建立了基本覆蓋全民的社會保障制度,完成了西方國家用一百多年時間走完的道路。1997 年建立城市居民最低生活保障制度(低保);1999 年開始推廣城鎮職工基本醫療保險制度,2003 年起,相繼普及了職工醫保、城鎮居民醫保和新型農村合作醫療;1997 年,國務院決定實施社會統籌和個人賬戶相結合的城鎮職工養老保障制度,到 2015 年,已經覆蓋了絕大多數正規部門。

從效率優先到保障公平

公平是人類永恆的追求，古今中外各種政治哲學當中，社會主義思潮是最講究公平的。平等不是抽象的，而是分具體層次的。在市場經濟條件下，追求"規則公平"或"機會公平"，這是一種最起碼的公平，即人人享有公平的參與經濟和政治活動的權利。這是資產階級革命以來形成的平等觀，相對於封建社會按照出身、血統分配資源的方法，是一種進步。然而，在資本主義生產方式下，形式上的"機會公平"掩蓋著實質上的不公平，那就是由資本佔有所帶來的權利不公平。雖然名義上人人都享有同樣的權利，但是實質上，誰掌握更多的資本，誰就有更多的享受公平的權力，一無所有的工人，只有選擇到這家工廠工作還是那家工廠工作的自由。工人和資本家看起來是平等的，但是由於資本家有資本、有資源、有名聲，資本家憑藉所掌握的優勢的社會資源，可以在組黨、競選和話語權等方面佔據絕對優勢。因此在國家政權中，絕大多數都是具有一定優勢的資本家及其所供養的代理人，而無產階級則很難進入國家政權中。因此，也只能實現規則和起點上的平等，所以西方國家為了改善社會公平，也必須通過一定的公共政策，不斷矯正社會不公，這些政策包括政府通過稅收進行再分配、實行福利政策、最低工資制度等，其核心是矯正資本和勞動在博弈中的不平等地位，限制資本在分配中的特權。

新中國成立，社會主義改造完成後，實現了生產資料公有制，消除了由於資本佔有而帶來的不平等，從而為實現完全的平等創造了條件。然而，由於在這個階段，還遠遠沒有達到馬克思所說的消除勞動分工的條件，所以當有人提出實行完全的供給制的分配方式時，毛澤東堅決地否定了。毛澤東晚年時談到，中國還有八級工資制，這些所謂"資產階級法權"還不能消除，只能適當加以限制。改革開放之後，中國大膽引入市場機制和私營經濟。市場和資本帶來社會分化，社會差別開始擴大，但這在改革初期起到了激勵勞動、提高效率的目的。同時，市場經濟意味著資源的自由流動，這就必然帶來城鄉和地區之間的不公平，以及由職業分工帶來的不公平。

在這種情況下，以鄧小平為核心的中共中央警告："如果搞兩極分化……民族矛盾、區域間矛盾、階級矛盾都會發展，相應地中央和地方的矛盾也會發展，就可能出亂子。"[1]中央和政府開始採取措施,縮小地區、城鄉和人群之間的差距。

首先進行的是縮小區域差距,主要手段是通過中央政府對地方的轉移支付。1988 年,鄧小平提出了"兩個大局"的戰略構想。一個大局是:"沿海地區要加快對外開放,使這個擁有兩億人口的廣大地帶較快地先發展起來,從而帶動內地更好地發展,這是一個事關大局的問題。內地要顧全這個大局。""發展到一定的時候,又要求沿海拿出更多力量來幫助內地發展,這也是個大局。那時沿海也要服從這個大局","先進地區幫助落後地區是一個義務,而且這是一個大政策"。[2]1995 年,中共中央開始醞釀西部大開發戰略,提出要"未雨綢繆,研究一些政策,處理好先富與後富、發達地區與不發達地區的問題,逐步縮小差距,這樣才能最後實現小平同志提出的共同富裕的目標",[3]認為在有效需求不足的新形勢下,抓住時機,實施西部大開發,對於整個國民經濟的持續快速健康發展具有重要意義。1999 年,西部大開發戰略正式啟動。發揮政治體制集中統一的制度優勢,創造了對口支援、幹部對調等獨特的制度,為縮小地區差距起到了積極作用。

除了由歷史、自然和區位條件帶來的差距過大之外,社會不公最主要的來源是資本和勞動之間的不平等。資本和勞動之間的關係,是市場經濟下分配關係中主要矛盾的核心。在西方市場經濟早期,資本和勞動在分配關係中的不平等是造成社會兩極分化的主要原因,其途徑包括剝奪勞動者的休息權、壓低工資在分配中的份額、延長勞動時間、惡化勞動條件等等,通過這些途徑,企業主維持生產和利潤,並得以不斷擴大投資,而工人階級日益陷入貧困化,導致需求不足。

改革開放之初,作為對過去"平均主義"和"高積累、低消費"的反思,中央和地方政府鼓勵企事業單位包括農村擴大收入差距,鼓勵"致富光榮",農村湧現了大量"萬元戶",城市單位也鼓勵增加工資,這段時間是建國以來分配關係最好的時期,表現為職工工資補償性快速增長。新中國成立初期,由於職工人數不多,1952 年職工工資佔 GDP 的比例僅 10.5%。隨著職工人數的增加,職工工資佔 GDP 的比例快速上升,最高時為 1958—1963 年,保持在 20% 左右。從 1970 年到 1990 年的

1   鄧小平:《鄧小平文選(第三卷)》,北京:人民出版社,1993:364。
2   李君如:《論鄧小平"兩個大局"思想與西部大開發戰略決策》,《前線》,2000(5):4–7。
3   曾培炎:《戰略抉擇:第三代中央領導集體的遠見卓識 —— 西部大開發戰略決策的提出和實施》,《黨的文獻》,2010(2):29–37。

二十年間，這一比例始終穩定在 15%~18% 之間。而從 1990 年開始，職工收入佔 GDP 的比例逐步下降到 2000 年的 10.8% 左右。同時，隨著勞動力結構的變化，過去以正式職工為主的結構轉變為以非正規就業的農民工為主，勞動力市場的商品化程度提高，主要表現為勞動合同不穩定、超時工作、拖欠工資、社會保障覆蓋率低。

　　針對這些情況，中國從 21 世紀初期就開始解決勞動者權益保護的問題，其中最重要的就是制定了勞動法和勞動合同法，以勞動合同來保護消費者權益，同時注重解決農民工工資拖欠問題，提高農民工社會保障的覆蓋率等等。據估算，自 2011 年以來，農民工工資長期保持不變的情況得到扭轉。當然，目前的收入分配、勞動者權益的保護還有很大的改善空間，但是中國已經在向這個方向努力，並取得顯著的成就。中國雖然在市場經濟初期，在保護勞動者權益方面，也出現了這樣那樣的問題，但是並沒有出現西方現代化早期惡性的兩極分化，而且一旦出現兩極分化的苗頭，中央和政府就及時採取措施予以了糾正，從而保證了勞動者權益的改善和經濟持續的發展。

▶ ▶ ▶　6. 全面總結改革開放的經驗

　　改革開放取得了巨大成就，是大踏步改變中華民族面貌的偉大時代。從中國歷史來看，這幾十年是新中國成立以來也是近代以來中國最好的時期之一。從 1978 年到 2016 年，GDP 保持了 9% 以上的年均增長速度，貧困人口大幅度減少，中國的綜合國力大幅度增強，在國際上還沒有一個大國持續三十年以上保持這樣高的增長速度。中國在世界經濟中的排名，從 1978 年第十一位，躍升至當今的第二位。對絕大多數中國家庭來說，感到生活明顯改善、生活品質提高，是在改革開放之後。擁護改革、堅持改革，是中國的主流民意。

　　堅持改革開放，最重要的是要全面正確總結改革開放的成功經驗，正確地解釋改革開放成就的來源。恰恰在這個問題上，中國社會還沒有形成完全一致的意見。

改革開放不是單純的"市場化"、"小政府"

　　近年來，一種觀點認為，改革開放就是"市場化改革"，就是在計劃經濟的基礎上，更多地引入市場因素、減少政府的干預，改革公有制，向私有制轉型。正如英國《金融時報》一篇評論宣稱的那樣："儘管官方仍信仰共產主義，但中國在 20 世紀 70 年代末開始拋棄計劃經濟，並逐步信奉市場改革，從而激發了四十年的飛速經濟增長。"[1] 有的觀點認為，中國經濟的騰飛，就是因為破除了對社會主義、對公有制、對計劃經濟的迷信，"不管姓資姓社"、"無論姓公姓私"，所以中國經濟才一路高歌走到今天。要繼續成功下去，下一步也就應該沿著這個方向，進一步縮小政府職能、放鬆對資本的管制、減少國有企業、廢除土地集體所有制以及《勞動法》等"制度性障礙"、"意識形態障礙"，讓市場在資源配置中發揮更大的作用。這種看法在當時影響很大，但是這種看法是對中國改革開放政策的誤讀，雖然市場經濟在中國發揮著重要的作用，但是，中國的社會主義市場經濟同西方資本主義市場經濟，有著本質的不同。

　　從所有制基礎看，中國的經濟基礎仍然是公有制，所以中國的市場經濟和西方資本主義市場經濟有著不同的所有制基礎。不管是改革開放前還是改革開放後，中國堅持以公有制為主體，公有制經濟是中國啟動現代化、維護國家安全和人民共同利益的主要經濟基礎。截至 2012 年年底，中國三次產業經營性總資產約為 487.5 萬億元（含個體工商戶資產），其中公有制經濟的經營性資產規模是 258.4 萬億元，佔 53%，如果計入非經營性資產，那麼中國社會總資產規模將達 518 萬億元，其中公有制資產 289 萬億元，佔比達到 55.8%，而且這還不包括耕地之外未開發利用的資源性資產。[2] 可見，公有制經濟仍然是中國國民經濟的主體。而且，公有制經濟的作用不僅體現在數量上，還體現在質量和控制力上。在關係國家安全和基本民生的軍工、航天、能源、農業領域，公有制經濟仍然佔有絕對主體地位。公有制經濟還分佈在大量具有基礎性、公共性的部門，比如鐵路、基礎設施、電力、醫療、教

1　楊綠：《中國學者呼籲加強馬克思主義經濟學教學》，英國金融時報中文網，2016 年 6 月 2 日，http://www.ftchinese.com/story/001067850。

2　裴長洪等：《中國基本經濟制度——基於量化分析的視角》，http://finance.sina.com.cn/stock/t/2015-12-25/doc-ifxmxxsp 6914222.shtml。

育等，這些部門本身有一定的經濟效益，但是更大的作用是為整個社會提供公共服務，具有外溢性，公有制經濟為整個經濟發展降低了成本，這是國有經濟控制力的又一個體現。

從市場起作用的範圍看，中國的市場被局限於其能夠有效發揮作用的經濟領域，特別是一般競爭性領域，而在自然壟斷領域、涉及國家安全等非經濟目標的領域、關係社會責任的領域，則通過政府來限制市場的作用。在社會、文化等領域，中國一方面讓市場發揮必要的作用，另一方面發揮政府在制度設計、服務提供和監督管理方面的作用，提出醫療衛生改革要堅持公益性、文化不能以商業利益為目標。這些從本質上說就是在經濟政策和社會、文化政策中間加了一道"防火牆"，讓市場在其有效的範圍內起作用。

更重要的是，中國從制度上防止政治權力受制於資本。憑藉資本的力量影響政治權力，是資本主義國家必然出現的現象，這在大資本私有制的情況下是不可避免的，經濟基礎必然決定上層建築。而中國的經濟和政治體制，能夠比較有效地避免大資本所有者影響政治權力。之所以能夠做到這一點，一方面是在經濟體制上堅持黨的領導，堅持公有制主體地位、特別在關鍵領域保持公有制的控制力，另一方面則是通過黨的組織體系和人民代表選拔幹部、黨對軍隊和意識形態的領導等途徑，切斷資本和權力聯姻的渠道。

最後，從中國改革的進程來看，這三十多年並不是市場的範圍愈來愈大、政府的作用愈來愈小的過程。市場在其有效的範圍起著很大的作用，但是並不是沒有邊界的，一旦市場的作用超過了其邊界，如一度出現過的醫療市場化、教育產業化，國家就會努力將其糾正過來。政府的作用也不是愈來愈小，從政府支出來看，改革開放初期中國的稅收佔 GDP 的比例一度有所降低，但 20 世紀 90 年代之後就在不斷上升。從政府行為來看，儘管政府直接干預企業微觀行為的做法在減少，但是政府在其他方面的職能不斷在增加，比如產業政策、財政轉移支付、區域協調發展、宏觀調控、提供公共服務等。

改革開放並不是單純的"市場化"改革，因為改革開放是兩種趨勢共同起作用的過程：一方面，是讓市場在資源配置中起基礎性、決定性作用，在一般競爭性領域破除阻礙市場競爭的障礙；另一方面，是發揮黨、政府和社會的作用，給市場這架馬車套上轡頭，把它限制在一定的範圍，避免市場的邊界無限擴大，緩解市場對社會和個人造成的衝擊和傷害，在這個過程中又為市場經濟構建新的基礎。由於具有以上這些特點，中國的市場經濟就同西方的市場經濟有著本質的不同。

市場的運行有自身的規律，中國的市場經濟和其他國家相比，在這一點上並沒有區別，都受市場規律的約束和影響。但和其他一些發展中國家相比，之所以中國的經濟增長比較成功，就在於中國有一個強有力的代表人民根本利益的黨和政府。

中國經濟奇跡在於社會主義制度和市場經濟的結合

社會主義制度和市場經濟相結合，這一思路並不是在中國最先產生的，而是在20世紀資本主義社會改良的過程中歐洲社會民主主義思潮的組成部分。"市場社會主義"認為經濟體制和社會制度沒有必然聯繫，主張實行生產資料公有制。比如英國學者科亨認為，市場社會主義是社會主義，是因為它克服了勞動和資本的分離。在市場社會主義中，不存在一個不擁有資本的與勞動者相對立的資本家。但他們對生產資料公有的具體形式有不同的看法，如國家所有、集體所有、全民股份制等，主張在資源配置上則實行市場經濟。二戰之後，在一些歐洲國家，合作制和員工持股的企業有所發展，但是本質上還是私有制佔據主導地位，特別是其政治體制，仍然擺脫不了壟斷資本集團的影響，因此儘管能夠實行一定程度的社會改良，但是設想中的"市場社會主義"並沒有實現。

中國是歷史上第一個把社會主義基本制度和市場經濟結合起來的國家。中國改革開放以來的經濟奇跡，不僅源於市場經濟，而且源於社會主義的基本制度，主要體現在以下四個方面：

第一，改革開放前的社會主義建設，為改革開放奠定了物質基礎和社會基礎。改革開放前，國有企業和集體企業積累的大量公有資產，成為市場經濟發展的物質基礎，因而中國不必經過漫長血腥的原始積累，能夠直接把這些國有資產市場化。改革開放前形成的比較完善的公共服務制度，使中國的人力資本水平高於同期的發展中國家，為製造業的發展提供了一支優秀的勞動力隊伍。改革開放前形成的公平而穩定的社會，為改革開放初期奠定了公平的起點，有利於迅速形成競爭性的市場環境，讓全體人民共享改革成果，反過來又促進了內需和投資。

第二，中國建設了發展中國家中最優良的基礎設施，為經濟發展降低了成本。

基礎設施是經濟發展的前提，中國用了幾十年時間，建設了遠遠超過其他發展中國家、並且在一些領域超過發達國家的基礎設施，這是與中國社會主義制度密切相關的。基礎設施投資大，而且往往具有規模效應、網絡效應，如果沒有社會主義基本制度，是不可能完成的。農村土地集體所有制也大大降低了經濟發展的成本，為農民提供了基本的生活保障，使他們可以在城市接受較低的工資；也降低了城市工業和交通建設的交易成本，避免了私有制國家由於土地產權條塊分割造成交易成本過高等問題。

第三，中國通過社會主義制度，比大多數發展中國家更好地解決了市場失靈問題。市場不能自動解決宏觀經濟穩定、社會公平、提供公共服務、實現可持續發展以及發展具有戰略性、規模效益的行業等問題。許多發展中國家也正是在這些問題上沒有解決好，而落入中等收入陷阱。中國始終保持了宏觀經濟的基本穩定，雖然增速有起落，但是是有限的，而且中國並沒有像許多發展中國家那樣發生惡性通貨膨脹和債務危機。中國用十幾年的時間就實現了基本社會保障的全覆蓋，達到了發達國家用了一百多年、很多發展中國家至今尚未實現的目標。在面臨嚴峻的環境污染時，中國也能及時以較大的力度進行治理。

第四，中國實行社會主義制度，有效保證了獨立自主地對外開放。20世紀以來，所有發展中國家的現代化道路，都面臨著一個已經被西方國家及其壟斷資本主導的全球秩序，發展中國家只有依靠政府的力量，集中資本和資源，才可能在國際上開展競爭，也只有堅持政治上的獨立性，實行獨立自主的開放，才能夠比較公平地參與國際競爭。中國依靠強有力的國有經濟，已經實現了大批企業走出國門，走向世界。

中國用自己的實踐證明，社會主義制度是可以和市場經濟相結合的。以往，人們認為社會主義國家不能搞市場經濟，認為市場經濟一旦打上"社會主義"這個標籤，就喪失了全球市場經濟的"普世價值"。而經過二十多年社會主義市場經濟的建設之後，特別是在2008年全球金融危機中西方資本主義市場經濟國家暴露了自由市場的危機、新自由主義的危機之後，愈來愈多的人認識到"社會主義市場經濟"是一個整體，中國的市場經濟並不特殊，而是特殊在市場經濟前面有"社會主義"四個字。

改革開放以來，無論是鄧小平、陳雲等老一輩革命家，還是歷屆中央領導集體，在政府和市場的關係上都是堅持"兩點論"。最早提出這個命題的，是改革開放的總設計師鄧小平。他說"如果搞資本主義，可能有少數人富裕起來，但大量的人會長期處於貧困狀態，中國就會發生鬧革命的問題"。[1] 可見，鄧小平對社會主義道路的堅持，是一以貫之的。

2012 年 11 月 15 日，十八屆一中全會選舉產生了新一屆中共中央。習近平強調："中國特色社會主義是社會主義，而不是其他的什麼主義"，"我們就是要有這樣的道路自信、理論自信和制度自信"，[2] 堅定表明了走自己的道路的信心。2013 年，中共十八屆三中全會進一步劃清了市場和政府的界限、劃清了經濟政策和社會政策的界限，指出在經濟改革中使市場發揮決定性作用，在社會領域以增進社會公平正義為目標，強化政府責任。這一定位把市場的作用劃定在了其應該起作用的領域。在市場作用和政府作用的問題上，要講辯證法、兩點論，"看不見的手"和"看得見的手"都要用好，努力形成市場作用和政府作用有機統一、相互補充、相互協調、相互促進的格局，推動經濟社會持續健康發展。

不能把改革開放的經驗教條化、絕對化

改革開放積累了許多好經驗，是珍貴的財富。當前中國基本國情同改革開放初期相比已經有很大變化，一些過去行之有效的辦法不一定符合現在的實際，經濟體制改革的成功經驗不一定在新常態下適用。這就要求我們不斷賦予"改革"新的內涵，而不能把過去的做法絕對化、教條化，不能把"改革"這一博大精深的事業簡化為這種或那種固定的模式，讓過去的經驗束縛今天的實踐。

當前，孤立、靜止地看待改革開放歷史經驗的觀點還時常出現。比如，有人認為，既然包產到戶調動了農民積極性，那麼今天就應該繼續"分"下去，實行土地私有化；既然從計劃經濟轉向市場經濟實現了高速增長，那麼今天就要繼續縮小和限制政府的作用，把一切交給市場；既然過去引入非公有制經濟增加了經濟活力，今天就要繼續減少、拆分甚至取消國有企業；既然過去引進外資和技術卓有成效，

---

1   鄧小平：《鄧小平文選（第三卷）》，北京：人民出版社，1993：229。

2   習近平：《關於堅持和發展中國特色社會主義的幾個問題》，中共中央文獻研究室：《十八大以來重要文獻選編（上）》，北京：中央文獻出版社，2014：109。

那麼今天也要在更多的領域繼續引進外資和技術；既然過去靠"低成本勞動力"成為世界工廠，那麼今天仍然要千方百計降低企業的勞動力成本，避免工人工資上漲過快；還有的把經濟體制改革思路照搬到公共事業領域，認為在醫療、教育領域通過鼓勵投資者盈利創收、更多發揮市場作用，就能改善公共服務。

這些觀點在理論上並不正確，在實踐中不僅不能起到穩增長、調結構、促改革的作用，反而可能南轅北轍。實際上，政府和市場、公有制經濟和非公經濟、農村經營制度的"統"和"分"、獨立自主和對外開放、物質生產和勞動力再生產、經濟建設和社會建設等等，都是矛盾的對立統一體，要看到矛盾雙方互為前提、互相聯繫、互相轉化的關係，把握矛盾的主要方面，不能把矛盾雙方對立起來、割裂開來，不能把一定歷史時期的做法看成是普遍和永恆的規律，而是要根據客觀實際的變化，用對立統一規律來觀察改革面臨的重大關係。

1978 年，鄧小平指出："一個黨，一個國家，一個民族，如果一切從本本出發，思想僵化，迷信盛行，那它就不能前進，它的生機就停止了，就要亡黨亡國。"[1] 歷史表明，破除對他人經驗的迷信容易，破除對自己經驗的迷信很難。改革開放的成功經驗是寶貴財富，但是也不能在現有經驗上睡大覺，"摸著石頭過河"本身就包含了不能把改革開放教條化、絕對化的意思。如果改革變成了新的教條、如果市場變成了新的"本本"，那麼這就是新的思想僵化，這種"改革"就失去生命力了。

1　鄧小平：《鄧小平文選（第二卷）》，北京：人民出版社，1993：143。

第五章

中國改革方法論

▶▶▶ 導讀 ◀◀◀

改革開放四十年，在一些地方和領域出現了"改革疲勞症"，老百姓對改革的印象也變得更加複雜，甚至出現了"改革恐懼症"。這些跡象都表明，改革是好事，但是確實存在一個"為什麼人改革、怎樣改革"的問題。

本章以醫療衛生改革為例，研究中國改革是如何啟動的、中央和地方在改革中的作用、哪些因素影響改革的效果，總結如何發揮中國政治制度的優勢，繼續推進改革，讓改革真正惠及人民。

很多國家都在搞改革，但改革的效果卻大不相同。一些國家的改革取得成功，特別是中國的改革開放。但也有不少國家的改革舉步維艱，甚至導致民生凋敝、山河破碎、國家動盪。可見，並非任何以"改革"為名的事情都是正確的。正如習近平所說："我們的改革是有方向、有立場、有原則的。""改革任務越繁重，我們越要依靠人民群眾支持和參與。"[1] 那麼，中國改革為什麼能夠成功？至少得益於正確回答了以下幾個問題：

第一，改革的方向和目標是什麼？如何保障這個目標真正符合國家和人民的利益？

第二，改革是為了誰？如何保障改革是為了多數人的利益而不是少數人的利益？

第三，如何正確做出改革的決策？如何排除阻力推進改革？

第四，中國的政治制度在推動改革方面有哪些優勢？如何推進國家治理現代化，使得改革沿著正確的方向不斷前進？

上述問題表明"改革方法論"之重要。本章將採用"解剖麻雀"的辦法，以近年來深化醫藥衛生體制改革為主要樣本，探討中國改革的方法論。

之所以選擇深化醫藥衛生體制改革為樣本，主要是醫改是近年來中國實行的一項綜合性強、社會影響大的改革，能夠比較真實地反映目前中國的政治經濟和社會狀況。醫改是世界難題，在許多國家都是政治經濟熱點，具有國際對比意義，比

---

1 趙凌雲、蘇娜：《習近平同志關於全面深化改革的十個重要論點》，《紅旗文稿》，2014（23）：15-17。

如，美國總統奧巴馬把醫改作為"第一新政"，但是舉步維艱，2017 年 1 月特朗普上台之後，就宣佈要廢除奧巴馬的醫改方案。中國已經走出了一條相對成功的醫改道路，同時又面臨很大的挑戰和阻力。通過中外醫療體制改革對比，我們能夠發現中國政治制度和國家治理體系的特色、優勢與不足。

▶ ▶ ▶   1. 問題導向，啟動改革

改革方法論的第一個問題就是，執政的中國共產黨的各級黨委和政府面臨的事務千頭萬緒，一項改革如何才能進入各級黨委和政府的視野，提上議事日程？

由誰來決定"搞什麼改革"，在政治學裏被稱為"議程設置"，是一項非常重要的權力。與西方國家主要是由利益集團、輿論操作影響改革議程設置不同，中國的改革總體上是問題導向的。經濟社會發展中的焦點問題、制約經濟社會發展的瓶頸、人民群眾對美好生活的需求和不平衡不充分的發展矛盾等，都有比較順暢的途徑反映到中央和政府的決策層，從而啟動改革的進程。

危機推動改革

計劃經濟時期，中國建立了低水平、全覆蓋的基本醫療衛生制度，人民健康水平大幅度躍升。1978 年以來，中國醫療衛生制度發生了很大變化，政府在醫療衛生中的責任逐步弱化，醫療衛生保障覆蓋面減小，醫療衛生機構的商業化、市場化程度增強。市場化、商業化在當時有積極的歷史意義，它使中國醫療資源快速增加，服務能力和技術水平大幅度提高，醫務人員收入得到改善，但是過度市場化、商業化導致看病難、看病貴的問題日益突出。2002 年，45% 的城鎮居民和 79% 的農村人口沒有任何醫療保障。個人衛生支出佔衛生總費用的比重，從改革開放初期的 20% 左右上升到 2001 年的 60%，遠遠高於世界平均水平。2001 年，全國鄉鎮衛生院中，1/3 勉強維持，1/3 基本解散，鄉村醫生的數量只有 1975 年的 2/3，衛生員

從 1975 年的 328 萬名降到 2001 年的 27 萬名。因病致貧、因病返貧、因病自殺、惡性醫患衝突時有發生。上述問題通過人民代表反映、黨政機關調研、媒體報道等方式，逐步引起了中央和政府的重視。

醫改的全面啟動，還有一個重要因素是 2003 年發生的"非典"。2002 年年底起，一種新型傳染病——"非典型肺炎"（非典）在中國南方少數地方出現。疫情初期，由於統計信息滯後，疫情傳播渠道不明確，造成了較大的社會恐慌。此次危機提高了全社會對醫療衛生的重視。2003 年 4 月，中共中央決定將時任海南省委書記王岐山調任北京市委副書記、市長，國務院副總理吳儀兼任衛生部部長，國務院副秘書長高強調任衛生部黨組書記，把防治"非典"提高到了新的政治高度。經過"非典"，中國醫療衛生工作得到了更大程度的重視。

危機推動改革，能夠凝聚社會共識，更有力地推進改革。中國的政治體制具有集中統一、執行力強的特點，在危機狀態下，更容易通過政治動員的方式統一思想、凝聚力量，因此能夠更有力、有效地應對危機。

思想和理念創新

危機推動改革固然有效，但是也有很大的社會成本，在危機條件下出台的改革，由於應急的需要，決策時間短，往往容易出現"頭疼醫頭腳疼醫腳"的問題。特別是當危機嚴重到一定程度之後，改革的難度會愈來愈大。因此，我們既要重視危機的作用，又要防患於未然，通過頂層設計，提前預防危機。這就是另一種啟動改革的機制——通過思想和理念創新，在問題尚未嚴重惡化時，就採取措施進行解決。

這次醫改是由危機推動的，但是當改革進入深水區之後，就需要思想理論的創新。2016 年 8 月，中共中央召開了新中國成立以來的第一次全國衛生與健康大會，習近平發表重要講話。會議提出把人民健康放在優先發展的戰略地位，加快推進健康中國的建設，部署"把健康融入一切政策"，進一步擴展了衛生健康工作的範圍和力度，標誌著醫藥衛生改革拓展到衛生健康領域的全面改革。這一理論創新並非僅僅由危機推動，而是著眼於在未來幾十年內，疾病負擔和人民健康問題大規模出現可能對經濟社會發展帶來的影響，未雨綢繆做出的決策。這體現了通過思想和理念創新而推動改革的途徑。

　　醫藥衛生體制改革已經進入了中共中央決策的視野，改革的議程已經啟動。然而，在"改什麼、怎麼改"的問題上，仍然存在截然不同的思路。在解決這個問題的過程中，發揮中國式協商民主的優勢，經過多次自上而下、自下而上、自內而外、自外而內的過程，形成了一個比較完善的頂層設計。

▶ ▶ ▶　　2. 頂層設計，協商民主

　　協商民主是中國社會主義民主政治中獨特的民主形式。人民是否享有民主權利，要看人民在選舉時是否有投票的權利，也要看人民在日常政治生活中是否有持續參與的權利；要看人民有沒有進行民主選舉的權利，也要看人民有沒有進行民主決策、民主管理、民主監督的權利。中國的民主是人民民主，在中國共產黨領導下，方方面面有事好商量，眾人的事眾人商量，能夠找到全社會意願和要求的最大公約數。

　　2003 年之後的幾年，中國社會上產生了關於醫改的不同觀點。總的來說，有兩種思路：第一種思路強調醫療衛生的公益性，主張建立政府主導的醫療衛生體制；第二種思路強調醫療衛生的商品屬性，主張建立市場起決定作用的醫療衛生體制，政府主要承擔行業監管職責。如何形成共識？通過黨政部門大調研，人民群眾直接參與，形成開門決策的態勢，中國政治體制的優勢充分發揮了出來。

地方探索，摸著石頭過河

　　地方主動開展改革試驗，是中國改革理論和實踐的重要來源之一。2003 年之後，隨著醫療衛生領域問題的暴露，在中央尚未對改革進行全局部署的情況下，一些地方和部門主動開展實驗，為改革積累了豐富經驗。

　　浙江省在全國率先實施"衛生強省"戰略。2004 年，浙江省委、省政府根據

"八八戰略"，在全國率先提出建設"衛生強省"的戰略構想。浙江是全國第一個把健康衛生作為重點發展目標的省份，這是地方政府主動進行轉變執政理念、轉變發展方式的探索。

2006年，在全國衛生工作會議上，衛生部部長高強提出，在全面恢復公立醫院公益性暫時難以做到的情況下，各地市都應選擇部分公立綜合醫院，作為轉換運行機制的試點，建立平價醫院或平價病房，實行預算式全額管理，收入上繳，支出由政府核撥。北京等地試行"平價醫院"。北京、江蘇、山東、重慶及新疆等地的"惠民醫院"、"平民醫院"或"愛心醫院"都是由政府全額撥款、面向低收入和弱勢群體的公立醫院，有效地降低了醫療費用。江蘇省徐州市愛心醫院人均門診費用僅為十九元，是其他醫院平均值的1/5。

廣東率先在全國實施村醫補貼。2006年，廣東省委決定，到2007年全省農村將實現每個行政村均有衛生站，並給衛生站"村醫"發放政府補貼，每個行政村每年補貼人民幣一萬元。這是對長期以來忽視農村基層醫療衛生的糾正，當時在全國產生了示範意義。

西北五省區恢復醫療衛生機構的公益性。西北五省區（陝西、甘肅、寧夏、青海、新疆）經濟相對落後，醫療衛生事業面臨更大挑戰。也正是因為如此，這五省區較早啟動了醫療衛生改革。到2007年全國醫改方案制定啟動之前，這五省區已經形成了一些比較成熟的做法。

寧夏、陝西等省區實行藥品招標的探索。在以藥養醫的機制下，藥品購銷和使用環節的商業賄賂成為"潛規則"，藥品從出廠到賣給患者，要經過經銷商多次加價。寧夏回族自治區自2006年1月推出了藥品統一採購、統一價格、統一配送的"三統一"政策，有效降低了藥品費用。但是由於觸動了醫藥流通環節的利益，"三統一"政策在推行中遇到了很大阻力。

這些試驗在不同方面形成了經驗，都被吸收到後來全國的醫改方案中，成為自下而上決策的成功做法。

同時，這一時期的地方試點也包括另外一種思路，那就是減少政府投入、實行公立醫院私有化、鼓勵醫院競爭和盈利，希望以此來降低成本、提高效率，其中最典型的是江蘇省宿遷市。從2001年起，該市開展了以減輕政府責任、醫療衛生機構全面私有化為主要方向的醫療改革，對公立醫院、血站以及急救中心等公共衛生機構進行改制，轉讓給投資者。全市 135 個公立醫院全部改制，推向市場。

2006 年 6 月，北京大學李玲教授及其課題組發表《江蘇省宿遷市醫改調研報告》。在調研過程中，近十名學者以患者身份去醫院就診，在就診過程中訪談醫生和患者，然後再與有關部門交流。課題組發現，宿遷過度醫療的現象十分嚴重。醫院強化了根據科室業績來付酬的激勵政策，醫生診療中向病人誇大病情，誘導病人多做檢查和手術，從開藥和開檢查中獲取提成的行為並未消失，反而更加強化。特別是作為純公共品的血站、急救中心也被推向市場，急救中心靠醫院加盟收取加盟費，破壞了急救體系，引起嚴重後果。報告認為，宿遷在醫療衛生領域全面市場化的改革試驗已被理論和實踐證明是行不通的，"看病貴"問題不僅沒有得到解決，老百姓的醫療負擔反而加重，潛在的醫療衛生問題令人擔憂。

宿遷的醫療改革方向是錯誤的，後來當地黨委政府糾正了這種全盤私有化的做法。從這個意義上說，鼓勵地方探索，是確保改革方向正確、能夠自我糾錯的有效制度安排。

從群眾中來、到群眾中去

通過調查研究，把基層的經驗和群眾的智慧上升為全國性政策，經過自上而下、自下而上的多次過程，完成改革的頂層設計。

調查研究是中國共產黨的基本工作方法之一，為了啟動與民生密切相關的醫療體制改革。中央和地方黨委、政府各級領導人也定期到基層調研考察。例如，2012 年 12 月，習近平到北京市豐台區蒲黃榆社區衛生服務中心專門考察，看望患者，聽取意見。2007 年 4 月 3 日，習近平赴上海市殷行街道社區衛生服務中心，同前來就醫的居民座談交流。另外，2011 年 6 月 9 日，習近平訪問古巴期間，專門赴當地診所考察，表示中國要學習古巴初級醫療服務體系建設上的好經驗。其他領導人也多次到醫療衛生機構進行調研。

各級黨政機關也經常到基層醫療衛生機構調研，並將此作為一項常規任務和決策必備程序。例如，在 2009 年安徽省推進基層醫改的過程中，省委主要領導專門到基層下鄉入戶，調研醫療問題。常務副省長孫志剛針對各部門的不同意見，組織了兩場大規模的調查研究，摸清了衛生院的真實藥品加成率，對衛生院財務狀況進行了詳細摸底。在社會爭論的情況下，中央部委也通過開展調研，逐步形成了改革思路。

　　醫改方案制定經歷兩年多，民意、中央和地方政府、政府內部有關部門、學術界、醫務界、企業界、媒體均以不同的渠道參加和影響了這個過程。2006 年 8 月，國務院成立深化醫藥衛生體制改革領導協調小組，標誌著醫改進入實質性操作階段。2007 年 6 月到 2008 年 2 月，各部門在開展廣泛調研的基礎上，制定了《關於深化醫藥衛生體制改革的意見（徵求意見稿）》，經過向全社會徵求意見，並經中共中央政治局常委會最終通過，於 2009 年 4 月正式公佈。

　　在改革推行過程中，中央頂層設計和地方積極性是緊密結合起來的：一方面，中央政府確定改革的“規定動作”和標準模式，包括醫療保障和財政投入的最低標準、基層醫改五方面機制、基本藥物目錄等，各地必須完成；另一方面，在中央規定的框架和目標內，充分發揮地方的積極性，並且及時把地方的成功經驗在全國推廣。這次醫改初期，一些改革要求比較寬泛，硬指標不多，地方操作的空間較大甚至有些無所適從。基層醫改之後，中央及時發現問題，根據地方經驗，強化了硬指標的約束，有效地推動了全國醫改的整體推進。這種“自上而下、自下而上，允許試錯、政府可控”的中國式改革，既能使中央政府把握方向和目標，又充分發揮地方的積極性和創造性，因地制宜地探索改革方法和路徑。

智庫參與，獨立研究

　　除了政府內部的調研之外，智庫在制定改革頂層設計中也起了重要作用。2007 年初，深化醫藥衛生體制改革領導協調小組還委託國務院發展研究中心、北京大學、復旦大學、世界銀行、世界衛生組織和麥肯錫六家機構，對醫藥衛生體制改革總體方案進行獨立研究，這在中國公共政策制定歷史上還是第一次。

　　在政策制定過程中，智庫也發揮了作用。例如，2008 年 6 月，鑒於醫改方案中關於公立醫院改革的部分還很有爭議，國務院領導委託國務院參事室獨立進行調查研究。國務院參事室組成了一支由陳全訓等六位參事組成的調研組，歷經半年時間，考察了九個省市的四十多家醫療機構，形成公立醫院改革的建議，這成為醫改方案中公立醫院改革部分的主要依據之一。

正因為決策過程充分體現了"自上而下、自下而上、從群眾中來、到群眾中去"的原則，所以《關於深化醫藥衛生體制改革的意見》（以下簡稱《意見》）有兩個突出的優點。第一，原則和理念正確而先進，有戰略高度。《意見》體現了健康是人全面發展的基礎、堅持公共醫療衛生的公益性、以人人享有基本醫療衛生服務為目標、建設基本醫療衛生制度等科學觀念。第二，方案的內容綜合、涉及醫療衛生體制有關的所有領域，包括醫院、醫保、財政投入、人才培養、藥品產業、價格、信息化、行政管理、衛生法制、新聞宣傳等，其他國家很難做到這樣的全盤綜合改革。

不過，由於各部門的博弈，醫改方案中對一些有爭議的問題，並沒有明確給出結論，需要在實踐中解決。

▶ ▶ ▶ ## 3. 自上而下，自下而上

2009 年公佈的《意見》是一個宏觀的指導性意見，部署了大量任務，但這些任務不可能同時推進，必須有先有後、有輕有重。改革從哪裏入手？改革通過什麼路徑推行？先做什麼，後做什麼？這些是改革的實施路徑問題。選擇好合適的突破口和正確的路徑，改革就能減少阻力、增加動力、事半功倍，否則就會事倍功半，甚至難以實施。改革的突破口和路徑問題，是由地方政府在實踐中回答的。

《意見》出台之後，在執行中首先遇到以下難題：

首先，由於各部門存在分歧，《意見》對一些最關鍵的問題，沒有給出明確的意見，而是採取了折中調和的態度。例如，《意見》部署建立基本藥物制度，就是要在基層醫療衛生機構實行基本藥物的零差率銷售，以解決醫療衛生機構依靠藥品購銷差價盈利的現象。但是，對於取消藥品加成之後，醫療衛生機構損失的收入如何彌補，《意見》並未給出明確意見。這就導致了絕大部分地方沒有條件真正實行這一制度。

公立醫院改革試點，就是要引導公立醫院以公益性為目標，解決"以藥養醫"帶來的大處方、大檢查，解決藥品流通環節的腐敗問題，控制醫療費用過快上漲。

但是，解決這些問題面臨巨大阻力：一是要打破藥品流通使用環節長期形成的利益鏈，這涉及藥品流通環節，也觸及一部分醫務人員和政府官員的切身利益，在現實中阻力很大，動力缺乏；二是在取消以藥養醫之後，醫院損失的收入如何彌補，如何保障醫院正常運行？《意見》部署了增加財政投入、醫療保險報銷和調整醫療服務價格這三個渠道，但是這三個渠道分別由財政、醫保和發展改革三個部門管理，三家始終就公立醫院的補償機制問題達不成一致。公立醫院仍然在營利創收、以藥養醫的舊機制下運行。

其次，是各級政府的重視程度不高。2009 年 4 月，醫改方案出台，此時國際上發生了金融危機，在經濟下滑的壓力下，習慣性的 "保增長" 思維又佔了上風，再加上醫改方案對一些問題並未給出量化指標和時間表，一時之間，醫改應該如何推進，不少地方出現了彷徨和迷茫。

在這種狀況下，地方探索為打開醫改局面起了重要作用，其中，最突出的是2009—2010 年安徽省對基層醫改的突破，以及 2012 年以來福建省三明市對公立醫院改革的突破。

安徽省對基層醫改的突破 [1]

如何落實基本藥物制度，這個問題首先是安徽省突破的。2009 年，安徽省在調研中發現，基層醫療衛生機構主要靠賣藥維持運行，藥品購銷不正之風盛行，過度用藥和不規範用藥普遍，有的衛生院三五種抗生素一起使用，嚴重危害患者健康；有的衛生院成為院長的 "自留地"，佔編制不幹活的大有人在；有的鄉鎮政府把衛生院當作搖錢樹，每年下達上繳財政指標。安徽省委、省政府認為，解決這些問題，固然要靠取消以藥養醫機制、增加財政投入，但更要變革舊體制，建立新機制，否則新增加的投入仍然難以惠及老百姓。

為此，他們以破除以藥養醫機制為抓手，推動了基本藥物招標採購機制和基層醫療衛生機構運行機制兩場根本變革。具體做法是：（1）建立公益性的管理體制，明確政府辦基層醫療衛生機構為公益性事業單位，人員和運行經費由財政予以保

1　本節內容來源於作者 2011 年 7 月 25 日至 8 月 4 日對安徽省醫改的實地調研資料。

障。（2）建立競爭性的人事制度，防止"養懶人"。基層醫療衛生機構人員實行競爭上崗，院長、主任實行公開選拔。安徽全省分流了 2.1 萬名無資格、無職稱、長期不在崗人員。（3）建立激勵性的分配制度，防止"大鍋飯"。對基層醫療衛生機構和醫務人員的考核，以服務數量、質量、效果和居民滿意度為核心，考核結果和收入掛鉤，改變了醫生收入和藥費掛鉤的機制。（4）實行新的藥品招標採購制度，防止藥品層層加價。全省基層醫療機構用藥統一招標採購，統一配送，取消中間環節，零差率銷售。這一做法，將大量小、散、亂的藥廠擠出了市場，切斷了藥品流通環節的利益鏈，擠出了流動環節的大量水分，降低了藥品價格。（5）確保財政補償到位。取消藥品加成後，基層醫療衛生機構人員和業務經費由政府補助，並明確醫務人員工資水平與當地事業單位銜接，收入不低於改革前。為此，安徽省每年增加財政支出約十五億元。

經過改革，政府責任全面到位，財政撥款佔基層醫療機構總收入的比重由12.8% 大幅上升到 52.1%，實現了基層醫療衛生機構"吃皇糧辦官差"。醫務人員從依靠賣藥掙錢創收的桎梏中解放出來，把主要精力放在提高公益性服務上，亂開藥、大處方現象明顯減少，衛生院的工作重心從"保吃飯"向"保規範"轉移。通過招標採購，切斷了醫務人員非正常創收的渠道，扭轉了醫藥企業靠回扣的不正當競爭，用藥行為日趨規範，抗生素三連用、二連用的現象也很少出現。改變了藥品採購渠道繁雜、藥品質量難以保證的局面，90% 以上的藥品來自全國前四百名的企業，藥品質量改善，藥品價格比原來下降 40% 左右。醫生社會責任感、榮譽感增強，更加珍惜崗位和身份，2011 年上半年與 2010 年同期相比，次均門診費下降22.1%，次均住院費下降 10.1%，最大降幅達 49.7%，隔壁省一些市縣的群眾也到安徽基層醫院看病。

從這裏可以看出，地方政府和中央政府推動醫改的辦法是不同的。中央主要是確定指導思想、宏觀制度設計，而地方需要進一步明確推進改革的抓手是什麼、路徑在哪裏，需要讓每一個縣、市、鄉的幹部都明白要做的具體事情是什麼。安徽經驗突破了全國醫改的難題，並且及時得到推廣。國務院及時總結安徽的經驗，調整全國部署，提出 2011 年工作的重點是"以基本藥物制度為抓手，推進基層醫療衛生機構綜合改革"，並在全國推開。

福建三明對公立醫院改革的突破

基層醫療機構的服務量雖然大，但是"看病難、看病貴"的問題主要存在於大醫院。大型公立醫院改革，面臨著巨大阻力，首先突破阻力、蹚出一條路子的是福建省三明市。

2012 年以來，福建三明市在所有二十二家縣級（含）以上公立醫院實行綜合改革，成為全國首個在所有公立醫院進行綜合改革的地級市。三明市的改革，概括起來就是做了兩件其他地方沒有做到的事情：

第一，徹底取消藥品加成，通過反腐敗、大刀闊斧整頓藥品流通使用秩序，控制醫藥費用。二十二家公立醫院全部取消藥品、器械、耗材加成，通過調整服務價格、增加財政補貼等途徑增加醫院收入。三明市開展了一場聲勢浩大的反對商業賄賂活動，查處了一批醫院院長和藥品企業。自 2012 年 4 月起，對一百二十九個品規的常用藥進行重點監控，將發現有回扣情況的企業列入黑名單，取消供貨資格。嚴控醫師處方權限，對連續三月用量排名靠前的抗菌藥物暫停使用，對責任醫生誡勉談話。對醫務人員收受回扣的，視情節對其及所在醫療機構實行吊銷執照、停止醫保結算、取消醫保定點、追究領導責任等處分。

第二，大膽改革事業單位分配制度，實行醫生（技師）和臨床藥師年薪制。根據社會平均收入的 3~5 倍水平確定各類崗位平均年薪，住院醫師、主治醫師、副主任醫師和主任醫師平均年薪分別為七萬、十二萬、十八萬和二十五萬元。政府就各家醫院工資總額逐一核定。在工資總額範圍內，各醫院根據服務量、服務質量、醫德醫風進行考核，內部拉開收入差距。取消藥品加成、整頓用藥秩序和增加醫務人員合法收入，通過"一疏一堵"，改進了醫務人員激勵機制。

三明市的公立醫院綜合改革，觸及了公立醫院的核心體制機制，打破了藥品流通使用環節的利益鏈，完善了醫院領導和醫務人員的激勵機制。通過改革，使公立醫院回歸到公益性，而不是以營利為目的的企業；使醫生回歸到治病防病的角色，而不是推銷藥品的商人；使藥品回歸到治病的功能，而不是營利創收的工具。由於改革方向正確，措施有力，雖然改革時間不長，但已經取得明顯成效。三明全市藥品費用從 2011 年的約 9 億元下降到 2012 年的 7.46 億元，再下降到 2013 年的 5.67 億元，藥費佔比由 2011 年 47.1% 下降到 2013 年的 28.2%，並在此後保持穩定。醫保基金扭轉了收不抵支的局面，醫務人員合法收入增加，積極性提高。除個別過去拿回扣過多者外，大部分醫務人員實際收入明顯提高，灰色收入轉為陽光收入，職業榮譽感、歸屬感和積極性得到提高。

不過，由於三明市的醫改觸及了藥品流通環節的灰色利益，在輿論上也受到很大的攻擊。2016年，中央全面深化改革領導小組專門聽取了三明市醫改經驗的彙報，中共中央、國務院部署在全國十個省份推廣三明市醫改的經驗，推動這項改革向更深處發展。

▶ ▶ ▶ # 4. 影響改革的力量

改革是對既得利益關係的調整，必然面臨阻力。發達國家的醫藥衛生改革主要面臨著三大阻力：一是商業保險公司、醫藥產業等抵制政府控制醫療費用的措施；二是受制於自由主義的意識形態，難以建立公益性的醫療衛生制度；三是黨派政治和行政體制導致的扯皮內耗。這些問題在中國也不是不存在，但不同的是，中國能夠利用自身的政治優勢克服困難，排除改革阻力。

行政體制的分割

中國的醫療衛生行政管理職能分散在多個部委。如果各部門出於自身利益，上下級協調不力，或者一些部門從本部門利益出發，往往會延誤改革。部門利益影響改革的一個典型例子是2009年陝西省神木縣"免費醫療"的試點。這次試點在當地取得了成功，但是由於一些部門的不支持，並未持續下去。

從2009年3月1日起，凡有陝西神木縣戶籍的患者去醫院住院，在交納400元的"門檻費"後就全部免費，上不封頂。為此，縣財政每年增加支出1.6億元。這個消息被媒體報道出來之後，網友和讀者一片叫好。但也有一些媒體和一些學者提出了質疑，將其評價為"計劃經濟、大鍋飯"。可事實證明，媒體和學者質疑的問題，在實踐中並沒有出現。

人們的第一個質疑是，免費午餐一定會人滿為患。這種現象在免費醫療實施初期出現了，但只持續了兩個月，第三個月開始就平穩了。初期兩個月的擁擠，主要是因為政策變化帶來的短期衝擊，許多長期不看病的人突然去看病了，這種積攢的需求釋放之後，需求就平穩下來了。第二個質疑是，免費醫療會導致財政不堪重負，從實際運行來看，神木縣政府一年醫療支出 1.6 億元，人均 400 元，佔全縣財政支出不到 2%。而且，由於政府進行全額保障，就有更強的力量對醫院進行監管，反而能夠抑制費用的不合理上升。第三個質疑是，神木模式不可推廣。實際上，如果按照神木的標準擴展到全國，全國只需要 5200 億元，還不到現在全國衛生總費用的 1/4。神木縣委書記郭寶成退休之後說："過去我當書記時不好說，現在我可以坦白地說，錢不是問題，前提是要不要搞。1.6 億元就是修 1.6 公里高速公路的錢，只要想做，肯定拿得出來。"時任衛生部長也認為，全國至少 1/5 的縣可以學神木。神木醫改之後，神木周邊的年輕人，以娶神木姑娘或者嫁到神木為榮，周圍縣域的老百姓紛紛申請加入神木戶籍，以至神木戶籍一時需要縣委審批。

但是，由於當地市級政府和一些部門不支持，神木的改革沒有持續下去。有的部門認為神木醫改初期在媒體上導致的爭論是"捅了婁子"。據《在神木做個幸福的中國人》一書記載，2009 年 5 月 27 日，某部門派調研小組進駐神木，其調研報告認為，神木醫改完全不可複製和持續，認為優先發展起來的、財力富足的一些市或縣，在公共服務超平均水平方面，要有個限度。任由這些先富起來的市縣自己搞"共產主義"，可能會給整體的工作帶來不小的負面影響。

由於各部門之間的看法不一致，神木醫改的模式並未持續下去，縣委書記郭寶成退休之後，這一政策就改變了。可見，部門之間難以就一個問題達成一致，是導致一些改革措施無法持續下去的重要原因。但是，中國的政治體制有能力解決這個問題。中共十八大以來，中共中央多次強調要增強政治意識、大局意識、核心意識、看齊意識，推動三醫聯動改革，加強部門協作，這個問題正在得到解決。

特定利益群體

特定利益群體有組織地開展活動，是影響改革的又一支力量。

20 世紀 90 年代之後，隨著政府投入減少和對藥品流通監管的放鬆，在醫藥流通領域形成了包括醫院、醫生、藥品流通環節在內的錯綜複雜的利益鏈，一大批藥品流通企業通過“過票”炒高藥品價格，賺取中間差價。以某省 2006 年摸底為例，藥品企業通過省外企業轉票（實質是洗錢），省級採購中標價達到出廠價的 3~4 倍，最終患者支付的價格是出廠價的 4~5 倍。例如，頭孢噻肟鈉注射液，出廠價 4.6 元，中標價 21.5 元，醫療機構銷售價 24.7 元，銷售價和出廠價之間的差額，由醫療機構獲得 15%~20% 的藥品加價，配送企業獲得 6% 的配送費，醫藥代表獲得 20% 左右的推銷費，醫生獲得 30% 左右的處方回扣費，省外過票公司獲得 10% 的手續費。

在基層醫改和公立醫院改革中，最重要的一項措施就是通過藥品統一招標，實施基本藥物制度、實施“兩票制”減少中間流通環節等措施，縮短藥品從藥廠進入醫院的流通環節，把虛高的費用以及灰色收入擠出來，這必然影響藥品流通領域的利益。因此，從醫改方案醞釀至今，相關利益方通過全國“兩會”、行業組織以及製造輿論、支持研究等方式，希望影響乃至反對藥品流通領域的改革。其中，比較典型的有三次高峰。

第一次是 2009 年醫改方案出台之前，醫藥流通行業通過有組織的活動，影響醫改方案的制定。在醫改方案醞釀過程中，有關方面提出過基本藥物定點生產、統一配送、政府定價的辦法，這也是國際上普遍的做法，有利於控制藥品費用，保障居民基本用藥，但是這將影響現有的藥品流通環節的利益。因此，從 2006 年起，醫藥行業組織就開始通過各種方式跟蹤各主要決策部門關注的焦點，並主動與各部門接觸，同時向各部門提供了大量傾向於本部門的參考資料和報告。有時還會藉助媒體的力量，吸引決策者的注意，他們通過紙媒、網站、電視等各類公共傳媒，在向大眾傳遞行業意見和建議的同時，對決策者施加壓力。有時還會直接拿出資金資助那些與自己的立場比較一致的專家和研究機構，使其從事某項政策議題的研究，從而影響有關部門和領導人的看法。

除此之外，醫藥行業的一些人大代表、政協委員，利用“兩會”的場合表達自己的訴求、反對醫改中的一些政策。比如中國醫藥企業管理協會，通過系統地徵求來自企業和行業內部的意見，制定了一份專門針對《意見（徵求意見稿）》的《十四條建議》，分別遞交當時新成立的醫改領導小組及國務院分管領導。該協會的負責人認為，他們的這些意見在醫改方案的最終稿中有九條得到了直接反映，四條得到了間接反映。現在，醫藥界的全國人大代表、政協委員的座談會已經制度化。在多年的全國"兩會"上，旨在控制藥品費用的措施都受到醫藥行業有組織地反對。雖然這些意見建議當中有不少是從實際出發的，但是一個行業的代表、委員在"兩會"上如此集中地發出代表本行業的聲音，對改革的進展必然有著超出一般群體的影響。

除了醫藥利益集團之外，醫療衛生機構裏有特殊利益的人群也會通過故意消極怠工、製造矛盾等辦法抵制改革。例如，2011年，一位鄉鎮衛生院退休職工反映："××市××鎮衛生院長在一次職工會上說：現在醫改了，藥物零差率銷售，沒有花頭了，你們少看點病，儘量不輸液，晚上不要收病人，這樣可以讓醫改改不下去早點垮台。""衛生院舊的財務制度是以藥養醫情況下產生的，是暴利時期，有的是錢，可大把花錢沒事的……院長一支筆給職工工資，有的一個月一千五百元，有的一個月三千元，有的一個月六千元，有的一個月九千元，還有一個月一萬元，二萬多元。高低相差接近二十倍。未經任何形式討論，院長暗箱操作，把錢打入個人銀行卡戶……"[1]

第二次是2011年全國推廣基層醫改時，有關方面組織媒體抹黑基層醫改，反對旨在控制藥品費用的招標採購措施。2011年，國務院推廣安徽醫改的經驗，把實踐證明有效控制藥品費用的新型藥品採購措施推廣到全國。這些措施基本遏制了過去藥品流通環節的灰色利益，使政府得民心，患者得實惠，但藥品流通環節的相關方面的利益受損了。因此，從2011年基層醫改實行新的藥品招標制度以來，醫藥利益集團製造輿論，反對和誤導醫改的聲音就不絕於耳。2011年下半年，一些媒體密集地發表大量否定基層醫改的報道，其主要口徑是：基層醫療衛生機構實行收支兩條線、取消藥品加成之後，政府投入不足了，效率下降了，醫生不幹活了，患者外流了，藥品配送不上了等等。其結論是基層醫改搞不下去。經過國務院有關部門實地調研之後，發現這些報道要麼是無中生有，要麼是故意誇大，要麼是選擇性報道。例如，有一篇報道說某地實行基本藥物制度之後"藥品配送不上"，但是經過了解，這種現象僅僅出現在實行基本藥物制度頭兩個月，是新的配送企業磨合不到位造成的，從第三個月開始就能夠及時配送了。一些患者反映的"藥品少了"，是因為過去

1　一個衛生院退休職工給國務院醫改辦負責人的信：《醫改的深水區在鄉鎮衛生院》（原件）。

濫用的那些不合格的、不符合標準的藥品消失了。醫藥利益集團製造這種輿論的主要目的，就是拖延改革，保護醫藥流通行業的利益。

第三次是 2013 年以來，醫藥利益集團多次製造輿論，宣稱 "三明市醫改不可推廣"。三明市醫改最大的成績，是觸及了醫藥流通環節的灰色利益鏈，斷了靠 "潛規則" 吃飯的那些人的財路。群眾、醫務人員受益，政府得民心，唯一受損的是原來依靠高定價、高回扣牟利的醫藥流通環節當事方。2012 年和 2013 年，三明市公立醫院藥品總費用分別下降 3.6% 和 14.0%，而同期全國的增長率分別為 23.8% 和 13.9%，因而受到支持醫藥流通環節利益集團的媒體和專家的反對。

可見，中國已經形成了與西方國家 "院外遊說集團" 有一定相似性的既得利益集團，他們通過公開發表意見、製造輿論、支持課題研究、結交官員等方式，推動將有利於其自身利益的做法納入改革方案，從而對全社會的整體利益造成損害。但同時，中國的利益集團問題又同西方國家有本質不同，那就是中國共產黨有能力遏制利益集團。上述利益相關者的行動，雖然對一些部門和地方的措施造成了影響，延緩了改革的進程，加大了改革的難度，但是總體上並沒有改變改革的方向。

思想認識

思想認識，特別是在醫改中起著關鍵作用的政府官員和專家的思想認識，也是影響醫改的重要因素。在醫改過程中，對西方制度模式的迷信，否定中國自己的改革實踐，已經成為影響改革的一個重要因素。

例如，在對醫改的討論中，一些學者全盤否定改革開放前醫療衛生體制中的積極成分，把過去成功的模式貼上了 "平均主義" 和 "低水平" 的標籤，指責那些主張人人享有基本醫療服務的觀點是 "搞計劃經濟、走回頭路"。一些學者把反思醫療、教育領域過度市場化，主張在醫療和教育領域強化政府職能的觀點，都統統歸結為 "懷疑和反對改革開放"，認為批評醫療、教育市場化的觀點，是要達到 "維護舊路線和舊體制" 的目的。這些看法把改革開放前後兩個時期對立起來，把市場和政府的作用對立起來，把改革開放和市場經濟絕對化，把改革開放片面解讀為 "市場化改革"，在一段時間內在中國影響較大。一位分管醫改的基層政府工作人員曾告訴本書作者："現在人們認為，市場化、私有化越徹底，就越符合改革開放的初衷，而反過來增加政府投入、強化政府責任，倒不敢理直氣壯了，怕被人說是思想不解放、反對改革開放，結果是連政府該做的事也不敢做了。"中共十八大以來，新一屆中央領導集體對於上述問題進行了闡述，澄清了認識上的偏差，釐清了改革開放前後兩個時期的關係，糾正了對政府—市場關係的"標籤化"認識，有利於更加實事求是地推進醫改。

除了對市場的迷信之外，還有對西方國家的迷信，主要體現在對美國的迷信。實際上，發達國家的醫療體制也不是鐵板一塊，歐洲和美國的醫療體制就有很大不同。美國是發達國家中唯一一個沒有全民醫療保障的國家，而以英國和法國為代表的歐洲國家，政府都在醫療保障、服務供給和監管中起主導作用。其結果是，美國的醫療費用遠遠高於歐洲國家，但健康績效、公平性和患者滿意度都低於歐洲國家。美國醫療體制，已經成為美國經濟的負擔。而中國在制定一些政策時，學習的卻是美國醫改中已經被實踐證明是錯誤的做法。

例如，2013 年，中國出台了支持健康服務業發展的措施。有的觀點認為，美國健康服務業規模相對於其 GDP 比例超過 17%，其他發達國家一般達到 10% 左右，中國還有很大的差距和空間，因此要大力發展健康服務業。這種簡單類比並不準確。美國是發達國家，醫療技術路線以資本密集型、技術密集型為主，這種醫學模式，不僅成本高，而且健康績效低。中國作為發展中國家，不可能有財力承受這樣高的成本。而且美國衛生總費用佔 GDP 的 17% 以上，正是美國醫療衛生體制失敗的表現，是奧巴馬推行醫療衛生改革要解決的問題。美國醫療衛生之所以費用高、效率低，主要原因就是私營醫院和商業保險所佔比例過高。中國如果效仿這樣的做法，必然會重蹈美國的覆轍。

由於在理論指導、利益關係和部門本位主義方面的問題還沒有根本解決，雖然近年來在實現人人享有基本醫療衛生服務方面做了許多工作，但是公益性的體制機制還沒有形成，而一些影響和干擾"人人享有基本醫療衛生服務"的因素正在變得愈來愈突出，醫改仍存在走向錯誤方向的風險。對國外做法的迷信和不加分析、不加批判地吸收，是導致中國一些改革措施出現偏差的原因。針對這些問題，習近平在紀念鄧小平同志誕辰一百一十週年座談會上的講話中指出："我們自己不足、不好的東西，要努力改革。外國有益、好的東西，我們要虛心學習。但是，不能全盤照搬外國，更不能接受外國不好的東西；不能妄自菲薄，不能數典忘祖。"[1]

▶ ▶ ▶　5. "為什麼人" 是改革的根本問題

　　雖然還存在許多不足，但是中國的醫改已經充分展示了中國的理論優勢、制度優勢和道路優勢。中國城鄉二元結構突出，低收入人群比例大，正規部門就業比例低，進城農民工等流動人口規模大，社會結構急劇變化。從國際經驗看，這些都不利於建立覆蓋全民的醫療衛生制度。世界銀行認為，全民醫保只有在城市化和正規就業佔主體的國家才能有效覆蓋。印度、菲律賓等亞洲人口大國受制於上述因素，推進醫保的速度都比較慢。中國在較短的時間內初步建立了世界上最大的醫療保障網，加強了世界上最大的基層醫療衛生服務網，在全國範圍重構了基層醫療衛生制度，是應對複雜國情推進醫改的實踐。

　　中國醫改的綜合性和系統性，改革推進的力度和速度，在國際上引起了廣泛的關注。國際經驗和教訓表明，要順利推進醫改，一是必須避免政治週期導致的政策反覆 "折騰"。大多數發達國家，受政治週期影響，醫改政策不連貫，經常 "翻燒餅"。例如，英國卡梅倫政府上台之後，中斷了布朗政府的醫改進程。美國兩黨就全民醫保進行了一個世紀的鬥爭，奧巴馬政府的醫改方案，重點是擴大醫保覆蓋面和控制醫療成本，但是，由於既有制度框架無法打破，加上政治力量和利益集團的運作，僅擴大醫保覆蓋面這一項至今仍在扯皮，醫保覆蓋率反而從 2009 年的 83.9% 下降到 2011 年的 83.7%。二是必須避免行政能力不強導致的改革偏差。推進醫改需要較強的領導力和行政能力，20 世紀 80、90 年代，拉美、東亞等發展中國家遭遇經濟困難，不得不削減公共衛生支出，而政府在規範醫生行為、遏制貪污腐化等問題上沒有調控能力，使醫藥衛生體制公平性降低，防疫覆蓋面減少。中國的醫改，從醫療衛生制度整體和長遠需要出發，政策穩定連貫，推行力強，是全世界醫療改革

1　《習近平在紀念鄧小平同志誕辰 110 週年座談會上的講話》，資料來源於新華網。

中的亮點。

中國政治體制有自身優勢，能夠比其他國家更好地實現人人享有基本醫療衛生的目標。這種優勢至少體現在以下幾個方面：

第一，中國關鍵部門實行公有制，能夠防止利益集團綁架政府導致福利陷阱。要避免福利陷阱，就要汲取西方國家的教訓。西方國家之所以形成福利陷阱，根源在於其政治經濟體制：前台掌權的政府和後台控制政府的壟斷資本集團是分離的。壟斷資本集團不願通過稅收和公立醫院等方式為老百姓提供福利，但是在前台執政的政黨出於競選需要，需要給老百姓提供福利，這就逼迫政府發鈔票、借債，最終形成福利陷阱。而中國具有強大治理能力的黨和政府，利益集團雖然對政府政策有影響，但是還不至於完全左右政府的決策，因此可以出台有利於大多數人的醫療保障政策，並通過稅收和國有資本收益進行融資，而不至於被壟斷資本集團綁架。從這個意義上說，公有制是中國共產黨的執政基礎，這不僅僅是一個政治上的說法，也有其具體的經濟含義。

第二，中國式的協商民主，大討論、大調研，走群眾路線，決策者在決策中能夠聽取社會各個方面的意見，特別是基層群眾的意見。醫改之所以有顯著進展，就是因為醫改從醞釀到實施，實行"開門決策"，向包括海外和民間機構在內的全社會廣泛徵求意見，全國人大常委會和一些地方人大對醫改進行了專題詢問，這是多年來首次公開進行這類活動，全國人民通過座談、網絡、報刊參加醫改討論，"全民論醫改"，擴大了有序政治參與。還有許多群眾通過各種媒體，揭露藥品流通環節的腐敗問題，也為制度改革增添了動力。事實證明，群眾是真正的英雄，人民是歷史的創造者。

第三，中國共產黨具有強有力的政治優勢和組織優勢，能夠對改革進行統籌謀劃、強力推進。首先是統一思想，明確醫改是黨和政府的政治責任。面對改革中出現的重大利益調整和各種風險、質疑，始終堅持把人民利益放在第一位。其次是建立強有力的領導體制。國務院專門成立了醫改領導小組，各地主要領導親自抓，分管領導全力抓，形成了強有力的協調推進機制。建立了嚴格的責任落實制度，做到了任務到人、責任到人，定期通報、約談、督辦。最後是樹立正確的用人導向，不讓敢冒風險的政府工作人員吃虧。事實證明，黨的組織嚴密、思想團結統一、政令通達順暢，這是中國的政治優勢，有利於攻堅克難，推進改革。

但是，這幾條優勢並不是一勞永逸的，如果道路和方向不正確，這幾條優勢就有失去的危險。如果實行醫療衛生私有化和市場化，那麼政府的政策就容易被少數利益集團所影響，動搖中國政治體制優勢的基礎。如果私人資本壟斷了一個地方的醫療事業，到時候政府一方面要滿足這些利益集團對超額利潤的要求，另一方面又必須為老百姓提供基本的福利，就會背上沉重的負擔，被迫通過借債等辦法來補貼利益集團。從這個意義上說，醫療市場化和商業化會真正導致福利陷阱。

　　最重要的是，一切改革首先要回答"為什麼人"的問題。為了最大多數人進行改革，這是社會主義價值的體現，是中國共產黨的政治本色。國際上，現代醫療衛生制度不是自發出現的，而是由長期的工人運動催生的。1883 年，德國為了抵禦工人運動、緩和勞資矛盾，建立了世界上最早的社會醫療保險。二戰之後，英國社會主義工黨初步建立了全民免費醫療制度，保守黨為了爭取民心，繼續鞏固並完善了這一制度。美國的老人和窮人醫療保險建立於 1965 年，當時美國勞資矛盾、種族矛盾尖銳，政府出台了一系列社會政策，被稱為"偉大社會"運動。發展中國家積極推動醫改的，往往也是左翼色彩較濃、偏向中下層民眾的政黨。

　　中國共產黨是工人運動的核心力量，搞醫改是共產黨的政治本色，是社會主義價值的體現，是中國特色社會主義的題中應有之義。自 19 世紀以來，社會主義制度雖然只在少數國家建立，但社會主義的理念卻不斷為資本主義國家吸收，推動野蠻的自由資本主義向福利資本主義轉變。直到今天，雖然各國各黨派對社會主義的理解差異很大，但是社會主義的基本價值——增強社會公平正義、保障普通勞動者的經濟和政治權利、保障基本社會福利等，仍然是激勵人們為爭取一個更加美好的新世界而努力的旗幟。發達國家的社會保障，是經過千百萬人長期鬥爭得來的，付出了巨大犧牲，飽含斑斑血淚。蘇聯、中國等社會主義國家，在經濟還不發達的情況下，就建立了低水平、廣覆蓋的社會保障體系，1949 年到 1978 年，中國人均預期壽命已從三十五歲提高到六十八歲，達到當時的中等發達國家水平。中國醫改之所以能夠較快推進，也是因為堅持了社會主義的基本價值，惠及最大多數人民。在當今中國，任何改革要成功，也必須堅持這個方向。

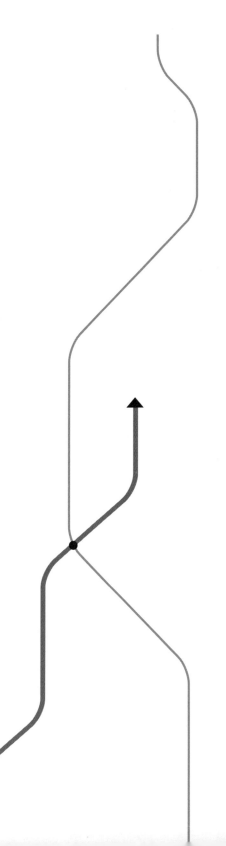

第六章

中國模式

◀◀◀

▶▶▶　導　讀　◀◀◀

　　國際金融危機以來，面對百年不遇的世界大變局，"中國模式" 開始受到世界關注。隨著西方國家經濟陷入泥潭、政治治理亂象叢生，國際社會對中國的政治經濟體制愈來愈認同，中國共產黨和社會主義制度得到更多人的認可，中國成為平衡西方、為人類文明進步貢獻正能量的積極力量。

　　這就要求中國在理論建設方面突破西方中心論的思想和話語體系，結合中國改革發展實踐總結 "中國模式"。本章將在前五章回顧歷史的基礎上，從哲學基礎、經濟體制、政治制度、社會公平和國際戰略五個方面對 "中國模式" 進行闡述。

　　自 2004 年美國學者提出與 "華盛頓共識" 分庭抗禮的 "北京共識" 以來，中國發展道路的國際影響不斷增大。對 "中國模式" 的研究不斷興起，但不贊成 "中國模式" 這一提法的觀點也同樣盛行。

　　中國的發展成就令世界矚目，不僅在於中國的經濟成就，更重要的是，中國沒有照搬西方模式。放眼二戰後的世界，除了少數老牌發達國家之外，那些照搬西方發展模式的國家，不但沒有實現發展和繁榮，有些反而陷入動盪和分裂。東歐劇變、蘇聯解體之後，"歷史終結論" 的樂觀情緒瀰漫西方社會，認為以自由市場、多黨民主為主要支柱的資本主義制度已經是 "歷史的終結"，人類已經找到了最優的社會制度。然而，不到二十年，全球金融危機就讓這種樂觀情緒化為烏有。形成對比的是，中國不僅抵禦住了危機的衝擊，而且至今成為全球經濟增長中最穩定的動力。這是愈來愈多的人公開討論、研究和認可 "中國模式" 的大背景。

　　然而，對中國模式的研究，存在著 "當局者迷"、"牆裏開花牆外香" 的狀況。海外對中國體制的認同不斷增加，而國內知識界對 "中國模式" 的研究和認同度還不高，還習慣於用西方的尺子來衡量中國，用西方的理論來比附中國現實，用西方的辦法來解決中國的問題。認為 "沒有什麼中國模式"，"講中國模式就是反對改革"，或者把中國目前存在的一些問題歸咎於 "中國模式"，並暗示 "中國模式" 不可持久。出現這些觀點，與西方學術範式、話語體系在中國的影響過大有關。這種現象不僅不利於中國繼續走好自己的路，而且還導致中國有陷入 "中等收入陷阱" 的危險。

如果說，中國在六十多年前還可以模仿蘇聯，三十多年前還可以模仿西方，那麼，今天的中國需要更加獨立自主地探索，中國進入了制度創新的"無人區"。為此，理論界和學術界需要回到中國自己的大地上，從中國自己的歷史經驗出發，回答什麼是"中國模式"。

▶ ▶ ▶ 1. 對"中國模式"的幾種誤解

要回答"中國模式是什麼"，首先需要澄清一些對"中國模式"不準確的看法。

中國模式完美無缺論

有一些人過於樂觀，認為中國模式已經成熟定型、完美無缺。這種觀點看起來充滿自信，但實際上降低了中國模式的說服力。中國還是中等收入國家，在社會公平、醫療、教育、住房、環境等方面還存在不少問題。中國雖然初步走出了自己的道路，還需要接受歷史的檢驗。改革的經驗需要不斷積累，改革仍在不斷試錯過程中，不能犯"顛覆性錯誤"。

中國模式就是"美國的山寨版"？

這種觀點認為並不存在什麼"中國模式"，中國的成功，無非是因為學習了美國的經濟體制，中國道路就是"美國道路的山寨版"，"華盛頓共識"的主要主張 —— 市場化、私有化、自由化、小政府、放鬆監管，在中國都實現了。

這種觀點失之表面。實際上，中國的社會主義市場經濟同"華盛頓共識"有明確分野。在經濟體制這個最基本的特徵上，中國並沒有遵循而是拒絕了"華盛頓共識"，在基礎性和戰略性行業，仍是國有經濟佔主導。中國沒有像一些發展中國家那樣，過早開放資本項目可自由兌換，而是堅持自主、有步驟地開放。總體上，中國共產黨和中國政府有著強有力的治理能力。這些制度有效地防止了市場的盲目性，避免了資本不受限制地攫取利潤，從而避免了亞洲、拉美和東歐國家實行新自由主義改革之後出現的經濟崩潰。

"華盛頓共識"並不是科學的理論，而是以美國為首的西方國家通過世界銀行向發展中國家輸出的理念，本身帶有西方國家推行全球戰略的目的。美國宣傳的"華盛頓共識"和自身的實際做法有很大差別。1997年亞洲金融危機時，西方經濟學家給出的建議是放任自流、不需要救市，但2008年美國自己遇到金融危機時，卻大張旗鼓地採取救市措施。美國通過世界銀行鼓勵其他國家搞"小政府"，但歐美國家自身的政府規模卻遠大於發展中國家。所以，"華盛頓共識"具有意識形態輸出的成分，這種輸出是為了削弱發展中國家獨立自主發展的能力，打擊發展中國家的民族主義力量，最終為發達國家的全球戰略服務。

中國模式的成功在於"漸進式改革"？

20世紀90年代，蘇聯用幾百天的時間，疾風迅雨式地進行絕對的私有化、市場化改革，最終導致了巨大災難。所以，有人認為中國模式或中國的成功就在於"漸進地"走向市場經濟，而不是像蘇聯那樣進行暴風驟雨式的改革。這種觀點高度讚賞中國的"雙軌制"、"先進行經濟體制改革後進行政治體制改革"，認為這樣可以維護社會穩定、減小"意識形態阻力"。

這種說法看到了蘇聯休克療法的害處，有一定道理，但本質上仍然是錯誤的，其對改革的根本目標的認識是錯誤的。這種說法仍然是將西方模式作為中國改革的彼岸，仍是一種"模仿論"或"趨同論"。實際上，中國改革的目標並不是向西方模式趨同，無論是激進地趨同還是漸進地趨同。如果認為"漸進式改革"是中國的成功經驗的話，那麼就等於承認中國改革的方向是向西方趨同，否則就不存在漸進與否的問題了。把中國的成功歸因於"漸進式改革"，把蘇聯的失敗歸咎於"激進式改革"，客觀上是在避重就輕，讓人們忽視中國與蘇聯的改革在基本道路和方向上的區別。

中國模式就是"強政府、大國企"？

這種觀點認為，中國模式的特點就是強政府、大國企、投資驅動，這種發展模式是導致產能過剩、發展方式粗放、環境污染等問題的根源，改革就是要改掉這些問題，所以"中國模式"沒有什麼值得得意的。這是一種片面的解讀。

首先，政府"大"還是"小"並不是判斷政府好與壞的指標。"大政府"可能犯錯誤，而"小政府"可能連最基本的治理職能都無法履行。世界上最窮、最亂的國家均是最典型的"小政府"，而發達國家的政府規模、財政支出和管制範圍都超過發展中國家。這就足以說明，不能僅僅以政府的大小、強弱來評判政府好不好。

其次，把投資驅動、產能過剩歸結為"大政府"，有一定道理，但並沒有觸及本質。自工業革命以來，西方國家的投資驅動導致產能過剩，是週期性發生的現象。1929 年世界大危機之前，全球採取的也是自由放任的經濟政策，是一個典型的"小政府"，但仍然出現了投資快速上升、產能嚴重過剩的局面。說到底，產能過剩是在市場經濟條件下，資本逐利所導致的現象。人們之所以感覺產能過剩是"大政府"所導致，是因為近一二十年來，中國地方政府之間出於追求 GDP 和稅收的競爭，以優惠條件競相吸引資本投資。這個現象是存在的，但其原因恰恰不是因為政府太大了，而是因為政府把自己混同於市場主體，為了追求短期的、局部的經濟增長，而放鬆了在執法、環境保護、勞動保障、公共服務等方面的職能。要解決這個問題，並不是簡單地否定"大政府"，而是既要減少政府對企業微觀經營行為的干預，又要加強政府在產業政策、監管執法、勞動保障和公共服務等方面的職能，降低市場的盲目性。

最後，從中國發展的歷史來看，大政府是中國的優勢。許多發展中國家現代化進程屢屢中斷的一個重要原因就是政府過於軟弱渙散，既沒有能力提供基本的公共產品、執行經濟社會發展計劃，也沒有能力保證基本的社會公平。如果沒有一個強有力的政權，中國就不能構建全國統一市場，就不能集中資源在短時間內實現工業化，就不能維護社會公平。當然，今天的政府還存在很多問題，但是靠縮小政府規模是解決不了這些問題的，在一個不公平的社會，也只有依靠國家的力量才能保護廣大民眾。在這種情況下如果讓渡國家權力，縮小國家權力，客觀上造成的結果就是讓強勢利益集團獲取更多的資源，擴大社會差距。

中國模式就是“低福利模式”？

這種觀點認為，中國經濟發展是由勞動者承受過多剝削來支撐的。這種觀點看到了中國在勞動者權益保護和社會福利保障方面的不足，有一定道理。但是，不能說中國是“低福利”支持的經濟增長。

是不是“低福利”，要看和誰比。社會公平和福利水平是受歷史條件限制的，中國既不能無所作為，也不能超越階段。和發達國家比，中國確實是低福利，但這是由中國的發展階段和歷史上全球財富分配格局形成的。發達國家的高福利，建立在幾百年財富積累以及剝奪殖民地的基礎上，與中國並沒有可比性。如果和其他發展中國家、和發達國家工業化初期比，中國不僅不是“低福利”國家，反而比這些國家更早地建立了基本生活保障、基本醫療、基礎教育體系，是領先於同等發展水平的國家的。中國沒有實行土地私有化，所有農民都有耕地和宅基地，僅這一項福利和保障，就超過那些實行土地私有化、流民遍地的國家。在《勞動法》出台之後，勞動者的權益保護也得到改善。近幾年，工資增長率開始超過勞動生產率增長率（不過仍然只是補償性增長）。這些都說明，雖然中國勞動者福利還需要繼續改善，但是並不能把“低福利”作為中國模式的特徵。

中國模式就是“政左經右”？

中國實行市場經濟，同時黨和政府有很強的執政能力，有人把中國模式稱為“威權政治＋自由經濟”，或者“政左經右”，甚至有人把中國模式稱為“國家資本主義”或“官僚資本主義”，這種結論同樣偏離現實。

從根本上來說，“政左經右”不可能是一種穩定的結構。經濟基礎決定上層建築，誰掌握經濟基礎，誰就掌握上層建築，“政左經右”這種經濟基礎和上層建築背離的方式不可能長期穩定，其結果或者是經濟基礎改變，或者是上層建築改變。說得更明確一些，如果“自由經濟”指的是不受限制的市場化、私有化，那麼結果必然是資本集中之後掌握上層建築，這是歷史的規律。“政左經右”是二戰之後一些東南亞國家的模式，用政府的強制力量推動新自由主義，搞全盤市場化、私有化，結果導致財富向寡頭集中，破壞社會公平和團結，直到今天都是這些國家現代化的障礙。

　　"政左經右"不符合中國的現實。首先，中國的市場並非不受限制的自由市場。其次，中國共產黨在人民心目中很有威信，但並不是"威權政治"。實際上，中國的政治制度與西方國家不同，通過人民代表大會制度、基層群眾自治制度、決策過程中的群眾參與、中央集中統一下發揮地方積極性、以績效為基礎的幹部選拔制度等，中國能比西式民主更直接、更有效地反映人民的意願，因此它有著獨特的優勢，是具有中國特色的民主模式。如果一個國家的政治制度是不民主的，就不可能在發展經濟和改善人民生活方面取得這樣的成就。因此，用"政左經右"來概括中國發展模式也是不準確的。

推崇"中國模式"，就是抵制改革、"改革倒退"？

　　這種觀點認為，倡導"中國模式"就是要拒絕改革、"背離世界潮流"。在這種觀點看來，中國道路是沒有價值的，因此中國應追尋國外發展道路，擁抱"世界潮流"或者"普世價值"，即中國要通過"改革"融入"世界潮流"。

　　講中國道路就是抵制改革，這種說法實際上構建了一個語言陷阱，對中國道路做了"有罪推定"。這種觀點的實質就是只允許"全盤西化"的改革，而不允許堅持中國特色、中國道路的改革。按照這種觀點，世界上所有民族最終都應遵循一個標準、一種模式，走同樣的發展道路，即西方國家的現代化道路。這是不符合歷史唯物主義的。

　　全人類的發展有沒有共同的規律？當然有，並且這個規律是可以認識、可以掌握的。但是，西方國家現代化道路就是人類社會發展的共同模式嗎？並不是這樣的，按照西方模式進入現代化的只有大約十億人，如果沒有經過世界上其他六十多億人的驗證，怎麼能說西方模式就是"普世價值"呢？實際上，現有發達國家的成功，與其說是共同的規律，不如說是特殊因素起了更大的作用。有人把"中國模式"和全面深化改革對立起來，認為主張"中國模式"就是要反對改革，這種看法實際上是把中國的改革開放變成全盤西化的代名詞。中國的改革並不是要改變社會主義政治經濟方向和制度，也不是要全盤模仿西方的發展道路，"中國模式"和全面深化改革並不矛盾，而恰恰是為了讓改革更加符合中國發展的歷史和現實。

為什麼有人會把"中國模式"與改革開放對立起來？一方面是因為缺乏制度自信和理論自信，照搬西方經濟學理論，忽視了中國經濟運行的特定政治、經濟和文化基礎；另一方面是因為只看到改革開放以後的成績，沒有看到改革開放前後兩個時期的延續性，從而不可能對中國模式有完整的認識。

我認為，總結中國經驗，至少要解決這兩個問題。首先，中國模式應該能夠貫通改革開放前後兩個時期。目前，大多數解釋中國經濟發展的理論，還是把改革開放前後兩個時期對立起來，沒有看到這兩個時期的延續性。如前所述，中國道路的成功，離不開前三十年積累的基礎，改革開放前後兩個時期不能割裂開來，更不能相互否定。目前的主流經濟學界，對改革開放前否定較多，深入研究遠遠不夠，只有真正理解改革開放前三十年，才能認識中國模式。其次，研究中國的經濟發展模式，不能僅僅局限在經濟領域，而是要把經濟與政治、社會、文化、國際戰略等結合起來。當前，對中國經濟增長經驗的總結，大多數還僅僅局限在就經濟談經濟，這和目前經濟學發展方向的偏差有關。西方主流的新古典經濟學，在數理模型等具體技術上進步很大，但是忽視了經濟行為背後的歷史、文化、政治、社會等因素。人們使用這種方法論，自然難以注意到中國特殊的歷史條件對經濟增長的影響。

我認為"中國模式"有不同於西方道路的五個獨特的特性：（1）辯證唯物主義和歷史唯物主義的哲學基礎；（2）既利用市場和資本，又節制市場和資本，讓市場和資本為人民服務；（3）社會發展優先於經濟發展，以社會公平正義為發展動力，實現人的全面自由發展；（4）以正確義利觀為核心的國際戰略；（5）以黨的領導和群眾路線為核心的新型民主政治制度。這五條，貫穿改革開放前後兩個時期，是中國經濟成功發展的支柱。

▶ ▶ ▶ 2. 支柱一：辯證唯物主義和歷史唯物主義

"中國模式"最大的特點恰恰在於，它並不是一個一成不變的模式，而是不斷解放思想、破除迷信，探索既不同於書本又不同於別國的發展道路。"人類的歷史，就是一個不斷地從必然王國向自由王國發展的歷史，這個歷史永遠不會完結。"因此，"人類總得不斷地總結經驗，有所發現，有所發明，有所創造，有所前進。停止的觀點，悲觀的論點，無所作為和驕傲自滿的觀點，都是錯誤的"。[1] 不相信任何形式的"宿命論"，樹立走新路的歷史自信和歷史自覺，不斷在實踐中總結經驗，開闢新的發展境界，超越歷史的週期律，這是中國道路最鮮明的特點和最寶貴的理論品質，也是中國模式的哲學基礎，而這種哲學基礎來源於中國文化的唯物主義傳統和實踐品格，來源於辯證唯物主義和歷史唯物主義的科學理論。

走新路、走自己的路

"走新路"的歷史自覺，首先出於"老路走不通"。1840 年到 1949 年的一百多年裏，中國努力模仿西方，從器物到制度，從思想到文化，但是並沒有讓中國走出貧困的泥潭。面對"老路走不通"，中華民族並不相信"歷史的宿命論"，並不接受西方國家強加的命運，而是樹立高度的歷史自信和歷史自覺，歷盡艱辛探索一條新道路。

這種歷史自信和歷史自覺，首先來源於中國傳統文化樸素的唯物主義傳統和實踐品格。中國自古以來就是世俗國家，不注重純概念出發的邏輯思辨，而是特別關注現實問題，《周易》說"窮則變，變則通，通則久"，這種強調發展變化的樸素唯物主義思想，具有注重實踐的品格。這種品格決定了中國文化具有極強的包容性和適應性，相信人定勝天。馬克思主義進入中國之後，中國傳統文化的實踐品格和馬克思主義結合起來，成為認識世界、改造世界的科學依據。中國共產黨人相信，意識對物質的反作用有時是十分巨大的，只要掌握了規律，就可以能動地利用規律、改造世界；相信"理論一經掌握群眾，也會變成物質力量。理論只要說服人，就能掌握群眾"；[2] 相信中國可以在總結歷史經驗和教訓的基礎上，探索出一條代價較低、彎路較少的新路。

正是由於樹立了"走新路"的歷史自信和歷史自覺，中國才能做到始終不信邪、不怕壓，既不照搬別國模式，也不依附任何國家，力求超越興亡更替的"歷史週

---

1 毛澤東：《毛澤東著作選讀（下冊）》，北京：人民出版社，1986：845。
2 ［德］馬克思、恩格斯：《馬克思恩格斯選集（第一卷）》，北京：人民出版社，1995：9。

期律"。

　　近代以來，中國克服過三次比較嚴重的依附和迷信的傾向。第一次是國民黨政府在政治和意識形態上高度迷信美國，而中國共產黨獨立自主地開展新民主主義革命，發動群眾，奪取了新民主主義革命的勝利，避免了成為附庸的命運。第二次是新中國成立後一度存在的對蘇聯的依附和迷信，毛澤東從 1956 年開始探索突破蘇聯模式、避免依附蘇聯，走出了同蘇聯不同的社會主義道路，也避免了蘇聯和東歐劇變那樣的悲劇。第三次是改革開放以來，鄧小平堅決地反對全盤西化的思想，親自領導了反對資產階級自由化的鬥爭，堅持了改革開放的正確方向。

　　"走新路、走自己的路"的歷史自信和歷史自覺，成為中國擺脫依附地位、開闢現代化道路的強大精神力量。從歷史上看，落後國家難以跳出陷阱，一個重要原因是在思想和文化上喪失了主體性和自信心，這是新中國成立之前遇到的情況。至今仍然有相當一些中國人缺乏這種主體性和自信心，如果一個社會廣泛存在著對其他文化的迷信，是很難有自信心開展現代化建設的。進入 21 世紀，中國共產黨提出要增強道路自信、理論自信、制度自信和文化自信，就是對中華民族實踐理性和文化主體性的重申。

不斷超越自身經驗

　　中國不僅能夠不斷超越西方道路，還能夠不斷超越自身的成功經驗，勇於自我否定、自我革命。這也得益於辯證唯物主義和歷史唯物主義方法。

　　超越自己的歷史經驗，比超越外國的發展道路更難。蘇聯初期也超越了西方道路，然而，隨著發展階段的變化，斯大林時代形成的高度集中經濟體制的弊端開始出現，斯大林去世（1953 年）之後到蘇聯解體（1991 年）近四十年的時間裏，蘇聯並沒有成功地實現發展戰略的調整。戈爾巴喬夫上台之後，在根本戰略上發生錯誤，盲目地照搬西方模式，黨的高級領導人喪失了理想信念，導致了解體的悲劇。蘇聯做到了"超越西方"，但是沒有做到"超越自己"，是自己把自己打倒了。

　　新中國成立六十多年來，就是一個不斷自我革命、超越自我的過程。在堅持社會主義方向的前提下，對具體的發展戰略和路徑進行過多次調整，既不為外國模式和書本理論所束縛，也不為自己過去的成功經驗所束縛，而是保持著自主調整發展戰略的能力，這就使得中國能夠不斷地解決發展道路上遇到的新問題。無論什麼時期，中國的制度和道路都不是人為設計出來的。1949 年新中國成立時，人們並不知道社會主義工業化是什麼樣；1978 年改革開放時，人們也不知道社會主義市場經濟是什麼樣，而是從實踐到理論、從理論到實踐，不斷堅守方向、堅持真理、修正錯誤，探索出中國獨特的道路和制度。

新中國六十多年的發展道路，是不斷面對新情況、解決新問題的過程。改革開放前後，中國的具體政策多次調整，而這些調整都是從當時的歷史條件出發、發揮基層和群眾的積極性和創造性探索出來的。正是因為堅持了辯證唯物主義的方法論，中國儘管在發展中走過彎路，但是在總體上並沒有犯顛覆性的錯誤，並且在每個歷史階段和節點時刻都做出了符合當時需要的選擇。

讓哲學變成人民的武器

中國能夠不斷總結經驗，超越舊道路，不斷自我革新，是同中國共產黨重視理論指導，特別是重視哲學思辨分不開的。

共產主義運動是人類有史以來最大的在理論指導下的社會改造運動，共產黨的使命是走前人沒有走過的新路，所以就必須汲取人類歷史發展的經驗教訓，吸收人類一切文明的有益成分，這就是為什麼共產黨需要理論指導。中國這樣一個大國，如果缺乏正確的理論指導，是不可能應對各種風險挑戰的。

真正的哲學都是自己時代精神的精華。新中國成立後，毛澤東注重哲學的研究、普及和通俗化。他鼓勵哲學家們用通俗的語言多寫宣傳辯證唯物論的文章，號召領導幹部要培養學哲學的興趣，養成學哲學的習慣，批評唯心論、形而上學、思想僵化，"要麼這樣，要麼那樣"，"從一個極端走到另一個極端"，強調用對立統一規律觀察社會，提倡"照辯證法辦事"[1]，"讓哲學從哲學家的課堂上和書本裏解放出來，變為群眾手裏的尖銳武器"[2]。德國的偉大詩人海涅曾說過："德國被康德引入了哲學的道路，因此哲學變成一件民族的事業。"[3] 同樣地，在新中國成立之後，哲學已

---

1   毛澤東：《毛澤東文集（第七卷）》，北京：人民出版社，1999：200。

2   毛澤東：《毛澤東文集（第八卷）》，北京：人民出版社，1999：323。

3   〔德〕海涅：《論德國》，北京：商務印書館，1980：307。

經不只是少數學者的研究領域，特別是辯證唯物主義和歷史唯物主義的思維方式，已經滲透到當代中國人的思維習慣當中，成為中國人不斷超越舊道路的思想基礎。

▶ ▶ ▶　3. 支柱二：讓市場和資本為人民服務

　　如何對待市場、如何對待資本，是社會主義國家經濟發展的一個難題。以市場為主要的資源配置手段、以資本追逐利潤為主要動力的資本主義生產方式，是近代以來全球經濟增長的主要方式。這種生產方式促進了生產力的解放，但也是週期性危機的根源。所以，自從資本主義生產方式出現開始，對它的批判就一直存在，其中影響最為深遠的就是馬克思主義。馬克思主義認為，以資本追逐利潤為主導的生產方式，最終將導致資產階級和工人階級之間的尖銳對立，從而使反對資本主義的力量擴大和集結，最終資本主義將培養自己的掘墓人。

　　然而，歷史並沒有按照馬克思的設想前進，社會主義首先在蘇聯、中國等東方落後國家實現。這些東方社會主義國家的建立，基於兩個邏輯：一個是馬克思主義理論邏輯，在資本主義世界的薄弱環節首先進行革命，建立社會主義國家；另一個邏輯是各國自身社會發展的邏輯。對落後國家來說，選擇社會主義是沒有選擇的選擇，只有走社會主義道路，才能擺脫依附地位，衝破小農經濟束縛，走上工業化的道路。

　　然而，由於這些國家並不是在資本主義充分發展、資本主義生產方式的矛盾充分暴露的情況下建立的，所以就面臨著一個不可迴避的問題：在社會主義制度建立之後，如何對待資本、如何對待市場？這是馬克思沒有回答的問題，也是西方國家沒有條件回答的問題。

　　在這個問題上，中國經過改革開放前後兩個時期的探索，走出了一條不同於蘇聯、不同於西方的道路，那就是既充分利用資本和市場，又利用社會主義的國家政權約束資本和市場，讓資本和市場為社會主義服務、為人民服務。這種模式，既不同於蘇聯的消滅市場，也不同於西方國家讓資本在經濟和社會生活中佔據支配地位。而是從人類歷史在當前階段的生產力水平出發，既充分發揮市場和資本的作用，又不允許市場的作用無限膨脹，不允許資本對社會的支配權力無限擴大。

既利用市場和資本，又約束市場和資本，這一思想在中國有著深厚的歷史淵源。在古代中國，儘管商品經濟沒有佔據主導地位，但國家通過直接的經營行為影響市場供求，達到特定目標的做法早已有之。春秋五霸之首的齊桓公任用管仲為相，通過國家干預重要物資的生產，與其他國家進行經濟戰，達到屈人之兵的效果。西漢時期漢武帝把鹽、鐵的經營全面收歸國家，用於支持戰爭開支、提高國家財力、抑制地方割據。

實際上，這個問題的本質就是，如何處理國家和民間大資本的關係。近代以來，以孫中山為代表的有識之士也認識到，既要發展資本主義，又要節制資本。孫中山經濟思想最重要的內容之一就是"節制資本"，他早年遊歷歐洲，目睹了資本主義社會大資本壟斷導致的兩極分化和社會危機，故而提出三民主義的主張，主張"大資本、大土地國有"、"土地漲價歸公"。實際上，孫中山晚年已經成為社會主義者，他認為三民主義中的民生主義就是社會主義。

新中國成立後，無論是改革開放前還是改革開放後，在既利用市場又約束市場這方面，做法是一致的，只不過因發展階段不同，程度和表現形式有所差別。

人們更多注意到毛澤東強調中國要避免走資本主義道路的一面，但是往往忽略了毛澤東首先強調要承認和利用資本主義因素，同時又要利用社會主義國家政權約束和限制其負面作用，讓其為社會主義服務的另一面。

在實踐中，毛澤東始終反對兩種傾向。一方面，他反對超越歷史階段消滅商品交換、私營經濟和價值規律。1958 年，一些地方過早消滅商品交換、消滅工資制、消滅貨幣，實行物資無償調撥，毛澤東提出嚴厲批評並制止。在對待資產階級的問題上，毛澤東認為"它有剝削工人階級取得利潤的一面，又有擁護憲法、願意接受社會主義改造的一面……可以轉變為非對抗性的矛盾，可以用和平的方法解決這個矛盾"[1]。另一方面，毛澤東又強調，不能無原則地全盤接受資本主義制度的體系和價值觀，其中最典型的就是在建國初期關於農村合作化的爭論中，毛澤東允許在一定時期鼓勵農村的小農經濟發展，但同時又強調向社會主義的目標前進，而不能停留

1　毛澤東：《毛澤東文集（第七卷）》，北京：人民出版社，1999：170。

在"鞏固新民主主義秩序"上，並且指出了其科學依據：組織起來也是一種生產力，能夠促進農業增產。20 世紀 60 年代初，毛澤東認為可以允許在集體經濟內部探索各種各樣的生產責任制和分配制度，但底線是不能改變農村的土地所有制。

改革開放的總設計師鄧小平，既強調大膽引入市場機制，又強調要節制市場和資本的力量，堅持社會主義道路，他強調，"社會主義的目的就是要全國人民共同富裕，不是兩極分化。如果我們的政策導致兩極分化，我們就失敗了；如果產生了什麼新的資產階級，那我們就真是走了邪路了"[1]。1990 年 4 月在會見外賓時，鄧小平說："中國情況是非常特殊的，即使百分之五十一的人先富裕起來了，還有百分之四十九，也就是六億多人仍處於貧困之中，也不會有穩定。中國搞資本主義行不通，只有搞社會主義，實現共同富裕，社會才能建立穩定，才能發展。"[2]

中國對待市場經濟的態度，既有利於發揮市場的創造性，又可避免市場的盲目性，這是從中國歷史經驗中做出的選擇。那些全盤模仿西方發展模式的國家，並沒有走出一條成功的發展道路，反而陷入依附地位。特別是蘇聯、東歐、拉美一些國家，認為只要政府放鬆管制，經濟就能很快發展起來，結果事與願違。隨著全球金融危機的爆發，資本主義矛盾充分暴露出來，人們對這個問題的認識還會更加深入。

公有制和市場經濟的結合

中國實行公有制為主體、多種所有制共同發展的經濟制度，這是既發揮市場作用又治理市場失靈的制度基礎。公有制經濟本身就是一種治理市場失靈和約束資本特權的綜合性制度安排。堅持公有制的主體地位、把公有制和市場經濟結合起來，是中國的制度優勢，也是中國道路取得成功的重要因素。

無論是改革開放前還是改革開放後，公有制經濟都是中國現代化進程的關鍵力量（見本書二、三、四章）。中國的實踐豐富了公有制經濟的理論。傳統馬克思主義主要從工人階級掌握生產資料、實現聯合的自由勞動、避免資本壓迫的角度認識公有制。但是，目前的生產力水平，還沒有發展到能夠完全實現公有制、消滅私有制的階段。那麼，在這個歷史階段，公有制的作用體現在哪裏呢？中國的實踐證明，

1　鄧小平：《鄧小平文選（第三卷）》，北京：人民出版社，1993：110–111。

2　鄧小平：《鄧小平年譜（1975—1997）》，北京：人民出版社，2004：1312。

公有制經濟的作用起碼體現在對內和對外兩個方面。

對內，公有制經濟的作用主要是治理市場失靈、維護社會公平、提供公共產品，維護人民的共同利益。在自然壟斷的領域，公有制能夠有效避免壟斷企業獲取超額利潤，讓利於社會，從而使整個經濟都受益。中國的土地公有制，降低了經濟發展成本，國家不需要稅收即可以通過國有土地劃撥，發展工商業和基礎設施。

中國堅持公有制為主體，使得中國發展具備一個重要特點，那就是優先發展基礎性、公共性部門，不斷為長遠經濟發展夯實基礎。這些公共產品可以分為兩大類：一類是硬件，包括資本設備、物質基礎設施（能源、交通、通信等）、戰略性產業（如尖端科技、軍工等），能夠增加長期經濟增長的潛力，降低長期經濟增長的成本；另一類是軟件，包括對健康、教育、基礎科研方面的投資。在這些公共服務領域，中國依託公有制為主體的公共服務機構，實現了公共服務的普及。

對外，公有制的作用是在國際上維護民族利益。當今世界，特別是 20 世紀 80 年代新自由主義全球化之後，跨國企業成為國際大型壟斷企業的一種主要形態，它們往往有著可以和主權國家抗衡甚至超過主權國家的控制力，其壟斷地位往往損害發展中國家的民族經濟，對此，發展中國家只能靠國有企業的存在和競爭力才能加以抑制。拉美、非洲和亞洲一些依賴型經濟體，由於缺乏有實力的民族企業，其實體經濟實際上是在為跨國公司謀利，主要利潤被轉移到國外，而不能讓老百姓共享。[1]

中國國有企業的作用和德國企業"佔領制高點"的行為模式類似。"萊茵模式"是和新自由主義有所不同的一種資本主義經濟模式，以德國的"社會市場經濟"模式最為典型，這種模式不同於強調自由競爭、利潤至上和福利最小化的英美模式（盎格魯—撒克遜模式），而是強調以自由競爭為基礎、國家適當調節並以社會安全為保障的資本主義市場經濟。在這種模式下，企業在國家所制定的秩序框架下競爭；它強調社會公平性與集體利益，制定了一整套嚴格的勞工權利和福利制度，企業的投資更注重長期投資和創新，兼顧短期和長期利益。[2] 在現代化初級階段，中國大量企業的主要行為模式仍然是追逐短期利潤，在這種情況下，國有企業承擔創新

1 陳平：《假如中國國企真的被私有化》，http://www.guancha.cn/chen-ping/2013_04_17_139040.shtm。
2 丁純：《盎格魯—撒克遜模式與萊茵模式的比較——20 世紀 80 年代以來德、法和英、美經濟表現和成因分析》，《世界經濟與政治論壇》，2007（4）：41-48。

責任、重視長期性和基礎性投資的行為模式就成為彌補經濟發展短板的優勢。

可見，中國能夠在戰略性領域實現超越，保證基本民生和社會穩定，中國實現現代化付出的代價小於西方國家付出的代價，也規避了一些依附型發展中國家陷入貧困陷阱的風險。其中，公有制經濟起到了至關重要的作用。

具有社會主義因素的私營部門

私營經濟已經成為中國經濟的重要組成部分。同資本主義國家相比，中國的私營經濟有其獨特之處。新中國成立前，中國的民族資本始終沒有發展起來。一方面是因為封建勢力和外部資本主義的擠壓，私營經濟沒有自主發展能力；另一方面則是因為私營經濟有自身的缺陷。新中國成立初期，周恩來曾指出，"中國民族資產階級還有其黑暗腐朽的一面，那就是由於他們與帝國主義的、封建的、官僚買辦的經濟有著千絲萬縷的聯繫，同時，中國資產階級本身也同世界各國的資產階級一樣，具有唯利是圖、損人利己、投機取巧的本質。因此，解放後，他們中間有很多人……常常以行賄、欺詐、謀取暴利、偷稅漏稅等犯法行為，盜竊國家財產，危害人民利益，腐蝕國家工作人員，以遂其少數人的私利"。[1] 這也是對資本主義工商業進行社會主義改造的原因之一。

新中國成立初期，民族資產階級的脆弱性和依附性，決定了他們不可能承擔起現代化和工業化的任務。改革開放之後發展私營經濟，表面上看是"一夜回到解放前"，但實際上，這時的私營經濟所面臨的環境已經發生了根本變化。社會主義制度的建立、三十年基本建設和公有制經濟的建立，為民營企業發展提供了新的歷史條件。國家政治主權和經濟體系的獨立，可以使民營經濟不再依附外國資本，一大批民族企業家獲得了施展的空間。這個過程告訴我們，不能把社會主義制度和公有制與私營經濟對立起來。今天中國的私營經濟，已經同舊中國的私營經濟、西方國家的私營經濟有著顯著的區別。

這種區別的核心就是，中國的私營經濟具有一定的社會主義因素，成為中國特色社會主義制度的組成部分。這些社會主義因素包括：

---

1   周恩來：《周恩來選集（下卷）》，北京：人民出版社，1984：81–82。

第一，中國的私營經濟在政治上必須接受中國共產黨的領導，擁護社會主義制度，這是它與資本主義私營經濟的根本不同。自20世紀90年代起，中國共產黨就把黨對私營經濟的領導放到重要議事日程，在大型私營企業設立黨組織，儘管私營企業黨組織並不如國有企業黨組織的政治領導核心作用那樣突出，但是可以通過黨的思想理論和路線影響企業。中國有一大批有著黨政部門和國有企業從業經歷的民營企業家，他們很重視黨的建設，把黨的政治和組織優勢轉化為規範企業管理、提高競爭力的因素。

第二，中國的一些民族企業家繼承了傳統文化的優秀成分，對國家、民族和社會有高度責任感，有利於避免市場的盲目性和過度逐利。例如，華為是一家民營企業，但是在內部分配上實行全員持股，重視創新，總裁任正非在企業管理中吸收了共產黨的理想信念和組織文化，企業具有崇高的理想主義，也具有凝聚力，積極參加國際競爭，成為電信行業走出去的引領者。

第三，中國政府和私營資本之間是一種新型的關係，在資本和權力之間有一道防火牆。不同於西方國家，大型壟斷資本可以直接影響和操縱政權，中國的制度不允許資本影響政權。儘管一段時間以來確實存在資本和權力進行交易的狀況，但這是中國的法律和黨的紀律所不允許的。2016年3月，習近平以"親"、"清"二字來概括政府與私營企業之間的新型政商關係，[1]"親"就是黨政部門和民營企業之間的合作關係，幫助企業發展，搞好服務；"清"就是劃清資本和權力的界限，遵紀守法辦企業，不能通過權錢交易介入政治權力。這是中國制度的優勢，可以避免形成資本"贏者通吃"。

還有一種比較普遍的看法值得注意。有人認為，中國共產黨作為執政黨，這麼強調共產主義理想、強調公有制為主體，是不是會讓民營企業家們害怕，甚至導致資本出逃？他們認為現在經濟下行、民營企業不敢投資，是因為怕被"搞共產"，內心忐忑不安。這種看法需要澄清。

中國共產黨自成立以來，從來沒有把民族企業作為革命的對象。新中國成立初期的社會主義改造，對於民族企業也是在自願的基礎上通過贖買的方式實現公私合營。改革開放以來，對民族資本的保護程度更是在不斷加強，如出台了《物權法》

1　《習近平在看望參加政協會的民建工商聯委員時強調毫不動搖堅持中國基本經濟制度推動各種有制經濟健康發展》，新華每日電訊，2016-03-05（1）。

等保護產權的法律。

強調公有制為主體，為私營資本劃出紅線，這恰恰不是為了限制其發展，而是為了讓民族資本更好地發展。中國共產黨奮鬥的目標是實現共產主義，而堅持共產主義的理想，絕不意味著要立即消滅私有制，因為根據歷史唯物主義的原理，在相當長的歷史階段，還要發揮商品生產、市場經濟和私人資本的積極作用，同時要抑制其消極作用。只要把這個問題坦坦蕩蕩、大大方方說明白，給私人資本的發展劃出紅線和底線，既在有利於國計民生的範圍內支持其發展，又防止其影響國計民生和損害民族利益，就完全能夠為民族企業家所接受。

當然，上述這些優勢要在制度上予以規範和定型，還有很長的路要走，既需要中國共產黨堅持自己的宗旨，也需要民族資本堅持正確的發展方向，那就是擁護社會主義、維護民族利益、履行社會責任，不做為了追求經濟利益而損害國家主權和人民利益的事情。如果能夠始終堅持這些，那麼中國的民營經濟和社會主義就不是對立關係，而是中國特色社會主義制度的一部分。這是堅持"兩個毫不動搖"的基礎和前提。

能夠駕馭市場經濟的政權

正確處理政府和市場的關係，是經濟體制改革的核心問題。中國在政府職能上，既沒有像蘇聯那樣完全包辦代替，也沒有變成不作為的"小政府"，而是在引入市場機制的同時，不斷強化國家能力。中國共產黨強調各級領導幹部要加強"駕馭市場經濟的能力"，政府在經濟運行中，不僅是"守夜人"、"裁判員"，而且更重要的是，中國的社會主義政權是人民利益的代表者，代表人民來治理和駕馭市場和資本，政府的經濟職能不僅體現在制定規則和保持宏觀經濟穩定，而且也體現在發展公有制經濟、提供公共服務、維護社會公平、促進共同富裕、參與國際競爭等重要方面。

中國引入市場經濟的路徑同西方不同。西方是先有市場經濟、再逐步強化政府職能，但儘管如此，也沒能避免市場盲目性帶來的經濟危機、貧富分化、全球經濟失衡等嚴重的缺陷和弊病。而中國作為社會主義國家，是先根據馬克思主義的國家學說建立人民民主專政的政權，再引入市場經濟。社會主義市場經濟是同社會主義基本制度結合在一起的，具有不同於傳統市場經濟的新特點和優勢，一方面發揮了市場機制的優點，增強了經濟發展的活力；另一方面發揮了社會主義制度中生產資料公有制、按勞分配、計劃調節、統籌兼顧、獨立自主、共同富裕等優勢，能夠更好地解決市場失靈。從中國經濟的發展歷史來看，無論是改革開放前還是改革開放後，一個積極有為的政府都是中國經濟發展的優勢。

積極有為的政府避免了發達國家和發展中國家在經濟發展中的兩類陷阱：一類是政府軟弱渙散，缺乏必要的治理能力；另一類是政府為強勢利益集團所俘獲，代表少數人的利益。人們往往只看到亞當·斯密經濟理論中那隻"看不見的手"，卻忽視了亞當·斯密提出這一理論的時代背景。亞當·斯密生活在資本主義原始積累的時代，他在《國富論》中痛斥資本家通過操縱和賄賂政客來剝削工人，呼籲結束這種官商勾結狀況，讓"看不見的手"發揮作用。[1] 可見，亞當·斯密不是抽象地反對政府干預，而是反對那種"同資產階級勾結起來壓迫工人的腐敗政府"。這一點同馬克思是高度一致的，《資本論》第 24 章以"所謂原始積累"為題，譴責資產階級政府"欺騙性地出讓國有土地，盜竊公有地"[2]，"把工人剛剛爭奪到的結社權剝奪掉"，"使領工資的工人陷入……奴隸般的依賴狀態"[3]。

所不同的是，馬克思和亞當·斯密提出了不同的解決辦法。亞當·斯密認為，既然政府會做壞事，那麼就不要政府干預，把政府職能縮到最小為好。這在工業化初期、社會生活並不複雜的情況下是有一定道理的。但是隨著工業化發展，社會生活日益複雜，市場失靈愈來愈凸顯，政府作用逐漸重要起來。這時候，馬克思的辦法就慢慢佔了上風，那就是，並不是消極地縮小政府規模，而是讓政府正確地發揮作用。20 世紀 30 年代的"大蕭條"之後，正是在持續不斷的工人運動和經濟危機推動下，資產階級政府在維護社會公平、提供醫療教育環保等公共服務、建立國有企業承擔社會責任等方面的職能逐步增強。社會主義國家出現之後，通過制度競爭迫使資產階級政府以更大力度強化政府作用、糾正市場失靈，形成了社會民主主義、福利資本主義等制度。20 世紀 80 年代之後，以減少政府干預為主題的新自由主義席捲全球，帶來了短期的經濟增長，但也擴大了南北差距和各國內部的社會差距，

1　郎咸平、楊輝瑞：《資本主義精神和社會主義改革》，北京：東方出版社，2012：17–19。

2　[德]馬克思、恩格斯：《馬克思格斯文集（第五卷）》，北京：人民出版社，2009：842。

3　[德]馬克思、恩格斯：《馬克思恩格斯文集（第五卷）》，北京：人民出版社，2009：851。

特別是東歐、東亞、拉美的不少國家接受了"小政府"理念，實行私有化、削減社會保障、放鬆金融監管，導致了經濟金融危機。

可見，問題的關鍵並不是政府大小，而是政府做什麼。一方面，政府可能與利益集團勾結起來攫取社會利益；另一方面，政府能制定經濟發展戰略、遏制壟斷資本、維護社會公正、提供公共服務，並對外維護國家利益。在現實中，有些人希望捆住政府"掠奪之手"，以惠及國家和人民大眾；而另一些人則希望捆住政府"保護之手"，讓政府不要遏制利益集團、不要調節收入分配、不要搞社會福利，以保護有產者利益。可見，同樣是"限制政府權力"，其結果可能完全相反。

對於發展中國家，問題更加複雜。由於制度不健全，發展中國家政府同時具備"掠奪之手"和"保護之手"的特徵。在這種情況下，鼓吹"小政府"很容易迷惑人，結果卻讓政府功能錯位，放棄了本該承擔的"保護之手"的責任。東歐和拉美的教訓表明，一些國際說客之所以不遺餘力地推動發展中國家國企私有化、金融自由化、福利最小化，其實就是以"約束政府權力"之名行渙散政府能力之實，以維護他們在國際經濟秩序中的優勢地位。所以要明確，"約束政府權力"不是要弱化國家能力，而是為了更有效、更有力地履行國家治理的職能。

自由放任的市場如果不受制約，就會在資本利益的裹挾下，衝破人類的一切社會關係，把一切都變成商品，使社會關係失去其自然和社會屬性。一無所有的勞動者成為商品，只能接受資本的盤剝，從而導致尖銳的社會分化和對立；土地變成商品，會造成惡性兼併和大量流民、生態破壞；資源環境變為商品，會導致環境透支；自由放任的市場無法解決醫療、教育等服務的公平提供。所以，政府需要承擔責任，約束資本不受限制的權力。

在風雲變幻、國際競爭加劇和危機頻發的時代，一個積極有為的政府正體現了其制度優勢。與大多數被排除在現代化門檻之外和陷入中等收入陷阱的國家比較起來，中國的積極政府正說明了中國的制度優勢。當前，面對政府存在的問題，中國需要深化改革，但是不能因此迷信"小政府"，更不能主動放棄制度優勢。

4. 支柱三：以人民為中心

　　如何處理公平和效率、經濟發展和人自身發展的關係，是經濟發展道路上一個關鍵的問題。在這兩個問題上，西方國家走的是先解決效率問題、再解決公平問題，先實現經濟增長、再追求人自身發展的道路。這種發展之路有兩個問題：第一，伴隨著巨大的社會代價，歐美國家的工人階級經過長期鬥爭，才獲得了相對公平的社會地位和保障；第二，社會一旦形成兩極分化，再反過來治理就會困難重重。特別是發展中國家，處在全球體系中的邊緣地位，政治格局容易受到全球資本的影響和控制，很難形成一個代表中下層利益的政府。從實踐來看，大部分發展中國家都沒有很好地解決社會公平和人類自身發展的問題。

　　中國在這個問題上走出了一條新路，那就是堅持以人民為中心，社會革命先於經濟革命、社會建設先於經濟建設，讓人自身的發展適當超前於經濟發展，先解決社會公平的問題，再實現經濟發展。正因如此，中國才能夠在極低的經濟發展水平下，有效而穩定地集中資源實現現代化；才能夠為了長遠的目標團結各階層人民，共同奮鬥；才能夠避免西方國家發展早期巨大的社會代價，比較平穩而快速地實現經濟起飛。

社會革命先於經濟革命

　　在經濟增長中，如何處理公平和效率的關係是一個古老的命題。從微觀上看，公平和效率似乎是有矛盾的；但是從宏觀的視角來看，公平和更長時間的增長是一致的。

　　中國能夠突破現代化的瓶頸，得益於進行了歷史上最深刻的社會革命。舊中國是一個等級分明、極不公平的社會。對廣大民眾來說，兩極分化，阻礙著消費市場的擴大和人力資本的提升；對國家來說，利益集團成為國家和人民之間的梗阻層，他們攫取了大量社會財富，使得國家沒有力量集中資源投入到最需要的重工業部門，甚至國家被利益集團所控制，成為利益集團牟取利益的工具。國民黨裏的有識之士儘管認識到要反對腐敗（實際上就是遏制以四大家族為代表的寡頭）、實施土地改革才能獲得農民的民心，但是由於國民黨自身是利益集團的一部分，所以這些政策都難以實施。而中國共產黨扎根於基層，和當時的各種利益集團都沒有關係，所以才能夠通過土地改革獲得人民的擁護。

新中國成立前後，進行了一場深刻的社會革命，主要的標誌就是改造了原有的利益集團，在農村實現了比較公平的土地分配，在城市通過沒收官僚資本主義和接收外國資產，建立了公有制的基礎，從而實現了主要生產資料比較公平的分配，打破了各種不勞而獲的"食利者階層"，有限的剩餘可以直接在國家和人民之間分配，既集中資源到關鍵部門發展重工業，又能夠把有限的消費資源平均分配，保障基本民生的改善。國家還可以用有限的資源優先建立低成本、廣覆蓋、保公平的社會保障體系。這些條件都打破了舊中國社會結構對經濟發展的阻力。

社會革命是啟動中國現代化的動力。社會革命打破了等級森嚴的社會結構，普及了平等文化，使得國家和人民成為利益一致的共同體，盪滌了根深蒂固的等級制度，是一次大規模的平民化運動。新中國建立了一個公平、有保障、有組織力的扁平化社會，改變了舊中國一盤散沙、貧富懸殊、脆弱和充滿風險的社會結構，讓千百年來被侮辱、被損害的平民百姓有工作、有尊嚴、有安全感、有希望，使勞動者獲得"為自己勞動"的主人翁心態，在經濟資源不足的情況下起到了巨大的激勵作用。

20 世紀 80 年代以來，"告別革命"的觀點曾經時髦了一陣。這種觀點認為革命打破了中國的現代化進程，認為如果不發生革命，中國早就實現現代化了。這種觀點把革命和建設割裂來看，並不符合歷史的事實。1840 年以後，歷史給了中國發展資本主義的機會，但中國的民族資本主義在半殖民地背景下不能獨立發展起來。今天，還有大量沒有經過社會革命的發展中國家，這些國家長期動盪的一個根源就是兩極分化的社會結構和利益集團的存在。印度至今種姓制度根深蒂固，土地由私人所有，大量農民流離失所，消費能力和人力資本水平都很低；菲律賓、巴西等發展中國家，土地由大地主、大資本所有，貧富兩極分化成為社會持續動盪的根源。

新中國的實踐證明，中國通過社會革命，在一個比較公平的基礎上實現了現代化，並通過維護社會公平正義，不斷為發展增添新的動力。

中國堅持社會革命優先，還解決了困擾很多國家的一個敏感問題，那就是民族和宗教問題。中國之所以能夠比較好地處理民族關係，實現各民族和諧相處，一個重要的原因就是，中國共產黨沒有孤立地看待民族問題，而是把民族問題作為一個社會公平的問題，看到當時少數民族群眾所受到的壓迫，本質上是階級壓迫，從而團結新疆、西藏等民族地區廣大勞苦大眾，推翻了貴族、奴隸主統治，從而讓各民族的勞動人民團結在一起，對"社會主義大家庭"的認同感超越了狹隘的民族感情。在任何一個民族，窮人都是多數，特別是沒有經過民主改革、還停留在封建社會甚至奴隸社會的民族，只有團結了最大多數的基層人民，才能夠具備穩定的社會基礎。直到今天，這仍然有著重要的借鑒意義。

以共同富裕促進增長

公平是人類永恆的追求。傳統的農業社會，在社會分工和交往不顯著的條件下，社會形成差距的過程較為緩慢。而資本主義社會產生之後，雖很好地解決了生產力發展的問題，但是並沒有解決公平和公正的問題，相反，以資本為主導的力量"日益把社會分成兩個對立的階級"。逐利性決定了資本總是流向利潤率高的地方，因此，在資本主義社會，城鄉、地區和勞資之間的差別遠大於傳統社會。從世界歷史來看，現有的西方道路並未解決協調發展的問題。西方發達國家的發展程度很高，卻是以南北差距的擴大為代價的。發展中國家大部分仍然走的是依附性發展道路，融入全球體系的部分和大多數農村之間形成兩個世界。也就是說，目前還沒有哪個大國主要依靠自身的資源實現協調發展。

中國對縮小三大差別的探索至少從 1956 年就開始了。人民公社化和 20 世紀 70 年代鼓勵農村社隊企業發展，都是試圖扭轉片面以城市為中心的工業化發展道路，鼓勵農村就地工業化。兩次體制下放、三線建設和上山下鄉都是中國有意識地縮小城鄉差距、實現協調發展的行動。

協調發展不僅是發展本身的要求，也是"中國模式"特有的經驗。中國之所以能夠比其他發展中國家保持更快、更持久的經濟增長，實行協調發展的戰略是一個不可缺少的因素。中國縮小三大差別最顯著的效果體現在 20 世紀 80 年代。改革開放初期，中國是世界大國中收入分配相對公平的國家之一，基尼係數只有 0.3 左右，正因為有這種公平的起點，所以 20 世紀 80 年代獲得了市場的繁榮和強勁的內需，這是中國發展過程中的一個獨特經驗，也對今天凝聚新增長動力有直接啟示。

教育和健康優先發展

在經濟發展水平低的階段能不能搞免費醫療、義務教育、社會保障，這在中國是長期存在爭論的問題。從國際經驗來看，大多數國家都是先實現現代化，再建立和完善公共服務和社會保障體系。而中國選擇了一條不同的道路，那就是優先發展社會事業，在經濟發展水平很低的情況下普及了基本醫療、基礎教育和社會保障。這樣做，對現代化有兩方面的意義：一方面，人力資本是生產力最核心的因素，中國教育和健康服務的普及，使人力資本水平大幅度躍升，形成了一支有文化、守紀律的產業工人大軍，為改革開放儲備了豐富的勞動力資源；另一方面，住房、醫療和教育是人最基本的需求，中國通過普及基本醫療、基礎教育和社會保障，大大降低了人民生活的不確定性，降低了經濟運行的成本，使得集中資源發展"高積累、低消費"的工業化戰略成為可能。

從更長遠來看，健康、教育的普及，是人全面自由發展的前提。資本主義社會自由的本質是"資本面前人人自由"，人雖然擺脫了封建制度的束縛，但是卻受到資本的支配，是否掌握資本成為能否享受自由的先決條件。提供社會保障、普及公共服務，就是要避免人的異化，為人的全面自由發展創造條件。中國實現人民健康、人民教育的優先發展，社會發展水平在很長時間內明顯領先於經濟發展水平在全球的排名，為國家穩定、經濟發展、社會進步打下了基礎。

▶▶ 5.支柱四：以正確義利觀為核心的國際戰略

面對全球化，發展中國家應當如何自處？這又是關係到現代化道路的關鍵問題。在全球化時代，資本主義生產方式覆蓋了全世界，特別是 20 世紀 80 年代之後，新自由主義經濟理論佔據了主流地位，不受限制的資本和商品流動，激發了經濟發展的活力，但是也擴大了南北差距，導致一些國家陷入"中等收入陷阱"。

資本主義全球化對發展中國家可能產生兩種影響：一種是經濟全球化能在一

定程度上促進經濟發展，有利於技術的傳播，可以縮小發展中國家和發達國家的差距；另一種是經濟全球化也可能導致發展中國家喪失經濟主權和國家安全，被鎖定在產業鏈低端，擴大發達國家和發展中國家的差距。從實踐看，資本主義全球化導致第一種情形的少，導致第二種情形的多，能在資本主義全球化中獲益的發展中國家，基本上都是在地理位置和自然資源方面具有特殊性的小國。

中國國際戰略的出發點，就是在全球化中，爭取實現第一種情形，發展經濟，縮小與發達國家的差距，避免第二種情形。要實現這一點，關鍵是要做到"窮則獨善其身、達則兼濟天下"。"窮則獨善其身"，即獨立自主地參與全球化，有序自主地對外開放，在開放中堅守國家安全和產業安全的底線；"達則兼濟天下"，則是努力維護全球公平正義，支持第三世界國家發展，通過維護全球公平正義為自己爭取發展的正當權益。獨善其身和兼濟天下是一致的，因為中國本身是發展中大國，維護全球公平正義就是為自己爭取公平的發展權益。

獨立自主：窮則獨善其身

新中國自成立以來，沒有像一般的發展中國家那樣，直接加入全球體系，成為世界體系的一環，而是獨立自主地參與全球治理，通過改善全球公平，爭得自己的發展空間。

從國內來看，獨立自主的發展戰略使中國具有了獨立的工業體系，避免了經濟和技術上的依附地位。中國是大國，資源豐富，市場廣闊，不怕封鎖；只要具備初始的資本和技術，不需要國際市場，同樣能夠實現國內經濟的循環。因此，在成立初期，雖然美國對中國進行了嚴格的禁運，但這恰恰給了中國獨立自主發展技術的動力。如果中國不走獨立自主之路，而是屈從於外部大國壓力，固然能夠換來一時的和平、一時的援助，但是從長期看，無論算經濟賬還是算政治賬都是不划算的。算經濟賬，如果屈從大國，就只能加入由大國主導的國際分工體系，在尚不具備重工業基礎的情況下，致使中國產業被鎖定於低端，產業升級和實現完整工業體系的時間將大大延遲。算政治賬，依附於大國的代價就是喪失一定的主權和戰略空間，接受大國劃定的國際格局，而且國內政治也將受到外部大國的影響甚至左右。1993年，江澤民曾總結道："從近幾年來國際風雲的變幻中可以更加清楚、更加深刻地看到，中國共產黨在社會主義建設事業中堅持獨立自主，不倦地探索適合自己情況的道路，以及由此培養起來的自強自立、不依附於人、不怕鬼、不信邪的精神，對於維護國家的主權和民族的尊嚴，鞏固和發展社會主義制度，發揮著多麼重大的作用！"[1] 20 世紀 70 年代之後，美國解除對中國的封鎖禁運，除了當時國際戰略的需要之外，還有一個原因是中國在封鎖條件下已經形成了完整的工業體系。

對一個大國來說，把關鍵技術和戰略部門控制在自己手裏是必要的。正是由於中國具有了獨立的工業和技術體系，改革開放之後，中國才能在對外合作和技術引進中保持相對平等的合作地位，比如，20 世紀 80 年代，美國麥道公司就與中國進行了深度合作，如果當時中國沒有獨立研製大型飛機的能力，這種合作是不可能實現的。獨立的工業和經濟體系，使中國在 20 世紀 70 年代初就具備了對核大國的戰略威懾能力，從而實現了國防戰略的調整，從消極防禦轉變為積極防禦，能夠禦敵於國門之外，為改革開放營造了和平的建設環境。

正確義利觀：達則兼濟天下

2013 年，習近平在周邊外交工作座談會上發表重要講話，提出 "堅持正確義利觀" 的理念。習近平秉承中華優秀文化和中國外交傳統，順應和平、發展、合作、共贏的時代潮流，提出在外交工作中要堅持正確義利觀，並就其內涵做出了精闢論述。他指出：

> 義，反映的是我們的一個理念，共產黨人、社會主義國家的理念。這個世界上一部分人過得很好，一部分人過得很不好，不是個好現象。真正的快樂幸福是大家共同快樂、共同幸福。我們希望全世界共同發展，特別是希望廣大發展中國家加快發展。利，就是要恪守互利共贏原則，不搞我贏你輸，要實現雙贏。我們有義務對貧窮的國家給予力所能及的幫助，有時甚至要重義輕利、捨

1　《江澤民在毛澤東同志誕辰一百週年紀念大會上的講話》，http://www.gov.cn/test/2009-11/27/content_1474648.htm。

利取義，絕不能惟利是圖、斤斤計較。[1]

新中國成立之後，一直堅持獨立自主、堅持正確的義利觀，支持第三世界民族解放運動和人民民主運動，獲得了巨大的國際道義感召力，獲得了第三世界國家的支持和幫助，最終也獲得了包括美國、蘇聯在內的世界強國的承認和尊重。

中國的發展，不僅有利於改變全球不平衡的發展狀況，與發展中國家一起爭取更加平等的發展機會，而且中國以自身發展的成就，給其他發展中國家增添了信心和希望，幫助其打破對西方的迷信，讓其相信，走出一條新路是可能的，建設一個不一樣的新世界是可能的。美國哈佛大學教授約瑟夫·奈認為："中國的經濟增長不僅讓發展中國家獲益巨大，中國特殊的發展模式和道路也被一些國家視為可效仿的榜樣……更重要的是將來，中國倡導的政治價值觀、社會發展模式和對外政策做法，會進一步在世界公眾中產生共鳴和影響力。"[2] 俄羅斯經濟學院教授弗拉基米爾·波波夫則認為："中國的發展模式，或者說東亞的發展模式，對所有發展中國家具有無法抗拒的誘惑力，因為這種模式引發了世界經濟史上前所未有的一輪增長……這種模式與美國開出的新自由主義經濟處方可謂背道而馳。"[3] 塞內加爾前總統阿卜杜拉耶·瓦德說："雖然西方國家抱怨中國推進民主改革方面步履緩慢，卻無法掩蓋中國人比批評者更具競爭力、更有效率、更能適應非洲商業環境的事實……不僅是非洲需要向中國學習，西方也有很多需要向中國學習的地方。"[4]

從發展中國家的現代化歷程來看，中國和廣大第三世界國家都屬於後發外生型現代化國家，都面臨著突破資本主義全球體系、超越西方發展道路的共同使命。因此毛澤東曾經滿懷激情地展望："從現在起，五十年內外到一百年內外，是世界上社會制度徹底變化的偉大時代，是一個翻天覆地的時代，是過去任何一個歷史時代都不能比擬的。"[5] "進到二十一世紀的時候，中國的面目更要大變。中國將變為一個強

1　王毅：《堅持正確義利觀 積極發揮負責任大國作用 —— 深刻領會習近平同志關於外交工作的重要講話精神》，人民日報，2013-09-10。
2　趙哲：《國外熱議 "中國模式" 及其啟示》，http://politics.people.com.cn/GB/143465/8669550.html。
3　趙哲：《國外熱議 "中國模式" 及其啟示》，http://politics.people.com.cn/GB/143465/8669550.html。
4　趙哲：《國外熱議 "中國模式" 及其啟示》，http://politics.people.com.cn/GB/143465/8669550.html。
5　中共中央文獻研究室：《建國以來毛澤東文稿（第十冊）》，北京：中央文獻出版社，1996：32。

大的社會主義工業國……中國應當對於人類有較大的貢獻。"[1] 鄧小平曾經滿懷信心地指出："我們的改革不僅在中國，而且在國際範圍內也是一種實驗，我們相信會成功。如果成功了，可以對世界上的社會主義事業和不發達國家的發展提供某些經驗。"[2]

中國的國際戰略，是義和利的統一，是國家民族利益和國際道義的統一。中國結束了一百多年來在全球體系中被邊緣化、被迫依附的局面，開始了獨立自主融入全球化的進程。中國堅持獨立自主，堅持正確義利觀，不僅贏得了自己的發展進步，也愈來愈深刻地影響著世界，一個不依靠炮艦和暴力、講求道義和責任、超越資本主義全球化道路的新型的國際秩序，將是發展起來的中國對世界的貢獻。

▶ ▶ ▶   # 6. 支柱五：黨的領導和群眾路線

建設一個什麼樣的政權、執政黨和人民之間是什麼關係，這是關係到現代化進程的重大問題。中國在這個問題上也探索了新的模式，那就是在中國共產黨領導下，把人民有序地組織起來，通過群眾路線和協商民主的方式，保障國家和人民具有共同的目標和利益，在中央集中統一領導下發揮地方和基層的積極性，形成一種既有集中又有民主，既有紀律又有自由，既有統一意志又有個人心情舒暢、生動活潑的政治局面。

這種國家—社會關係，不同於西方"市民社會"國家與社會對立的關係，既避免了國家被特殊利益集團所影響，又避免了極端的民粹主義導致社會的對立和撕裂，凝聚了發展合力，增進了社會團結，有利於防止黨和國家的變異，能夠做出符合全社會整體利益和長遠利益的決策。

---

1   毛澤東：《毛澤東文集（第七卷）》，北京：人民出版社，1999：157。
2   鄧小平：《鄧小平文選（第三卷）》，北京：人民出版社，1993：135。

作為先鋒隊的共產黨

中國共產黨是中國現代化的組織者、領導者，在中國現代化過程中起著核心作用。中國共產黨的領導，是中國道路最本質的特徵。

舊中國之所以無法啟動現代化，重要原因之一是缺乏一個能夠凝聚全國人民意志、形成共同目標的政權。無論是清政府還是國民黨政府，都沒能啟動現代化。人們往往從政治、軍事的角度來解釋為什麼中國共產黨能夠贏得革命戰爭的勝利，而忽視了中國共產黨領導的革命戰爭，不僅是軍事和政治上的鬥爭，也是經濟發展模式的競爭。在關係中國命運的大決戰 —— 解放戰爭中，國民黨政府的失敗不僅是政治和軍事上的失敗，也是經濟上的失敗。這種失敗，是由國民黨政權的幾個特點決定的：

第一，國民黨政權的基本依靠力量是大財閥和外國資本，因此不可能在農村進行土地革命，實現耕者有其田。國民黨上將衛立煌曾說過，"八路的打法好是好，咱們學不來。咱們的部隊一撒出去，就收不攏來了"。[1] 中國共產黨之所以贏得大多數農民的支持，主要是進行了土地革命。長期受壓迫、受剝削的貧苦農民在土地改革之後，成為共產黨的堅定支持者，踴躍參軍打仗，保護勞動果實。

第二，國民黨政權影響沒有達到基層，政府治理能力弱小。國民黨政權在形式上是一個現代政權，有政黨、有國會、有總統，但是這個政權遠遠沒有深入到中國的基層，而是如浮萍般飄在水面。基礎不牢，地動山搖。當時縣以下的廣大地區，還保留著傳統社會的組織形式。如黃仁宇所說，蔣介石雖然重建了中國的上層社會，但並未重建中國的基層社會，重建基層社會的任務是中國共產黨完成的。這種只有上層、沒有基層的行政體制，造成的最大問題就是國家能力的低下，政令不一，中央政府的意志到了基層就發生了很大偏差，突出表現在收稅和徵兵這兩件戰爭時期的頭等大事上。

第三，國民黨政府的幹部結構和執政文化嚴重脫離中國本土。在國民黨統治時期，中國已經形成鮮明的二元結構：在沿海大城市特別是租界，現代化程度已經較高，生活方式和文化國際化程度也較高；在城鎮和廣大鄉村，貧困階層還廣泛存

1　周大江：《黨史商鑒》，北京：人民出版社，2006：40。

在，廣大農村更是停留在傳統社會，遠離現代化。而且，作為執政黨的國民黨，其高級幹部在出身和生活經歷上同中國的底層相距甚遠，而且在知識結構和理念上也食洋不化，脫離中國本土。從代表性和價值取向來說，國民黨政府充其量只是一個代表少數富裕階層、精英階層的政府。儘管國民黨政府中也不乏有良心、有抱負的賢能人才，但無法從根本上改變國民黨對外妥協依附、對內依靠權貴的本質，從而避免不了失敗的命運。

與國民黨相比，中國共產黨深深扎根於中國的基層，黨員的結構從以知識分子為主，轉變為以工人和農民為主體，同時又吸收了大量先進的知識分子。中國共產黨扎根於基層，開展了土地革命，獲得了農民的支持；建立了一支紀律嚴明的軍隊，具有強大的組織和社會動員能力，使黨的理論深入人心。因此在 1949 年新中國成立後，才能利用強大的組織力量，迅速應對國民政府留下的經濟危機，迅速統一財政經濟，集中有限的物資和稅收，避免了過度發行貨幣或者舉債，避免了通貨膨脹和財政破產的兩難局面。

因為中國共產黨具有組織優勢，所以才能夠在市場機制發育不健全的情況下，通過高效的組織體系，把人民組織起來，以較低的成本實現各種生產要素的組合，集中資源實現工業化。因為中國共產黨具有密切聯繫群眾的優勢，所以才能打破各種利益集團，打破舊的利益格局對現代化的限制；所以才能保持官兵一致的傳統，構建一個比較公平的社會，從而避免現代化過程中的貧富分化現象。也正是因為黨和人民同甘共苦，所以黨和政府才有條件制定國家發展的長遠規劃，說服人民為了長遠利益而實施“大仁政”；正是由於國內保持著穩定，所以才能在國際上堅持獨立自主，維護國家主權。強有力的國家政權，是中國實現現代化的動力和制度優勢，而不是缺點和問題。

組織起來的人民

中國共產黨有強有力的組織能力，所以一些西方人把中國的體制稱為“威權體制”，言下之意就是中國不民主，主張把國家權力還給社會。這種把國家和社會對立起來的看法過於片面。西方政治學理論認為群眾是“群氓”，是沒有行動能力、一盤散沙、缺乏理性的個體。而中國共產黨成功地把人民組織起來，把“群氓”變成了

"群眾"，使人民具有共同的理想和價值觀、理性地開展集體行動。中國共產黨實施群眾路線，黨既是群眾的領導，也是群眾的學生，黨和人民具有共同的長遠目標，這是一種新型的黨群關係，超越了西方國家的階級對立和民粹主義。

人民如何組織起來，是一個很複雜的問題。被稱為"利益集團鞭撻者"的美國政治學家奧爾森認為，行會、工會、卡特爾以及議會院外集團等"特殊利益集團"，只關心自身的福利，不關心社會總福利。一旦他們獲得政策影響力，就可能阻礙技術進步和資源合理配置，典型的例子是美國的農業和軍火集團。印度一直奉行自由貿易政策，但並未由此獲得繁榮與發展，主要是由於種姓制度確立的分利集團在起抑制作用。二戰後德國和日本迅速發展，則得益於戰爭徹底打碎了利益集團。奧爾森認為，中國改革之後經濟之所以實現了快速發展，正是因為改革前的一系列政治運動打破了利益集團，使得改革初期具有十分公平的起點。[1]

既然利益集團可以組織起來，那麼人數更多的人民大眾為什麼不能組織起來呢？奧爾森在《集體行動的邏輯》中指出，普通勞動者利益分散，人數愈多，搭便車的衝動就愈大，無產者是最難組織起來的。中國社會有著鄉村自治的傳統，但這是一種消極的辦法，雖然有利於保持鄉村社會的穩定，但農村長期保持自給自足的生活方式，將無力集中資源實現技術進步，易導致社會的停滯。一旦進入工業化、城鎮化的時代，在工商資本和金融資本的衝擊下，這種制度就會迅速瓦解。

把基層組織起來，是中國不同於大多數發展中國家的一個特點，也是中國啟動現代化的一個獨特的動力。新中國成立後，基層社會被高度有效地組織起來，進行了大規模的工農業生產、群眾性試驗和創新活動，實現了關鍵技術領域的突破。這既解決了資本和技術的不足，也避免了大多數發展中國家普遍存在的剩餘勞動力較多、就業不足等問題，實現了全民就業。從微觀上看，全民就業可能會降低微觀運行效率，但是從宏觀上看，全民就業使得全部的勞動力都得到使用，這或許是中國能夠快速建立工業基礎的一個原因。

1　曼瑟·奧爾森著，李增剛譯：《國家的興衰：經濟增長、滯脹和社會僵化》，上海：上海人民出版社，2007。

群眾路線和協商民主

在把基層組織起來的基礎上，中國構建了一種新型的國家—社會關係，這種關係的基石就是群眾路線。中國共產黨在革命戰爭中與人民形成了血肉聯繫，這是新中國成立的合法性基礎，新中國成立之後，黨的領袖也始終強調要保持這種聯繫。這種聯繫體現在國家和社會的關係上，可以叫作“人民社會”，不同於西方“市民社會”中國家和社會的對立關係，在“人民社會”，國家和人民有著共同的目標、共同的理想信念，是一種合作的關係。

西方國家和社會的博弈，往往關注短期利益，國家和社會是對抗關係，容易走到兩個極端：一個極端就是強勢集團控制了政權和社會，造成兩極分化；另一個極端就是片面強調底層群眾的短期利益、局部利益，從而形成極端的民粹主義，工會等本來旨在保護工人的組織也有可能形成利益集團，妨礙國家競爭力。

而中國的國家—社會一體化格局，國家和人民具有共同利益和目標，國家的發展成果由人民共享，人民則主動響應國家號召，為長遠利益而做出暫時犧牲，這超出了奧爾森的所謂“集體合作的困境”，是一種更高層次的合作。中國的“人民社會”超越了西方的“市民社會”。中國之所以能夠在國家和社會之間形成高層次的合作關係，就在於黨通過群眾路線，注重保持與人民群眾的血肉聯繫，避免社會主義的國家政權走到人民利益的對立面。

群眾路線和協商民主，已經成為中國式民主的主要特點，超越了西方“一人一票”的民主制度。在“一人一票”的選舉制度下，選民表面上有很多權利，但是選擇範圍很有限。在經濟好的時候，民主作為資本主義制度的裝點，是用來說明其政治合法性的點綴。而一旦經濟不好，社會矛盾突出，民主就變成了礙事的東西，老百姓要運用民主制度來限制和約束資本的時候，資本主義政權就會露出真面目，宣揚“民主無用論”。對中國來說，既要反對照搬西方民主，又要反對“民主無用論”，因為這兩種論調本質上是一致的，都是代表資本的利益，而忽視公眾的利益。

德國埃森高級人文研究所的高級研究員斯拉沃熱·齊澤克認為，今天的中國，權力固然不是一人一票選出來的，但也不是任命的，更不是世襲的。最高領導人的產生一是取決於是否經過長期的基層鍛煉和檢驗，二是取決於黨內上層的投票評議，三是元老推薦，因此，最高領導人的產生是個人能力、黨內民主、元老經驗和智慧三方的綜合。更重要的是，中國還有權力退出機制。中國的制度模式是人類歷史上的創新，它既不符合專制的定義，又不符合西方所謂的民主，它反映了中國共產黨領導下形成的，以群眾路線、協商民主為核心的民主政治制度的創新性。實踐證明，這套體制符合中國國情、具有強大生命力，而且相對於西方的選舉式民主有著更大的優越性。如果中國的政治體制不是民主體制，那就無法解釋新中國成立六十多年經濟社會的快速發展。

集中統一下的地方競賽

正確處理中央和地方的關係，是大國經濟發展中必須解決好的問題。中國的中央─地方關係，與世界其他國家相比，具有相當的獨特性。

在中國，中央和地方的關係是政治上集中統一和經濟上分權的結合，可以充分發揮中央對地方的約束和調控，防止地方形成特殊利益，更好地解決地方行為之間的外部性問題。正是有了這種"收放自如"的中央和地方關係，所以在不同的歷史時期，可以隨著形勢的變化，不斷調整中央和地方的權力劃分。"一五"計劃期間，為了集中資源啟動重工業建設，實行了高度集中的計劃經濟體制，這是新中國成立以來中央經濟權力最大的時候。20世紀50年代末和70年代初，中央進行了兩次較大規模的權力下放，促進了地方工業的發展和競爭。改革開放初期，中央進行了較大規模的放權讓利，20世紀90年代初，當地方競爭加劇導致了"諸侯經濟"狀況產生時，中央又進行了權力集中，特別是財政權力的集中。進入21世紀以來，隨著重化工業管理權限下放給地方，地方從事重化工業、房地產等的積極性高漲，在促進經濟發展的同時也帶來了泡沫經濟、過度負債、產能過剩等問題。中共十八大以來，以習近平為核心的新一屆中共中央再一次強調要增強看齊意識，要糾正過度強調地方積極性而導致的無序競爭的行為。可見，中國的中央─地方關係並不是固化的，而是隨著形勢變化和需要，呈現一種收放自如的關係。

集中統一下的地方競爭是中國經濟增長的動力。一些學者對此進行過研究，將其稱為"錦標賽模式"。地方政府之間通過改善投資環境、優化公共服務來吸引優質的生產要素。儘管這種模式也帶來了無序競爭、產能過剩、環境污染等問題，但是這並不是地方競爭必然帶來的後果，因為中國的地方競爭並非沒有邊界的競爭，中央可以通過行政、經濟、法律等調控手段，以及人事調動交流等制度安排，對地方行為實行強有力的調控，只要隨著發展階段的變化，不斷調整設置合理的激勵機制，地方競爭的模式仍然能夠繼續發揮作用。

更重要的是，這種中央—地方關係，不僅是經濟增長動力，還是一種政策試驗和科學決策的工具。由中央設置改革目標和方向，地方分頭開展政策試驗，成功的經驗由中央推廣，督促其他地方落實，而且這一過程可以反覆多個回合。這種中央和地方之間"從實踐到認識、從認識到實踐"反覆多次的過程，就是一種政策試驗、試錯的方法論。中國是一個大國，一項政策在個別省份試驗，即使不成功，也能避免重大的政策風險。且中央和地方之間順暢的信息溝通、幹部交流的機制，保障了上下聯動、反覆多輪的政策試錯過程能夠比較順暢地推進。進入信息時代之後，各地的群眾也都可以通過公開的媒體了解其他地方的政策試驗情況，這反過來也會給各地的政府帶來壓力，從而形成各地之間競爭的格局。因此，這種中央和地方關係也有利於督促地方政府回應民意，是群眾路線在政府決策過程中的體現。

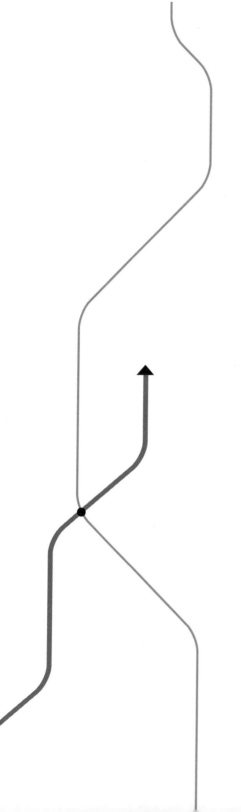

第七章

在中國讀懂馬克思

　　馬克思主義往往被誤認為是一種"搞革命的理論"，而不是"搞建設的理論"。改革開放以來，許多人片面地認為，中國的成功是因為放棄了馬克思主義。

　　國際金融危機之後，無論是西方還是中國，人們開始重新思考馬克思主義。實際上，只要擯棄對馬克思主義教條化、標籤化的理解，從長時段、大歷史的視角來看中國道路，就容易明白，今天中國道路的成功，正是得益於馬克思主義在中國的運用與發展，是馬克思主義中國化的成果。當代中國最重要的那些選擇，都沒有偏離馬克思主義的軌道。中國將在馬克思主義的指導下，跨越歷史的"卡夫丁峽谷"，到達理想社會的彼岸。

　　理解中國道路，離不開理解馬克思主義。坦率地說，在今天的中國，馬克思主義的處境有些微妙：一方面，馬克思主義是載入法律的指導思想；另一方面，在現實中馬克思主義又面臨一些質疑和挑戰。在一些人眼裏，馬克思主義只是需要的時候口頭上表個態，實際上早就不信、不用了。在經濟學等學科裏，西方學派成為"主流"，馬克思主義處於失聲、失語的地位。指導思想和實際行動成為"兩張皮"，是非常不利於國家長治久安的。前蘇聯後期一些領導人喪失了馬克思主義信仰，甚至私下說"共產主義不過是哄哄老百姓的空話"，[1] 這是蘇聯解體的重要心理誘因，理想信念的混亂是社會主義國家的重大隱患。

　　出現這些現象，有其本身的社會土壤。馬克思主義是建立在對資本主義分析和批判的基礎上的，但中國長期沒有建立典型的資本主義制度，人們對資本主義的弊端並沒有全面深刻的認識，反而容易把社會主義探索中出現的一些問題歸結為馬克思主義的錯誤。改革開放後，中國主動吸收了資本主義的科技和文化成果，如果缺乏對歷史規律的全面認識，僅僅看到改革開放以來四十年的現象，確實會產生"馬克思主義不管用了"的誤解。

　　但是，正像馬克思所說，理論在一個國家發展的程度，總是取決於理論滿足這個國家需要的程度。改革開放以來，中國引入市場經濟，不可避免地出現了發達資

1　龐卓恆：《論歷史週期律——兼說什麼是民主》，《紅旗文稿》，2013（09）：4-11。

本主義國家曾經出現過的一些問題，人們也漸漸意識到馬克思主義的現實意義。中共十八大以來，以習近平為核心的中共中央多次強調學習馬克思主義，忽視馬克思主義的問題正在逐步解決。

為了讓人們真正信服馬克思主義，就必須在理論上科學地回答：馬克思主義和當代中國的發展到底是什麼關係。在這個問題上，首先要澄清幾個觀點：

第一，馬克思主義是否還能解釋今天的世界？馬克思主義誕生於 19 世紀，當時歐洲剛剛啟動工業革命，還處在資本主義原始積累階段。而今天，世界已經發生了很大變化，社會福利、公共事業、社會公平都比 19 世紀有了很大改善，資本力量也受到一定的約束。表面看起來，馬克思當年要解決的問題，當代資本主義國家已經解決了，一些人認為，今天的西方國家比社會主義國家更 "社會主義"。所以，馬克思主義已經過時了。

第二，中國經濟發展的成功，是因為堅持了馬克思主義，還是因為放棄了馬克思主義？（或者說 "打左燈向右轉？"）這種觀點認為，馬克思主義本質上是一種革命理論，用來指導革命是可以的，但並不適用於搞建設。馬克思不是 "市場經濟學"，發達國家學的是西方經濟學，不是馬克思主義，而且，馬克思是反對市場經濟的，那些信奉馬克思主義的國家，一天到晚鬥來鬥去，哪有工夫發展經濟。中國社會主義市場經濟獲得成功，就是因為放棄了馬克思主義，現在還在口頭上說馬克思主義，無非是因為政治需要或者歷史的慣性罷了，總有一天要把這個口號放棄的。

第三，即使承認馬克思主義是科學的，中國也沒有到搞社會主義的時候。這種觀點可以叫作 "超前論" 或者 "補課論"。他們認為，馬克思說只有在資本主義高度發展的基礎上才能進入社會主義，所以中國搞社會主義搞早了，現在應該補資本主義的課，至於社會主義是什麼樣，"誰也說不清楚"。

如何看待這些觀點，不僅是理論問題，而且決定著中國下一步的方向。我們在解讀中國模式的基礎上，回顧工業革命以來的世界歷史，就不難發現，人類依然生活在馬克思所揭示的社會和經濟規律中，中國的成功正是由於掌握和運用了這個規律，既充分利用和吸收又努力超越資本主義生產方式。中國把馬克思對未來社會的設想，轉化為實現社會主義的路徑，這是中國道路成功的內核和根基。

▶ ▶ ▶　1. 人類仍然生活在馬克思揭示的規律中

　　中國是在資本主義全球體系已經形成的情況下，構建了社會主義體制，建設了現代化的中國。那麼，為什麼中國必須走一條新道路，為什麼按照資本主義生產方式不能實現中國的現代化？這些問題的答案，正是由馬克思揭示的。

利潤率下降規律：資本主義的命門

　　馬克思主義能否解釋今天的世界？我們可以從 2008 年全球金融危機說起。金融危機最顯著的表現是企業利潤率的下降，而 "利潤率下降規律" 正是《資本論》第三卷第三篇論述的核心問題。馬克思、恩格斯用 "利潤率下降趨勢" 這一規律，來解釋資本主義為什麼會發生週期性經濟危機，並最終走向崩潰。

　　"利潤率下降趨勢" 是指在剩餘價值率不變或資本對勞動的剝削程度不變的情況下，一般利潤率會（隨著時間）逐漸下降。為什麼生產力發展了，企業利潤反而會下降？我們做一個粗略的解釋。資本分為不變資本和可變資本，不變資本是指原料、機器、設備等生產資料，在生產過程中不改變原有價值，只是將價值轉移到產品中，比如，汽車的價值就包括鋼鐵、橡膠等物質資本的價值。可變資本是指用於購買勞動力的資本，勞動力不僅能夠創造出補償勞動力價值的價值（工資），而且能創造出剩餘價值，使資本增值。

　　不變資本和可變資本的根本區別在於，不變資本（物）並不創造新的價值，僅僅是把自身的價值轉移到產品裏；而可變資本（人）能夠創造新的價值，這就是剩餘價值。隨著生產力的發展，一個工人將操作更多的機器、生產更多的產品。為什麼產品多了、利潤率反而下降了呢？因為企業的利潤來自工人創造的剩餘價值，在工作時間和工資不變的情況下，工人生產的剩餘價值是確定的，但是生產規模和資本總量卻在不斷擴張。也就是說，企業的成本支出增加了，但是利潤沒有增加，所以長期來看表現為利潤率下降。

　　從一般利潤率下降規律出發，馬克思和恩格斯提出了資本主義社會的經濟週期理論：資本對利潤的追逐，推動生產規模愈來愈大；同時，由於資本在分配中佔有優勢，而勞動者的購買力相對下降（無產階級相對貧困化），產品賣不出去，資本周轉中斷，企業只能被迫閒置生產力，於是經濟危機就發生了。

不過，"利潤率下降規律"只是一個參照系。在現實生活中，利潤率並非一路下降，而是起起伏伏，所以還存在著對抗利潤率下降的趨勢，利潤率的實際變化取決於兩種趨勢的力量對比。《資本論》提出了五種"相反作用的趨勢"，資本家在面臨利潤率下降時，會用這五種辦法來拯救利潤。第一，提高勞動剝削程度，包括降低工人工資、延長工作時間、加大勞動強度等，提高剩餘價值率，這是資本主義早期使用的主要方法。第二，把工資壓低到勞動力價值以下，顯而易見這有利於挽救利潤率。第三，不變資本各要素變得便宜，如機器設備變得便宜，也能夠阻礙利潤率下降。第四，製造相對過剩人口。馬克思認為，一個國家的資本主義生產方式越發展，這個國家的相對過剩人口就表現得越明顯，造成可供支配的或失業的僱傭工人的價格低廉和數量眾多。剩餘勞動力的存在，使得企業可以在不增加工資的情況下僱傭到工人，所以企業沒有增加工資的動力。對此，恩格斯在《英國工人階級狀況》一書中就做過研究，認為當時曼徹斯特工人的工資，被壓低到僅僅能夠維持生存的水平。第五，開展對外貿易，以獲得更大的市場、更低成本的勞動力和原料，阻礙利潤率的下降。

歷史證明，馬克思的分析是正確的。資本主義社會週期性地出現了生產過剩、消費不足、利潤率下降的危機，一旦危機出現，資本家以及資本主義國家都會通過上述手段彌補利潤率的下降，然而，這些手段並不能消除危機，只能拖延危機，一旦這些措施的作用發揮到極限，經濟就會崩潰。經濟危機通過一種"破壞性創造"的方式，消除過剩的資本，從而為新的增長開闢道路，這就是資本主義的"歷史週期律"。

資本主義的"歷史週期律"

資本主義國家週期性地發生經濟危機，很多經濟學流派都對經濟危機做出了解釋。馬克思的經濟危機理論與其他經濟學派的理論最根本的區別是，馬克思認為資本主義經濟週期並不是偶然發生的"失常"現象，不是對市場均衡狀態的暫時偏離，不是由於投機、政策失誤、外部衝擊等偶然因素導致的，而是資本主義生產方式必然導致的結果。

《資本論》發表一百多年來的歷史，完全印證了馬克思的經濟危機理論。資本主義在創造繁榮的每時每刻，也都醞釀著危機。當資本主義社會自身不能解決這些危機的時候，危機就會以經濟崩潰或戰爭的方式爆發出來，並引發新的社會革命，進入新的經濟週期。這種"從繁榮到危機"的歷史週期律，是通過五個步驟進行的（見圖 7-1）。

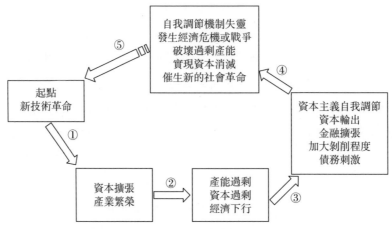

圖 7-1　從繁榮到危機：資本主義歷史週期律

第一階段：社會革命和技術革命引起生產力增長，進入繁榮週期。這時市場還沒有飽和，大量土地、勞動力、自然資源處在閒置狀態，只要資本進入市場，就能夠獲得利潤，此階段是資本主義生機勃勃的春天。

第二階段：隨著資本不斷積累，利潤下降規律發揮作用，企業競爭加劇，出現產能和資本過剩。同時，無產階級相對貧困化，有效需求不足，醞釀著經濟危機，這階段好比已度過夏天，進入秋天。

第三階段：面對經濟下行壓力，資本主義國家採取種種措施，延緩和對抗利潤率下降趨勢，包括以下幾種辦法：

（1）加大對工人的剝削。這是維持資本利潤最直接的辦法，包括打擊工會、壓低工資、削減社會保障和社會福利等。這些措施，從短期和單個企業看，有利於降低勞動力成本、讓資本獲得更大利潤。但從全社會看，卻會進一步加劇兩極分化，讓產能過剩和消費不足愈加嚴重。

（2）放鬆管制、鼓勵"金融創新"。實體經濟遇到困難，大量資金進入金融領域，靠攫取實體經濟的利潤而膨脹。1929 年全球金融危機和 2008 年金融危機之前，都發生過金融行業過度膨脹的現象。金融行業過度膨脹還給人造成一種錯覺，認為以金融業為代表的服務業就是產業升級的象徵。金融過度膨脹，形成脫離實體經濟的體外循環，依靠虛假的信用來維持，一旦實體經濟發生波動，就會帶來雪崩式的崩潰。

（3）海外擴張。資本主義早期，歐洲國家通過奴隸貿易和對外殖民，克服了歐洲本土資源、勞動力和市場的不足。20 世紀全球殖民地獨立浪潮興起，西方國家轉而通過金融和軍事手段，向第三世界輸出資本和產品，廉價佔有資源。這樣雖然對西方國家暫時緩解危機有利，但後果是南北差距擴大、全球經濟失衡。

（4）貨幣或債務擴張。在經濟下行壓力下，通過發行貨幣、鼓勵政府和個人負債消費，製造虛幻的消費能力。這一辦法在 20 世紀 80 年代之後歐美國家普遍採用，最終導致國家成為債務國家，個人成為"負資產階級"，債台高築甚至終身負債。

可見，上述幾種辦法，是資本主義國家在經濟危機到來時為緩解危機在其制度範圍內對生產關係進行的調整。但是，這種緩解是暫時的，治標不治本，僅僅把危機轉移、稀釋和延遲了。

第四階段：全面危機或戰爭的爆發。一旦上述手段窮盡，經濟危機就可能爆發，並引發社會危機，表現為經濟不景氣、泡沫破裂、需求萎縮、社會兩極分化。資本主義為了挽救自身利潤所採取的那些手段，無一不是給危機的總爆發火上澆油：壓低工資和福利，擴大了社會兩極分化，制約了勞動者的購買力；通過經濟金融化（包括房地產化）消化過剩產能，做大了資產泡沫，大量資產的實際價格遠遠高於實際價值，僅僅是靠預期來維持虛高的價格，一旦其中一個環節出現資金鏈斷裂，就會傳導到整個系統，導致雪崩式的倒塌；通過發債和製造通貨膨脹來救市，實際上拯救的是大資產階級，反而擴大了利益集團的能量；通過對外擴張，加劇了國際上大國之間的矛盾和南北矛盾，也把發展中國家推向革命的邊緣。這些手段都不能拯救危機，而是讓瀕臨危機的資本主義戰車越跑越瘋狂，以致導致最終的危機爆發。

第五階段：危機和戰爭引起社會改革或革命，為新的繁榮創造條件，實現"破壞性創造"。世界大戰是資本主義經濟危機爆發的最高形式，危機和戰爭導致泡沫的破滅、資本的貶值、利益集團的削弱；同時，戰爭往往需要建立強有力的政府來遏制利益集團、重新構建一個比較公平的社會，相當於進行新的社會革命。當然，這種革命伴隨著巨大的代價。而在全球體系中的"邊緣國家"，經濟危機和戰爭往往導致列寧所說的"戰爭引起革命、革命制止戰爭"的情況，兩次世界大戰都引發了殖民地國家的民族獨立運動，這正是一種歷史辯證法的體現。

資本主義已經自我拯救了嗎？

有人提出質疑，馬克思主義理論在馬克思那個時代是合適的，但最近幾十年來，資本主義國家已經不存在尖銳的勞資矛盾了，兩極分化已經縮小，社會非常和諧，馬克思曾經預言的"資本主義必然滅亡"以及列寧在 20 世紀初提出的"垂死的資本主義"都沒有出現，那馬克思對資本主義的論述是否還有效？資本主義是否已經突破了馬克思所揭示的歷史週期律，實現了自我拯救？

的確，二戰以來，資本主義發達國家，採取了一些措施限制資本特權、改善社會公平、提高勞動者的經濟和社會地位。比如，發達國家普遍建立了社會保障制度，緩解了貧富兩極分化，實行宏觀調控和國家干預，使週期性經濟危機的波動幅度大為減小。對此，20 世紀 50 年代英國社會主義工黨的理論家麥克萊倫認為，二戰之後的資本主義同馬克思、恩格斯所批判的資本主義已經有了顯著差別，表現在：資本不再具有支配一切的特權、知識經濟讓資本家和工人階級的界限模糊、政府職能擴大到社會生活的各個方面、基本建立了福利制度等，因此，他認為，馬克思設想的社會主義已經在歐洲出現了。中國很多人也認為，馬克思主義已經成為拯救資本主義的"良藥"，不需要通過社會主義革命、公有制和共產黨執政就能解決資本主義的基本矛盾。

那麼，馬克思對資本主義的批評是否不再有效？現代資本主義是否已經解決了其內在的矛盾？社會主義和資本主義是否已經"趨同"？當然沒有這麼簡單。這是因為，資本主義社會能夠"改良"，是建立在一系列特殊的歷史條件下的。這些歷史條件包括以下幾個方面：

首先，二戰使西方資本主義國家消耗了多年來積累的過剩資本，擠壓了資產泡沫，也削弱了過去的壟斷資本集團，從而讓政府有條件採取措施約束資本、改善社會公平。

其次，以蘇聯為代表的社會主義國家制度競爭給資本主義社會帶來了外部壓力。蘇聯建立了人類歷史上第一個全民就業、勞動者有保障的社會主義國家，工人階級有很高的社會地位。西方國家為了應對蘇聯的競爭，防止社會主義思想的傳播，不得不也發展社會福利事業。蘇聯和中國等社會主義國家支持資本主義國家內部的工人運動，支持殖民地國家的反帝、反殖、反霸鬥爭，也給資本主義國家形成了壓力。但是，到 20 世紀 80 年代之後，這種外部壓力逐步減弱和消失，西方國家的資本特權迅速膨脹，資本的力量大大超越制約資本的力量，資本主義生產方式的危機就再度出現了。這就證明，西方國家 20 世紀 50—70 年代短暫出現的資本和勞動處於均勢的局面（被一些學者稱為 "凱恩斯妥協"），只是特定條件下出現的偶然現象，而不能說明資本主義社會自身能夠解決其內在的矛盾。

最後，發達資本主義國家的高福利模式建立在剝奪發展中國家的基礎上。資本主義制度解決了少數國家發達的問題，但是沒有解決大多數國家如何實現發展的問題。資本主義並沒有消滅危機，而僅僅是把危機轉移到了廣大發展中國家。少數發達國家通過掠奪全世界的資源，在國內建設 "福利社會"，緩解社會矛盾，其代價是大多數發展中國家仍然處在貧困中，而發達國家和發展中國家之間的兩極分化則從來沒有解決。如果沒有中國這樣的 "世界工廠"，西方的福利國家是不可能建成的。

綜上所述，資本主義在兩百多年的發展中，並沒有超出馬克思的預料。馬克思在《資本論》中揭示的資本主義生產方式將導致利潤率週期性下降的規律，迄今為止並未改變。

20 世紀 80 年代以來，歐美國家繼續向外擴張，形成了全球 "三足鼎立" 的格局：非洲和南美提供原料，東亞提供勞動力，歐美靠信貸擴張消費，這是一種典型的全球資本主義體系。這種全球分工的不平等，引爆了全球經濟危機。這再一次證明，資本主義本身不能消除週期性的生產過剩、需求不足，以及由此帶來的兩極分化、經濟泡沫，必須要向邊緣國家轉嫁危機。這也決定了 "邊緣國家" 要實現現代化，不僅要像西方發達國家當年那樣突破本國傳統社會結構（如封建土地制度）等的限制，而且還要突破帝國主義對現代化的抑制，也就是 "反帝、反封建"，這是一個比少數發達國家實現現代化艱巨得多的課題。這就是中國革命的合法性來源，這就是革命和建設不可割裂的道理。

▶ ▶ ▶　　2. "中等收入陷阱" 是資本主義陷阱

　　從 1825 年英國確立資本主義制度到 1914 年一戰爆發，資本主義經歷了 "百年和平"，誕生了第一批資本主義強國，這些國家也是今天發達國家的主體。但是，這些國家的人口只佔全球人口的 1/6 不到，當佔世界人口 5/6 的多數國家開始追求現代化時，難度要遠遠大於先行的那些國家。一方面，落後國家不再有遍佈世界的殖民地，可以利用全球資源緩解資本主義發展帶來的矛盾；另一方面，現有的強國總要用各種辦法，維護不公平的國際政治經濟秩序，從而維持自己在全球格局中的金字塔塔尖地位。

　　在這種背景下，包括中國在內的發展中國家如何在一個被資本主義生產方式所主導的全球體系中，突破中心國家對邊緣國家的抑制，走出一條和西方不同的現代化道路？對這個問題的回答，有利於我們理解 "中國道路" 的世界意義。

資本主義全球化陷阱

　　2016 年，是列寧發表《帝國主義論》一百週年。《帝國主義論》是馬克思主義第一次系統地提出全球化理論，其主要觀點是：帝國主義是腐朽的、寄生的資本主義；資本輸出是帝國主義解決國內矛盾的手段，在帝國主義時代，世界分成了少數高利貸債權國和多數債務國。在列寧的時代，英國是資本主義世界的中心，"英國逐漸由工業國變成債權國……利息、股息、投機方面的收入在整個國民經濟中的相對意義愈來愈大了"，我們看到這句話就會想到，今天的美國和當年的英國多麼相像。對外擴張不僅破壞了落後國家的經濟，而且破壞了他們的政治、社會和文化。"帝國主義完成了極少數人對多數人的統治"，而由於殖民地是有限的，所以對外擴張必然引起戰爭，"帝國主義加強了民族壓迫，輸入的資本加深了各種矛盾，引起了……愈來愈強烈的反抗。這種反抗很容易發展成為反對外國資本的危險行動"。列寧還指出了無產階級應對金融資本的策略："無產階級對金融資本的經濟政策的回答，對帝國主義的回答，不可能是貿易自由，而只能是社會主義。"[1]

歷史告訴我們，馬克思發現的規律仍然頑強地起著作用，而且越是遇到危機、越是接近歷史的重大轉折點，馬克思主義就越有說服力。二戰之後，資本主義的剝削改變了形式，從直接的軍事佔領變成了依靠金融、跨國公司、意識形態輸出以及仍然為數不少的軍事侵略，這導致了全球經濟的失衡。歐美經濟走向金融化、債務化，而主要依靠資源輸出和勞動密集型產品輸出的第三世界國家，要麼喪失經濟收益和經濟主權，民族產業被摧毀，要麼因為過度依賴勞動密集型產業，背負上了沉重的社會負擔、透支了資源和環境，這是資本主義條件下進行全球分工的結果。

20 世紀 80 年代，當中國決定打開國門、融入世界經濟時，鄧小平及時提醒，不要盲目樂觀，他說："現在世界上真正大的問題，帶全球性的戰略問題，一個是和平問題，一個是經濟問題或者說發展問題。和平問題是東西問題，發展問題是南北問題。概括起來，就是東西南北四個字。南北問題是核心問題。""總之，南方得不到適當的發展，北方的資本和商品出路就有限得很，如果南方繼續貧困下去，北方可能就沒有出路。"[2]

和平與經濟發展是"世界上真正大的問題"。問題者，困難和挑戰也，是尚未實現的、要為之追求和努力的目標，而絕對不是像一些人所理解的那樣，今天的時代已經成為"和平與發展的世界"，可以刀槍入庫、馬放南山了。

巴西學者特奧托尼奧·多斯桑托斯表達過同樣的意思，他說："要建立一種能夠達到今天已是發達國家所達到的那種發展階段的社會，這在現在的歷史條件下是絕不可能的"，因為，"造成不發達狀態的正是造成經濟發達（資本主義本身的發展）的同一個歷史進程"。[3] 這其中的邏輯，正是馬克思早已揭示過的資本追逐利潤的本性而導致的資本主義歷史週期律，這才是大多數發展中大國陷入"中等收入陷阱"的真正謎底。

1　[俄] 列寧：《帝國主義是資本主義的最高階段》，北京：人民出版社，1964。
2　鄧小平：《鄧小平文選（第三卷）》，北京：人民出版社，1993：105-106。
3　張琳力：《巴西經濟發展的歷史分析（1930—1984）》，通遼：內蒙古民族大學，2012。

邊緣國家試圖突破全球體系的努力

有壓迫就有反抗。20 世紀以來，在發達資本主義國家，存在著工人階級反抗資本家的鬥爭。而落後國家的情況則更加複雜，一方面要突破本國傳統社會的約束，發展經濟、實現現代化；另一方面又要避免全球資本主義體系的壓迫，維護民族利益。如果不能發展經濟，就不可能啟動現代化，但如果在啟動現代化的同時，不能在資本主義全球體系中堅持獨立自主，那麼經濟發展又可能陷入"中等收入陷阱"。

20 世紀以來，廣大落後國家在現代化道路上，大致走出了依附式資本主義、民族主義的資本主義、蘇聯式社會主義和中國式社會主義四種道路。目前，前三種道路都已經被實踐證明並不成功。

依附式資本主義和民族主義資本主義的共同點是：在經濟上建立以私有制為主的經濟體制，發展市場經濟；在政治制度上實行多黨制民主。其不同點則在於，民族主義資本主義往往採取一些維護民族利益的措施，包括實施貿易保護、建立一定範圍的國有經濟、優先發展基礎工業、限制外國投資等。實行民族主義資本主義國家，在 20 世紀 50—70 年代，經濟增長取得一定的成效，建立了一定的工業基礎，也使得南北差距略有縮小。

表 7-1　世界各地區人均 GDP 及差距（1990 年國際元）

	1000	1500	1820	1870	1913	1950	1973	1998
西歐	400	774	1232	1974	3473	4594	11534	17921
西方衍生國	400	400	1201	2431	5257	9288	16172	26246
亞洲（除日本）	450	572	575	543	640	635	1231	2936
拉丁美洲	400	416	665	698	1511	2554	4531	5795
東歐和蘇聯	400	483	667	917	1501	2601	5729	4354
非洲	416	400	418	444	585	853	1365	1368
世界	435	565	667	867	1510	2114	4104	5709
最大地區差距	1：1	2：1	3：1	5：1	9：1	15：1	13：1	19：1

資料來源：麥迪森：《世界經濟千年史》，北京：北京大學出版社，2003 年第一版，第 16 頁。

依附式資本主義的典型是"亞洲四小龍"，但"亞洲四小龍"的崛起有著特殊的地緣環境，對大型發展中國家並沒有適用性。到了 20 世紀 70 年代之後，在新自由主義衝擊下，原來採取民族主義資本主義政策的國家，也往往走向了依附式資本主義，紛紛遭遇“中等收入陷阱”，出現經濟增長停滯、兩極分化、民粹主義、社會動盪甚至國家分裂等問題。這些現象表明，迄今為止，無論是民族主義資本主義還是依附性資本主義，邊緣國家都還沒有走出一條成功的現代化道路。

因為，首先，邊緣國家的資本主義制度，往往不是自發演化出來的，而是在殖民地條件下由外部強加的。這些國家往往沒有經過徹底的社會革命，封建制度的約束並沒有完全打破，傳統的經濟結構、社會結構、宗族勢力、等級文化等的影響還廣泛存在。印度發展現代化的初始條件優於中國，耕地資源也比中國豐富，但是由於印度長期是殖民地國家，並未經過徹底的反帝反封建革命，封建土地制度和等級文化成為現代化的制約。即使啟動了現代化，邊緣國家也會在現代化的過程中產生裙帶資本主義、官僚資本主義，從而在經濟發展初期形成較大的分利集團，導致社會兩極分化，中斷現代化的進程。

其次，邊緣國家既然實行資本主義制度，除非不對外開放，只要對外開放，就必然要加入全球資本主義體系。特別是 20 世紀 70 年代之後，這些國家普遍接受了新自由主義理念，取消了過去的貿易保護，實行私有化，吸引發達國家的資本大量進入。這種資本主義生產方式容易導致外部資本壟斷和擠壓本國產業，國民經濟命脈被國際壟斷資本所操縱，失去獨立發展的能力。

最後，在政治上，這些國家往往在現代化還沒有實現時就引進了西方的競爭性選舉民主，這本質上是資本主導的民主。西方國家資產階級主導的政權已經非常穩固，選舉結果對政策影響不大，但對發展中國家則不同，競爭性選舉帶來的後果就是短期行為、社會割裂和民粹主義。政黨的行為是短期的，難以產生強有力而穩定的執政黨，從而不會對國家建設進行長遠的規劃和投入。再加上私有制條件下，很容易形成經濟上的兩極分化，競爭性選舉制度還會加劇兩極分化，形成社會割裂和對立。

可見，在資本主義強國主導的世界體系下，邊緣國家走資本主義道路，可能對少數小經濟體來說是有效果的，但是對大多數國家來說，沒有特殊的資源和地緣條件，改變不了其對大國的依附地位，也無法從根本上扭轉本國的經濟、政治和社會結構。

邊緣國家的失敗，具體就表現為“中等收入陷阱”。2007 年，世界銀行的一份報告認為，雖然不少國家能夠打破最初的貧困陷阱、實現起飛並非常迅速地達到中等收入階段，但其中只有很少的國家能夠跨越這個階段，大多數國家常常落入 "中等收入陷阱" 之中，最典型的就是拉美國家，它們大都有快速增長又長期處於停滯的經歷。例如，阿根廷的人均收入從 20 世紀 50 年代初的 5000 美元左右一路上升到 70 年代初的 8000 美元左右，然而從 1974 年到 1996 年，其人均收入雖有起落，但在二十多年的時間內一直處於 6000～8000 美元之間。巴西、墨西哥和智利都有類似的情況。

近年來，"中等收入陷阱" 成為中國各界關注的問題。對於 "中等收入陷阱" 我們不能形而上學地看，並不是說經濟發展到中等收入（人均 GDP10000 美元左右）就必然會出現陷阱，今天的發達國家在當年並沒有出現 "中等收入陷阱"。"中等收入陷阱" 的實質是資本主義經濟危機在中等收入國家的表現。之所以出現這個陷阱，根本原因就在於這些國家在資本主義條件下，對外沒有解決獨立自主發展的問題，對內沒有解決公平分享發展成果的問題。一些發展中大國在現代化過程中曾經取得過輝煌的成績，但由於沒有解決好上述兩個問題，現代化道路遭遇挫折，其中最典型的就是拉美國家。"中等收入陷阱" 的出現，說明今天的落後國家已經不可能再通過資本主義的道路實現現代化，佔世界 5/6 的人口，需要一條新的現代化道路。

只有社會主義才能擺脫依附與危機

"中等收入陷阱" 的存在，落後國家走資本主義現代化道路的失敗，都說明了一個道理：只有社會主義才能擺脫依附與危機。建立社會主義制度，切斷與資本主義的聯繫，才是一切落後國家擺脫剝削、實現自主發展的根本。

19 世紀，資本主義進入成熟階段，資本主義生產方式覆蓋了全世界，同時也引起了 "南方國家" 的民族獨立運動。1917 年爆發的俄國十月革命，以及第二次世界大戰之後中國等社會主義國家的成立，亞洲、非洲、拉丁美洲的民族解放運動，都是這一運動的組成部分。馬克思主義學者薩米爾·阿明將其稱為 "南方的覺醒"，認為從 20 世紀起，邊緣國家已經走上了歷史舞台。他特別讚賞毛澤東提出的 "國家要獨立，民族要解放，人民要革命，已成為不可抗拒的歷史潮流"，認為中國正是藉助這一口號讓社會主義運動和民族解放運動結合在一起，實現了人民解放和民族解放的統一。對全球體系中的發展中國家來說，爭取社會主義和爭取民族利益是統一的，只有走社會主義道路才能打破資本主義體系對落後國家的剝削，也正是因為如此，所以中國用“全世界無產階級和被壓迫人民聯合起來”這個更包容的口號，取代了“全世界無產者聯合起來”的口號，落後國家只有實現人民的團結、民族的解放以及國家的獨立自主，才能在資本主義體系中維護自己的發展權利。[1]

在突破資本主義全球體系的過程中，首先出現的是蘇聯模式。蘇聯的成功在於，它是資本主義工業革命之後，第一個突破資本主義一統天下的局面、沿著一條完全不同於西方的道路實現現代化的國家，蘇聯模式使社會主義從理論變成了現實。蘇聯擺脫了對資本主義國家的依附性地位，甚至一度形成可以和資本主義世界分庭抗禮的貿易體系。在尖端科技、社會保障等方面，蘇聯也達到了西方國家幾百年發展才達到的水平，成為和美國平起平坐的超級大國。在國際上，蘇聯通過制度競爭，促使資本主義改良，也支持了第三世界的反殖民地獨立運動，為世界格局的再平衡做出了貢獻。

儘管這樣，蘇聯模式也不是一條成功的道路。在經濟上，蘇聯雖然建立了形式上的公有制，但是並沒有真正建立社會主義的生產關係，也就是沒有建立合理的激勵機制，從而窒息了地方和基層的積極性。在政治上，蘇聯沒有解決如何真正實現社會主義民主，實現社會主義國家長治久安的問題。具體地說，就是沒有解決社會主義政權如何防止異化的問題。

在汲取蘇聯的經驗和教訓的基礎上，中國初步走出了一條有中國特色的社會主義道路，這是中國道路在世界歷史上的突破，而這種突破，並沒有脫離馬克思主義的軌道。下面，我們將解讀馬克思三本最具代表性的著作《資本論》、《法蘭西內戰》和《哥達綱領批判》，以此說明，中國在生產方式、國家理論和社會公平這幾個最主要的問題上，都同馬克思的思想有著穿越時空的呼應。

1　薩米爾·阿明的上述言論，見丁曄：《只有社會主義道路才能擺脫依附與危機 —— 訪埃及著名經濟學家薩米爾·阿明》，《馬克思主義研究》，2016（3）：16-24。

▶▶▶ 3. 把人和資本的關係顛倒過來

從經濟層面看，中國道路同西方道路最大的不同在於，把人和資本的關係顛倒了過來，把"資本統治人"變成了"人統治資本"。

從表面上看，馬克思是反對資本主義的，所以也反對資本，要消滅資本。這種看法不準確。馬克思並沒有抽象地反對資本主義，而是首先高度肯定資本主義的歷史進步性，他說資產階級在不到一百年的階級統治中所創造的生產力，比過去一切世代創造的全部生產力還要多，還要大。然而，馬克思不同於西方庸俗經濟學家之處在於，他從歷史唯物主義出發，沒有把資本主義看作永恆不變的制度，而是認為一切社會制度都是歷史的產物，要一分為二地看待資本主義。資本創造了巨大的生產力，但不受約束的資本擴張則將導致資本的集聚、生產的無政府主義、無產階級的相對貧困，最終導致經濟危機。資本享有不受約束的特權，把一切事物都變成了商品，把社會一切關係變成商品和交易的關係。隨著這種生產方式的深化，社會生產將日益偏離其目的，生產目的不再是滿足人的真實需要，而是滿足資本增值的需要。

馬克思也指出了解決問題的方向，那就是改變私有制，建立真正的社會所有制，由勞動者共同掌握生產資料，以避免資本的特權，進行有計劃的生產。但是，如何具體實現"社會所有制"和"有計劃的生產"，馬克思並沒有條件做出回答。

蘇聯依靠公有制迅速實現工業化，初步體現了公有制的優越性。蘇聯最後的失敗，並不是公有制的失敗，而是因為公有制發生了異化，掌握資本的蘇共站到了人民利益的對立面。這可以借用柳宗元《封建論》中"秦之失，在於政，不在制"的邏輯：蘇聯的失敗，是具體政策的失敗，而不是社會主義制度的失敗。新制度不可能一出生就很完善，在失敗的教訓中不斷改進，是新制度生長的必經之路。

在汲取蘇聯教訓的基礎上，新中國更好地解決了人和資本的關係，建立了一種有利於人民掌握資本的制度。新中國通過沒收官僚資本和買辦資本，建立計劃經濟、人民公社、基本生活物資統購統銷等制度，實現了主要依靠國內積累資本，資本來自人民並服務於人民，所以資本積累的成本由全體人民公平分擔，而資本積累的成果由全體人民共同分享。這就是社會主義的資本積累方式，這種積累方式不同於西方早期依靠剝奪本國和殖民地國家的資本積累方式。

在資本運行過程中，中國通過以公有制為主體和國家積極履行經濟職能實現了對資本的節制，讓人民成為資本的主人、讓資本為人民服務，而不是讓資本凌駕於社會之上，讓人民為資本服務、成為資本的附庸。正是由於人民駕馭了資本，所以中國能夠集中有限的剩餘轉化為資本，來建設具有長遠性和公共性、滿足人民迫切需求的產業或部門。也正是由於堅持以人民為中心，所以在資本和技術缺乏的情況下，中國共產黨才能發揮組織力量，把人民組織起來，彌補資本的不足。這是"人來組織資本"，而不是"資本組織人"，避免了因資本稀缺而導致的失業、流民現象，從而讓全體人民都能參與社會主義建設，並分享成果。

更重要的是，中國共產黨認識到，人民管理國家是最大的權利。為了避免像蘇聯那樣的公有制異化，中國通過擴大經濟民主、提高普通工人和農民的政治地位，在國有企業和農村基層實行了民主管理試點，在走向真正的公有制的道路上比蘇聯前進了一大步。當然，這方面的探索還遠遠沒有結束，還會出現反覆，需要持之以恆的努力。

在國際上，中國和廣大亞非拉國家一起，通過壯大民族資本的力量，並在現代化早期實行一定的貿易保護，為國內產業的發展贏得時間。在具備了比較完整的工業基礎之後，再循序漸進地對外開放，而在開放過程中，又不是無原則地全面開放，對那些關係國家安全的領域，謹慎地實施開放。

從這個意義上說，中國道路的勝利是馬克思主義的勝利，因為馬克思幫助中國人認識了資本主義，既認識到資本主義的力量，也認識到資本主義的弊病，從而可以讓中國主動地既利用資本主義，又限制和超越資本主義。馬克思指出了消除資本主義弊端的方向，但是沒有給出具體的路徑，中國共產黨卻探索出來了。

▶ ▶ ▶ 4. 從《法蘭西內戰》到國家治理現代化

中國道路成功的另一個要素是，建立了一個代表大多數人利益而不是代表少數利益集團的政權，從而避免了大部分發展中國家出現的利益集團攫取發展成果或者一盤散沙等問題。這也是符合馬克思對未來國家設想的。

有人認為，馬克思主義就是"大政府"、"國家主義"、"專制"，實際上馬克思的著作同樣充滿對國家的批判。在這一點上，馬克思與主張"看不見的手"的亞當·斯密是一樣的。亞當·斯密生活在資本主義原始積累時代，他在《國富論》中痛斥資本家通過操縱和賄賂政客來剝削工人，呼籲結束這種官商勾結，讓"看不見的手"發揮作用。[1] 可見，亞當·斯密不是抽象地反對政府干預，而是反對那種"同資產階級勾結起來壓迫工人的腐敗政府"，這一點同馬克思是高度一致的。

馬克思在《資本論》中，對資產階級的政府是如何同資本家一起剝削工人有著生動描述，他們"欺騙性地出讓國有土地，盜竊公有地"，[2] "把工人剛剛爭得的結社權剝奪掉"，"使領工資的人陷入……奴隸般的依賴狀態"。[3] 在講到勞動時間時，馬克思指出"資本在它的萌芽時期，由於剛剛出世，不能單純依靠經濟關係的力量，還要依靠國家政權的幫助才能確保自己吮吸足夠數量的剩餘勞動的權利"。[4]

可見，馬克思和亞當·斯密對資本主義國家壓迫性的認識是一致的。不過，他們提出解決問題的辦法完全不一樣。亞當·斯密認為，既然國家有壓迫性，那麼就不要國家了，讓"看不見的手"發揮作用。而馬克思比亞當·斯密看得更深刻，他認為，在私有制條件下，即使取消國家，勞動者還是要受資本的壓迫。只有到將來實現了共產主義，不存在階級和階級壓迫的時候，國家才能消亡，整個社會由全體社會成員進行自治。但是，在此之前，必須努力建立勞動者自己的國家，才能夠糾正國家的壓迫性。也就是說，不同於亞當·斯密"不要國家"的主張，馬克思主張對國家進行改造，讓國家成為勞動者的國家。

如何建立這樣的國家？馬克思只是在理論上做出了預測。而 1871 年的巴黎公社運動，讓馬克思的設想變成了現實。1871 年的法國巴黎公社，是歷史上第一個由工人階級建立的政權。3 月 28 日，巴黎的工人階級在巴黎市政廳廣場宣告巴黎公社成立。公社經過 3 月 26 日、4 月 16 日兩次選舉，到 4 月下旬，有八十位公社委員到任就職，其中工人三十四名、職員十二名、知識分子三十四名，工人和職員佔委員

1　郎咸平、楊輝瑞：《資本主義精神和社會主義改革》，北京：東方出版社，2012：17–19。

2　[德] 馬克思、恩格斯：《馬克思恩格斯文集（第五卷）》，北京：人民出版社，2009：842。

3　[德] 馬克思、恩格斯：《馬克思恩格斯文集（第五卷）》，北京：人民出版社，2009：851。

4　[德] 馬克思、恩格斯：《馬克思恩格斯文集（第五卷）》，北京：人民出版社，2009：312–313。

的多數。

　　雖然馬克思事先認為歐洲建立工人政權的條件還沒有成熟，但巴黎公社出現之後，他立即給予了熱情支持。巴黎公社失敗之後，馬克思立即寫了《法蘭西內戰》，總結巴黎公社失敗的教訓，指出"公社的真正秘密就在於：它實質上是工人階級的政府"，"工人階級不能簡單地掌握現成的國家機器，並運用它來達到自己的目的"[1]，"公社是帝國的直接對立物"[2]，其全部目的就是防止國家和國家的權力機關由"社會的公僕變為社會的主宰"[3]。在具體形式上，馬克思提出公社是議行合一的工作機構，公社委員由選舉產生，公社任命的公職人員隨時可以撤換，和公社委員一樣只領相當於工人工資的薪金。全民皆兵，廢除僱傭軍。

　　1917 年十月革命後，俄國建立了第一個社會主義國家，但並沒有解決長治久安的問題。20 世紀 50 年代末，中蘇兩國開展了理論大論戰，論戰的一個重要原因就是，中國共產黨發現並提出了蘇聯並未注意到的一個問題，那就是共產黨執政之後，如何防止執政黨和國家的異化、走到人民的對立面、"由社會的公僕變為社會的主宰"。20 世紀 50 年代之後，蘇聯各級官員和企業負責人的特權逐步擴大和固化，形成一個新的特權階層，企業內部等級森嚴，與資本主義的企業沒什麼兩樣。最後，也正是這個特權階層，在蘇聯全民公決同意保留蘇聯的情況下，違背民意瓦解了蘇聯，把龐大的國有資產據為己有，他們變成了新的寡頭。"後人哀之而不鑒之，亦使後人而復哀後人也。"

　　毛澤東注意到蘇聯國家政權的異化，並且設法讓中國避免犯同樣的錯誤。在這個過程中，《法蘭西內戰》對他影響很大。人們都知道毛澤東熟悉中國歷史，殊不知毛澤東對西方歷史也很熟悉，特別是法國近代史。對法國，他最感興趣的又是法國大革命和巴黎公社。1968 年法國發生"五月運動"，毛澤東在當年 6 月 3 日的一次談話中表示法國有巴黎公社的傳統，建議大家搞點參考資料看看。[4]巴黎公社一直是毛澤東反對官僚主義、擴大人民民主的重要思想來源。在當時的報刊上，就有許多按照巴黎公社的原則反對官僚主義和特權的論述，如"防止國家和國家機關由社會

1　〔德〕馬克思、恩格斯：《馬克思恩格斯選集（第二卷）》，北京：人民出版社，1966：460。

2　〔德〕馬克思、恩格斯：《馬克思恩格斯選集（第二卷）》，北京：人民出版社，1966：522。

3　〔德〕馬克思、恩格斯：《馬克思恩格斯選集（第二卷）》，北京：人民出版社，1966：460。

4　陳晉：《毛澤東為什麼喜歡讀談法國近代史？》，《黨的文獻》，2011（1）：117-120。

公僕變為社會主人"[1]，無產階級國家政權要把"特權制、長官制的殘餘剷除乾淨"。幹部要當好"社會公僕"，自覺限制資產階級法權，把自己置於人民群眾的監督之下，不要高居於群眾之上、做官當老爺等等。

毛澤東的探索，是要找到一條公有制和經濟民主相結合的道路，防止本是代表廣大勞動大眾的黨和政府異化為特殊利益集團。他的辦法就是實行廣泛的政治參與，堅持群眾路線——從群眾中來，到群眾中去。"人民自己必須管理上層建築"，而不是"國家只由一部分人管理，人民在這些人的管理下享受勞動、教育、社會保險等權利"，否則"無產階級專政就會變成資產階級專政"[2]。毛澤東的上述思想，體現於 1973 年創作的詩作《七律·讀封建論呈郭老》之中："勸君少罵秦始皇，焚坑事業要商量。祖龍魂死秦猶在，孔學名高實秕糠。百代都行秦政法，十批不是好文章。熟讀唐人封建論，莫從子厚返文王。"[3]

秦始皇力排眾議改分封制為郡縣制，使中央政權深入地方，強化了國家能力，減少了對地方豪強大族的依靠。毛澤東讚揚秦始皇，並非就事論事，而是要表達他對中國社會主義發展方向的思考。兩千多年來，凡是郡縣制實行得比較好、豪強和貴族集團受到抑制的時代，就是歷史上政治清明、經濟發展的時代。漢初為了安撫支持劉邦的貴族集團，實行"郡國並行"（郡縣制和分封制並行），最終導致"七國之亂"，平亂之後恢復了郡縣制。東漢後期實行察舉制，逐步形成了著名的大家族，地方官員和豪強大族形成了共同利益的集團，導致了東漢的衰弱和滅亡。唐朝也出現過藩鎮割據的現象。柳宗元所寫的《封建論》，就是討論分封和郡縣制的優劣，認為在分封制下，"諸侯之盛強，末大不掉"，"大凡亂國多，理國寡"，郡縣制優於分封制。毛澤東在晚年讚揚秦始皇和柳宗元的《封建論》，就是表明共產黨不允許官僚機構形成新的"藩鎮割據"。既要避免出現中國歷史上那樣的地方勢力，又要借鑒蘇聯教訓，避免共產黨變質，堅決防止形成利益集團。儘管上述探索也出現過嚴重失誤，但是和蘇聯對比就可以發現，中國在社會主義國家建設中堅持人民主權原則，對長治久安起到了重要作用。

1　陸淦華：《永遠保持工人階級的本色》，《人民日報》，1973-10-16。

2　《毛澤東 1959 年 12 月至 1960 年 2 月讀蘇聯〈政治經濟學（教科書）〉談話記錄》，《黨的文獻》，1992（5）：3-6。

3　陳晉：《毛澤東閱讀史》，北京：生活·讀書·新知三聯書店，2013：258。

述往事，思來者。儘管中國發展的階段性特徵已經發生了巨大變化，但是如何實現國家的長治久安，仍然是黨執政的一個核心課題。1992 年鄧小平在南方談話中說："恐怕再有三十年的時間，我們才會在各方面形成一整套更加成熟、更加定型的制度。"[1] 中共十八屆三中全會提出，全面深化改革的總目標就是要完善和發展中國特色社會主義制度，推進國家治理體系和治理能力現代化，就是要在新時期回答 "如何治理社會主義國家" 的歷史課題。

▶ ▶ ▶　5. "破除資產階級法權" 和共同富裕

公平是人類永恆的追求，也是社會主義最具感召力的一個發展目標。但是，什麼是公平，怎樣實現公平，是一個很複雜的問題。馬克思主義和其他學派平等觀的最大區別在於，馬克思主義不僅關注形式上的公平，更關注實質上的公平。

相對封建社會，資本主義在社會公平方面有進步性，例如，勞動者擺脫了封建社會的人身依附關係，在等價交換的價值規律面前，看起來是人人平等的，這就是形式上的平等。

然而，這種形式上的平等，掩蓋著實質上的不平等。雖然資本家和勞動者表面上平等，但他們享用這種 "平等" 的機會是不一樣的。隨著資本的積累，由先天稟賦、自然條件和偶然因素而導致的不平等將會不斷擴大，後來的學者將其概括為 "貧者愈貧，富者愈富" 的馬太效應。資本之所以有這種魔力，就是因為剩餘價值的存在，資本的所有者可以無償佔有他人的勞動，而且資本愈集中，佔有的能力就愈強。因而，由資本佔有的不平等而帶來的不平等，是一切不平等的根源。馬克思舉了這樣一個例子："在社會條件的逼迫下，按照自己的日常生活資料的價格，出賣自己一生的全部能動時間，出賣自己的勞動能力本身，為了一碗紅豆湯出賣自己的長子繼承權。"[2] 工人和資本家之間的 "公平交易"，看起來是雙方自願，但是由於一方

1　鄧小平：《鄧小平文選（第三卷）》，北京：人民出版社，1993：372。

2　[德] 馬克思、恩格斯：《馬克思恩格斯文集（第五卷）》，北京：人民出版社，2009：312–313。

掌握資本，另一方只能出賣勞動，實際上雙方是不平等的。"私有制＋等價交換"是資本主義能夠達到的最公平的分配方式，但是這種形式上的公平掩蓋著實質上的不公平。

那麼，靠什麼手段來實現公平呢？馬克思認為，分配方式由生產方式決定，不能脫離生產方式講分配，特別是不能脫離生產資料所有制講分配。在國際共產主義運動中，包括在中國，不斷有觀點把分配和所有制分開，認為實現公平的分配不一定需要通過公有制，而是通過稅收、社會福利等辦法就能夠實現。馬克思對這個問題的回答是，不能脫離生產談分配，只有生產資料的平等佔有才能實現人和人真正的平等。在社會主義條件下，生產資料公有制的建立，使得誰也不能憑藉生產資料參與分配，這就消除了資本的佔有者依靠資本剝奪他人勞動成果的可能性，為真正的平等開闢了道路。

馬克思在《哥達綱領批判》中認為，哥達綱領把生產和分配這兩個問題割裂開了。馬克思批評了這種觀點，即不能簡單認為，只要爭取到普選權，讓工人代表進入議會就可以實現社會主義了。馬克思指出："資本主義生產方式的基礎是：生產的物質條件以資本和地產的形式掌握在非勞動者手中，而人民大眾所有的只是生產的人身條件，即勞動力。既然生產的要素是這樣分配的，那麼自然就產生現在這樣的消費資料的分配。如果生產的物質條件是勞動者自己的集體財產，那麼同樣要產生一種和現在不同的消費資料的分配。"[1]不改變私有制就實現不了真正的公平分配，這在今天世界各國的實踐中已經清晰地表現出來了。20世紀50—70年代是西方各國分配差距縮小的時代，但同時也是資本力量受到約束、公有制比重提高特別是在國際上受到社會主義制度競爭的時代。80年代之後，資本的力量重新佔據優勢，歐美國家和拉美等實施新自由主義的國家的收入分配狀況進一步惡化，並且成為2008年全球金融危機的原因之一。

不過，社會主義為消除不平等開闢了道路，因為社會主義實行按勞分配，避免了資本和勞動者之間的不平等，所有勞動成果（除了必要的公共事業的扣除等）都由勞動者享有，這比資本主義前進了一大步。但是，社會主義還沒有實現真正的平等，因為每個人的勞動能力有強有弱，贍養的人口不一樣，因而形式上的平等（按

1　[德] 馬克思、恩格斯：《馬克思恩格斯文集（第三卷）》，北京：人民出版社，2009：436。

勞分配）掩蓋了事實上的不平等，馬克思將這種不平等叫作“資產階級法權”。認為在社會主義社會，還不能實現真正的平等，還要承認並接受“資產階級法權”。用通俗的話說，就是在社會主義初級階段，生產力不夠發達，還不能搞“平均主義”和“按需分配”，否則就會導致人們積極性的喪失。

毛澤東深受馬克思“資產階級法權”思想的影響，把建設一個平等社會作為畢生的追求。新中國建立了中國有史以來最平等的社會，以公有制和按勞分配為主體，避免了惡性的兩極分化。同時毛澤東也認識到，公平是受到時代條件約束的，“資產階級法權”只能“在社會主義的條件下加以限制”，而不能夠完全消滅。這也是為什麼在 1958 年面對取消商品交換、取消貨幣、實行完全的供給制的觀點時，毛澤東給予制止，強調“價值規律是一個大學校”。

鄧小平提出“社會主義本質論”，也是對馬克思平等觀的繼承。鄧小平說的“黑貓白貓”，是指具體的方法和手段，但是在原則層面，鄧小平絲毫沒有動搖過，他把社會主義本質概括為“解放生產力、發展生產力、消滅剝削、消滅兩極分化、最終實現共同富裕”[1]。其中，解放生產力、發展生產力，雖然這兩句話中出現兩個“生產力”，但這句話說的恰恰不是生產力，而是生產關係，因為生產力自己不能解放自己，能夠解放和發展生產力的恰恰是生產關係，而生產力最核心的因素是人。解放生產力，根本就是發揮人的積極性。人的積極性如何發揮，那就要反過來回答是什麼制約了人的積極性；在資本主義條件下，是資本制約了人的積極性；在蘇聯式社會主義條件下，是官僚主義制約了人的積極性。所以，“解放生產力、發展生產力”，是實現人的全面自由發展，既反對資本對人的奴役，也反對官僚主義對人積極性的壓制。“消滅剝削、消除兩極分化、最終實現共同富裕”，作為社會主義的本質，正是社會主義優越於資本主義的地方。

前幾年，是否堅持“共同富裕”，居然在一些人那裏成了爭論不休的問題，這種現象令人深思。實際上，堅持共同富裕，是從毛澤東、鄧小平到習近平幾代領導人一以貫之的目標。中國致力於建設一個平等的社會，不僅是社會制度的要求，本身也是經濟增長的動力。新中國成立初期，正是由於進行了社會革命，才為經濟現代化的啟動和低成本積累資源創造了條件。在社會主義建設時期，正是形成了人和人

1　鄧小平：《鄧小平文選（第三卷）》，北京：人民出版社，1993：373。

之間的平等關係，才在物質條件匱乏的情況下調動了人們的積極性。正是由於改革前奠定了比較公平的社會基礎以及基礎教育、基本醫療的普及，改革開放之後經濟才產生了強勁動力。中國並沒有違背馬克思主義對平等的追求，而是在馬克思主義的指導下，既不超越階段，又不是無所作為，在歷史條件允許的情況下，努力縮小社會差距，一步步划向共同富裕的彼岸。

▶ ▶ ▶　6. 為什麼中國能夠跨越 "卡夫丁峽谷"

最後，我們來討論一個馬克思晚年付諸了極大精力，也是影響有關中國道路評價的一個理論問題 —— "卡夫丁峽谷" 問題，即落後國家能否不經過資本主義階段，直接進入社會主義社會？顯而易見，從理論上說清楚這個問題，關係到中國走社會主義道路的理論合法性和現實合理性。

"超前論" 和 "補課論"

在中國，一直有各種 "超前論" 和 "補課論"，認為中國搞社會主義是過早了，因而要反過頭來補資本主義的課。今天關於改革方向和道路的討論，根源也是對 "卡夫丁峽谷" 問題的認識。

"超前論" 認為，蘇聯、中國這些國家搞社會主義，本身就違反了馬克思的本意。馬克思說資本主義高度發達之後才能進入社會主義，窮國搞社會主義本身就是一種錯誤，是 "人為超越歷史階段"、"違背經濟規律"，所以蘇聯解體了。既然缺了資本主義這一課，那麼就要把資本主義這一課補上，蘇聯就是失敗在 "沒補課" 上；而中國改革開放就是 "補資本主義的課"，這個課現在還沒補完，下一步還要繼續學西方，包括引進西方的政治體制，引進多黨競爭，國企私有化，才算 "補課" 完成了。

這個問題的現實意義在於，資本主義是不是社會發展的必經階段。世界上很多國家還沒有實現工業化，這些國家要實現現代化、工業化是否只能走資本主義道路、融入資本主義世界，還是存在另一種可能。如果存在另一種可能，那麼中國模式就是有可能成功的。如果從理論上證明這種可能不存在，那麼中國模式恐怕就沒有了說服力。

落後國家能否逾越資本主義階段直接進入社會主義，這就是"卡夫丁峽谷"之問。緣起是 1881 年俄國人維·伊·查蘇利奇致信馬克思，請他談談對俄國歷史發展的前景特別是對俄國農村公社的看法。因為俄國具有土地公有制的傳統，所以信中特別希望馬克思談談對農村公社的看法："假如你能說明你對我國農村公社可能的命運的看法和對世界各國由於歷史的必然性都應經過資本主義生產各階段的理論的看法，給我們的幫助會是多麼大。"[1]

查蘇利奇之所以提出這個問題，是因為包括她在內的俄國民粹派思想認為俄國具有原始農村公社的公有制傳統，因此可以通過獨特的道路，繞過資本主義社會，"直接過渡"到社會主義社會，這是民粹主義社會政治綱領的核心。而俄國民粹派的反對者，正是以馬克思《資本論》為依據，認為資本主義是不可逾越的階段。因此，查蘇利奇致信馬克思，想問個清楚。

馬克思四易其稿的信

馬克思、恩格斯曾經設想社會主義革命將首先同時在西歐、北美少數發達資本主義國家發生，後來，通過對東方國家和民族發展道路的研究，他們又補充認為，在一定條件下，經濟文化比較落後的國家可以不經過資本主義的充分發展階段進行社會主義革命，走上社會主義道路。

為了給查蘇利奇回信，馬克思用了一個多月的時間，四易其稿。在覆信的初稿中，馬克思確定地指出，俄國農村公社"可以不通過資本主義制度的卡夫丁峽谷"，就是特指不經歷資本主義制度的災難和恥辱而直接跨入社會主義。

但是，馬克思後來對回信稿進行了三次修改，前三稿都很長，而最後寄給查蘇利奇的正式回信，只有一頁多一點，而且馬克思的這封信顯得有些語焉不詳。這是

1　　[德]馬克思、恩格斯：《馬克思恩格斯文集（第三卷）》，北京：人民出版社，2009：703。

否表明，馬克思本人對這個問題的認識還不是那麼確定呢？1881年3月，馬克思在給查蘇利奇覆信中的原話是：

> 在《資本論》中所作的分析，既沒有提供肯定俄國農村公社有生命力的論據，也沒有提供否定農村公社有生命力的論據。但是，我根據自己找到的原始材料對此進行的專門研究使我深信：這種農村公社是俄國社會新生的支點；可是要使它能發揮這種作用，首先必須排除從各方面向它襲來的破壞性影響，然後保證它具備自然發展的正常條件。[1]

馬克思不愧為偉大的思想家，他這段話中的要點，後來一一被證實。這段話的中心思想就是，"卡夫丁峽谷"是能夠跨過去的，世界各國不一定都像西歐國家那樣，一定要經過資本主義社會才能進入社會主義。但是，要跨越"卡夫丁峽谷"，是要有條件的，必須排除從各方面向它襲來的破壞性影響，然後保證它具備自然發展的正常條件。

是什麼阻礙了"跨越峽谷"

從馬克思給查蘇利奇回信開始，"卡夫丁峽谷"問題就成為馬克思主義歷史上的"哥德巴赫猜想"，眾多理論家對此做出了回答。然而，更重要的是歷史自身的回答。不過，考察一下那些不贊成"卡夫丁峽谷"能夠跨越的觀點，是有助於理解歷史的。

第一種觀點認為，馬克思和恩格斯自己就沒搞清楚這個問題。對馬克思來說，馬克思雖然在前三稿覆信草稿中認為"卡夫丁峽谷"有跨越的可能性，但是在正式的回信中並沒有充分闡釋，反而說了那些模棱兩可的話，是否說明馬克思對自己的觀點也並不那麼有信心。再如，有學者引用恩格斯1874年在《流亡者文獻》中的觀點，認為資產階級是社會主義革命的必然先決條件，也證明晚年的恩格斯和馬克思對這個問題有不同的觀點，恩格斯不認為能夠跨越資本主義而直接進入社會主義。

1　[德] 馬克思、恩格斯：《馬克思恩格斯全集（第三十五卷）》，北京：人民出版社，1971：160。

第二種觀點認為，社會主義是建立在資本主義基礎上的，如果沒有經過資本主義社會，那麼進入社會主義的依據是什麼呢？這種觀點引用恩格斯 1894 年寫的《論俄國的社會問題（跋）》，認為：「要處在較低的經濟發展階段的社會來解決只是處在高得多的發展階段的社會才產生了的和才能產生的問題和衝突，這在歷史上是不可能的。」[1] 確實，資本主義的高度物質文明和民主、自由，比封建社會是巨大的進步，社會主義並不是另起爐灶，而是應該繼承資本主義一切優點，並糾正它的弊端。如果沒有經過資本主義階段，那麼社會主義建立在什麼基礎上呢？

具體地說，這種觀點認為資本主義階段不可跨越，有兩個理由。第一，不經過資本主義充分發展，就實現不了生產的社會化、商品化、現代化，從而不具備建立社會主義的物質條件。第二，不經過資本主義社會，就不可能充分認識和暴露資本主義社會的弊端，也就無法形成一個強大的無產階級，不具備進行社會主義革命的動力。這種觀點以農村的合作社為例，合作制在資本主義國家也存在，但資本主義國家的合作社，是經過資本主義充分發展，在私有制的基礎上聯合起來的；而中國的合作社是少數先進分子示範和引導的，有些農民確實理解不了為什麼要搞合作社，為什麼單幹就不行。

第三種觀點認為，蘇聯和中國的實踐表明，「卡夫丁峽谷」是跨不過去的，要「補課」。因為蘇聯解體一個很重要的原因就是蘇聯開放之後，西方思想文化衝擊了蘇聯人的頭腦，很快使得蘇聯人喪失了對社會主義的信心，這起碼說明，蘇聯雖然建設了強大的物質文明，但是並沒有建立起能夠和資本主義抗衡的精神文明。中國在改革開放之後引進了資本主義的一些做法，看上去確實是在「補課」。這似乎都說明了「卡夫丁峽谷」是跨不過去的。

為什麼中國能夠跨越「卡夫丁峽谷」？

中國要想跨越「卡夫丁峽谷」，就要分析上述三種觀點，說清楚中國為什麼能夠在沒有充分發展資本主義的條件下，既達到高度的物質文明，又能夠實現對資本主義的超越，治理資本主義發展過程中出現的弊端。

1　［德］馬克思、恩格斯：《馬克思恩格斯全集（第二十二卷）》，北京：人民出版社，1965：502。

這個問題，在新中國成立時是沒有條件回答的，因為那時候中國的生產力發展水平很落後，還沒有能力談跨越資本主義的問題；這個問題，在改革開放初期也是沒有條件回答的，因為那時候中國還沒向市場經濟轉型，也就談不上跨越資本主義的問題。

但是，改革開放四十年後，在 21 世紀的今天，中國已經有條件、也有必要重新談談 "卡夫丁峽谷" 問題了。今天的時代，既給了中國跨越 "卡夫丁峽谷" 的必要性，也產生了跨越的可能性。

第一，資本主義全球體系形成之後，落後國家已經不可能沿著西歐道路走向現代化，跨越 "卡夫丁峽谷" 成為必然的選擇。

馬克思的時代，資本主義制度只在少數國家建立並成熟。而 20 世紀初，資本主義全球體系已經形成。在資本主義強國的剝奪下，落後國家依靠資本主義制度，已經實現不了現代化，所以，跨越 "卡夫丁峽谷" 成為唯一有可能成功的選擇。對此，中國共產黨一向有著明確的認識，1937 年毛澤東在和尼姆‧韋爾斯（Nym Wales）談話時說："因為中國過去和現在都是一個半殖民地國家"，"所以像西歐那樣發展資本主義的前途是沒有的"；"中國的資產階級夢想發展資本主義，但是中國的情況和現實不允許這樣"；在中國，有無產階級的領導 "這個條件使中國在將來能跳過資本主義而進入社會主義"，"從整個世界的形勢來看，中國具有不經過資本主義而直接過渡到社會主義的可能性"[1]。今天，中國的成功與許多國家陷入 "中等收入陷阱" 形成了鮮明的對比，證明了跨越 "卡夫丁峽谷" 是現代化道路上的必然選擇。

第二，中國證明了，社會主義和市場經濟是可以兼容的，不經過資本主義社會，同樣能夠實現商品經濟的充分發展，這就為跨越 "卡夫丁峽谷" 提供了理論依據。

在當前生產力水平、信息技術和人的思想覺悟等條件的約束下，市場仍是配置資源的主要方式。落後國家要跨越 "卡夫丁峽谷"，從邏輯上說，有兩種可能：一是除了市場經濟之外另找一種資源配置方式，二是在社會主義條件下發展市場經濟。對於前一種可能性，蘇聯和中國的實踐證明，計劃經濟在發展重工業等基礎工業時具有優勢，但是在現有技術條件下，還不能夠解決大部分經濟領域的資源配置問

1　《毛澤東和尼姆‧韋爾斯的談話》，《毛澤東思想研究》，1985（1）：145–150。

題。當然，隨著信息技術的進步，計劃經濟能否實現，是一個可以繼續探討的問題。

而另一種可能性就是在社會主義條件下發展市場經濟。只要能夠從理論和實踐證明，社會主義和市場經濟是可以兼容的，那麼就完全可以在社會主義社會發展市場經濟。也就是說，商品經濟充分發展的階段不可逾越，但是落後國家不一定要把資本主義的道路再重新走一遍，而是可以在社會主義市場經濟的條件下，完成資本主義國家經濟增長階段的任務，從而達到發達的物質生產水平。"補課"是需要的，但這個"補課"是補市場經濟和生產力發展的課，而不是補資本主義制度的課。

經過二十多年發展，社會主義市場經濟在中國已經基本建立，並且為社會主義和市場經濟的兼容提供了理論和實踐依據。中國國有企業改革的歷程說明，公有制是可以和市場經濟融合的。實際上，即使在西方資本主義國家，大型股份制企業也已經實現了所有權和經營權的分離，在運行機制上，國有企業和資本主義市場經濟下的企業已經沒有本質區別，說明社會主義制度和市場經濟是能夠實現兼容的。

第三，在全球化時代，資本主義生產方式已經影響了世界每一個角落，落後國家並不需要經歷資本主義發展的完整階段，也能夠深刻地感受到資本主義的影響，從而產生超越資本主義制度的歷史自覺。

反對跨越"卡夫丁峽谷"的一個重要理由是，落後國家並沒有經歷過資本主義階段，從而不可能對資本主義的弊端有深刻認識，也就不可能產生反對資本主義的可能性。這種批評，孤立地看一個國家是成立的。但是，自 20 世紀初世界進入資本主義全球化時代以來，落後國家已經不需要自己進入資本主義階段，就可以充分感受到資本主義的弊端，因為它們是最直接、最深刻地承受著資本主義週期性危機的國家，這些國家還沒有享受到資本主義帶來的物質文明，反而首先感受到資本主義帶來的剝削和破壞。因此，更容易在內部產生反對資本主義的力量。

中國革命的獨特道路，就在於把民族主義訴求、反對帝國主義的訴求結合在一起，首先建立了工農聯盟、奪取了政權，同時又沒有因為反對資本主義而陷入民粹主義或小農社會主義，而是在國家領導下進行資本積累，"既消滅資本主義、又發展資本主義"，從而把"反帝、反殖"的歷史自覺，轉化成為走中國特色社會主義道路的全民共識。

第四，在全球化條件下，資本主義國家內部的社會主義因素也在不斷增長，落後國家不僅可以直接利用資本主義現成的生產力水平（這是馬克思已經提到的），同時也可以借鑒資本主義國家治理市場失靈、約束資本的經驗。

西方資本主義的發展，資本主義國家對外圍國家的掠奪、資本主義國家內部產生的節制資本的運動，本身就在為東方國家的"跨越"創造條件。實際上，無論是西方國家，還是東方國家，社會主義因素都在增長，馬克思時代還沒有充分出現這種趨勢。

中國的實踐已經證明，可以跨越"卡夫丁峽谷"來避免經歷資本主義這樣一個痛苦的過程。先建立社會主義政權和生產關係，再發展經濟，就等於打了"預防針"，一旦出現資本主義生產的弊端，就可以用社會主義的國家政權來糾正。資本主義國家是經過長期探索、付出巨大代價、經歷了包括戰爭在內的激烈的階級鬥爭，才在其基本制度允許的範圍內實現了資本和勞動的均勢，這是一個痛苦而付出了巨大代價的過程，落後國家跨越"卡夫丁峽谷"，就是要減輕甚至避免這個代價巨大的過程。

中國的實踐還證明，發展社會主義市場經濟，不可能完全避免資本主義市場經濟出現過的宏觀經濟失衡、兩極分化、生態破壞等問題，但社會主義本身有更強的力量來糾正這些問題。特別是中國這樣的社會主義大國，有集中統一的政治體制，完全可以通過地方的試點進行改革試驗，來降低整個國家發展犯錯誤的可能性。

第五，中國跨越"卡夫丁峽谷"的實踐，是符合辯證唯物主義哲學的。馬克思說，"哲學家只是用不同的方式認識世界，但問題在於改變世界"。發展中國家在認識社會發展規律的基礎上，完全可以主動運用規律來改變世界，改變世界歷史的進程，這就是馬克思主義的實踐品格。那種認為"卡夫丁峽谷"無法跨越的觀點，實際上是只看到了生產力對生產關係、經濟基礎對上層建築的決定作用，而沒有看到上層建築對經濟基礎、生產關係對生產力的反作用。這就是為什麼中國共產黨自成立以來，就一向重視思想建黨、把黨員的理想信念視為黨的生命，在向市場經濟轉型過程中，也一定要掌握意識形態領導權、保持意識形態的純潔性。從經濟發展的角度來說，只有這樣，才能夠做到像馬克思說的那樣："要使它能發揮這種作用，首先必須排除從各方面向它襲來的破壞性影響，然後保證它具備自然發展的正常條件。"[1] 可見，加強黨的意識形態工作，保障黨對意識形態和文化的領導權，是社會

1　[德] 馬克思、恩格斯：《馬克思恩格斯全集（第二十二卷）》，北京：人民出版社，1965：502。

主義國家跨越"卡夫丁峽谷"所必備的前提條件，是生死攸關的大問題。

說到這裏，我們就可以理解，馬克思為什麼對"卡夫丁峽谷"問題一再猶豫，是因為他同時看到了，與從發達資本主義制度進入社會主義相比，落後國家要實現"跨越式發展"，直接進入社會主義，必然會面臨更大的挑戰。在經濟上，由於起點低，長期在經濟、科技和資本力量上處於弱勢；在意識形態上，要堅持意識形態和文化領導權，也會受到來自資本主義世界的競爭和挑戰，如果人們沒有深刻的辯證思維能力，思想上就很容易受資本主義發展道路的影響。

跨越"卡夫丁峽谷"不是一勞永逸的，目前中國還沒有完全跨越"卡夫丁峽谷"。鄧小平晚年一再強調，中國不能走資本主義道路，這是有其遠見的。因為在新中國成立初期，剛剛經過舊中國的教訓，資本主義道路走不通，比較容易形成共識。但改革開放之後，尤其是實行市場經濟後，人們容易從表面現象出發，誤認為中國是"學習資本主義"才走向的富強，這就會產生對前進方向的錯誤判斷。因此，在整個社會主義階段，都存在著理論、制度、道路的選擇問題，正確和錯誤還要經過長期的鬥爭。

中國對馬克思"卡夫丁之謎"的回答，已經遠遠超越了馬克思的視野。馬克思曾明確指出，"資本主義制度的基礎是生產者同生產資料的徹底分離……這整個發展的基礎就是對農民的剝奪……這一運動的'歷史必然性'明確地限於西歐各國"。[1]

馬克思終身生活在歐洲，他十分審慎地把自己的理論局限在歐洲範圍內，知道不能用歐洲的經驗指導一切國家的發展，這是他作為一名偉大思想家的清醒。同時馬克思又謹慎地指出，東方國家可能會走出一條不同的社會主義道路，他對當時俄國"農村公社是俄國社會新生的支點"寄予殷切期望。

馬克思對中國也同樣寄予厚望。馬克思對中國的關注，不僅是對中國自身，而是將中國放在資本主義全球發展的大背景中，把中國問題放在人類解放的宏大目標下加以分析。馬克思和恩格斯從他們的國際主義視野出發，正確地指出中國貧弱不振的根源，在內部是制度的腐朽，在外部則是帝國主義的侵略擴張。在中國人民爭取民族獨立的漫漫長路中，馬克思和恩格斯公開發表了一系列對中國人民充滿真誠理解、熱情支持和殷切期望的文章。他們對中國問題的關注不是出於狹隘的同情

1　〔德〕馬克思、恩格斯：《馬克思恩格斯全集（第十九卷）》，北京：人民出版社，1963：430。

心，而是出於對歷史規律的正確認識。

馬克思和恩格斯預言，中華民族通過艱辛探索和不懈努力，必將以嶄新的面貌屹立於東方，"過不了多少年，我們就會親眼看到世界上最古老的帝國的垂死掙扎，看到整個亞洲新紀元的曙光"。[1] 鑒於這個偉大民族具有悠久的文化傳統和獨特的基本國情，馬克思和恩格斯確信未來中國的社會主義肯定會獨具特色。早在 1850 年，他們就曾預言："中國社會主義之於歐洲社會主義，也許就像中國哲學與黑格爾哲學一樣。"[2]

只有民族的，才是世界的，馬克思曾指出："凡是民族作為民族所做的事情，都是他們為人類社會而做的事情。"中國用了六十多年的時間，不僅極大地發展了自己，而且為人類初步探索出了一條有說服力的新發展道路。

在馬克思、恩格斯之後的一百多年，世界歷史的變化已經遠遠超過了他們的想象，尤其是以東方國家為代表的發展中國家的群體性崛起，已經成為改造資本主義世界秩序、影響世界格局的重要力量。要解決當今世界存在的不平衡、不協調、不可持續的問題，社會主義的方案愈來愈不可缺席。今天中國和世界遇到的問題，已經遠遠比"跨越卡夫丁峽谷"複雜得多，需要人類全面審視 20 世紀以來資本主義制度和社會主義制度的發展實踐，找到一條能夠解決人類面臨的新問題的新道路。

1　[德] 馬克思、恩格斯：《馬克思恩格斯選集（第一卷）》，北京：人民出版社，2012：800。
2　韋建樺：《馬克思和恩格斯怎樣看待中國 —— 答青年朋友問》，《馬克思主義與現實》，2015（1）：1–13。

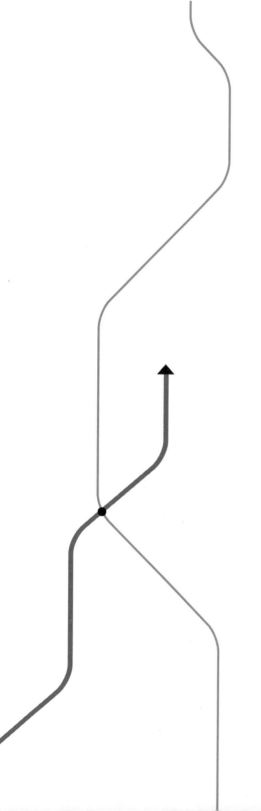

第八章

大歷史視角的新常態

2008 年國際金融危機爆發後，世界陷入金融危機中，中國經濟進入新常態。從"大歷史"的視角看，國際金融危機是資本主義基本矛盾的週期性爆發，標誌著二戰以來的經濟長週期走到了盡頭，也再次證明西方發展模式有根本缺陷。歷史沒有終結，歷史也不會終結。

而中國的新常態，標誌著改革開放四十年來所形成的增長動力已經變化，改革開放以來的思想認識、習慣做法和"主流經濟學"理論，已經不足以支撐中國下一階段的快速增長。只有全面總結經驗，開展新的思想解放，堅持真理，修正錯誤，才能開創新的時代。

2008 年全球爆發金融危機，中國經濟增速也逐年放緩。為什麼發生金融危機？危機何時能見底？如何尋找新的發展動力？這些問題擺在了中國面前。

▶▶▶　1. 西方衰退的根源：資本擴張

2017 年，全球金融危機已經進入第十個年頭，全球經濟依然低迷。這次危機歷時日久，為二戰以來所僅見。1980 年至 2011 年，全球 GDP 年均增長 2.9%，貿易增長 7.3%。但到了 2012 年以後，全球貿易連續四年跌到 GDP 增長之下，2015 年全球貿易降幅達 13.6%。金融危機把全球帶入又一個大動盪、大分化、大變革的時代。

歷史告訴我們，這次金融危機是自第二次世界大戰以來六十多年所積累的矛盾的總爆發，這種矛盾的根源是資本主義社會的基本矛盾。隨著資本擴張，在剩餘價值率不變的情況下，社會的平均利潤率存在持續下降的內生趨勢。這種趨勢使得資本主義經濟存在著"產業革命資本擴張—利潤率下降—經濟危機—資本消滅—新的產業革命和社會革命"這一週期性循環。資本的擴張帶來產能過剩、有效需求不足、兩極分化等問題，導致利潤率下降。為了獲取利潤，資本又通過向金融部門擴張、向海外擴張、削減工人福利等辦法尋找出路，但這些手段只能治標，不能治本。一旦這些手段窮盡，就會爆發經濟危機。經濟危機及其引發的戰爭，消滅過剩資本，經濟進入新的發展週期。這次金融危機，本質上仍是這種資本運動的產物。

危機的根源：資本力量過度擴張

這次金融危機的根源，起碼可以追溯到 20 世紀中葉。1929 年開始的經濟"大蕭條"和後來的二戰，削弱了資本主義國家壟斷資本的力量，加強了政府限制資本的權力。20 世紀 50—70 年代，西方國家出現了勞資之間力量相對均衡的狀況，稱為"凱恩斯妥協"。這一時期，西方國家的科技和經濟發展較快，社會比較公平穩定，社會保障不斷健全，是資本主義發展歷史上的"黃金時代"。

然而，資本運動的週期性規律仍然發揮著作用。經過戰後二十多年的和平發展，隨著資本重新積累，到 20 世紀 70 年代出現產能過剩、資本過剩、利潤率下降等現象，國家通過擴張性財政政策和貨幣政策刺激經濟，導致通貨膨脹和經濟停滯並存，即"滯脹"。

面對滯脹，代表壟斷資本的政治力量被推上歷史舞台，以過去是政府管制過多、政府支出過大為藉口，採取了一系列旨在縮小政府管制、擴大資本權力、削減勞動者利益的措施。這些措施的理論基礎是新自由主義，即主張政府減少干預，發揮自由市場的作用以實現資源的優化配置。新自由主義的代表性人物是美國的里根總統和英國的撒切爾首相，主要措施包括：國有部門私有化、鼓勵資本在全球自由流動、減少政府對資本的干預、鼓勵金融創新、降低所得稅、削減社會福利。這些措施的實質是劫貧濟富、劫公濟私，在短期內是有利於資本獲取更大利益的，但長期來看卻加劇了資本主義的基本矛盾。其結果是，新自由主義並沒有帶來西方經濟的恢復，反而出現了金融泡沫、貧富分化、民生危機、生態惡化等問題，最終引發金融危機。

第一個表現是經濟停滯。20 世紀 70 年代的滯脹本來就是資本積累導致的結果，新自由主義通過進一步擴大資本權力來維持增長，結果只能南轅北轍。1980—2007 年，美國經濟增長速度僅為 2.62%，低於 1951—1973 年的 3.6%，而 2008—

2013 年僅有 1.42%。[1]

第二個表現是金融泡沫。隨著資本的擴張，實體經濟領域已經滿足不了資本增值的需要，於是資本推動政府縮小權力、放鬆管制、鼓勵金融創新，實際上掩蓋了欺詐和投機的本來面目，使得金融從為實體經濟服務異化為脫離實體經濟的 "空轉"，即由 M—C—M（貨幣—商品—貨幣）的循環，變成了 M—M（貨幣—貨幣）的循環，愈來愈多金融交易的標的變成虛擬金融產品。國際市場上金融交易的日流通總量，從 1983 年的 23000 億美元上升到 2001 年的 130 萬億美元。[2] 在這個過程中產生了大量欺詐、投機和泡沫，把低信用等級金融產品包裝成高等級產品，通過製造一個又一個的泡沫來圈錢，製造預期來刺激投資和購買，這種 "擊鼓傳花" 的遊戲缺乏實體經濟支撐，總有一天會崩潰。金融化實質上是壟斷資本攫取實體經濟的工具。

第三個表現是兩極分化。20 世紀 50—70 年代，西方國家收入差距比較穩定。20 世紀 70 年代後，隨著新自由主義的實施，通過削減收入稅、減少社會福利、削弱工會等辦法，勞動者的地位下降，兩極分化迅速擴大。美國的基尼係數從 1980 年的 0.372 增加到 2008 年的 0.451，回到 1927 年大蕭條前的水平，佔總人口 1% 的最富裕的人所佔國家財富的總和從 1980 年的 10% 擴大到 2008 年的 23.5%，2009—2011 年，最富裕的 7% 的人的財富增加了 28%，但剩餘 93% 的人卻經歷了淨資產總額的下降。2012 年，最富裕的 1% 的人收入增加了 19.6%，而其餘 99% 的人收入只增加了 1%。拉丁美洲等受到新自由主義衝擊嚴重的發展中國家，收入差距更加觸目驚心。美國社會學家薩斯基婭·薩森（Saskia Sassen）認為，貧窮和不公平這些詞彙已經不足以描述今天的現實，他提出 "大驅離" 的概念，即中產階層可以一夜間淪為赤貧，每個人都可能被逐出社會生態圈之外。

1981 年上台的美國總統里根是新自由主義的代表人物。他以 "減稅" 的承諾贏得選票，他的名言 "政府不能解決我們的問題，政府本身才是問題" 至今仍是中國一些信奉 "市場萬能論" 者的 "金句"。然而，事實表明，里根所宣傳的 "小政府"

---

1   ［日］山村耕造、童晉：《過剩：資本主義的系統性危機》，北京：社會科學文獻出版社，2016：10。

2   易申波：《階級力量的重建：大衛·哈維新自由主義觀述評》，《南昌航空大學學報（社會科學版）》，2012（3）：74–79。

主要是為了放鬆對資本的監督，同時減少對底層人民的保護，這恰恰擴大了社會的兩極分化。在里根任內（1981—1988 年），美國收入最低的 20% 的人群收入所佔比重從 4.8% 降到了 4.2%，而收入最高的 20% 的人群收入所佔份額則從 42.7% 漲到了 45.1%。全美收入最上層 10% 的人的納稅額在 1984 年至 1988 年之間減少了 8.6%，次層 10% 的人的納稅額減少了 2.4%，而收入處於最底層 10% 以及次層的貧困民眾在同期內的稅負卻增加了 3.8%～3.9%，[1] 可見，這是以 "減稅" 口號進行的劫貧濟富，並沒有緩解貧富分化，反而是加劇了矛盾。

不僅在一國內部，資本擴張也讓全球範圍內的兩極分化更加嚴重。發達國家通過資本輸出和金融貨幣霸權實現了對邊緣國家的掠奪，1996 年世界最富裕的 358 人的資本淨值相當於世界最貧窮的 45% 的人口（23 億人）的收入之和，1998 年最富裕的 3 位頂級富豪的資產超過了全部最不發達國家及其 6 億人口國民生產總值之和。[2]

第四個表現是公共服務商業化、市場化。20 世紀 80 年代之後，由於實體經濟的投資已經飽和，為了滿足資本逐利的需求，西方國家不同程度地實施了公共服務私有化、商業化，讓資本進入公共服務領域，為其逐利大開方便之門。這樣迅速提高了醫療、教育等公共服務的成本，大量財政投入被醫藥企業、保險公司等特殊利益集團賺取了，這是一些國家出現 "福利陷阱" 的原因之一。公共服務的商業化，增加了居民的負擔和經濟運行的成本，使得實體經濟發展更加困難，反過來刺激更多資本進入金融和公共服務領域，形成惡性循環。

可見，這次全球金融危機的實質仍然是資本主義經濟危機。由於資本追求增值導致利潤率下降，資本為了尋找出路，便和政治權力勾結，擴大資本的特權和自由，導致資本主義生產的無計劃性進一步突出，生產偏離了社會實際需要，大量資本製造了金融泡沫。金融、房地產成為剝奪中低收入者的工具，減稅、削減社會福利等劫貧濟富措施又進一步擴大了社會差距，消費能力下降，只能靠借債鼓勵消費，從而造成全球範圍內的資本過剩和有效需求不足。這就是這次全球危機爆發的總根源。

1　李珍：《"華盛頓共識" 與發展中國家 "新自由主義" 改革》，《世界經濟與政治》，2002（5）：69-74。

2　文揚：《G20 當看清，世界經濟還在新自由主義廢墟上掙扎》，http://www.guancha.cn/WenYang/2016_08_30_372836.shtml。

在危機面前，西方國家的民粹主義開始抬頭，值得我們注意的是，西方國家的民粹主義本質上是底層民眾對社會兩極分化的反抗。《紐約時報》2016 年 6 月 24 日的專欄文章《民粹主義者的憤怒正在顛覆大西洋兩岸的政治》指出，當收入不平等程度達到了一定限度後，社會不滿達到臨界點，衝突會隨之爆發。[1] 民粹主義是民眾反抗新自由主義而出現的一種極端現象，消除民粹主義，最根本的是消除民粹主義產生的土壤。對中國而言，避免民粹主義最根本的辦法是堅持中國共產黨的領導，落實以人民為中心的發展理念，堅定不移地走共同富裕的道路。

全球走出危機的條件還不具備

這次全球金融危機爆發的根源決定了西方國家不可能在短期內走出危機，原因在於：

第一，從危機的成因來看，冰凍三尺非一日之寒，這次危機是二戰以來長期積累矛盾的總爆發，新自由主義經濟政策導致的兩極分化、經濟金融化、生態破壞和全球經濟失衡等問題都不可能通過短期政策調整來恢復；難民問題、民族問題等社會危機尚未見底，都可能讓經濟雪上加霜。

第二，西方國家的政治制度不能從根本上應對危機。在資本主義世界，上一次比較成功地應對全球危機是 20 世紀 30 年代之後，以羅斯福新政和歐洲戰後重建為代表，當時之所以能夠產生強有力的政府，遏制壟斷資本，進行利益調整，是由於大蕭條和戰爭已經付出了巨大代價，資本基本得到抑制。而這次危機之後，"資本"沒有被 "抑制"，壟斷資本還有很大的影響力，從歐美國家 2008 年以來應對危機的實踐來看，當前主要的措施仍然是向發展中國家轉移危機，比如把國外投資向國內轉移、實行更嚴格的貿易保護等，這種辦法短期內會有一定效果，但是屬於 "拆東牆補西牆"，對改善全球經濟並沒有作用。在歐美國家內部，壟斷資本集團對政治仍然有很大的影響力，雖然底層民眾對改善社會公平、遏制資本特權有很大呼聲，但是實際上實施起來很難。奧巴馬大力推動的美國醫療改革，也只是在資本主義框架下進行的溫和改良，且由於實施公共醫保會觸動商業保險和醫藥公司的利益，所以

1　文揚：《G20 當看清，世界經濟還在新自由主義廢墟上掙扎》，http://www. guancha.cn/WenYang/2016_08_30_372836.shtml。

受到資本集團的強力打壓。另外，在信息時代，民意容易走向另一個極端，導致民粹主義和國家治理的碎片化，更難就重大改革措施達成一致。

第三，西方國家歷史上拯救危機的有效做法，也已經沒有實施的條件。歐美國家內部的收入差距、公共負債、私人負債已經到了歷史以來的較高水平，既沒有空間再通過擴張性的財政貨幣政策來實施凱恩斯主義，也沒有空間再實行新自由主義，否則危機還會加重。

全球要走出危機，起碼要具備三個前提條件：

第一，全球範圍要有一個資本抑制的過程。過去的資本主義國家是通過戰爭和對外殖民實現過剩資本的輸出，當前西方國家還沒有完成這個過程。在新興經濟體崛起的情況下，新興經濟體聯合自強，改變國際政治經濟秩序的失衡，可能是成為過剩資本尋找出路的一條途徑。發達國家需要扭轉資本過度擴張的傾向，強化收入分配、遏制金融等利益集團，才能為新的發展奠定基礎。

第二，全球公平正義要有所改善。資本主義經濟危機表現為收入分配的危機，而且這種危機已經不限於一國內部，而是表現為全球性收入分配的失衡。全球分工呈現“三足鼎立”的局面：歐美國家，佔領金融、科技、貨幣和軍事制高點，通過壟斷定價在全球產業鏈中獲取高附加值；以東亞國家為代表的製造業國家，處在全球產業鏈的中低端，依靠代工、原材料和初級加工產品出口獲得附加值，這些產業的大量剩餘價值轉移到發達國家；以南美國家為代表的資源性國家，政治上比較軟弱，20 世紀 90 年代之後接受新自由主義理念，放棄經濟主權，成為廉價資源輸出地。所以，要恢復全球經濟再平衡，首先要恢復全球政治經濟關係的平衡，讓發展中國家和發達國家有平等的發展機會，支持落後國家在基礎設施、健康、教育等領域增強發展能力，提高落後國家在全球治理中的話語權，這樣才有可能解決全球經濟失衡，發達國家過剩的資本才能找到新的市場。

第三，全球發展觀念和政治體制的創新。國際金融危機以來，新自由主義雖然日漸式微，但仍然有很大影響力，特別是在一些發展中國家。東西方都認識到了過去發展方式存在的問題，也提出了包括社會和諧、平等、尊嚴、健康、綠色等在內的新的發展目標，這相對於過去過分追求經濟利益、讓資本不受限制地盈利來說，是一種進步。但是，“破舊”的同時，“立新”還任重而道遠。當前西方的主流文化和理論，並不能為走出危機提供支撐。西方的政治體制，呈現出碎片化、民粹化的傾向，社會撕裂和對立嚴重，基本價值觀受到挑戰，這種情況下，很難凝聚起新的克服危機的動力和共識。

▶ ▶ ▶ <h1>2. 西方經濟學的困境</h1>

金融危機不僅給資本主義制度帶來了挑戰，也給西方主流的經濟理論帶來了挑戰。當前西方主要的兩種經濟學流派 —— 凱恩斯主義和新自由主義，都是在西方發達國家應對資本主義經濟危機中產生的。表面上看，凱恩斯主義強調政府干預，新自由主義強調市場作用，但是兩者都是建立在資本主義經濟制度基礎上的。儘管兩者在短期內有一定成效，但是由於並沒有改變危機發生的基礎，所以只是延緩或轉移了危機，並沒有從根本上解決危機。

凱恩斯主義：只觸及總量，不觸及分配

20 世紀 30 年代"大蕭條"之後，西方國家希望採取一定措施減少危機帶來的震盪，凱恩斯主義因此登上了歷史舞台。凱恩斯主義認為社會總需求不足是經濟衰退的主要原因，解決的對策是政府"放水"，即通過建設公共設施、提高社會福利、加強二次分配來擴大總需求，實現充分就業。和馬克思主義不同之處在於，凱恩斯主義認為可以不觸動經濟所有制和生產方式，僅僅通過再分配就可以消除危機，這屬於馬克思在《哥達綱領批判》中批判的拉薩爾主義。

凱恩斯主義為二戰後資本主義的黃金時代創造了條件，20 世紀 40 年代到 70 年代，西方國家收入差距縮小、社會公平穩定、經濟增長率較高，這在西方歷史上是罕見的。但是，凱恩斯主義並沒有消除導致資本主義週期性危機的根源，僅僅是推遲了危機的到來。它只刺激總需求，而沒有改變分配關係，雖然起到了緩和勞資矛盾、擴大總需求的作用，但其擴大總需求的措施通過政府舉債和剝奪第三世界等途徑而維持，不具備可持續性。"利潤率下降規律"不可違抗。1973 年開始，西方國家

又陷入 "滯脹" 困境，這表明凱恩斯主義的作用空間已經不大了。

新自由主義：加劇危機而不是緩解危機

20 世紀 70 年代末，面對滯脹困境，經過幾十年和平發展又一次壯大的壟斷資本力量，推動著新自由主義走上歷史舞台。新自由主義把滯脹歸結於凱恩斯主義的需求擴張政策，認為是需求擴張導致了政府債務纏身、福利負擔過重、企業缺乏競爭力，轉而採取降低稅收、提高勞動力市場流動性、削減社會福利、鼓勵資本不受限制地流動等措施。由於這些措施都是著眼於生產領域，故而又稱為 "供給學派"。

供給側管理並未取得預期效果，從總體績效來看，西方發達國家 20 世紀 80 年代以來的 GDP 增長率顯著低於 80 年代之前。放鬆管制加劇了經濟金融化；削減稅收和福利，打破了 20 世紀 40 年代之後形成的資本和勞工力量的平衡，導致兩極分化擴大；通過發行貨幣和擴大公私債務刺激經濟，形成高槓桿率；在難以調整一次分配的情況下，主要依靠二次分配維持高福利，導致福利陷阱，這些都是金融危機爆發的根源。

可見，西方的凱恩斯主義和新自由主義、"需求側管理" 和 "供給側管理"，都是在資本主義框架下應對經濟危機的不同政策主張。由於基本政治經濟制度的限制，這兩種理論都是僅僅從供給和需求這個表象出發，而沒有觸及資本主義經濟運行機制，在理論上是不徹底的。它們使用的主要手段是財政、貨幣、稅收等間接調控手段，並沒有觸及生產關係，也沒有觸及所有制、分配方式、生產過程中人與人的關係。這兩種辦法在短期內有一定效果，但治標不治本。而且在表面上緩解症狀的同時還可能造成 "藥物依賴"，埋下更嚴重的隱患。

金融危機之後，全世界從東到西、從南到北，都掀起了對西方經濟學特別是新自由主義的反思。日本經濟學家中谷岩曾經篤信新自由主義經濟學，但是在小泉的新自由主義改革危害日本經濟之後，他進行了自我反省，認為 "過於天真地相信資本主義全球化和市場至上主義的價值"，"國家" 應該儘可能迴避介入 "市場" 的想法太 "天真"，認為僅僅依靠美國經濟學的合理邏輯來決定日本的國策，是錯誤的。他進而指出，資本主義全球化能夠給世界經濟帶來活力，同時也存在 "本質性缺陷"，其表現為：一是造成世界經濟的不穩定；二是因生產和消費的斷裂而導致貧富差距擴大；三是因以追求利潤為第一命題而破壞環境。[1]

有"香江第一健筆"之稱的香港《信報》創辦人、香港特區著名專欄作家林行止於 2008 年公開宣佈，由原來的自由資本主義倡導者轉向贊成社會主義，對自己年輕時作為一個"盲目的自由市場信徒"表示懺悔，宣佈放棄其過去認可的"企業的唯一功能在替股東謀取最大利潤"的主張，認為"社會主義的確能夠維繫社會公平"；並認為，如果中國能制定一套在"向錢看"與社會公平間平衡發展的政策，那麼中國的崛起對提高人類福祉有積極意義。[2]

▶ ▶ ▶ # 3. 中國經濟下行的根源

對世界經濟危機的考察，為理解中國的經濟下行提供了歷史背景。2010 年以來，中國經濟進入下行區間，不少人希望借鑒改革開放初期或者 20 世紀 90 年代末應對亞洲金融危機的經驗，通過進一步擴大市場化、私有化、自由化，來解決問題。我們認為，總的來說，那時的經驗已經不適用於今天的問題。因為中國經濟增長的階段性特徵已經發生了改變，不能將改革開放以來的經驗固定化、教條化，過去一些有利於經濟增長的條件，現在已經改變，甚至成為增長的阻力。要找到經濟增長的新引擎，首先要分析經濟增長動力的歷史演變。

改革開放前期的三大增長動力

經濟增長的要素，在生產方主要是勞動、資本、技術。商品生產出來之後，還要有需求，需求方包括投資、消費、出口，其中投資和消費又包括公共部門（政府）和私人部門。一旦這些因素之中有一些出現了顯著的高增長，就會帶動整體經濟較

1　［日］中谷岩：《日本新自由主義急先鋒的懺悔錄》，《世界社會主義跟蹤研究報告（2009—2010）》，北京：社會科學文獻出版社，2010：251–255。

2　舒時、林行止：《"轉向"：作別"盲目自由市場信徒"》，《第一財經日報》，2008–06–25。

快增長，從而成為這一時期經濟增長的主要動力。改革開放前期（1980—1998 年）的經濟增長，得益於下面三大因素：

一是改革開放前積累資產的市場化。改革開放前，國有經濟主要集中在基礎性、戰略性領域，消費品行業發育不足；改革開放後，大量資本進入民用消費領域，過去積累的大量非商品資產開始進入市場，成為改革開放前期供給迅速擴張的物質基礎。改革開放之初之所以能夠"一放就靈"、"一包就靈"，根本原因是由於之前積累了大量國有資產。

二是西方滯脹帶來的國際需求和產業轉移需求。中國改革開放恰逢西方國家開始出現產能過剩、資本過剩、需求不足，需要向海外轉移過剩資本和產能之時，這正迎合了中國引進技術和外資的需要。同時，西方勞動力成本上升，中國出口產品具備價格優勢，從而為中國提供了巨大的出口市場。

三是公平的收入分配所帶來的旺盛國內需求。由於改革開放之前具有公平的社會基礎，這一時期的改革措施能夠惠及絕大部分社會成員，收入增長又快、又比較公平，20 世紀 80 年代初期的基尼係數只有 0.3 左右，這些條件有利於消費迅速增長。消費在國民收入中的比重由 1978 年的 63.5% 上升到 1981 年的 70%，20 世紀 80 年代，居民消費年均增長 15.3%，與 GDP 增長保持同步，一直保持著強勁內需。

可見，20 世紀 80 年代到 90 年代初的經濟增長，是改革開放之前積累和改革開放後發展共同作用的結果，這一時期的改革實現了公平和效率的較好平衡，但這是建立在特定的歷史條件上的，即大量尚未市場化的資產、較為公平的初始收入分配、較為旺盛的國際需求和產業轉移空間。到 20 世紀末 21 世紀初，這種動力就已經釋放得比較充分了，其標誌就是 20 世紀 90 年代中期企業的普遍困難。在這種情況下，中國經濟出現了新的增長動力。

21 世紀初的四大增長動力

20 世紀 90 年代中期之後，企業利潤率普遍下降（見圖 8-1），特別是 1998 年亞洲金融危機前後，經濟增長率和企業利潤率都達到改革開放以來的最低水平。

這種情況固然有經濟體制的原因，但主要是由宏觀經濟週期造成的，是市場經濟的週期性表現。為什麼這樣說呢？

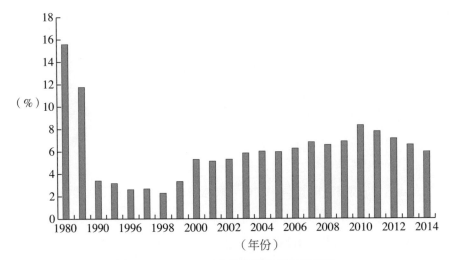

圖 8-1　1980—2014 年中國企業的資金利潤率

資料來源：國家統計局編：《新中國六十年統計資料彙編》，北京：中國統計出版社，2010 年，表 1–35。

　　一方面，市場競爭導致利潤率下降。經過 20 世紀 80 年代的放權讓利，企業的競爭力已經有所增強，1992 年之後，各地政府和企業積極性高漲，出現了投資熱、房地產熱、股票熱、開發區熱，到 90 年代中期已經表現出明顯的總供給超過總需求，這是中國進入市場經濟以來首次集中出現總供給超過總需求的局面，如 1996 年電視機、冰箱、汽車的生產能力閒置 1/3～1/2，生產能力過剩致使企業利潤率下降。

　　另一方面，20 世紀 80 年代旺盛的國內需求已經結束，出現需求不足。居民消費佔國民收入的比例從 80 年代的 50% 以上下降到 90 年代末的 45%。消費需求不足的原因包括：（1）勞動者收入相對下降，1980—1989 年全國職工工資總額佔國民總收入的比例保持在 15.6%～17.5%，平均為 16.3%，1997—1999 年下降到 11%~12%，是改革開放以來的最低水平（見圖 8–2）。（2）社會保障不健全。大量企業破產重組，原有勞動保障制度解體。政府減少了對醫療、教育等公共事業投入，農村基層組織弱化，農民負擔加重，福利性、實物性的分配和消費轉向商業化、貨幣化和市場化，居民的預期支出大幅增加，不敢消費。[1]（3）收入差距擴大，特別是國有企業改革和農村鄉鎮企業改革過程中造成較大貧富差距，城鄉收入差距在 80 年代一度縮小之後重新擴大。基尼係數從 80 年代初的 0.3 上升到 2000 年的 0.412，

1　劉國光、劉樹成：《略論通貨緊縮趨勢問題》，《理論導報》，2000（3）：2–4。

2003 年達到 0.479，[1] 這降低了全社會平均消費需求。

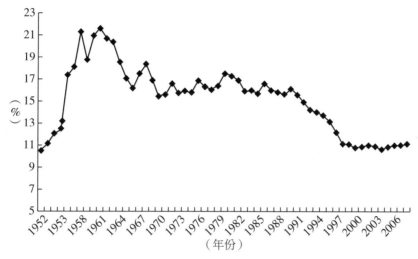

圖 8-2　1952—2008 年全國職工工資總額佔國民總收入比例

資料來源：國家統計局編：《新中國六十年統計資料彙編》，北京：中國統計出版社，2010 年，表 1–5。

　　總之，除了外部原因之外，1998 年的經濟波動，既有市場發育不足造成的問題，也存在市場失靈的問題。1998 年起，中共中央、國務院採取了一系列措施，結束了經濟下行的局面，開始了新的經濟增長週期。這些措施可以分為兩類：一類是繼續挖掘市場機制的潛力，開闢新的市場領域，為過剩的資本和產能尋找出路，包括撤銷八大工業部，把重化工業下放到地方，將大量中小國有企業改制，擴大教育、醫療、住房的市場化程度，在國際上，加入世界貿易組織，繼續擴大開放；另一類就是加大公共支出，大規模增加政府對基礎設施的投資，建設一批重大基礎設施。經過這些改革，21 世紀最初十年中國經濟增長的主要動力可以概括為："雙競爭、雙需求、低工資"。

　　動力一："地方錦標賽"，企業＋政府雙重競爭。中國改革開放之後逐步形成的地方政府之間競相推動經濟增長、招商引資的"地方錦標賽"模式，在這一時期得到強化。分稅制之後"分灶吃飯"的財政體制，讓地方競爭有了動力；大多數中小型國有企業改制，煤炭、鋼鐵、冶金、有色金屬等基礎行業的管理權限下放，讓地方競爭有了充足的資源；房改之後，通過土地出讓獲得財政收入成為地方的重要財

1　國家統計局局長馬建堂 2013 年 1 月 18 日在國務院新聞辦新聞發佈會上的講話。

政來源。這些因素一交織，提高了地方和企業的積極性，使地方發展重化工業的動力大大增加。2012 年，中國原煤、鋼材、有色金屬、電解鋁和汽車產量分別是 2002年的 2.6 倍、5.0 倍、3.7 倍、5.7 倍和 5.9 倍，均比上一個十年增長的倍數多（見表8-1）。

表 8-1　1978—2012 年主要重工業品產量

產品名稱	1978 年	1992 年	2002 年	2012 年	2002 年 / 1992 年（倍）	2012 年 / 2002 年（倍）
原煤（億噸）	6	11	14	37	1.2	2.6
鋼材（萬噸）	2208	8094	19252	95578	2.4	5.0
有色金屬（萬噸）	100	299	1012	3697	3.4	3.7
電解鋁（萬噸）	21	96	358	2021	3.7	5.7
汽車（萬輛）	15	107	325	1928	3.0	5.9

資料來源：有關年份《中國統計年鑒》。

　　動力二：基礎設施和房地產帶來的巨額投資需求。實行住房改革，鼓勵居民購買商品房，基礎設施和房地產成為投資需求的主要來源，房地產和土地財政結合以及基礎設施建設擴張帶來的巨額投資需求，拉動了重化工業、裝備製造業、原材料工業的高速擴張。

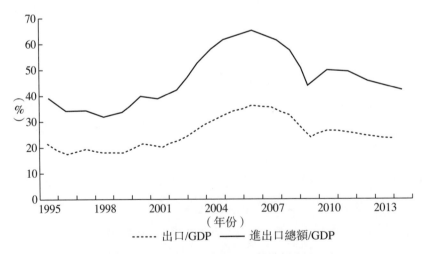

圖 8-3　1995—2013 年進出口佔 GDP 的比例

資料來源：國家統計局編：《新中國六十年統計資料彙編》，北京：中國統計出版社，2010 年，表 1–6；有關年份《中國統計年鑒》。

動力三：西方實行擴張性財政和貨幣政策帶來的巨額外部需求。21 世紀初，西方國家經濟紛紛採用擴張性的財政政策和貨幣政策，通過政府負債以及鼓勵個人信貸消費，產生了巨大的外部需求。這種需求格局刺激了沿海地區的出口導向型產業。出口高速增長彌補了內需不足，1998 年到金融危機前的 2006 年，出口佔 GDP 的比例從 17.9% 提高到 35.7%，進出口總額佔 GDP 的比例從 31.6% 提高到 64.8%（見圖 8-3）。

動力四：勞動力市場化帶來的所謂 "低工資優勢"。1998 年前後的國有企業改革，使中國產業工人從以國有企業正式職工為主體轉變為以勞動關係比較鬆散的農民工為主體，勞動力流動性和市場化程度提高。這一方面使得企業獲得更強的議價能力，可以盡量壓低勞動者的工資和福利，以支持企業利潤的增長；另一方面，工資和福利保障相對下降，影響了內需的擴大，增強了企業對低成本勞動力的依賴，削弱了創新的動力，成為延續粗放式經濟發展方式的一個症結（見圖 8-4）。

這樣，由特殊外部條件帶來的投資、外需兩大需求，地方政府競爭與企業競爭的雙引擎競爭，再加上所謂 "低勞動力成本"，構成 21 世紀最初十年經濟增長的主要動力。在 20 世紀 90 年代，採取這樣的措施是必要的，但同時要意識到，隨著歷史條件的變化，不可能重複和照搬當時的做法。歷史條件發生了哪些變化呢？大致可以歸為兩類：

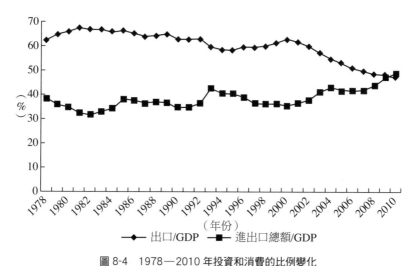

圖 8-4　1978—2010 年投資和消費的比例變化

資料來源：國家統計局編：《新中國六十年統計資料彙編》，北京：中國統計出版社，2010 年，表 1–6；有關年份《中國統計年鑒》。

一方面是客觀環境和外部約束的變化。全球金融危機的爆發，使得西方依靠寬鬆貨幣和財政政策的需求消失了；國內房地產存量快速擴張，使得房地產的增長空間受限；資源型工業和初級產品出口市場逐步飽和，國內的資源環境約束收緊；農村剩餘勞動力轉移完畢，勞動力的人口紅利峰值已經過去，勞動年齡人口開始下降，剩餘勞動力無限供給的狀況已經結束。也就是說，21世紀初期促進經濟增長的很多有利因素已經消失了。

　　另一方面，過去一些促進經濟增長的體制機制，其作用已經削弱，甚至從動力變為阻力。第一，地方政府之間競爭性推動投資，已經從促進經濟增長的因素變成加劇市場盲目性、導致產能過剩的因素；第二，企業之間的產業結構碎片化、集中度過低，不利於企業轉型升級和增強活力，加劇了無序競爭；第三，過度依賴廉價勞動力，已經從企業的競爭力優勢變成企業競爭力劣勢；第四，公共事業的過度市場化，已經從促進經濟增長的因素轉變為阻礙經濟增長的因素。這四方面的變化，一定程度上都與過分迷信市場有關，認為市場競爭越充分越好、企業規模越小越好、勞動力流動性越強越好、社會事業市場化程度越高越好。

　　改革開放以來，形成了這樣一種話語習慣：凡是經濟中存在的問題，一定是計劃經濟導致的，解決的辦法就是"進一步市場化"。但問題可能沒有那麼簡單了。目前中國經濟存在的問題，一方面有市場發揮作用不到位帶來的問題，比如，行政審批範圍過大、權力過分集中，一些重要資源和生產要素的價格還未理順，國有企事業單位經營管理中行政化傾向嚴重，市場秩序不規範、規則不統一，部門和地方保護主義大量存在，城鄉體制分割等。[1]目前，對這些問題的認識已經比較到位了。但另一方面還有由市場本身的弊端帶來的問題，這些問題包括產能過剩、貧富差距、需求不足、環境污染、公共品供給不足等。這些問題顯然並不是所謂"計劃經濟殘餘"造成的，而是市場機制的缺陷導致的，在很大程度上屬於市場經濟固有的弊端，即使在發達資本主義市場經濟中也不可避免，因此寄希望於用進一步市場化的辦法解決市場化固有的缺陷，無異於緣木求魚。鑒於這幾個問題是關係經濟發展方向的大是大非問題，這裏將進一步詳細展開。

1　　張宇：《更多市場，更多社會主義》，《人民日報》，2014-03-10（005）。

4. 地方競爭和生產過剩危機

2008 年以來，中國不少行業開始出現利潤率下降、產能過剩，規模以上工業企業的銷售利潤率從 2010 年連續下降。為什麼會出現產能過剩？從表面上看，是由於地方政府具有投資衝動，往往通過招商引資、優惠政策吸引企業投資，因此要解決產能過剩，就要減少政府對經濟的干預。

這種說法看上去有一定道理，但並未觸及產能過剩的實質。原因在於：第一，自工業革命以來，資本主義社會也曾發生週期性產能過剩，這種產能過剩不可能是政府干預導致的。第二，中國那些由政府介入程度更高的行業，比如電信、石油、電力、鐵路、航天，並沒有發生產能過剩，而產能過剩比較突出的行業，如國務院確定的五大產能過剩行業 —— 鋼鐵、水泥、電解鋁、平板玻璃、船舶 —— 都是市場化程度高、產業集中度低的行業。所以，究竟如何看產能過剩，需要考察 20 世紀 90 年代以來逐步形成的 "政府錦標賽" 的競爭格局。

地方政府錦標賽

1994 年實行分稅制之後，地方政府之間競相追求 GDP 和財政收入的增長，這成為中國經濟增長特有的動力。市、縣政府具有高度的經濟自主權，地方政府之間相互競爭，目標是盡可能提高本地的經濟增長率，競爭對象則包括企業的投資、上級優惠政策（如國家級新區）、基礎設施（如高鐵路線）等，地方政府通過為企業降低稅收、土地費用、環保以及安全等政策方面的成本，爭取企業到本地落戶，所謂 "不怕吃虧"、"親商愛商"、"你發財我發展"。在這種模式下，地方政府具有類似於企業的行為特徵，首要目標是做大做強 GDP。招商引資成為基層政府的工作重點：主要領導親自帶隊，召開各種招商會、推介會，把招商任務分解到所有政府部門，用招商成績來評價政府工作人員等等。那麼，應該如何評價這種地方政府競賽的模式呢？

應該肯定，這種地方競爭的格局，極大地激發了地方政府和企業的雙重積極性，使中國在短短幾十年時間裏，達到了西方工業化國家發展幾百年才達到的生產能力。廣大幹部為發展地方經濟廢寢忘食、孜孜不倦，做出了歷史性貢獻，對這一點應該給予充分肯定。但同時也要看到，以 GDP 為導向的地方競爭能夠發揮作用是需要一定的歷史條件的，也帶來了不少負面效應，面臨著調整轉型。

首先，地方競爭加劇了市場的盲目性，導致生產過剩。在資本主義國家，生產過剩是由自由市場的缺陷導致的，由於市場調節的滯後性，每個企業只能根據自己的信息做出決策，所以會週期性發生產能過剩和危機。在中國，除企業競爭導致過剩外，還有兩個新的因素加劇了過剩：第一，中國是發展中國家，在經濟追趕的階段，能夠直接向發達國家引進和學習技術，從而導致一哄而上，快速形成產能，進而過剩。第二，中國特有的地方競爭格局，加劇了市場的盲目性。具體表現在，即使是在市場經濟條件下已經過剩的產業，政府也會通過補貼、減稅、降低經營成本等方式，讓企業繼續投資經營，這就加劇了產能的過剩。

其次，政府競爭導致了少數地方政府行為模式發生變化，產生了過度 "親資本" 的傾向，從而可能破壞資本和勞動者之間的平衡，甚至導致資本和權力的結合，誘發腐敗和利益輸送。即使在西方資本主義國家，勞動者和資本力量的相對平衡也是經濟持續健康發展的條件。中國少數地方政府出於招商引資目的，把資本利益放在優先位置，忽視了勞動者權益、自然資源、公共利益等的保護和投入，雖然促進了企業的發展，但是從長期來看，卻擴大了勞資收入的差距，壓抑了內需，導致大量企業長期依賴廉價勞動力，加劇不理性投資行為。同時，過度 "親資疏民" 的傾向，容易讓地方政府和資本形成利益共同體，打破政治權力和資本權力之間的防火牆，讓人民群眾失去信任感。2014 年 7 月 27 日，時任中共中央政治局常委、中央紀委書記王岐山表示，在腐敗問題上，要緊盯礦產資源、土地出讓、房地產開發、工程項目等領域，[1] 這幾個領域正是個別地方資本和權力交易最為突出的領域。

最後，地方之間 GDP 的競爭，往往只注重短期目標，而忽視了公共產品的提供，造成局部利益和全局利益的衝突。各地都競爭性地開發本地的資源，以便盡快形成現金流，但卻不承擔全國資源保護的責任，不少地方以犧牲資源環境來招商引資，加劇了環境和生態破壞，加快了資源約束。溫鐵軍教授將其概括為："承擔無限

1　新華社：《王岐山出席 2014 年中央第二輪巡視工作動員部署會並講話》，http://news. xinhuanet.com/video/2014–07/16/c_126761830.html。

責任的中央政府和有限責任的地方政府，導致地方把外部性上交中央。"[1] 可見，這種地方競爭的模式，適應於產業快速擴張的階段，是重化工業、原材料產業、加工業快速擴張的動力機制，但並不利於實現長期持續的全面發展。

產能過剩是由以追求 GDP 為中心的地方政府推動企業競爭所造成的，其本質就是市場失靈，是市場經濟自發的規律。這是對 "產能過剩" 的基本診斷，只有明確這個診斷，才能開出正確的藥方。一些新自由主義的觀點，把產能過剩歸因於政府的管制，事實上恰恰相反，產能過剩並非因為政府管制，而是因為政府之間的過度競爭，而這種競爭又是出於追求短期經濟利益而導致了不理性的投資。從實踐來看，能夠有效化解產能的措施，都是加強生產的協調性、治理市場盲目性的措施。比如，2016 年上半年，"去產能" 取得明顯成效，就是通過政府制定嚴格准入標準、政府和行業協會組織行業自律等統一行動完成的，而不是靠 "政府退出" 完成的。

產業結構：分散和集中的辯證法

目前，影響中國經濟增長的另一個原因是產業結構的碎片化。碎片化有兩個層次的含義，第一是產業集中度低，第二是企業橫向和縱向之間的協作不夠。這種格局已經到了改變的時候。

這裏，有必要回顧一下歷史。新中國成立初期是工業部門產業集中度很高的時期，表現為高度集中的計劃經濟和大型企業為主。這種模式對於迅速實現基礎行業的戰略投資，集中力量辦工業起到了積極作用。兩次體制下放期間，中小企業得到發展，產業集中度有所降低。改革開放之後，隨著放權讓利，特別是 20 世紀 90 年代末之後撤銷八大工業部（局）之後，中央企業下放到地方，這些行業的產業集中度又一次出現下降。

當前中國實體企業利潤率下降，同產業結構分散化、碎片化有很大關係。總的來看，中國主要產業的集中度都低於世界主要大國。中國煤炭行業的集中度是世界五大產煤國中最低的，產量最大的四家企業佔全國產量的 17.6%，而美國為 67%、澳大利亞為 57%、俄羅斯為 96%、印度為 82%。其他行業的產業集中度也都低於

1　溫鐵軍：《中西體制最根本差別在於負無限責任的中央政府》，http://www. guancha.cn/wen-tie-jun/2013_11_11_184851.shtml。

美國。

　　產業集中度低，固然有利於鼓勵競爭，但同時也將產生很高的交易成本和監管成本。企業之間的競爭是經濟增長的動力，但是從新型工業化發展的趨勢來看，骨幹龍頭企業的引領、企業的橫向和縱向協作、生產性公共產品的提供，對於現代工業發展的作用日益重要。改革開放初期，中國產業發展的主要問題是企業規模過大、市場發育不足、競爭不充分，那時企業改革的總體趨勢是放權讓利、鼓勵拆分和競爭。但目前部分行業產業結構的分散和碎片化，阻礙了協作和創新。如電解鋁、鋼鐵等行業，都是下放和競爭程度較高的行業，企業在海外採購、出口方面不能有效協作，搞"窩裏鬥"，損害整個行業利益；在質量標準方面不能有效協作，導致缺乏統一標準，不利於在一些新領域擴大應用；在科技創新方面不能有效協作，產學研環節協作不足，導致基礎科研、共性關鍵技術研發不足，大量企業和科研院所把主要精力放在短平快的項目上。比如，中國兩家工程承包企業在"走出去"過程中互相挖牆腳，結果被外方各個擊破，自己損失。這些問題在經濟學上叫作"反公地悲劇"，也就是說，產權劃分得過於細碎，導致交易成本過大，即使是有效率的交易也難以完成。

　　相比，發達國家形成了較高的產業集中度，到了今天，大型跨國企業可以利用其規模優勢和資金、金融方面的優勢，在不違反世界貿易規則的情況下，操縱全球價格，而包括中國在內的許多發展中國家，由於產業集中度較低，只能面對大型跨國企業壟斷國際市場而發展中國家的企業被分而治之、各個擊破的局面。在經濟崛起過程中，世界主要大國都經歷過產業集中的過程。19 世紀 70 年代中期美國出現產能過剩、惡性競爭後，開始了第一輪產業重組，形成了鋼鐵大王、石油大王、鐵路大王。1961 年前日本六大公司所產的鐵佔全日本的 86.7％，1970 年，八幡製鐵與富士製鐵合併成立新日鐵，雄踞世界鋼鐵頭號霸主近三十年。韓國 1970 年初浦項投產後即頒佈《鋼鐵工業育成法》，規定只允許浦項一家建設高爐，其他各廠只允許發展電爐。金融危機之後，這些大型企業的抗風險能力凸顯，在全球大企業紛紛限產的情況下，新日鐵、美國鋼鐵公司產量仍然保持上升。這無不警示我們，中國的產業集中已不是在一個相對封閉的國內市場中進行，如果中國自身不加快產業集中的步伐，就會給國際資本的整合創造時間和機會。[1]

迄今為止，中國的原初性、突破性的創新主要是由國有企業承擔的。世界上具有突破性的創新，也往往是由國有企業或者政府支持的企業進行的，這些企業具有較大的規模、雄厚的資本和優秀的人才隊伍，能承擔起規模大、關係國計民生的創新。美國的微軟、蘋果等公司的核心技術，是由美國軍方研究機構研發的。中國的國家電網公司研發的特高壓交流輸電技術將有望解決全球範圍內電力資源的超長距離輸送問題。要增強中國經濟發展新動能，關鍵是要走創新型國家道路，在國際上同世界一流企業開展競爭。要加強創新，關鍵是補上基礎性理論和共性技術這個短板，發揮大型企業集中資本、集中力量辦大事的優勢，扭轉目前科技創新力量分散、內耗嚴重的局面。要在國際上增強資源控制力和抗風險能力，提高話語權、定價權、標準制定權，也要求繼續打造一批特大型企業集團。這些都說明，要辯證看待產業結構的分散和集中，而不要受自由競爭教條的影響。

▶ ▶ ▶　5. 低勞動力成本是優勢嗎

中國經濟三十多年的高速增長，從某種意義上說，是得益於一支低成本、高素質的勞動力隊伍。但是，2010 年以來，所謂 "勞動力成本上升" 成為很多企業的難題。同時，關於勞動者福利過低、收入下降影響基本民生的呼聲也很高。企業要降低成本與工人要改善生活之間，構成了巨大的張力。究竟如何看待中國的 "低勞動力成本" 和目前勞動力成本上升的壓力。這要求我們回答兩個問題：一個是事實問題，低成本優勢還能不能繼續存在；另一個是價值判斷問題，即使能夠依靠 "低成本勞動力"，這種發展模式好不好？

中國改革開放三十多年的高速增長，確實得益於一支 "低成本勞動力" 的比較優勢。但是，考慮到人口結構的變化、國際市場的飽和以及國內收入差距已經較

1　杜立輝、徐熙淼：《美、日、韓三國鋼鐵產業集中度的演變及啟示》，《冶金經濟與管理》，2010（1）：35–39。

大，依靠低成本勞動力支撐的低端製造業數量擴張的發展方式已經走到了盡頭，不能再依靠把發展成本轉嫁給勞動者來維持增長了。

"低成本勞動力"優勢是如何形成的

長期以來，中國之所以形成了"低成本勞動力"優勢，有這樣幾個原因：

首先，農村存在著大量尚未轉移的剩餘勞動力。馬克思曾經使用"產業後備軍"的說法，2010 年之前，中國大量農村勞動力為"低成本勞動力"做了支撐。但到了2012 年左右，隨著勞動年齡人口開始減少，"產業後備軍"就開始下降和減少。根據國家統計局發佈的《全國農民工監測調查報告》，2010 年以來農民工總量增速持續回落，2011 年、2012 年、2013 年和 2014 年農民工總量增速分別比上年回落 1.0、0.5、1.5 和 0.5 個百分點，2014 年增速僅為 1.9%。根據聯合國 2012 年的最新人口預測，無論未來生育率採取高中低哪個方案，勞動力規模都將從 2015 年左右開始出現全面下降，到 2030 年開始快速下降。[1]

其次，中國農村的集體所有制使得勞動力可以進行"候鳥式"遷移，成為中國能夠長期保持低工資的重要條件，家庭仍然留在農村，而人在城市工作。這樣做的好處是，農民工能夠接受較低的工資，因為農村的土地本身可以作為基本生活保障。

最後，一些地方默許甚至鼓勵企業在工資、社會保障方面規避法律的要求，大量企業沒有按照法律規定為農民工繳納社會保險，這實際上相當於為了追求當前的利潤而犧牲勞動者的工資和福利。企業普遍存在超時勞動的問題，國家統計局 2009—2014 年《全國農民工監測調查報告》顯示，截至 2014 年，日工作超過八小時的農民工比重佔 40.8%，週工作超過四十四小時的比重佔 85.4%，簽訂勞動合同的農民工比重僅為 38%，農民工按規定享受職工醫療保險、養老保險待遇的只有17.6%、16.7%，覆蓋率還不到 1/5。

1　童玉芬：《人口老齡化過程中我國勞動力供給變化特點及面臨的挑戰》，《人口研究》，2014（2）：52–60。

"低成本勞動力" 依賴症

可見，中國企業特別是民營企業，往往通過克扣工資、延長工作時間、逃避社會保險繳費責任等辦法，維持 "低成本勞動力" 優勢，我們將這種情況稱為 "低成本勞動力依賴症"。"低成本勞動力" 的優勢已經從提高競爭力的推動因素變成阻礙因素。

首先，延長工時是對勞動者本身人力資本的損害。工人超時勞動，必然影響正常休息、學習的時間，影響勞動力再生產。超時勞動對產業工人健康造成嚴重影響，2005 年底，湖北省勞動和社會保障廳發現，40% 左右的農民工帶病上崗。新型農村合作醫療（新農合）異地就醫報銷難，是健康較差的農村外出務工人員更容易返鄉的另一個影響因素。[1] 除了產業工人，腦力勞動者的身體健康、心理健康狀況也受到超時勞動的影響。

其次，工資和福利的欠賬，導致工人階級消費能力下降，國內有效需求不足。李鍾瑾等發現，中國私有企業勞動力再生產的成本在相當程度上由勞動者自身承擔。工資過低和超時勞動，既導致企業贏利能力虛高，又限制了整體經濟內需的擴大和經濟增長方式的轉變。2000—2008 年，居民消費佔國民收入的比例從 46.4% 下降到 35.3%，最終消費（包括居民消費和政府消費）佔國民收入的比例從 62.3% 下降到 48.6%。據估算，2014 年農民工工資和城鎮生存工資（用五等分人群的最低消費衡量）的差距達 2.6 萬億元，佔當年 GDP 的 4%，嚴重壓抑了內需。如果能夠把農民工的工資欠賬補上，就能夠增加相當於一年 GDP 5.19% 的百分點。粗略地說，這相當於，如果用五年時間把農民工工資提高到城鎮生存工資的水平，就可以每年提高 GDP 增速一個百分點。在國內市場無法消化本國商品的情況下，企業愈來愈依靠全球市場來獲取利潤，但是全球市場需求增長有限且容易波動，無法支持現在中國經濟的高速增長。[2]

壓低工資表面上有利於企業，但實際上不然。人為壓低勞動力成本，給企業形成了強勢的談判地位，但也給企業產生了 "利潤幻覺"，即一個行業在利潤已經下降

1　陸銘：《中國農民工的健康損耗問題》，http://www.spicezee.com/guandian/78748.html，2015-01-05.

2　李鍾瑾、陳瀛、齊昊、許準：《生存工資、超時勞動與中國經濟的可持續發展》，《政治經濟學評論》，2012（3）：35-57。

的時候，通過繼續壓低勞動力成本來維持利潤，從而增加無效率的投資，引起產能過剩。我們根據李鍾瑾（2011）的方法估計，2013 年中國私營工業企業的利潤率為4.75%，但是如果考慮到對勞動力工資的欠賬，補足農民工的工資之後，實際的利潤率只有 2.32%（見表 8-2）。過分依賴 "低勞動力成本"，導致了 "貧困化增長"。也就是說，低端產品在市場飽和的情況下，因為價格因素的影響，出口愈多，國民收入愈是下降。

表 8-2　工業企業主營業務利潤率

年份	私營工業企業利潤率（%）	扣除工資欠賬之後的私營工業企業利潤率（%）	國有工業企業利潤率（%）
2005 年	3.47	− 0.76	5.71
2006 年	3.69	0.16	6.28
2007 年	4.20	1.04	6.60
2008 年	4.73	1.27	4.61
2009 年	4.63	1.36	4.59
2010 年	5.45	2.66	5.69
2011 年	5.51	3.20	5.39
2012 年	5.30	2.46	4.64
2013 年	4.75	2.32	4.41

資料來源：李鍾瑾、陳瀛、齊昊、許準：《生存工資、超時勞動與中國經濟的可持續發展》，載《政治經濟學評論》，2012(3)：35–57。2011 年之後的數據為本書作者用上述文獻的方法自行計算。

重新強調 "全心全意依靠工人階級"

當前中國勞動力成本問題的主要矛盾是，在分配中工資所佔比例太低，這已經影響了經濟轉型升級和擴大消費，造成了較大的收入差距。總體上，我們並不贊成當前工資上漲過快的觀點。控制企業成本過快上漲應該主要從降低金融、土地、稅收等成本方面想辦法，而不是主要從降低勞動者收入方面想辦法。即使是控制勞動力成本過快上升，也應該主要從降低勞動者所必須付出的住房、醫療、教育等成本想辦法，而不是在維持高生活成本的同時壓低勞動者的收入。

首先，從理論和實踐看，"勞動力市場靈活性" 並不是越高越好。認為勞動力市場越靈活越好、就業關係越不穩定越好，這是一種市場萬能論的觀點。純粹的"勞動力市場靈活性"，就是完全的僱傭勞動關係，這是自由資本主義初期的勞動力市場形態，必定會帶來社會的兩極分化，歐洲國家自 20 世紀初開始，已經通過最低工資制、社會保障、收入再分配等辦法，減少了僱傭勞動的程度，即勞動者的收入不僅僅來源於工資，還來源於社會保障等其他收入。實踐證明，對勞動力市場進行保護，讓工人具有和資本平等的談判地位，有利於制約資本的特權，防止資本過度逐利導致的宏觀經濟不穩定，更有利於維護勞動者的主體地位，催生改進人力資本和創新的動力。世界上以創新領先的國家如德國、日本和北歐國家等，都是勞動關係穩定、水平高的國家。

其次，從總體上看，中國目前的問題並非是勞動力的流動性不足，而是流動性太大、穩定性不足。2009 年以來，中國勞動力成本確實快速上升。但是總的來看，這仍然是恢復性、補償性的上升。今天的勞動力工資水平還沒有恢復到能夠有效促進內需、實現經濟再平衡、促進勞動者素質穩定提高的水平。北京師範大學中國收入分配研究院課題組認為，近幾年來勞動報酬的較快增長是相對的、短期的和補償性的，且遠未達到足以改變勞動報酬長期偏低的程度，過去三十七年間，人均 GDP 增長了約 20 倍，而城市和農村居民收入只增加了約 13 和 14 倍，城市和農村居民收入增長分別有三十年和二十六年低於 GDP 增速。另外，2000 年後中國勞動報酬佔國民總收入的比重總體呈下降趨勢，由 2000 年的 53.0% 下降至 2010 年的 48.5%；近兩年雖然有所增長，但遠未達到 2000 年的水平，而且距離 21 世紀高點還有較大差距。

有的觀點認為，《勞動合同法》對企業的保護嚴重不足 …… 降低了中國勞動力市場的靈活性，這種看法不符合事實。實際上，中國勞動合同簽訂率只有 50% 左右，農民工尚未實現社會保障全覆蓋，這種情況還遠遠談不上對勞動者的"過度保護"。實際上，那種認為"提高勞動力成本損害競爭力"的觀點，正是建立在過度依賴低成本勞動力支持出口的發展模式基礎上的。按照這種觀點，一旦經濟增長乏力，就通過降低工資來降低成本，增強出口的競爭力。但是，國內工人工資過低，將不利於拉動國內需求，而導致更加依賴出口，也將制約國內工人人力資本的提高，導致更加依賴低成本簡單勞動支撐的出口，於是就需要繼續降低工資來增強出口競爭力，如此易形成惡性循環。

通過過度壓低勞動力成本來支撐企業利潤，從單個企業的角度看是理性的，但是從全社會宏觀經濟的角度看是不理性的，因為它會加劇企業過度依賴低成本的競爭。在勞動力成本問題上，通過降低勞動力成本來維護企業利潤的做法，不僅道德上不成立，而且也會對國家和企業長期的競爭力造成損害。

要重視住房、醫療等基本需要的費用上升對勞動力成本上升的影響。改革開放初期，中國經濟能夠迅速增長，一個重要原因是住房、醫療、教育等基本需要的成本很低，從而可以釋放出大量消費需求潛力。2009 年以來勞動力成本上升，正是伴隨著住房費用以及醫療、教育等費用的快速上漲。對一個城市的勞動者來說，能夠負擔得起房貸或房租，是工資的底線。所以勞動力成本上升的很大原因是房地產價格的上升，本質上是虛高的房地產價格，轉嫁給了實體經濟的企業，是住房的食利者階層侵蝕了實體經濟的利潤和勞動者的福利。這個問題不能靠壓低勞動者福利來解決，而是要靠降低房地產業的超額利潤來解決，要為普通勞動者提供足夠的保障性住房和平價房，讓人人住得起基本住房。

面對這種情況，要求我們更加全面地認識勞動力成本，認識到過於依賴"低成本勞動力"是過去發展方式的癥結，"全心全意依靠工人階級"不僅是政治上的要求，也是經濟增長的動力。

▶▶▶　6. 公共服務市場化：動力還是阻力

住房、醫療和教育都有公共服務和產業發展的雙重屬性。計劃經濟時期以公共服務屬性為主，20 世紀 80、90 年代，市場化改革促進了這幾個行業的發展，特別是房地產業成為經濟增長的主要動力。但是，當前這幾個領域過度商業化，增加了居民消費的不確定性，刺激了預防性儲蓄，擠壓了一般消費，已經從拉動內需的因素變成阻礙內需的因素。

公共服務市場化曾經是增長動力

　　21 世紀最初十年，社會事業的市場化，曾經是拉動經濟增長的重要動力。20 世紀 90 年代末，為了應對亞洲金融危機和經濟下行，醫療、教育和住房的市場化程度都有所提高，表現在城市住房由過去的福利分房，逐步調整為商品房為主、保障性住房為輔；政府減少對公立醫院的投入，默許甚至在一段時間內鼓勵公立醫院逐利創收，鼓勵私人辦醫，鼓勵醫藥產業成為支柱產業；教育領域，雖然明確提出 "教育產業化" 的時間不長，但是由於長期以來教育投入未能達到《教育法》規定的幅度，學校之間實際上存在著激烈的圍繞升學率的競爭，學校之間差距的增大使得優質教育資源也成為盈利的工具。1998 年以來，教育、醫療、住房的費用增速都遠高於 GDP 和人民收入的增加，這裏當然有隨著經濟發展帶來的需求增加，但是同時也有社會事業市場化帶來的費用增加。在這些措施推動下，教育、醫療和住房消費高速增長，居民文教支出、衛生總費用、商品房竣工價值增長均顯著高於 GDP 增速。2002—2012 年，衛生總費用、全社會住宅投資、商品房住宅竣工價值分別以每年 17.1%、21.2%、19.6% 的幅度增加（見表 8-3）。特別是房地產投資和消費增長，成為拉動經濟的重要因素。

表 8-3　1997—2012 年醫療、教育、住房消費增長情況

	1997 年	2002 年	2012 年	年均增長率 1997—2002 年（%）	年均增長率 2002—2012 年（%）
城鎮居民醫療消費支出（元）	179.7	430.1	1063.7	19.1	9.5
農村居民醫療消費支出（元）	62.5	103.9	513.8	10.7	17.3
衛生總費用（億元）	3196.7	5790.0	28119.0	12.6	17.1
城鎮居民文教消費支出（元）	448.4	902.3	2033.5	15.0	8.5
農村居民文教消費支出（元）	148.2	210.3	445.5	7.3	7.8
全社會住宅投資（億元）	5370.7	9407.1	64412.8	11.9	21.2
商品房住宅竣工價值（億元）	1269.9	3191.0	19147.5	20.2	19.6

資料來源：歷年《中國統計年鑒》。

社會事業過度市場化阻礙經濟增長

醫療、教育、住房都是極其特殊的商品，因為它們是人類生存發展不可或缺的基本需求，而不是一般的消費品。從短期和局部來看，社會事業市場化有利於創造更高的利潤和 GDP，拉動更多投資，促進經濟增長。但是從長遠和全局來看，社會事業是保障人民權益、改善人民生活質量的基礎，是促進社會公平正義的基礎，是提高人力資本、提升創新能力、促進經濟長期穩定增長的重要手段，是促進社會流動、防範階層固化的基礎。社會事業過度市場化，必然出現基本公共服務成本上漲、服務享受不均等問題。成本上漲則導致基本民生受到影響，雖然有關機構短期可以盈利，但長期來看增加了人民基本生活和勞動力再生產的成本。而且，基本公共服務費用過高會讓居民增加預防性儲蓄，從而減少在其他方面的消費，影響生產和消費的再循環。社會事業的盈利性增加、費用快速上升，不僅影響了基本民生，而且提高了經濟運行的成本。基本公共服務的不均等將導致人們發展權利的不均等，特別是教育不公平將固化和擴大階層差距，導致階層分化加劇，社會流動性減弱，既不利於社會公平正義，也不利於勞動者素質的普遍提高。

住房費用的上漲雖然對 GDP 增長做出了貢獻，但也成為人民生活費用上升的重要原因，給企業和家庭都帶來了負擔，影響了企業的投資和居民的消費。房價過高，不僅對購房者具有嚴重的消費擠出效應，對於租房者也具有嚴重的消費擠出效應。因為，房價過高，住房的租金價格同樣會快速上漲，租房者所要支付的費用也就愈來愈高，擠出日常生活消費。房價過高，也會導致企業營運成本全面上升，或迫使不少企業遷出這些高房價的城市，使就業機會減少；或是壓低企業工人的工資水平等。無論哪一種情況出現，都會從總體上降低整個社會的收入水平，影響居民的支付能力，削弱居民的消費。要解決勞動力成本升高的問題，關鍵是恢復房地產的實體經濟屬性，遏制投資需求和虛高價格。

在中國各種社會事業中，教育是政府責任比較到位、保障程度較高的領域。但是，由於城鄉之間、地區之間以及同一地區內部的教育不均衡現象十分突出，也影響了教育的質量。在教育資源分佈不均衡的情況下，導致了嚴重的"擇校"問題，擇校的需求導致了教育費用的上升以及教育模式的改變，應試教育、中小學生課業負擔過重以及腐敗行為。公共資金尤其是項目資金通常更多地流向辦學條件好的學校。通過"擇校"收費等，好學校會有更多的收入，且事實上能夠與教師待遇直接或間接掛鉤。雖然國家禁止舉辦重點學校、重點班，但是在缺乏有力調控措施的情況下，重點學校、重點班實際上廣泛存在，一些名校可以藉助學生家長的利益輸送，掌握遠遠超出一般學校的社會資源，從而形成了教育差距擴大的惡性循環。應試教育導致學生負擔過重，而現有的素質教育往往有較高門檻，只有具備較好的經濟基礎或社會關係才能完成以各種社會實踐、評比為主要內容的素質教育要求，實際上進一步擴大了教育差距。應試教育模式加上大學的產業化，追求短期規模擴張，教育質量下降，部分大學生就業難、部分大學生即使就業也難以適應相關工作需求等問題都很突出。

醫療市場化、商業化的傾向導致醫療費用快速上升。2009 年實施醫藥衛生體制改革以來，建成了覆蓋全民的醫療保障制度，基層醫療衛生機構實現了公益性，這是巨大的成就。但是大型公立醫院仍在逐利性機制下運行，而私立醫院的逐利性就更強，導致醫療費用快速上升，超過醫療保障標準的上升速度，實際上群眾的醫療負擔還是年年加重。近幾年來，個人承擔醫療費用的絕對額和比例都在逐年上升，這些家庭不可能放心消費、投資和創業。據一些學者的研究，2000—2010 年，為應對住房、醫療、教育支出，農村居民人均預防性儲蓄約三千元，佔人均金融財產的34% 左右；城市居民人均預防性儲蓄約九千元，佔人均金融財產的20% 左右，這是導致城鄉居民消費不足的重要原因之一。而居民花在住房、醫療上的高額費用，實際上相當一部分進入了房地產企業和藥品流通等具有超額利潤的環節，等於是多數人補貼少數人，加劇了兩極分化，從而抑制了國內需求。這些現象都說明，基本公共服務的市場化、商業化，已經從促進經濟增長的因素變成阻礙經濟增長、加重居民負擔、加劇社會不公平的因素。

靠社會事業市場化拉動經濟增長是南轅北轍

在經濟下行壓力之下，目前還有相當強烈的聲音要把經濟改革的思路照搬到社會領域，進一步提高社會事業的市場化程度，並希望以此來促進經濟增長。理論和實踐都表明，這是一條南轅北轍之路。以醫療領域為例，有一種典型的看法是：中國的醫療支出佔到 GDP 的比重只有 6%，而美國為 18%，歐洲也有 10% 以上，中國還有很大的發展空間，可以通過發展醫療產業拉動經濟增長。

　　一段時間以來，這種思路在資本市場上有很大影響。有學者建議通過擴大醫療投資、發展醫療產業、鼓勵競爭來促進經濟增長、減輕政府負擔，這種方法在改革實踐中遇到很多問題，表明它的方向不可取。這樣不僅不能保增長，而且會增加經濟下行壓力，讓經濟形勢雪上加霜，可謂南轅北轍。

　　本書已多次分析，2008 年全球金融危機的根本原因是總供給過剩和有效需求不足。資本一方面不斷擴大投資規模，導致平均利潤率下降；另一方面壓低勞動者報酬，導致內需不足。在經濟下行壓力面前，醫療衛生事業如果繼續走市場化、私有化之路，把醫療作為過剩資本尋找投資的新出路，不僅不能緩解經濟下行壓力，反而將進一步惡化內需不足的問題，導致更大的供需失衡。因為資本進入醫療領域之後，必然追求利潤，追求比原始投資更多的醫療收入，從而帶來醫療服務成本更快上升，這將進一步壓抑內需，增加老百姓看病的不確定性和風險，從而加劇中國由投資過剩和內需不足導致的經濟困難。直白地說，讓醫改市場化，就好比讓一個高血壓的人繼續吃升壓藥，愈吃問題愈嚴重，甚至出現生命危險。

　　面對關於醫療衛生事業發展方向的分歧，習近平鮮明地指出："要毫不動搖把公益性寫在醫療衛生事業的旗幟上，不能走全盤市場化、商業化的路子。"[1] 強調醫療衛生等社會事業的公益性，是從中國共產黨的性質和宗旨出發的，也是經濟社會健康發展的要求所決定的。計劃經濟時期，中國建立了覆蓋全民的基本醫療衛生制度，使人力資源水平大幅度躍升，保障了社會公平和經濟發展。到 20 世紀 90 年代，醫療保障覆蓋面減小，醫療費用快速上升，成為國有企業遇到困難的一個重要原因，也導致了國內需求不足。這些歷史經驗充分表明，公平性、公益性的醫療衛生制度能夠促進經濟增長，特別是突破長期經濟增長之後遇到的瓶頸，緩解市場化帶來的貧富差距、內需不足問題。

　　美國的醫療成本快速上升，成為制約企業競爭力、影響民生的重要因素，這背後是醫藥產業、商業保險的巨大資本利益作祟。如果中國進一步放任醫療衛生行業的市場化，讓資本介入醫療體系，那麼不僅公立醫院的逐利性無法扭轉，私立醫院的逐利性也會進一步變本加厲，醫療服務的公平性將更加下降，一批貴族醫院將汲

1　　中共中央黨史和文獻研究院：《十八大以來重要文獻選編（下）》，北京：中央文獻出版社，2018：367–368。

取大部分優秀醫療資源，那時候醫療將不僅成為經濟運行和家庭的巨大成本，而且將加劇社會矛盾。

中國之所以在全球經濟危機之後不至於像某些國家那樣出現經濟崩潰，這與社會事業的私有化程度有限有很大關係。也就是說，資本的力量並沒有充分進入社會領域，特別是戰略性國有企業、農村土地、公立醫院、公立學校等涉及基本民生保障的領域沒有被商業化、資本化，因此能夠在經濟大幅波動的情況下提供穩定劑，也能夠減緩經濟領域週期性的波動。這也是為什麼國內外始終有一股力量在推動戰略性國有企業私有化、農村土地私有化、公立醫院私有化等所謂"改革攻堅"。國內外的教訓都說明，如果這幾個領域也被完全私有化，經濟和社會的穩定就會失去最後的屏障，一旦發生經濟危機，危機就會從經濟領域擴大到社會領域，讓大多數中低收入者失去最後的基本生活保障，那時候不要說經濟保持穩定增長，連社會穩定都要受到衝擊。

因此，國企、土地、醫療、教育這幾個領域不能走私有化之路，這是任何時候、任何情況下都不能動搖的改革底線。

▶ ▶ ▶　7. 反思新自由主義

中國的改革是有方向、有立場、有原則的。在經濟領域，堅持正確的改革方向，就一定要防止新自由主義理念的誤導。

誤區之一：對絕對市場化的迷信

這種觀點認為，改革開放以來中國經濟增長完全是市場化的功勞，因此現在要進一步擴大市場作用，讓更多沒有市場化的領域進入市場，就能產生新的增長動力，這誇大了市場的作用。

改革開放以來，中國建立的社會主義市場經濟體制確實極大地調動了億萬人民的積極性，促進了資源的優化配置，但是市場經濟的這種作用是有條件、有限度的，市場機制既有積極的作用，也有消極的作用，如果不考慮歷史條件的變化，把市場當作不可動搖的天條，就不能夠找到管控市場的正確辦法。

首先，在理論上，市場化的程度並非越高越好。"完全競爭的市場能夠達到資源優化配置"，是西方經濟學當中的一條定理，但這條定理成立的前提條件是極為苛刻的，在現實經濟運行中很難達到。這些前提條件包括：（1）完全理性假設，即經濟生活中每個人都是理性的、能夠掌握並清晰辨別他所需要的一切信息；（2）完備市場假設，即所有商品、服務、資產和金融契約的市場是存在且完備的，而且任何交易都是允許的；（3）完全競爭假設，市場上有無限多個相同的生產者、無限多個相同的消費者，處於完全競爭狀態；（4）不存在外部性，即除了商品等價交換之外，每個人的行為都不可能對社會、對環境造成其他影響；（5）無規模效應假設，即效用函數、生產函數和市場結構的"非凸性"，這樣才能保障均衡的存在。可見，這些條件在現實中是無法達到的，只是西方經濟學（即使認為西方經濟學具有完全的科學性）討論問題的一個起點和參照系，相當於物理學中的真空狀態，是不能直接用來指導現實工作的。

退一步說，即使市場是完全有效的，也只能達到經濟效率的最大化，[1]但是，難道人類社會只有經濟效率一個目標嗎？社會公平、人類自身的教育和健康、環境安全、文化昌明，這些目標與經濟效率同樣重要；如果片面追求經濟效益，還會同其他目標發生矛盾。

其次，從中國歷史來看，把改革開放以來的中國經濟增長單純歸結為市場化的作用，並不符合歷史事實。20 世紀 80 年代初，市場經濟確實促進了中國經濟的快速發展，但是這也離不開改革開放前積累的大量國有資產的市場化，離不開公平的收入分配和社會保障，離不開獨特的國際形勢帶來的外部需求增長。恰恰是依靠前三十年積累下來的巨大國內需求潛力和資本存量，為市場發揮作用提供了前提，如果忽視這個前提，市場化是不能發揮作用的，所以並非在任何情況下通過"市場化改革"都能夠推動增長。

最後，當前中國既有市場不足的問題，又有市場過度發揮作用的問題，甚至市

1　準確說是帕累托最優，仍然不能算是經濟效率最大化。

場本身存在缺陷。例如，上面討論過的，基本公共服務的市場化，不僅提高了經濟運行成本，而且壓抑了內需，還使得公共服務機構的行為發生了異化，損害了服務的效率和質量；勞動力的市場化，雖然促進了勞動力流動和成本降低，但是壓抑了需求、造成了收入分化、影響人力資源水平的提高，從宏觀和長遠來看對經濟增長是不利的；產能過剩、生態破壞等問題也與市場缺乏監管有直接關係。

政府和市場都有其自身產生、發展和消亡的規律。當前人類的生產力水平，還沒有達到取消商品交換的階段，也沒有達到國家消亡的階段。工業革命後，西方的市場經濟促進了生產力發展，但從它誕生的那一天起就出現了負面效應。政府維護經濟穩定、提供公共物品、提高人力資本等職能正是在糾正市場失靈中產生的，而隨著政府職能的加強，又為市場經濟發展創造了條件、增添了活力，從而進入更高層次的市場經濟，這是一個在不斷"否定之否定"中前進的過程。

今天世界上經濟發展成功的國家，既有比較強的政府職能，又有比較發達的市場。而一些政府治理無力的國家，則沒有完善的市場經濟。中國改革開放初期，政府管得過多是主要矛盾。今天面對新的發展格局，既要看到政府越位的問題，又要看到市場失靈所導致的收入差距過大、國內需求不足、產業結構碎片化、無政府狀態惡性競爭、人力資源建設滯後等問題，它們已經成為中國經濟轉型升級的瓶頸。作為社會主義國家，中國有條件更好地發揮政府作用，治理市場失靈。如果仍然用過去那種一切迷信市場的辦法，不僅於事無補，甚至可能進一步使這些問題惡化，主觀上想保增長，實際上窒息了經濟增長的動力。

馬克思主義學者薩米爾·阿明曾經說過："我擔心的是，在毛澤東時代之後的中國，一些人有一種錯覺或者幻覺，認為中國實行改革開放，推行完全的市場化，就可以追趕上來，很快成為一個發達的資本主義的主權國家。那只是個夢，是孫中山和國民黨的夢。然而，蔣介石、國民黨證明了這個夢不可能實現。我相信如果他們意識到這不可能的話，他們就會懂得除了社會主義，別無他途。"[1] 他的提醒值得我們注意。

1　丁曉：《只有社會主義道路才能擺脫依附與危機 —— 訪埃及著名經濟學家薩米爾·阿明》，《馬克思主義研究》，2016（3）：16–24。

誤區之二：對私有化的迷信

有人認為，改革開放以來的經濟增長緣於國退民進，而且私營企業的效率往往高於國有企業，因此只要將現有的國企進行私有化改革，就能緩解經濟困難。這種觀點也不正確。

首先，私營企業的效率天然高於國有企業並沒有理論依據。從實證上看，無論是國內還是國外，無論是國有企業還是私營企業，既有經營績效較高的又有績效較差的，現有的研究文獻並不支持私營企業效益一定高於國有企業的觀點。從中國的歷史來看，20 世紀 80 年代絕大部分企業仍然是國有企業，但是利潤率、效率都有很快的增長；而 2008 年金融危機以來，私營企業的效率也在快速下降，因此不能說私營企業效率一定高於國有企業。而且，微觀的效率並不是衡量企業好壞的唯一標準，私營企業可能在微觀經營、成本控制、適應市場需求等方面比國企有優勢，但是也容易造成市場的盲目性、造成資源浪費。從西方的歷史來看，20 世紀 80 年代之後，西方國家推行新自由主義改革的一個流行思維就是將國企私有化，但是私有化之後並沒有促進國家經濟的增長。

要破除國有經濟一定是低效的論斷。無論是什麼所有制，當代企業達到一定規模之後，都存在委託代理問題，所有者和經營者都是分離的。亞當·斯密那種小作坊的生產方式早已成為歷史。在這種情況下，國企和民企在內部行為上已經沒有差別。現在有些所謂的 "民企決策靈活"，主要是因為民營企業大多數還處在家族企業和不規範的人治階段，這種 "靈活決策" 有很大的風險，在經濟快速增長的時候，固然有利於迅速成長起來，包括利用一些規則的不完善發展起來，但是並不具有可持續性。

其次，改革開放以來中國經濟的快速增長離不開民營經濟的貢獻，但是首先要看到，民營企業最初的發展來自國有企業提供的資源和支持。在新中國成立之前，沒有強大的國有經濟，私營企業力量也弱小，而且集中在紡織等輕工業領域。改革開放以來民營企業的發展，固然有民營企業自身的努力，但是也離不開宏觀經濟週期的變化，否則就無法解釋，為什麼廣大發展中國家都採用私有制，卻沒有獲得與中國一樣的增長速度。另外，國有企業在基礎性創新中起了巨大作用，這些創新的特徵是週期長、投入大、帶動性強，國有企業在這方面有優勢。

最後，改革開放初期，之所以發展民營經濟能夠有效促進經濟增長，是因為國有企業比重過大，產業結構以重工業為主，在這種情況下引入私營經濟，發揮其在貼近市場方面的優勢，能夠改善產業供給結構。但是，當前的產業結構已經發生了變化，民營企業能夠發揮作用的競爭性領域，已經出現了普遍的產能過剩和利潤率下降，在這種情況下，把國有企業私有化，如果是一般競爭性領域的國企，並不能解決產能過剩和利潤率下降的問題；如果把具有自然壟斷性質以及公益性的國企私有化，那麼短期內可能會促進經濟增長，但是將損害公共服務的公益性，提高公共服務的成本，而且可能影響國計民生。

近年來中國有兩個例子可以說明這種情況：一是山西煤炭資源的整合，一度成為攻擊"國進民退"的口實。當時民營小煤礦出了很多問題，後來進行整合，由國企收購部分民營煤礦。實際上，山西省煤炭資源整合主要是為了解決煤礦安全、環境和資源保護等問題，長期以來國有煤礦企業在安全生產投入、遵守資源保護的規定方面比民營企業要好得多，這是國有企業成本較高的原因。民營企業在山西的比例比較高的時候，是資源掠奪性開採和安全生產事故頻發的時候，也加劇了貧富分化等社會矛盾。大型國有企業整合煤礦資源之後，實現了煤炭資源合理地開採和收益分配，加強了安全生產。

另一個例子是東北。近幾年來，關於東北特別是遼寧省經濟增速過快下降的問題也引起了人們的討論，一些觀點把東北的經濟困難歸結於國有企業比例過高，這是不正確的。

從橫向來看，國企比例高並非東北經濟困難的原因。國有企業比例高於遼寧的上海、重慶的經濟增速都在全國領先，而且都是區域經濟的領頭羊。上海市屬國企的資產總額、營業收入、利潤總額，就分別佔據了全國地方國資系統的 1/10、1/8 和 1/5，而且為上海創造了超過 20% 的 GDP；如果把在上海的央企也算上，那麼國有經濟在上海 GDP 中的比例已達 50%，遼寧的國有經濟佔比僅 30%，可是在 2016 年上半年，國有經濟佔比超過遼寧的重慶和上海，經濟增長率分別達到了 10.7% 和 6.7%，遠遠超過遼寧。

從縱向來看，東北地區發展最快的時候，是計劃經濟以及改革開放初期，這都是國有企業佔絕對多數的時期；而東北的困境發生在國有企業的比重已經大大降低的 21 世紀。僅從這個角度看，也不能把東北的衰落歸結於國有經濟。新中國成立以後，東北實際上多年為全國承擔著社會責任，這才是造成今天出現困難的一個重要原因。自建國以來，東北地區的能源產品主要是以無償調撥或者政府定價的方式供應東北以外省份，資源紅利沒有留在本地，造成其產業結構單一，這才是東北困境的主要原因，過去以重工業和資源性產業為主的產業結構，遇到資源枯竭和重工業產品過剩之後，自然會遇到困難。國企的資源枯竭了，換成民企就不枯竭了嗎？美國五大湖區和德國的魯爾區都是重工業區，它們的轉型沒有國有企業和政府因素，為什麼照樣困難重重？

東北困難還有一個原因是老工業區的養老負擔過重，這也不是國有企業導致的。黑龍江的撫養比達到 1：1.16，大量年輕人離開東北工作，但是老工業基地的老工人留在東北養老，養老負擔較重，廣東等沿海地區的撫養比低，所以還可以降低勞動力成本。因此，這也是東北為其他地區分擔社會成本的表現。這些問題只有通過加強在全國的轉移支付，共同分擔社會負擔才能解決。東北一些地區對低水平服務業和房地產過度依賴，也是造成其經濟危機的原因，這同樣也不是靠私有化能夠解決的。當前更重要的是充分發揮東北地區製造業和科研院所體系比較完整的優勢，進行長遠的戰略性投入，彌補歷史欠賬，從而形成新的增長動能。

通過國有企業私有化來促進經濟增長，是在特定的歷史條件下發生的，並不說明私營企業在促進經濟增長方面比國有企業更有優勢。恰恰相反，目前在經濟發展中出現的一些問題是國有企業發揮的作用不足、公共品供給不足所致，例如產業結構的碎片化、對勞動者的保護不夠、安全生產的欠賬、公益性和戰略性的科技研發等，都需要更加發揮國有企業在提供長遠性、戰略性、公共性產品方面的作用才能夠解決。

2016 年初以來，中國的民間投資增速大幅度下滑，對此有人認為，改革開放以來的主要增長動力是民間投資，目前民間投資下降的主要原因是政府管制過多，應當放鬆管制，經濟就能恢復增長。這種觀點並不確切。民間投資是對市場信號反映比較靈敏的，也是存在週期性的，即使是在實行私有制的西方資本主義國家，私有企業的投資也有週期性變化，這是市場經濟自身規律的反映，而不是政府管制造成的。當前民間投資下降，主要原因是過去十多年的投資快速增長已經造成了產能快速擴張，而需求遇到瓶頸，產能過剩，利潤率下降。在這種情況下，放鬆對民間投資的監管並不能起到鼓勵投資的效果，即使有效果，也會同時加劇產能過剩，給未來的經濟增長帶來更大困難。例如，目前民間投資迫切希望擴大的領域，要麼是收購國有企業的優質資產，要麼是對於醫療、教育等公共服務事業進行投資，事實上，這樣做都有很大副作用。目前絕大部分資金要進入醫療、教育行業，但並不願意付出長期的投入來培養教師和醫生，而是從公立醫院或公立學校中挑選其中的優質人才，舉辦高端的醫院或學校，這固然在一時能夠為投資者帶來經濟利益，但是卻將加劇整個公共服務體系的不公平性，提高成本。

誤區之三：對"小政府"的迷信

這種觀點認為，改革開放以來的經濟增長源於"小政府"，政府對經濟干預越少，經濟增長就越快。因此只要繼續減少政府的經濟職能，就能夠激發市場活力，讓經濟保持增長。

這種"政府越小越好"、"政府管得越少越好"的理念，是典型的新自由主義理念。這種起源於西方的觀點甚至不是經濟學教科書上的觀點，而是帶有宗教信仰色彩的一種話語迷信，是 20 世紀 80 年代西方新自由主義改革之後出現的。壟斷資本宣揚這些話語，在國內，其目的是要突破政府對資本特權的限制，以便有利於壟斷資本獲得更大的超額利潤；在國際上，則是將其作為對發展中國家意識形態輸出的工具，讓發展中國家放棄民族經濟政策，以便鞏固和加強發達國家在全球經濟中的優勢地位。

拋開其意識形態因素，不管在理論上還是實踐中，"小政府"的觀念都不成立。從西方國家的情況來看，其在現代化初期就離不開政府的強力推動，英國、美國等早期資本主義國家，在建立初期就實施了嚴格的國內貿易保護政策，並且是通過政府開闢海外航道、圈地運動等為工業化準備了條件。德國、日本等後起的資本主義國家，在現代化初期是以政府主導的國家資本主義方式優先發展重工業。發展中國家在經濟發展初期，如果沒有強有力的政府，就更難以啟動。相反，目前廣大陷入貧困陷阱的發展中國家，則是受制於政府治理能力不足。在現代化初期，政府起著維持安全和秩序、構建國內統一市場、提供公共服務、實施產業政策等辦法，而這些國家的政府沒有能力履行基本的職責，以至於現代化久久不能啟動。

西方國家進入現代化之後，政府的職能並沒有削弱，今天，發達國家的政府職能明顯強於發展中國家。那種把一切政府監管虛無化，認為市場自身能夠做到優勝劣汰的觀點，並不符合事實，市場上廣泛地存在信息不對稱，買家沒有賣家精，政府進行監管、制定標準、進行認證、披露信息，有助於市場主體以較低的成本獲得信息，做出正確的選擇。

有人認為，改革開放以來中國的經濟增長是緣於"減少監管"，這種觀點並不正確。支持這種觀點的一個主要理由是，20 世紀 80 年代改革開放之初，政府放鬆了對農村多種經營和城市民營經濟的監管，結果出現迅速的經濟增長。這確實是歷史事實，但是經濟增長的原因並不是因為減少監管，而是由於發展農村多種經營的條件已經具備了，放鬆監管僅僅是把這種可能性變成了現實性。今天，儘管行政審批仍然有些阻礙發展的成分，但是同樣有一些領域存在著監管不足和政府缺位。比如食品安全、消防安全、環境保護、民營醫院等，審批不是過於嚴格，而且恰恰相反，該管的沒有管到位。

"精兵簡政"是中國的優良傳統，從方便群眾辦事的角度，"簡政放權"是完全必要的。但是，如果盲目地迷信"去監管化"，不加分析地縮小政府職能，不僅不能帶來經濟增長，還可能增加新的風險，增加無效供給。比如，對涉及環境、安全、規劃的行業簡單地放鬆監管，就會導致企業為了追逐利潤對社會造成危害（負外部性）；對金融機構放鬆監管，就可能導致欺詐投機等金融風險的增加；一些地方為了招商引資、刺激經濟，放鬆了對私營醫院的審批，結果導致片面追求短期經濟利益的大量資金進入醫療領域，給後續的監管帶來更大的難度，也給患者增加了痛苦。提供公共產品是政府職責，如果放棄了這些職責，短期內可能會有助於經濟增長，但是長期並不可持續，而且有巨大的副作用。

從思想方法上說，對絕對市場化的迷信、對私有制的迷信、對小政府的迷信，歸根到底是犯了"刻舟求劍"的錯誤，把改革開放初期成功的經驗絕對化、教條化了。確實，改革開放積累了許多好經驗，是寶貴的精神財富。同時，改革開放永無止境，當前中國的基本國情同改革開放初期已經有很大變化，一些過去行之有效的辦法現在已經行不通了，經濟體制改革的成功經驗不一定符合其他領域的實際。這就要求中國不斷賦予改革新的內涵，而不能把過去的做法絕對化、教條化，不能把改革這一博大精深的事業簡化為某種固定的做法。

歷史表明，破除對他人經驗的迷信容易，破除對自己經驗的迷信難。改革開放的成功經驗是寶貴財富，但是也不能躺在現有經驗上睡大覺。鄧小平說改革是"摸著石頭過河"，本身就包含不能把改革開放的經驗教條化、絕對化的意思，而是要"不斷總結經驗，對的就堅持，不對的趕快改，不足的加點勁，新問題出來抓緊解決"。只有繼續解放思想，堅持一切從實際出發，才能避免改革開放歷史經驗的教條化，做到始終堅持真理、修正錯誤，不斷使改革適應新的實踐。

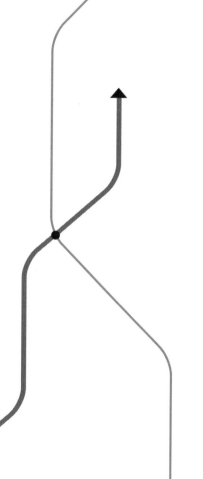

　　中共十八大以來，中國特色社會主義進入了新時代，中國社會發展進程、世界社會主義發展進程、人類社會發展進程都到了一個新的歷史節點。從國內來看，社會主要矛盾發生了變化，人民對美好生活的需要全面升級，新出現的矛盾和問題需要解決。從國際來看，國際金融危機標誌著西方發展道路出現困境，需要超越現有發展模式，走一條新的發展道路。

　　對歷史的回顧告訴我們，堅持以人民為中心，回歸社會主義生產目的，堅定不移走共同富裕道路，滿足人民群眾對美好生活的需要，就是中國未來最大的經濟增長動力。這也將推動中國不斷思考轉型，為人類現代化探索出新的道路。

　　2012 年，中國共產黨第十八次全國代表大會召開。面對國內外複雜形勢，以習近平為核心的中共中央，特別關注中國發展道路和方向的問題，一場嶄新而意義深遠的思想解放運動在中國大地上展開。這場思想解放運動的主題是，打破對西方道路的迷信，樹立對中國道路、中國理論、中國制度和中國文化的自信，更加強調堅持中國共產黨的領導、堅持社會主義的改革方向，不忘初心，繼續前進。中國共產黨以充分的自信，開闢了中國的新時代。

　　中國進入新時代，並不是偶然的，而是因為中國社會發展進程、世界社會主義發展進程、人類社會發展進程都到了一個重要節點。今天，新中國已經走過近七十年歷程，成為世界第二大經濟體，曾經矚目的蘇聯模式、歐美模式和其他各種外國模式，世界上現有的任何理論和實踐，都不足以應對當代中國面臨的挑戰。人類社會仍然在尋求新的發展道路，特別是眾多發展中國家，更需要一種能夠超越資本主義生產方式的現代化道路。中國已經進入了制度創新的"無人區"，無人領航，無人參照，我們比任何時候都更加需要樹立歷史自信和歷史自覺，獨立自主地前進。

　　當前，中國各界都很關心，下一步經濟增長的動力在哪裏、前景如何？在對歷史和現實分析的基礎上，我們提出，中國要實現持續快速的經濟增長，關鍵是堅持以人民為中心的發展模式，堅持社會主義的生產目的，滿足人民對美好生活的需要。要做到這些，首先就要在思想上進行新的解放，不能簡單地模仿西方經濟理論和實踐，也不能把改革開放以來的成功經驗教條化、迷信化，要反對各種本本主義和經驗主義，從歷史中汲取智慧和啟示，才能找到通向彼岸的正確道路。

1. 新時代的歷史大邏輯

21 世紀的中國進入新時代，並不是偶然的，而是因為中國社會發展進程、世界社會主義發展進程、人類社會發展進程都到了一個重要節點。要理解新時代，首先就要理解新時代的歷史大邏輯。

中國社會發展的邏輯

新中國成立後，先後回答了在一個東方大國如何建立社會主義制度、啟動現代化建設的問題；回答了在全球資本主義體系中實現社會主義國家的生存、發展和壯大的問題。實現了社會主義和市場經濟的融合、社會主義中國和資本主義全球體系的融合，創造了經濟奇跡，避免了蘇聯等社會主義國家所走的或封閉僵化或改旗易幟的錯誤道路。

從中共十八大開始，中國特色社會主義逐步進入新時代，這個時代要回答的問題是，如何在國內外資源、環境、市場有限的條件下，在一個人口大國建成更高水平的社會主義，更廣泛地體現社會主義優越性，更平衡更充分地滿足人民對美好生活的需要，全面建成社會主義現代化強國，為人類做出更大貢獻。

新時代標誌著中國社會發展歷史條件的變化，原有的發展模式、思想理論已經無法完全解決新時代的問題。

從國內來看，人民對美好生活的期待全面升級，但經濟供給側還不適應人民的新需要，過去一度依賴勞動力、資本、資源和外部市場擴張支撐的增長方式面臨拐點。改革開放和經濟快速發展的過程也積累了許多新的矛盾。如區域發展不平衡、收入差距擴大、生態環境破壞、公共服務不足、國家安全威脅、一些幹部和特殊利益集團形成利益同盟等。從金融危機之後的形勢來看，西方國家自身也難以完全解決上述問題，因此需要中國更好地堅持黨的領導和發揮社會主義制度的優勢，探索如何更好地彌補市場失靈、改善社會公平，在趕上時代的同時，創造超越資本主義國家的發展成就。

從外部環境來看，資本主義全球化從上升週期進入逆轉階段。改革開放初期，資本主義全球化處於上升週期，中國順勢對外開放，成為中國經濟增長的重要動力。但 2008 年的全球金融危機標誌著二戰以來資本主義世界經濟增長週期的逆轉。中國需要科學判斷當代世界的發展趨勢，在大變動的國際局勢中尋找自己的新定位，從改革開放以來被動融入、接軌全球化，逐漸轉變為和其他國家一起，參與新型全球化秩序的塑造。

這些新條件、新問題、新任務，都是中國在以前的時代沒有遇到過的，也標誌著中國已經進入改革開放四十年後的新階段，發展的目標、方法和戰略都需要進行深刻調整。新時代不是對改革開放前後任何一個時期的否定，而是對兩個時期共同的繼承、發展和超越。通過哲學上"正—反—合"的過程，實現新的上升和飛躍。

馬克思主義和社會主義運動的邏輯

需要理解的新時代的第二重邏輯，是世界社會主義運動的邏輯。中國進入新時代，既是中國特色社會主義的新時代，又可能成為世界社會主義運動的一個新的轉折點。

2008 年全球金融危機爆發表明，資本主義固有的生產社會化和生產資料私人佔有之間的矛盾依然存在，西方國家存在的金融泡沫、兩極分化、生態危機、全球失衡等問題，是由資本主義自身矛盾產生的，在資本主義體制下無法徹底解決。所以，世界上信仰馬克思主義、支持社會主義、擁護中國道路的人開始多了起來，這就有可能迎來一個社會主義從低谷中復甦的時代。當然，21 世紀的社會主義運動應當有自身的新特點。

中共十八大以來，中國共產黨在探索新發展道路的過程中，形成了習近平新時代中國特色社會主義思想，回應了當代馬克思主義最基本的問題。

——關於社會主要矛盾和生產目的的思想，體現了馬克思主義政治經濟學的原理。供給側結構性改革的根本，是要滿足人民群眾日益增長的物質文化和生態需要，實現社會主義生產目的。這裏就體現了社會主義和資本主義的生產目的不同，不是以資本增值為中心，而是以人民需要為中心。國內外存在的生產過剩、環境污染、分配失衡、金融泡沫等問題，就是因為生產方式偏離了生產目的。關於社會主要矛盾和生產目的的思想，就是要糾正這些偏差，回答社會主義應該怎樣生產、生產什麼的問題。

——關於國家治理體系和治理能力現代化的思想，回答了馬克思關於怎樣建設社會主義國家的問題。馬克思在《法蘭西內戰》等著作中提出自由勞動者的聯合體的目標，列寧提出無產階級專政理論，但蘇聯沒有回答好怎樣建立成熟穩定的社會主義國家的問題，出現了特權、腐敗和國家的異化。習近平關於國家治理體系和治理能力現代化的思想，回答了怎樣建立一套成熟完整的制度，建設社會主義國家的問題，在社會主義運動史上具有開創性意義。

——關於以人民為中心和人全面發展的思想，是對馬克思關於人的異化和自由全面發展思想的呼應。馬克思認為，在資本主義條件下普遍存在異化現象，人和勞動產品、人和人、人和自身的類本質相異化，提出未來的共產主義社會“每個人的自由發展是一切人自由發展的條件”。“以人民為中心”的發展思想，就是要調整人和資本、人和物質的關係，讓人回到發展的中心。這是對馬克思主義關於人的自由全面發展思想的呼應。

——關於人類命運共同體的思想，是對馬克思主義全球體系思想的發展。資本主義把全球分為中心和邊緣兩極，中心地帶有過剩的資本和商品，但由於剝奪了邊緣國家的發展能力，資本和產品沒有出路，導致全球經濟失衡。中國提出的建設人類命運共同體、“一帶一路”等重大倡議，就是要通過維護全球公平正義，扭轉資本主義全球體系存在的不公平、不平衡發展，共同構建不同於過去的全球秩序，這將是全球化的新模式、新時代。

——新時代中國特色社會主義思想，是對馬克思主義關於跨越“卡夫丁峽谷”思想的實現。馬克思認為，東方國家有可能跨越資本主義的“卡夫丁峽谷”，但是實踐還沒有對馬克思的這個預言做出證實。而中國的實踐表明，後發的落後國家，既可以借鑒西方國家的物質財富，又能夠通過制度創新，避免西方國家資本主義發展道路上的根本缺陷，不必經過資本主義發展的巨大代價，這為發展中國家開闢了一條通向現代化的新道路。

人類社會發展的邏輯

需要理解的新時代的第三重邏輯，是人類社會發展的邏輯。自 15 世紀地理大發現以來，追求現代化成為絕大多數民族的目標。但迄今為止，真正跨越重重陷阱，實現高水平現代化的國家只有幾十個。金融危機之後，世界發展又面臨新的變局，無論是發達國家還是發展中國家，都面臨著發展困境。

——貧困陷阱。按世界銀行標準，目前世界上仍有約三十個低收入國家，這些國家的經濟發展、人力資源水平低、國家治理能力弱，難以形成有效投資和消費。

——中等收入陷阱。資本主義工業革命解決了全球 1/6 人口的發展問題，但剩餘 5/6 的人口，不再有條件可以利用全球資源緩解資本主義發展帶來的矛盾，強國也總要維護不公平的政治經濟秩序，從而維持自己在全球格局中的金字塔地位，從而使一部分國家陷入"中等收入陷阱"。

——高收入陷阱。二戰以來，西方資本主義國家繁榮穩定的景象是靠透支資源、高成本的福利國家等支撐的，一旦資本主義經濟週期律發揮作用，各種矛盾就會爆發出來。當前歐美的階層矛盾尖銳、國家治理失靈、社會對立就是其表現，可以將其稱為"高收入陷阱"。

新中國成立以來，發揮了社會主義集中力量辦大事的優勢，避免了一般發展中國家陷入"貧困陷阱"的命運；改革開放以來，避免了如其他一些社會主義國家封閉僵化或改旗易幟的命運。當前，中國的人均 GDP 達到 8800 美元，離跨越"中等收入陷阱"（10000 美元）已經指日可待。而中國在新時代的探索，將繼續跨越"中等收入陷阱"、避免高收入陷阱，努力破解人類社會面臨的發展困境，探索一條更具普適性的現代化道路。

▶ ▶ ▶　　2. 經濟增長新動力：以人民為中心

要實現中華民族偉大復興，首先要保持一定的經濟增長速度。要找到新的增長動力，關鍵要樹立對中國道路的信心。今天單純學習西方已經解決不了中國面臨的問題，西方國家自身也遇到了難以克服的危機。對歷史的回顧告訴我們，堅持以人民為中心，回歸社會主義生產目的，堅定不移走共同富裕道路，滿足人民群眾對美好生活的需要，就是中國未來最大的經濟增長動力。

從"以資本為中心"到"以人民為中心"

資本主義生產目的和社會主義生產目的是不同的。前者是"為了資本的利潤而生產"，資本（及其人格化代表即資本家）在社會生產中居於主導地位；後者是"為了人民的需要而生產"，人民在社會生產中居於主導地位。在馬克思生活的時代，自由資本主義導致勞資矛盾、貧富分化、生產過剩和需求不足，就是"為了利潤而生產"偏離社會需要的現實反映。一方面，為了追逐利潤，資本家不斷擴大投資和生產；另一方面，無產階級陷入相對貧困化，基本的生活需要無法得到滿足，這是由資本主義私有制和社會化大生產的矛盾所導致的社會資源不合理配置的結果。

今天，生產目的偏離社會真實需要的現象仍然普遍存在。除了上面說的生產過剩之外，至少還表現為以下幾個方面：

第一，公共服務的異化。以醫療為例，當今西方國家面臨醫療費用上漲過快的危機，其背後正是在資本主義生產方式下，追逐利潤的動機違背醫療本是維護健康的真實目的：商業醫療保險公司要追逐利潤，就會優先選擇收入高、身體好的"優質客戶"參保，把真正需要醫療保險的老弱病殘窮排除在外；醫療機構追逐利潤，把資源優先配置到利潤率高但社會效益低的晚期治療、專科治療等環節，而且還通過欺詐等行為提供過度醫療，損害患者健康。

第二，房地產和金融泡沫。房地產的投機需求，本質上是"為賣而買"，而不是"為住而買"，住房和土地成為金融工具。一方面，空置住房被資本不斷炒高價格，造成資源閒置；另一方面，大量需要改善住房條件的人買不起房子。金融資本為了逐利，脫離了為實體經濟服務的軌道，導致泡沫並誘發金融危機。

第三，消費主義。消費本身是人們滿足自身需要的一種手段，但是在資本主義社會，消費也發生了異化。特別是當生產過剩的危機出現之後，資本以及資本主義國家通常會製造消費主義的文化，許多消費的目的不是為了滿足實際需要，而是為了滿足被社會氛圍刺激起的慾望。消費不僅沒有增加人的幸福感，反而加劇了人的異化，讓人成為金錢和消費的奴隸。

第四，生態環境破壞。近年來，生態環境破壞已經成為全人類共同面臨的挑戰。馬克思、恩格斯曾經闡述過，資本主義生產方式是導致生態破壞的原因。全球性的生態破壞，根源於資本的無限擴張衝動和全球性生產體系，因此，資本主義的侵略不僅是資本的全球侵略，也是生態環境的全球侵略。[1]

那麼，如何解決資本主義生產目的與社會真實需要的矛盾呢？在當前的生產力條件下，還不可能消滅商品生產，也不可能完全消除商品生產帶來的弊端。但是歷史證明，社會主義國家通過調節收入分配、擴大公共產品的生產、節制資本特權、實施宏觀調控和產業政策等辦法，是能夠在一定程度上限制資本主義生產方式的弊端，讓生產更加符合社會的實際需要的。

重提"社會主義生產目的"

2016 年初，習近平在省部級主要領導幹部學習貫徹十八屆五中全會精神專題研討班上第一次提出，供給側結構性改革的根本目的是"使中國供給能力更好滿足廣大人民日益增長、不斷升級和個性化的物質文化和生態環境需要，從而實現社會主義生產目的"。[2] 在中國共產黨第十九次全國代表大會上，對社會主要矛盾的表述進行了修改："中國社會主要矛盾已經轉化為人民日益增長的美好生活需要和不平衡不充分的發展之間的矛盾。"[3]

提出"社會主義生產目的"的概念，並在中共十九大上對社會主要矛盾的表述進行了修改，這是自改革開放初期開展關於社會主義生產目的的大討論、確立關於中國社會主要矛盾的提法以來，再次就這一重大問題進行討論。

上一次對社會主義生產目的的討論，是在改革開放初期，是和"真理標準大討論"同時進行的。當時那場討論主要針對的是，計劃經濟條件下優先發展重工業的

1　潘岳：《馬克思主義生態觀與生態文明》，《學習日報》，2015-07-14。

2　《習近平在省部級主要領導幹部學習貫徹十八屆五中全會精神專題研討班上的講話》，http://cpc.people.com.cn/n1/2016/0510/c64094-28337020-2.html。

3　《習近平在中國共產黨第十九次全國代表大會上的報告》，來源於新華社，2017 年 10 月 28 日。

戰略違背了人民群眾的消費需要。

經過四十年的改革開放，今天的中國再一次面臨著社會生產偏離社會真實需要的情況。但不同於計劃經濟時期，當前中國出現這種偏離的原因是片面追求 GDP、追求資本利潤的生產方式。我們在本書前面所討論的部分產品產能過剩、公共服務供給不足、區域差距擴大、生態環境破壞、房地產和金融泡沫等問題，實質就是片面追求 GDP 和資本利潤的結果，這種模式偏離了社會和人民的真實需要。這種偏離到了一定程度，就會導致供給和需求的失衡，從而讓經濟增長喪失動力。在這種情況下，要保持經濟發展的動力和活力，就要實現社會主義生產目的，讓社會生產回歸到滿足大多數人民真實需要的軌道上。

中國社會生產和人民真實需要的偏離，表現在許多方面。例如，當前人民對一般競爭領域的消費品需要已經在總體上得到了比較充分的滿足，而對醫療、教育、養老、社會公平、生態環境等市場難以提供的公共產品，其需求卻日益增加，供需缺口還很大；高收入群體有超強購買能力，但無法在國內得到充分滿足；中低收入群體還有大量的基本需求、公共消費需求尚未滿足，但購買力有限；中國經濟也出現了典型的金融化趨勢，2015 年中國企業五百強中，製造業企業達兩百六十一家，但淨利潤僅佔總淨利潤的 17.1%，而三十三家金融機構的淨利潤則佔總淨利潤的56.8%。國家統計局公佈的 2015 年全國十九個重點行業非私營單位職工的平均年收入顯示，年收入最高的是金融業，最低的是農林牧副漁業，製造業排第十四位，實體經濟的員工收入普遍低下，導致在人才流向、職業選擇上，實體經濟處於絕對劣勢。[1]

解決上述問題，最根本的就是要共同發揮國家、社會和市場的作用，回歸社會主義的生產目的，特別是要補上戰略性投資、公共消費品、人力資本、實體經濟等方面的短板。要補上這些短板，就需要在生產關係方面進行調整，以使生產行為更加適應社會的真實需要。

---

[1]　李毅中：《要高度警覺實體經濟"脫實向虛"》，http://jjckb.xinhuanet.com/2017-03/ 04/c_136101916. htm。

新發展理念："社會主義生產目的"的具體化

那麼，"社會主義生產目的"究竟如何實現呢？創新、協調、綠色、開放、共享的發展理念，就是對社會主義生產目的的具體化。

創新、協調、綠色、開放、共享是人類社會長久的追求，但是直到今天，人類社會還沒有解決這些問題。工業革命以來，資本主義創造了豐富的物質財富和精神文明，但是並沒有從根本上解決協調、綠色、共享的問題。西方文化和資本主義生產方式，造成了對自然的過度索取。發達國家實現了較高程度的創新、協調、綠色、共享發展，但這是以全球範圍內的不公平、不協調為代價的。如果中國能夠真正實現五大理念，將是對人類的重大貢獻。

創新是社會主義的題中應有之義，社會主義制度就是人類歷史迄今為止最大、最成功的制度創新。當代中國面臨的創新形勢發生了兩個變化：首先，現代科學愈來愈需要大規模協作、大兵團作戰，分散的、碎片化的創新方式，是一種投入高、效率低的方式，而社會主義國家在科研大協作上具有優勢。其次，中國作為發展中國家，在西方國家已經佔據科技前沿和科技話語權的條件下，要打破技術領域的壟斷，樹立強烈的創新自信。在社會主義生產方式下，創新的目的是滿足最廣大人民的真實需要，這就能有效聚焦創新資源，讓創新獲得最大的社會效益。

協調包括城鄉、地區、經濟和社會、物質文明和精神文明之間的協調。以資本為主導的發展方式不可能實現協調發展，因為協調發展本質上是在強勢和弱勢群體之間分配資源，資本主導必然導致勞資對立，並轉化為城鄉、地區、群體之間的差距和經濟社會發展的不協調。中國之所以能夠比其他發展中國家保持更快、更持久的增長，實行協調發展的戰略是一個不可缺少的因素。

綠色發展的實質，是要改變人和自然的對抗關係。西方發達國家在歷史上是最主要的污染排放者，現在也消耗著世界上最多的能源資源，但是它們卻要求尚未完成工業化的發展中國家與它們一樣進行減排，甚至對發展中國家制定更加苛刻的排放標準，這就是利用其先發的地位遏制後來國家的競爭。解決環境問題，關鍵是找到新的生產方式和生活方式，扭轉生產和生活的異化，實質是限制當代人的投資和消費，為未來的人類留下更多財富，這就需要發揮社會主義制度的優勢，從全體人民的長遠利益出發，避免資本過度追逐利潤而導致對自然界的無限索取和破壞。

中國的開放發展，是要平等地參加國際體系。資本主義全球危機，本質上是全球範圍內的資本主義週期性危機，要應對危機，離不開社會主義國家和第三世界國家的聯合自強，提高基礎設施、人力資本等發展能力，爭取比較公平的國際貿易規則，中國也只有在這個過程中才能發展自己。所以，只有社會主義才能夠實現平等的開放發展。

共享發展是社會主義的基本理念，這次全球危機的發生以及中國國內的需求不足，根本原因就是共享發展程度不高，國際上的南北差距、國內的階層差距都很突出。在這種情況下，實現共享發展首要的任務是在資本和勞動之間實現共享，提高勞動者的地位。

基於上述分析，我們認為，新時期經濟增長的新動力來源於更好地遵循“以人民為中心”的發展思想，更好地堅持社會主義的生產目的，滿足人民群眾對美好生活的真實需要。本章以下幾節，還將具體闡述如何實現這些動力。

▶ ▶ ▶ 3. 佔領制高點，奪取話語權

雖然中國經濟總量已經居世界第二位，但是還有相當多的經濟活動是依靠規模和數量擴張來驅動的，不少產業在全球分工中處於中低端。隨著國內外市場環境的變化，這種片面依靠低成本勞動力優勢和規模擴張的發展道路已經愈來愈走不通，所以必須增強憂患意識，緊緊抓住新一輪科技革命和產業變革的機遇，走創新驅動的道路。佔領產業的制高點，擴大在國際貿易和技術領域的話語權。

做強基礎產業

新中國成立以來經濟發展的一個經驗是，重視加強基礎產業、戰略產業發展。1958 年經濟波動的誘因是下放權力過快導致地方非理性競爭，這種非理性競爭無論在計劃經濟還是市場經濟條件下都會發生，改革開放以來的幾次經濟波動也都有

類似的原因。地方和企業競爭固然有利於加強經濟活力，但是也會導致基礎產業和全國性公共產品供給不足，還會影響企業之間的協作。因此，在幾次治理經濟下行中，都把加強基礎產業作為重要手段。基礎產業一般是指建設週期長、投資規模大、外部性和外溢效應強的產業。基礎產業發展不足，就會制約國民經濟全局發展。當前，儘管能源、原材料、交通等建設仍有待加強，但重複建設也相當嚴重；而基礎研究、通用技術、信息互聯互通、社會徵信體系、質量標準統一等基礎產業和設施的缺乏，已經嚴重制約了經濟的轉型升級。從國際上看，美國在實行"再工業化"過程中把構建"產業公地"作為一個關鍵措施，[1] 德國推行的"工業4.0"實質是要發揮信息系統互聯互通的優勢，促進設計、研發、生產、銷售環節有機融合協作，實現個性化發展。要辯證看待產業結構集中和分散的關係，既要發揮市場機制作用，促進企業競爭；也要推進必要的產業整合和集中，進一步發揮大型企業、行業協會的作用，促進產業集中度提高和協作。

扭轉"造不如買、買不如租"的傳統思路

從全球範圍看，創新驅動是大勢所趨。誰能在創新上下先手棋，誰就能掌握主動。工業革命以來的幾次科技革命，使全球經濟社會發展水平大幅度躍升，人類在近幾百年創造了比傳統社會多得多的物質和精神財富，新興大國的崛起也都得益於科技革命。2008年國際金融危機以來，各國正在進行搶佔科技制高點的競賽，全球將進入空前的創新密集和產業振興時代。美國、歐盟、日本等國家和地區都大幅提高了科研投入，力圖保持在技術領域的世界領先地位。

實施創新驅動戰略，就是要敢於"彎道超車"，改變那種模仿和追隨的習慣和做法，樹立強烈的創新自信，堅持自力更生、自主創新。科學技術的演進並不是線性的、勻速的，雖然中國科技水平在總體上同發達國家有差距，但是只要在關鍵理論和技術上取得重大突破，就能夠實現跨越式發展，迅速趕上甚至超過發達國家。作為一個大國，中國在科技創新上要有自己的東西。如果只是跟在別人後面模仿，那麼就永遠不可能縮小差距。中國要引進和學習世界先進科技成果，更要走前人沒有

1　侯永志：《提升產業發展質量與競爭力是關鍵》，《中國經濟時報》，2015-03-07。

走過的路，敢於質疑現有理論，勇於開拓新的方向，不斷在攻堅克難中追求卓越。

鍛造新型工人階級

全心全意依靠工人階級，既是中國的國情和社會性質決定的，也是當前佔領產業制高點的必然選擇。

中國是工人階級領導的、以工農聯盟為基礎的、人民民主專政的社會主義國家，這一國家性質不僅是國家長治久安的保障，也是啟動現代化、佔領產業制高點的動力。從國際上來看，中國之所以能夠比其他發展中國家更好地實現現代化，並保持了三十多年的較快經濟增長，其中一個原因是在現代化初期賦予了工人階級等勞動者較高的社會地位和比較穩定的社會保障。其他發達國家進入到以創新為動力的階段之後，往往也把提高勞動者地位、穩定勞動關係作為創新的重要動力，例如，二戰之後，日本能夠迅速恢復經濟並崛起，得益於採取了與以往資本主義不同的"日式資本主義"，其主要特點是政府通過扶持民族工業、保護國內市場、實施產業政策等辦法推動經濟發展。同時，創造了以"終身僱傭"、"年功序列"和"企業內工會"等為特點的勞資協調機制，為工人提供了穩定而豐厚的福利，培養了企業的凝聚力、團隊意識和共同體意識。新中國成立之後，在國有企業中實行幹部參加勞動、工人參加管理、建立民主制度等辦法，實踐證明，這些對於提高企業的凝聚力、激勵工人的勞動熱情起到了積極作用。

人是生產力最活躍的因素。產業升級固然要靠資本投入和科技進步，但是提高勞動者素質是更為重要和緊迫的，現在許多企業有資金、有技術，但是缺乏掌握並運用技術的勞動力隊伍。改革開放四十年來，不少行業片面依靠低成本勞動力支撐的數量擴張發展模式，導致職業教育欠賬、職工收入欠賬、社會保障欠賬、勞動安全欠賬，這些問題已經使得過去的"低成本勞動力優勢"變成了劣勢。全心全意依靠工人階級，首先表現在要嚴格按照法律和法規，真正落實《勞動法》和《勞動合同法》，嚴格執行最低工資制度和各種安全保障、社會保障制度，讓工人有穩定的工作和收入，解決目前在一些行業仍然普遍存在的超時勞動、拖欠工資問題，讓工人有錢消費、有能力消費。同時要大規模增加職業教育的投入，利用經濟波動的時期，把農民工組織起來，舉辦"農民工大學"，集中一段時間補上職業教育和文化教育的欠賬。這樣，才能夠拉動內需、提高人力資源效率，讓經濟恢復再平衡，進入依靠內需和勞動者素質提高的軌道。

要全心全意依靠工人階級，更重要的是在新經濟、新技術的條件下，發展社會主義經濟民主，讓工人階級在企業管理和國家經濟生活中有真正的發言權，體現工人階級的主人翁地位。這也不僅僅是政治的要求，同樣是產業轉型升級的要求。當前，中國要進入依靠科技創新和勞動者素質提高的發展階段，企業要通過發揚內部民主促進企業管理的扁平化、提高技術性崗位的穩定性，讓職工有比較穩定的預期，對企業和職業產生自豪感和榮譽感，從而形成提高技術、長期奮鬥的動力。新中國成立初期，國家對原有的私有企業進行了民主改造，提高了工人的積極性，國有企業建立的職工代表大會、黨小組會、工前會、民主生活會，就是把中國共產黨的政治優勢和企業的民主管理融為一體的制度。當前，中國大部分企業特別是民營企業，內部的經濟民主程度很低，這對增強長期競爭力、提高勞動者積極性都是不利的。提高企業內部的經濟民主，是增強企業競爭力的重要手段，應幫助企業提升管理，以黨委為核心，工會為依託，建立職工代表大會以及各種民主制度，真正提高產業工人的積極性和創造性，再造一支龐大的產業工人隊伍。

▶ ▶ ▶　　　　4. 擴大公共品投資和消費

21 世紀以來，中國經濟增長得益於房地產和基礎設施帶來的超大投資、西方擴張性政策帶來的超大外部需求。目前這兩個需求都已經萎縮，怎麼辦？要把實現社會主義生產目的和凝聚新增長動力結合起來，結論是擴大公共領域的投資和消費。

改革開放前的三十年裏，為了快速實現工業化，無論投資還是消費，都是以公共產品為主，投資主要集中在重工業等基礎產業，消費也是以統一配給的公共消費為主。改革開放之後，生產的格局逐步轉向私人消費品為主。現在到了一個新的階段，公共產品的短缺已經成為制約經濟發展的瓶頸。因此，下一階段要在公共產品的供給上下大力氣，包括公共投資和公共消費。

擴大國家戰略性投資

目前，投資下降的主要原因並不是管制過多，而是因為一般競爭性領域的利潤率已經進入下行週期，大部分實體經濟已經處於產能過剩狀態。私營經濟投資是順週期的，利潤率高就投資，反之就減少投資。也就是說，投資下降並不是因為政府管得太多，而是因為資本對投資前景的預期降低了。在這種情況下，如果僅僅通過降低門檻、放鬆管制來鼓勵投資，有可能導致過剩產能和泡沫進一步膨脹。還有一種觀點是，把國有企業私有化，讓私企來收購，以便擴大民間投資，這也不可行。因為，國有企業經營的行業，既有營利性的部分又有戰略性、公益性的部分。如果把營利性的部分開放給民企，這只會造成"撇奶油"效應，比如營利性的鐵路等，民營資本投資增加，國企投資下降，在總體上並沒有提高投資，而且還會破壞網絡經濟部門之間的協作。如果是非營利性的部分，比如中西部的路網建設，民營資本也沒有動力。

經濟週期是不可避免的，經濟發展經過一段繁榮之後，總是會有產能過剩的問題出現，也需要一個"去產能"的過程。但是，這並不意味著投資應當大幅度減少。相反，要儘快實現轉型升級，開闢新的投資領域，幫助一些仍然具有國際競爭力的企業渡過難關，避免"去產能"導致失業過度增加和資本的不必要損失。要遏制經濟的持續下滑，就必須讓投資保持足夠的力度。

在現有投資利潤率已經降低的同時，還要保持投資力度，面對這個兩難問題，怎麼辦？一方面，從社會主義生產目的出發，是要加強公共性、戰略性領域的投資。目前還有大量的固定資產投資領域，是社會所需要的，但是由於具有公益性、規模過大或投資回收週期過長，當前的資本沒有動力和能力去投資。解決的辦法是，發揮國有資本的作用，將投資投向具有社會效益、長遠效益的公共性、戰略性投資領域。史正富教授建議，在生態資產、環保建設、國土整治、人力資源、科學技術、城鎮基本建設、國防能力等諸多方面都需要進行長時期、大規模的投資和資產積累，因此，完全可以靠內需拉動經濟超常增長，有必要設立綜合性的國家發展戰略性投資基金，實施對生態資產與戰略性資源的長期投資，為常規市場運行注入超常購買力，建設並運營國家發展戰略性基礎資產。

另一方面，是要加大生產性公共物品供給。工業轉型升級，離不開基礎科研、共性技術研發平台、職業教育等生產性公共物品。過去一些年，中國工業發展受新自由主義的影響，認為靠放權讓利、放鬆管制就能夠讓工業自身產生升級的動力，其中最典型的就是科研院所的下放和市場化，這導致基礎研究和共性技術研究的脫節，大大地增加了產學研之間的交易成本。當前中國工業化有了很大進步，但是還有大量關鍵材料、部件、裝備不能自己生產，要突破這些問題，就必須在基礎科研和共性技術上加大投入，一個領域一個領域地突破，各個擊破，逐步實現高精尖產品的國產化。

總之，當前一般競爭性領域的投資過剩，基礎產業、戰略性基礎設施、生產性公共產品的短缺，成為制約產業升級的短板。因此，只有通過國家實施戰略性投資項目，改善基礎領域的條件，才可能發揮其龍頭作用，帶動中下游產業的發展，讓整體利潤率得到恢復。

擴大公共消費、實現共同富裕

消費有個人消費與公共消費之分，公共消費是為滿足社會成員共同需要的消費需求，如公共交通、醫療衛生、文化教育、健康健身、環保事業等公共消費品的需求，是城鄉居民消費的一個重要組成部分。從滿足需求程度的先後順序看，一般都從個人消費需求的滿足開始，然後再根據消費者的客觀需要及社會生產力發展水平，逐步擴大對公共消費的需求。

公共消費和個人消費應協調發展，互相促進。如果公共消費發育不足，也會制約個人消費。據研究，1984—1993 年，因為美國聯邦政府對中低收入階層醫療補助開支方面的增加，使得美國低收入人群的儲蓄率下降了 17.7%，消費增加了 5.2%。美國失業保險每增加 10%，美國家庭的金融資產會相應減少 1.4%～5.6%，當人們對失業造成收入下降的擔心降低時，會增加消費和減少存款。中國台灣學者的研究表明，台灣全民健康保險的實施使島內居民的預防性儲蓄下降了 8.6%～13.7%，家庭消費顯著增加。中國大陸學者的研究也表明，1980—2005 年，中國社會保障開支每增加 1%，人均居民消費就增加 1199 元；在其他條件相同的情況下，參加城鎮居民基本醫療保險的家庭總消費比沒有參加的家庭增加約 10.2%。

改革開放四十年來，中國個人消費品發展水平同發達國家相比，差距已經明顯縮小，但公共消費的質量、績效和公平性還不高，成為制約經濟社會全面發展的一個瓶頸，主要表現在公共消費方面存在兩個不平衡的現象。一是公共消費和個人消費不平衡。中國財政結構問題較為突出，財政政策性投入主要集中在生產性領域，對消費性公共品投入不足；對物質資本投入較為重視，對人力資本投入不足。如表9-1所示，中國除了教育支出較高之外，在一般公共服務、醫療衛生、社會保障方面的支出佔財政總支出的比例同發達國家和俄羅斯等發展中大國相比都還有一定差距。支持消費的政策也主要集中在支持個人消費，或者民生領域消費的個人支出部分。二是公共投資和公共消費不平衡。政府投資的方向依然集中於傳統基建領域，邊際收益率已經顯著降低，很難直接轉化為公共消費。在醫療等民生領域，政府投入的主要方向仍然是硬件建設、設備購置等投資領域，而不是直接增加人員費用、事業費等，這就導致居民在享受服務時個人的支出比例仍然較高，政府對硬件的投入反而成為公共服務機構盈利創收的工具，加重了居民負擔，導致公共投資對消費形成擠壓。一些旨在發展多元化公共服務的措施，也變相鼓勵了投資，如醫療、養老服務業已經出現泡沫傾向，相當多的投資者變相通過服務業跑馬圈地，發展商業地產，並不能真正起到分擔政府責任、發展公共消費的效果。公共消費領域的問題

表 9-1　部分國家按功能財政支出佔財政總支出的比例（2014 年）（%）

	法國	德國	日本	韓國	英國	俄羅斯	中國
年份	2013 年	2013 年	2013 年	2010 年	2013 年	2013 年	2012 年
一般公共服務	11.9	14.2	7.8	14.8	12.5	22.6	9.8
國防	3.1	2.4	1.6	9.6	5.0	5.9	4.4
公共安全	2.9	3.5	2.3	3.7	4.8	7.1	4.7
經濟事務	8.7	7.5	7.7	21.6	6.8	9.4	28.3
環境	1.8	1.3	2.0	1.7	1.8	0.2	1.9
住房和社區建設	2.4	0.9	1.4	6.3	1.5	3.2	6.7
醫療衛生	14.2	15.8	13.0	1.5	16.7	8.1	3.1
文化	2.6	1.9	0.6	2.7	1.7	2.9	1.6
教育	9.6	9.7	6.3	14.8	12.0	10.0	14.4
社會保障	42.9	42.7	31.6	21.9	37.2	30.7	25.1

資料來源：IMF 數據庫，http://data.imf.org/。

引發的社會矛盾還比較突出，比如，2016 年發生的民營醫院不規範診療使患者死亡（魏則西事件）事件、教育部調整高招名額引發的群體性事件，都影響了民眾對未來的信心。

從國內外的經驗教訓來看，中國要跨越中等收入陷阱，一個重要因素是下一階段能否像過去發展個人消費品一樣，成功地提供足夠優良的公共消費品。首先，要從思想上認識公共物品和私人物品的不同規律，公共物品的需求不像私人物品那樣明顯，僅僅靠價格機制不可能實現資源的優化配置，而是要發揮政府在資源配置、佈局規劃以及運營監管方面的主導作用。要通過完善社會保障，降低醫療、教育、養老的費用，讓群眾放心消費和創業，認識到提供公共消費品不是政府的負擔，而是經濟增長的動力，有利於提高人力資本水平，實現轉型升級。其次，要深化財政體制改革，在經濟下行的情況下，要進一步保障對公共部門的投入，不宜過度依賴壓縮社會保障支出來刺激經濟增長，否則就可能進一步加劇居民消費的不確定性。降低醫療、教育、住房三座大山給人民帶來的負擔和心理壓力，就能釋放經濟發展的巨大動力，也將有助於全體人民的團結和全面發展。

▶ ▶ ▶ # 5. 做強做優做大國有企業

中共十八大以來，中央對國有企業改革的態度已經十分明確，那就是“做強做優做大”，然而，這一要求在具體實踐中還面臨不少困難，甚至仍有些基層一線幹部感到彷徨和迷茫。之所以出現這種情緒，根本的問題還是在思想上對中國為什麼要辦國企、辦什麼樣的國企不理解，認為只有私有化、市場化才是現代潮流，不理解國企如何在市場經濟條件下發揮作用。

公有制經濟是社會主義經濟制度的基礎，是維護人民共同利益的保障。當前全球經濟處於下行週期，實際上是資本過於膨脹造成的，中國要走出危機，就要充分利用公有制經濟的優勢，發揮資本的積極作用，節制資本的消極作用，發揮公有制在治理市場盲目性、佔據產業制高點方面的引領作用。同時，在堅持公有制經濟主體地位的前提下，構建不同所有制資本的協作關係。為了發揮公有制經濟的引領作用：一方面，要做強做優做大國有企業；另一方面，當前國有企業的運行機制還不能充分滿足引領的要求，要深化國有企業改革。

做強做優做大國有企業是供給側改革的"棋眼"

"棋眼"者，一招落子，滿盤皆活。中國強調做強做優做大國企，不僅僅是國民經濟發展需要，也是新常態下經濟結構調整開放的戰略性選擇，應將其作為供給側結構性改革的"棋眼"。

當前中國實體經濟利潤率下降，主要是市場失靈，是產業結構分散化、碎片化形成的無序競爭造成的。1998年中國實行工業管理體制改革以來，一部分行業下放地方，在有色、稀土、煤炭等行業的集中度降低，促進了產量快速增長，但是也增加了對低成本競爭發展方式的依賴，導致產能過剩和無序競爭。近年來，煤炭、鋼鐵、有色等行業通過行政手段聯合限產，取得了一定成效，利潤率有所提高，但在產業結構分散的情況下，這些措施效果有限，只有提高產業集中度才能從根本上解決問題。

要增強中國經濟發展新動能，關鍵是要走創新型國家道路，在國際上同世界一流企業競爭。要加強創新，關鍵是補上基礎性理論和共性技術這個短板，發揮大型國有企業集中資本、集中力量辦大事的優勢，扭轉目前科技創新力量分散、內耗嚴重的局面。要在國際上增強資源控制力和抗風險能力，提高話語權、定價權、標準制定權，也要繼續打造一批特大型企業集團。同時，也只有加強具有基礎性、戰略性和帶動性的先導產業，才能夠帶動民間投資發展。

做強做優做大國企也是維護人民根本利益，保障黨和國家長治久安的必然選擇。公益性國有企業（包括公共服務機構）不以利潤為唯一目標，有利於補充中國當前公共消費不足的短板，降低居民在住房、醫療、教育方面的費用負擔，加強互聯網管理、堅守互聯網陣地，維護人民利益和國家長治久安。

做強國企的路徑選擇

當前，中共中央支持國有企業做強做優做大的政治決心已經充分表達。面對改革的不同主張，一方面要繼續警惕私有化的觀點，另一方面要把做強做優做大國企落到實處。

以產業重組為突破口推進供給側結構性改革。20 世紀 70 年代中期美國出現產能過剩、惡性競爭，最後導致了第一輪產業重組，形成了鋼鐵大王、石油大王、鐵路大王。當前產業集中度過低是導致中國實體經濟困難的基礎性原因。在世界五大產煤國中，中國煤炭行業的集中度是最低的，產量最大的四家煤炭企業佔全國煤炭產量的 17.6%，而美國為 67%、澳大利亞為 57%、俄羅斯為 96%、印度前兩家為 82%，其他行業的產業集中度幾乎均低於美國。產業重組由外資主導對國家安全不利，民營資本沒有足夠實力，應鼓勵國企承擔這一責任。

發揮國企作用打造戰略性先導產業。瞄準未來幾十年可能成為高科技先導產業的部門和技術，依託現有國有企業或新建企業，集中資源組織協作進行科技攻關。以行業內龍頭企業為主，搭建協同創新公共平台。

在民生短板領域加強國有企業作用，以增強群眾對國企的認同感，尤其是在醫療、住房等矛盾較突出的領域發揮國企作用，比如，設立中國基本藥物集團總公司，把公立醫院使用的基本藥物和非專利醫保藥物實行定點生產、直接統一配送到醫療機構，按成本價保本微利銷售，以調控全國藥價，這樣做可以使全國藥品價格大幅降低。在房地產泡沫存在的地方，在緊縮房地產信貸的條件下，由國企收購空置住房，作為廉租房或公共租賃房，解決進城務工人員和青年職工等的住房問題。

在邊疆等特殊地區發揮國企作用，實施更為積極的就業政策。當前中國一些地區社會管理壓力巨大，缺乏抓手，因為大部分居民處在流動狀態。可以在基層大量創辦福利性的社會企業，不以盈利而是以解決就業為主要目標，政府給予一定補貼，打造成為社會管理和穩定的有利平台。

6. 建設社會主義福利國家

　　曾幾何時，"福利"成了一個貶義詞，成為"大鍋飯、養懶漢"的代名詞。有一種觀點認為，福利過高是西方金融危機的原因。西方國家的"福利陷阱"確實值得我們警醒，但是西方"福利陷阱"的出現，根源恰恰是私有制的社會基礎使得資本和勞動者之間處於對立關係，政府沒有足夠能力對社會福利體制進行頂層設計、合理控制成本和保障公平，從而使得費用不斷攀升。20世紀80年代以來，在新自由主義政策的作用下，西方國家的兩極分化日益擴大，所謂"福利陷阱"並不是福利的錯。中國的歷史表明，建立公平、適宜的基本社會福利制度，是經濟發展的動力，也是中國作為社會主義國家的發展目標。

只有社會主義才能避免"福利病"

　　有人擔心，中國還是發展中國家，搞社會福利會不會導致"福利病"和加重政府負擔。這種擔心是有道理的。但是，要避免"福利陷阱"，辦法並不是在現有基礎上取消或降低社會福利的標準，而恰恰是要發揮社會主義制度的優越性，對社會福利進行總體設計，建設成本適宜而又公平的社會福利制度。金融危機以來，西方一些國家出現了"福利陷阱"，中國固然應該警惕這種福利陷阱。但是，如果以此為理由認為中國不該完善社會福利，那麼就錯了。

　　西方出現"福利陷阱"，原因並不是因為社會福利過高，而是私有制造成的。第一，在私有制基礎上，政府沒足夠能力通過稅收為社會事業籌資，因此就只能靠發行貨幣或貸款來保障社會事業，從而形成政府負債。而在社會主義國家，以公有制為基礎，政府也有較強的徵稅能力，所以可以通過稅收、國有資產收益等辦法直接為社會福利籌資。第二，在西方國家，20世紀80年代之後進行了社會事業的私有化、市場化改革，社會福利的成本上升了。所以，"福利陷阱"是因為資本從社會事業中賺取了太多的超額利潤，而不是因為老百姓得到太多了。所以，解決的辦法應該是扭轉社會事業的商業化、市場化格局，而不是去降低老百姓的福利。以醫療為例，美國醫改之前，醫療費用過高是導致其經濟喪失競爭力的原因，美國的醫療保險和醫院以私有制為主，衛生總費用佔 GDP 的 18%，卻還有四千多萬人沒有醫保；而以公立醫院為主的英國、法國、德國等國家，衛生總費用僅佔 GDP 的 10%～12%，卻實現了全面覆蓋，並且健康產出和公平性均高於美國。因此，福利陷阱絕不意味著不需要發展社會福利，而是因為在資本主義的政治經濟體制下，只能通過這種成本較高、廣種薄收的辦法，才能讓公眾獲得福利，來維護社會的穩定。

為什麼說社會主義可以建立真正的福利國家呢？首先，從福利的供給來看，生產資料是由國家代表全社會佔有，國家掌握著巨額的由公有制企業所得的利潤。完全可以拿出一部分公有制經濟的收益，讓國民享受較高的醫療、教育等服務，從而迅速提高科學文化素質，進而促進生產力，形成良性的循環。其次，社會主義國家的政府和人民有著共同的長期利益，可以避免競爭性選舉條件下形成的不切實際的高福利承諾，以及由此導致的民粹主義。最後，社會主義國家的公共服務系統、社會福利事業主要由公益性的公立機構承擔，國家可以通過規劃和引導，讓其面向全民提供基本而公平的普遍服務，避免公共服務機構因逐利性導致的服務成本過高，最後通過稅收轉嫁到公眾身上的問題。

以社會建設凝聚改革新動力

市場經濟和社會事業的關係，猶如人和空氣、魚和水。人生活在空氣中，感覺不到空氣存在，可一旦失去就會感到痛苦。當前，由於種種原因，社會建設相對滯後於經濟發展，已經成為經濟轉型升級的瓶頸。

收入分配差距大，強化了對粗放發展方式的依賴。一些地方政府和企業依靠延長工時、壓低工資維持利潤率，表面上降低了成本，卻壓抑了消費需求，更難以讓工人投資於教育培訓、提高人力資源水平。在收入差距過大的情況下，為了保障基本民生，地方政府不得不通過擴大投資、加劇產能過剩來確保就業和穩定，致使經濟日益依賴低水平重複投資和出口。

公共服務市場化，提高了公共服務成本，壓抑了內需。20 世紀 80 年代以來，政府衛生投入減少，醫療機構逐利行為增強，至今政府醫療衛生支出佔財政支出的比例僅有中低收入國家的 2/3（2015 年中國政府醫療衛生支出佔財政支出比例為6.8%，根據世界銀行的數據，高收入國家、中高收入國家、中低收入國家和低收入國家平均分別為 13.3%、11.5%、9.8% 和 10.0%）。教育的不公平和以應試為目標的競爭愈演愈烈，也間接增加了家庭支出。投機性住房需求導致房價上升，這些因素增加了家庭負擔和不確定性，導致大量預防性儲蓄，提高了勞動力成本，壓抑了國內需求。

社會領域欠賬，制約建設創新型國家。一方面，社會保障的瓦解不利於激勵企業和個人創新。只有在一個基本保障完善的社會，企業和個人才會去創業創新；在不確定性較大的社會，則傾向於"掙快錢"。北歐國家是收入分配和社會保障最完善的國家，同時也是最具有創新活力的地區之一。另一方面，創新型國家還需要一支高技能的工人隊伍。目前中國工人隊伍的教育基礎薄弱，由於收入分配和社會保障制度不完善，企業過於依賴低成本勞動力，也窒息了創新活力。

社會建設是經濟結構戰略性調整的基礎。穩定的社會保障，公平的收入分配，有利於穩定居民預期，增加消費，化解產能過剩。教育、醫療衛生等社會事業的發展，有利於提高人力資本水平，為建設創新國家提供人才儲備。當前，中國社會建設滯後於經濟建設的局面尚未根本扭轉，應加強頂層設計，從人民關心的領域入手，深化社會建設。

目前，應當進一步加快社會建設。社會領域的投入，不僅是保障性支出，也是生產性支出，最終能夠轉化為經濟增長的動力。建議把社會建設納入全面深化改革的整體佈局中，每年不僅召開中央經濟工作會議，還應召開"中央社會建設工作會議"，從領導配置、部門設置等方面，進一步提高對社會建設的重視程度。

在教育領域，目前各級教育的覆蓋面已經不小，但主要解決的是教育公平和教育方式問題。促進教育公平是促進社會流動最直接、最根本的手段。教育公平又受到其他社會公平的影響，必須採取有力手段，扭轉由收入、地區、家庭背景、社會關係、住房等其他方面不公平所導致的教育資源不均衡配置。一是教師實行更加特殊的工資制度。突破事業單位工資制度限制，基礎教育教師實行特殊工資制度，大幅提高農村和中西部地區教師工資標準，直至接近或高於東部發達地區，促進優秀人才逆向流動、扎根基層從教。二是縮小各類學校差距。嚴格實施教師定期輪崗和學生就近入學措施。取消實際上存在的重點學校現象，實現優質教育人才在同一地區學校的均衡分配。建立教育公平評估機制，將各學校之間在升學率、重點大學生上線率等指標之間的差距納入教育部門的考核指標，既要對學校形成激勵，又要避免學校之間差距過大。三是提升各級教育招生公平性。提高高校招生的公平性和客觀性，擴大在不發達地區的招生規模，全面看待和慎重採用自主招生等主觀性較強的招生渠道，縮小直至消除經濟、地區、家庭因素對招生結果的影響。

在醫療領域，關鍵是扭轉醫療領域市場化、商業化傾向。近年來，政府雖然對醫療部門增加了財政投入，但其運行機制仍然是市場化、商業化的，醫療機構仍然以逐利為目標，過度診療、藥品回扣愈演愈烈。徹底解決這些問題後，可以在不增加（甚至減少）財政投入的情況下，大幅提高人民受益水平。對此，可以開展藥品購銷領域商業賄賂整治活動，取消以藥補醫機制，加快公立醫院改革，實現較高水平的全民醫保，真正讓群眾感受到負擔下降。

▶ ▶ ▶　　7. 建設強有力的社會主義國家

一個代表廣大人民根本利益、對經濟發展進行強有力治理的國家政權，是社會主義國家發展的制度優勢，也是中國經濟凝聚新動力的保障。從世界歷史看，在發達國家崛起的過程中，政府都起到了強有力的組織和引領作用。特別是在經濟轉型的關鍵階段，這種作用就更加突出。

中國面臨著完善國家治理體系的任務，在新的歷史時期，政府角色既不同於計劃經濟時期的全能政府，也不同於改革開放以來形成的以 GDP 為導向的發展主義政府，更不能走向新自由主義倡導的 "小政府"。當前，政府要體現社會主義國家政權代表全體人民共同利益的本質，從社會主義生產目的出發，在佔領產業制高點、提供公共物品、治理市場失靈、促進共同富裕方面發揮主導作用。要承擔起這些責任，除了在思想上消除對 "小政府" 的迷信之外，最重要的是提高政府自身的經濟治理能力，促進政府自身的轉型，重構中央—地方關係，既加強中央的集中統一，又要繼續發揮地方的積極性，轉變地方競爭的目標和行為模式，同時要擴大人民對經濟治理的有序參與，構建穩固而有活力的城鄉基層組織。

加強中央集中統一

新中國成立以來，中央和地方的經濟關係幾經演變。"一五"期間形成了高度集中的計劃經濟格局，20世紀50年代末和70年代初中央兩次向地方放權，促進了地方工業和農村的發展。改革開放初期，通過再次向地方放權讓利，促進了地方競爭和發展活力。20世紀90年代的分稅制改革，加強了中央的財權，但經濟工作仍然是高度分權的，形成了地方政府之間以追求GDP和財政收入為主要目標的競爭格局。實踐證明，中央集中統一下的地方競爭，有利於調動地方積極性，也有利於進行政策對比和實驗。

中共十八大以來，面對中國經濟的新形勢，中央和地方關係面臨著新的調整，要求要增強看齊意識，在經濟工作上強化全國一盤棋的觀念。這不僅是政治上的要求，而且也和經濟發展歷史條件的變化有關。如果說，地方政府追求GDP的競爭是21世紀初以來十多年經濟增長的動力機制，那麼現在這一動力機制已經削弱，甚至在一定程度上成為固化舊有增長方式的阻力，帶來了產能過剩、環境污染等問題。

中國還是一個發展中大國，必須保持一定的發展速度。但中國要的速度，是尊重經濟增長規律、有質量、有效益、可持續的速度。中國要的增長，是更有效率、更加公平、更可持續的增長。一些地方過度重視GDP的增長，強調效率優先，忽視社會公平，造成社會上大量有違公平正義的現象。這樣的發展，雖然換來了短期經濟增長和財政收入增加，卻損害了可持續發展的基礎。

解決這些問題，首先要加強中央的集中統一。在化解產能、宏觀生產力佈局、基礎科研、產業政策、基本公共服務供給和深化改革方面，加強全國一盤棋。全國一盤棋有利於發揮制度優勢，化解過剩的產能和資本。改革開放以來，前幾次化解過剩的努力是比較成功的，這得益於當時的企業主要是國有企業，資產和就業都是由國家兜底，因此一旦一個行業出現過剩和過熱，就可以通過指令性的方式暫停投資和生產，將資產和職工轉移到新的部門。當前，隨著混合所有制的推進，化解過剩產能的難度更大。其中的手段之一就需要政府嚴格環保、規劃、安全、勞動保護等標準，強制舊產能退出。舊的產能退出，必然涉及債務、就業等問題，要防止這些問題影響社會穩定和基本民生，政府首先應監督企業嚴格履行勞動法、補償在社會責任方面的欠賬，如果還不能夠彌補職工損失的，要通過完善社會保障、開闢新的就業渠道，保障職工就業。這些，都需要政府強力推進。

　　同時，產生新動力也離不開加強中央集中統一。當前，產業升級的許多重要基礎是全國性的公共品，包括對重大戰略性技術的攻關，普及基本公共服務均等化以及相應的財稅政策，對重大生產力進行地區佈局以避免新的過剩等。例如，中國稀土行業由於過度分散，各地都強調地方利益，疏於保護，產業政策缺乏協調，導致開採過快過濫，在國際上競相壓價，造成寶貴資源的低價流失。國家曾經努力進行產業整合，但是由於局部利益難以協調，至今該產業的集中度仍然較低。又比如，在醫藥領域，儘管全國面臨著醫藥費用上升過快的負擔，但是一些省份還在為追求經濟增長，把藥品產業擴大規模，這將對未來的發展帶來更大風險。要解決這些問題，只能靠發揮中央集中統一的優勢，要局部利益服從總體利益，短期利益服從長遠利益，從而減少無效供給，增加有效供給。

重構地方活力

　　當然，強調中央集中統一，並不意味著不要發揮地方的積極性。中央集中統一和發揮地方積極性是辯證的，是相互聯繫的兩個方面。無序競爭、一盤散沙不是積極性，只有在集中統一的前提下，設置正確的規則和導向，才能更好地發揮地方的積極性。

　　中國的地方競爭積極性是一個制度優勢，這個優勢必須保持。過去之所以出問題，在於地方競爭單純以 GDP 和財政收入為指標，從而催生了生產過剩、生態破壞等問題，解決的辦法應該是政府扭轉和調整競爭的目標。

　　實際上，中國醫療、教育、生態、創新等領域的改革都表明，"地方試點、中央推廣，地方競爭、中央監督"的模式，不僅對經濟建設適用，對其他領域的工作也適用。下一步要做的就是，調整地方競爭的導向。首先是調整財稅制度，確保對基本公共服務的提供。在當前的財政分權制度下，社會事業大量事權在地方、財權在中央，導致地方政府不得不通過追求 GDP 來維持必要的支出，並且為了繼續把GDP 做大，財政支出總是傾向於經濟建設領域的支出，忽視其他領域的支出，從而強化了 GDP 導向和利潤導向的發展方式。要調整這一動力，要通過調整財稅制度，實現基本公共服務的財權和事權一致，明確中央和地方在公共服務領域的投入責任，對屬於基本公共服務的財權，完全由中央承擔。其次是調整考核制度，如把人均壽命增長、發病率、醫療費用、教育水平、社會公平性、生態環境等指標納入對地方的考核。同時要看到，由於公共服務主要是由當地居民享受，而且大量公共服務和民生指標難以通過簡單的指標來衡量，所以還要擴大居民意見在考核中的比重，從而構建地方競爭的新格局。

將群眾路線制度化

要實現"以人民為中心"的發展，就是要始終堅持發展為了人民、發展依靠人民、發展成果由人民共享。這裏說的"人民"，應當是以工農聯盟為基礎的人民群眾，而不是少數特殊利益群體。

新中國成立以來，基於黨和人民的血肉聯繫、國家和人民利益的一致性，建立了在黨領導下由人民自己組織起來的"人民社會"，並且組成了依託國有和集體企業、人民公社的各種城鄉組織，這種組織成為上情下達的渠道，成為基層群眾參與公共管理的平台，也是聯合起來開展各種公共事務的組織，從而在經濟發展水平很低的情況下，保證了基本公共服務的提供和社會的安全、穩定、公平。

改革開放以來，中國經濟快速發展，資本力量愈來愈取代傳統的組織力量發揮著整合各種社會資源的作用，傳統的社會組織結構受到衝擊，以至於削弱和瓦解。當然，同大多數發展中國家相比，中國仍然保留著城鄉基層群眾自治制度的框架，這是中國的制度優勢。

這表明，應當堅持走黨的群眾路線，依靠黨的政治優勢重新把基層群眾聯繫起來、組織起來，讓城鄉基層群眾有正規的渠道參與國家經濟和社會事務的管理，既充分表達合理訴求，又避免把個別人極端的訴求無限放大，讓政策符合最廣大人民的根本利益。比如，在農村徵地拆遷中，大部分拆遷戶是理性的、守法的，只要政府站在人民的角度，能夠通過基層組織進行理性的協商，給予合理的補償，拆遷就能夠順利推進。但是，當前之所以會出現嚴重對立的情況，一方面是因為一些地方政府過度照顧開發商的利益，給拆遷戶補償的水平過低；另一方面則是因為農村基層組織的弱化，導致缺乏一個理性平等協商的平台。因此，建設一個有序有活力的人民社會，才能夠繼續發揮群眾路線和協商民主的作用，讓國家、集體和個人的利益達到最大程度的一致。

要建立真正的人民社會，首先從思想上要打破那種把一切交給市場的做法，市場不可能把人民組織起來，只會讓人民一盤散沙，缺乏依靠和力量。把人民組織起來，需要依託黨組織的資源和號召力，賦予基層更多的組織資源和力量。在新形勢下需要依靠新媒體等手段，建立各種渠道的群眾意見的表達和協商機制，涉及一個地方群眾利益的事情，要和這個地方的群眾充分商量。因此，一方面要確保改革沿著正確方向進行，確保決策代表廣大人民群眾的根本利益；另一方面也要避免政策被少數極端的、民粹的意見所綁架，解決的辦法只能是讓大多數人參與協商。

具體的辦法，可以以黨員為基礎，建立黨員聯繫群眾的機制，每個黨員都聯繫一定數量的群眾。在一切公共部門，如公立醫院、公立學校等，要建立由服務對象組成的委員會進行監督。在各級人大和政協，除了做好現有的日常工作之外，還可以建立由群眾代表組成的專門委員會，定期就某一方面的民生工作進行協商。同時要調整黨代表、人大代表、政協委員的結構，讓其中的職業、收入等結構真正反映全社會人群的真實比例。

踐行協商民主和群眾路線，讓經濟發展真正反映人民的意願，就會產生不竭動力。

新型農村集體化

堅持土地集體所有制，把農村組織起來，是中國革命和現代化建設勝利的重要經驗，也是解決 "三農" 問題、實現城鄉協調發展的必然選擇。

從經濟上說，中國農業發展已經到了從單純追求產量到追求質量、效益和品牌影響力的階段，發展階段和目標不同，對農業組織形式的要求必然不同。一方面，一家一戶式的小農耕作方式，不利於追求質量、效益和品牌影響力，必須走規模化大農業的道路；另一方面，中國的人口和土地稟賦決定了在相當長一個歷史時期內，還將有至少五億以上的勞動力留在農村，因此不可能走美國那樣地廣人稀的家庭農場式的道路，而必須讓農村有限的土地容納龐大的農村人口。能同時實現這兩個目標的，只能是集體所有制基礎上的大農業。在集體所有制基礎上的大農業，既可以充分容納就業，又可以在集體經濟內部充分發揮中國傳統農業形成的精耕細作優勢，充分利用土地資源，讓大部分農民能享受發展成果。同時發揮集體經濟的規模效益，搞多種經營、發展二、三產業，在銷售、品牌、技術等方面發揮規模效益。

從社會和政治角度看，當前農村的去組織化，已經對農村的治理和社會可持續發展產生了很大隱患。由去組織化導致的農村社會治理凋敝混亂，使農村的社會生態受到破壞，傳統家庭文化受到挑戰，農村生活缺乏吸引力。基礎教育、基本醫療、環境衛生、科技文化等公共事業缺乏內生的發展動力，僅僅靠城市的支援，以"走讀式"的幹部、專家、醫生、教師為主，難以形成良性循環。以留守兒童、老人、婦女為主的人口結構，不利於家庭建設和家庭穩定，更不利於下一代的身心健康與未來農村的發展。農村優秀人才的外流，使得一些地方的地痞、惡霸死灰復燃，反動會道門、腐朽文化和非法宗教以及邪教等也在影響農村的文化傳承。出現這些問題的一個重要原因是，農村正規的村民自治組織沒有起到作用。如果農民自己沒有組織起來，缺乏有影響力的鄉村治理機構，這些現象就不可能真正得到治理。

重新把農村組織起來，是農村發展、繁榮和穩定的戰略選擇。從中國革命的勝利經驗以及新中國成立以來正反兩方面的經驗來看，把農村組織起來，起碼要解決兩個問題：

一是加強農村的組織資源，組織是一種能力，需要一定的資源和人才來實施。中國傳統的農村組織資源主要是依靠宗族關係，而中國共產黨領導的土地革命，使得黨的組織資源深入農村和傳統的宗族資源中的有益成分結合起來，成為建國初期人民公社的主要組織成分。改革開放之後，資本進入農村，也成為一種組織力量。當前，要把農村重新組織起來，只能是以黨和政府的組織為主，輔以農村內部宗族以及資本的組織力量，否則都會導致組織目的的偏差。應當鼓勵更多的城市人才進入農村，鼓勵農村的精英回到農村，成為農村組織的骨幹。

二是要解決組織起來獲得好處的問題，解決這個問題的關鍵是，在市場經濟條件下做實做強土地集體所有制。當時的人民公社之所以對部分農民沒有產生吸引力，與當時工業化條件下大量剩餘被轉移到城市有關。而當前政府對農村投入了很多組織資源，希望重新把農村組織起來，但是效果並不明顯，最關鍵的原因是，這些組織對農村經濟沒有顯著影響力，農村的經濟運行和分配方式仍然是外部資本主導的，不少基層組織甚至地方政府也要依賴外部資本才能開展工作，這個經濟基礎的問題不解決，農村就不可能真正組織起來。解決這個問題就要繼續堅持農村集體所有制，真正保護農民的利益，真正把農村組織起來，讓基層組織在開展公共管理和提供社會服務時真正有"抓手"。

▶▶▶ 8. 社會主義＋互聯網

信息技術是當代最突出的生產力。信息技術的進步、範圍的擴大，將有助於實現更加有計劃的生產和消費，有利於廣大人民群眾直接參與社會和政治生活，讓社會分工更為靈活，讓"人民共建共享"有了實現的渠道，從而為社會主義理想的實現開闢新的道路。建設社會主義信息文明，實現信息化的跨越式發展，是中國特色社會主義的歷史機遇。

2015 年 7 月 17 日，英國《衛報》發表文章《資本主義的終結開始了》，文章說："我們沒有注意到，我們正在進入後資本主義社會時代。在進一步變革的核心是信息技術、新的工作方式和共享經濟。舊的方式將需要很長的時間消失，但現在已經到了烏托邦實現的時候。"文章提到，信息化從三個方面讓"後資本主義時代"成為可能。首先，它減少了工作的需要，模糊了工作和空閒時間的邊緣，放鬆了工作和工資之間的關係。其次，信息化將削弱市場價格機制的作用，在基本生存資料的生產已經能滿足人類需要的情況下，可以利用大數據和信息技術，實現一些基本生活資料的免費提供，也就是"共享經濟"。最後，信息化將導致"協同生產"的自發興起，商品、服務和組織都不再單純響應市場的決定或者科層化的管理，而是由人們在信息平台上共同生產和消費，比如"維基百科"是由志願者免費提供的最大的信息平台，它就是一個共同協作生產的好例子。

藉助信息手段，傳統社會主義者曾經設想但是沒有手段實現的按需要分配產品、按計劃進行生產、普遍的政治參與、全社會協作的生產，都將有實現的可能。中國作為後發國家和人口大國，發展信息技術具有獨特優勢。信息技術的發展，使得許多我們過去想做而做不到的事情成為現實，使得各方面的體制機制有了創新的空間。

市場經濟 + 互聯網

首先，信息化大大擴展了市場的內涵和外延，市場機制的核心是公平競爭，公平競爭的基礎是信息的充分披露。信息技術降低了交易成本，把市場的範圍擴展到了全世界，有利於在更大範圍、更高層次配置資源，消費者和作為監管者的政府可以以很低的成本比較、篩選、評價企業等各類市場主體。目前，很多行業、企業都在自發地進行電子商務和網絡市場平台的建設。由於網絡市場平台具有公共產品的性質，因此下一步需要政府或者行業協會等組織對於企業自發建設的網絡市場平台進行整合，制定標準，擴大覆蓋範圍。

其次，信息化減少了政府部門和市場主體之間的信息壁壘，為加強和改善宏觀調控提供了有力的新手段。信息技術使得政府更容易收集信息，對被監管者的行為進行評價、比較，提高了政府監管的效率，是新型的宏觀調控和市場監管機制。

目前，中國社會主義市場經濟還不夠完善，而信息技術的發展使中國可以超越西方國家走過的道路，甚至超越傳統的資本主義和社會主義經濟模式，使市場之手和政府之手更好結合。自由市場機制有利於提高資源的配置效率，但是調整過程有盲目性和滯後性；而計劃經濟制度能夠實現國民經濟的綜合平衡。在當時的技術條件下，計劃制定者沒有條件收集所有微觀個體的信息並及時進行處理，必然無法制訂科學的計劃。但是，信息技術的發展使得在全社會範圍內以較低成本收集微觀主體的信息成為可能，信息技術越發達，就越有可能把市場經濟和政府計劃的長處結合起來，信息技術的發展，已經使得市場的形態豐富多彩，市場和政府的邊界愈加模糊，傳統的計劃—市場二分法已經不太適用。中國需要利用信息技術，深化對市場機制和政府職能的認識，創造社會主義市場經濟的新模式。

協商民主 + 互聯網

民主政治建設已經成為中國現實而緊迫的任務，當今世界沒有一成不變的民主模式，各國的民主模式也都互有短長。中國在借鑒人類先進文明的基礎上，要探索適合中國國情的模式，而信息化的實現，為這種探索提供了新手段。同市場經濟建設類似，中國的民主政治建設也有可能超越西方發展的傳統模式，走出跨越式發展的新路。

信息技術縮小了政府和群眾之間的信息鴻溝,降低了公民參與社會組織和管理的成本,擴大了公民有序參與政治的渠道。信息化形成了以網絡為基礎的新型社區,群眾通過網絡,可以更加容易獲取政府的信息,對政府績效進行評價,政府更容易通過網絡收集不經過濾的社情民意。

信息系統有利於推動行政管理體制的改革。不同政府部門之間的信息連通和信息公開,有利於破除部門利益,促進部門間的協調配合,提高行政效率;政府部門和事業單位的信息公開,有利於對政府各部門的績效和政府工作人員進行考核;各級政府之間的信息聯通和公開,有利於建立新型的政績考核指標體系。

目前,中國政府的信息化發展很快,但很大程度上只是把信息化看作是傳統信息傳遞手段的替代品,政府網站的作用主要體現在信息的傳播和收集,而沒有充分重視在此基礎上的信息使用和體制機制的改革。

利用信息技術改造傳統產業,有助於提高企業的競爭力,實現產業升級,改變中國在國際貿易分工中的不利地位。信息化使得信息流替代了人流、物流、資源流,這有利於緩解中國的資源、環境、交通壓力,走資源集約和環境友好道路,這對於作為人口大國的中國來說具有戰略性意義。信息化有助於推動行政管理體制改革和社會事業改革發展。

根據目前的需要和其他國家的經驗,可以把公立醫療衛生機構改革作為切入點,建立覆蓋全國公立醫院系統的信息網絡,並且和醫療保險、人口計劃生育、健康教育等信息結合起來,建立對公立醫院以及個人的績效考核體系,在此基礎上完善對公立醫院的財務管理制度、償付制度、人員管理制度等。然後,可以在社會保障、教育等其他公共部門相繼實施類似的改革。

關鍵是頂層設計

信息系統能發揮作用,最關鍵的就是互聯互通,標準一致。互聯互通的範圍愈大,信息包含的內容愈豐富,信息系統的作用就愈大。中國信息化從 20 世紀 80 年代開始起步,各部門的信息化都有不同程度的進展,但是目前存在一個嚴重問題,很多部門、地區都相對獨立地建設信息系統,這些子系統的標準、內容都不統一,這就制約了信息系統的擴大範圍，制約了不同系統、地區之間的互聯互通。例如，各省的政府網站、同一省內各地市的政府網站，無論從形式還是內容上都很不一致，不僅不便於互聯互通，也大大增加了成本；其他信息系統也有類似問題。目前信息化的建設規模已經愈來愈大，如果不儘快對各部門、各地區的信息系統按統一標準進行整合，將來整合的困難會愈來愈大。

在信息系統建設中，要避免只重硬件、不重軟件，只把信息技術當作傳統書寫手段替代的做法，而忽視體制機制的建設。信息系統的建設要著眼於解決信息社會發展中問題的需要，要和其他的制度建設結合起來，不應片面追求形式。應當採取適應信息系統建設需要的政策措施。目前，中國信息系統的開發主要是由 IT 企業根據客戶的需要進行開發，這樣研發的力量較小，同時還存在標準不統一和重複開發的問題。政府應當在統籌規劃的基礎上，集中動員科研力量，開發在全國範圍內具有普遍適用性的信息系統軟件，並採取政府招標採購等方式鼓勵企業進行開發。總之，信息系統是一種公共產品，具有巨大的外部性，政府要充分重視統籌規劃和整體設計，制定標準，嚴格避免各自為政，這是信息化建設成功的重中之重。

▶ ▶ ▶ # 9. 建設公平正義的新世界

隨著國際經濟進入衰退週期和中國進入新常態，中國如何處理與世界的關係也到了一個歷史的節點。中國歷史上就有兼濟天下的文化傳統，形成了海納百川、兼容並蓄的文化格局，在人類早期的各大文明中，中華文明是包容性最強的，中華文明之所以能夠延續至今，與其強大的吸收和包容能力有很大關係。

當前，全球主要矛盾是少數西方國家和廣大發展中國家在發展階段、發展權利等方面的不平等，這種不平等，不僅讓廣大發展中國家遲遲難以享受到全球化的成果，也導致了全球經濟失衡；發達國家佔有過度的資本和資源，導致金融泡沫、產業空心化、社會矛盾加劇等問題，最終產生全球性問題。因此，要建立一個更美好的世界，關鍵是要縮小這種不平等，建立一個更加公平、正義、包容的國際政治經濟新秩序。

中國作為發展中國家和社會主義國家，同時作為世界第二大經濟體，在新的世界經濟格局中的地位更加複雜。在今天全球發展面臨嚴峻挑戰的情況下，讓各國人民團結起來，為人類找到一條新的發展道路，這是所有國家的共同使命，也將是中華民族對人類的巨大貢獻。

對中國來說，建設一個新世界，短期的使命是為世界經濟再平衡做出自己的貢獻。這既是世界經濟恢復發展活力的需要，又是中國自身發展的需要。

當前國際經濟失衡，仍然是資本主義全球化造成的失衡。西方發達國家佔有主要的超額利潤和經濟技術的制高點，通過擴張型財政貨幣政策刺激過度消費，廣大發展中國家作為勞動和資源的輸出地，在國際競爭中處於不利地位。發達國家利用技術壟斷、貿易保護、軍事和文化輸出等方式，強化自己的優勢地位。發達國家積累了大量資本，但是缺乏足夠的投資需求和消費需求。廣大尚未進入現代化的發展中國家，有巨大發展需要，有潛在的巨大市場、資源和人口，但是由於缺乏啟動現代化所必需的穩定的政治環境、基礎設施、人力資源等必要條件而陷入貧困陷阱或者中等收入陷阱。要恢復全球經濟再平衡，就是要改變這種不公平的狀況，讓發展中國家具備發展的能力，改變不公平的國際經濟秩序。

中共十八大以來，中國政府提出以"一帶一路"等為代表的區域經濟合作倡議，提出和美國等世界強國構建新型大國關係，就是中國貢獻於世界經濟再平衡的具體步驟。

在處理同發展中國家的關係方面，中國的主要方針是同發展中國家一起，互相幫助、聯合自強，幫助發展中國家提升發展能力，努力創造一個對發展中國家更加公平的國際政治經濟新秩序。中國清楚地認識到，中國的發展利益是同世界上最廣大的發展中國家一致的，只有維護發展中國家共同的發展權益和利益，中國的發展權才能獲得保障。

"一帶一路"是中國貢獻於世界經濟再平衡的切入點，也是中華民族兼濟天下的傳統文化在新形勢下的表現，它有利於解決中國自身發展的不平衡、不協調問題。從地緣上看，改革開放以來，中國大踏步融入世界經濟，主要的方式是通過海上交通通道面向西方發達國家出口，這種格局為中國的騰飛做出了貢獻，但隨著國際市場的飽和，中國也面臨著增長動力的削弱，使得中國的產業過度集中於東部沿海，造成區域發展的不平衡。"一帶一路"倡議，就是要把中國貿易合作的視野更廣地延伸到"一帶一路"沿線國家，通過基礎設施、工業產能等方面的合作，幫助這些國家提高發展能力，改變在資本主義全球化條件下，這些國家僅僅是作為能源和原材料的產地而不是巨大的消費市場的狀況，激發這些國家的真實需求，從而增加全世界的總需求。

天下大同，是一切善良人們的共同願望。自從人類誕生以來，世界各民族從未像今天一樣保持如此緊密的聯繫。但是，今天的世界，又是一個很不公平、很不和平的世界。實踐證明，資本主義主導的歷史，並沒有實現天下大同，反而製造和擴大了不公平，中國在歷史上也曾是這種世界秩序的受害者。這種不公平的國際秩序，不僅讓發展中國家深受其害，而且最終也會損害發達國家的利益。如果能夠實現世界經濟的再平衡，那麼就說明人類找到了一條超越資本主義的全球化道路。"構建人類命運共同體"的實質，就是找到一條實現人類命運共同體、讓各民族共同發展的道路，也只有找到這條道路，才能實現中國自身的發展。

▶ ▶ ▶ # 10. 新社會主義

進入 21 世紀，有必要對"什麼是社會主義、怎樣建設社會主義、社會主義對中國和世界意味著什麼"做出新的回答。

人類重新矚目社會主義

《禮記·禮運》中曾經描述過這樣一個理想的社會："大道之行也，天下為公。選賢與能，講信修睦，故人不獨親其親，不獨子其子，使老有所終，壯有所用，幼有所長，矜寡孤獨廢疾者，皆有所養。男有分，女有歸，貨惡其棄於地也，不必藏於己，力惡其不出於身也，不必為己，是故謀閉而不興，盜竊亂賊而不作，故外戶而不閉，是謂大同。"無論是中國還是西方，早期的思想家的社會理想都帶有強烈的社會主義色彩。然而，他們都沒有指出，通過什麼樣的途徑才能夠實現這樣的目標。

科學社會主義的誕生，為實現社會主義找到了途徑。科學社會主義是在對資本主義的批判中提出來的，資本主義創造了巨大的物質財富，為進入社會主義打下了物質基礎。同時，資本主義也激化了人類社會中存在的兩極分化、生態破壞、道德危機等問題，促使一切追求社會進步的人們尋找解決問題的辦法。從廣義上說，一切旨在批判資本主義、糾正資本主義弊端的努力，都是社會主義運動。

2008 年國際金融危機之後，全世界從北到南、從東到西都掀起了對社會主義再認識的浪潮，這是對資本主義金融危機必然的反思。金融危機表明，歷史沒有終結，歷史也永遠不會終結。歷史的辯證法告訴我們，只有資本主義矛盾充分暴露並激化到不可調和的時候，才有可能開闢社會主義的道路，因此，社會主義是一個漫長的歷史過程。但是只要資本主義社會的矛盾還存在，社會主義運動就不可能消失，全人類繼續尋找更好社會制度的努力就不會停止。

民族復興和社會主義發展的一致性

進入 21 世紀，中國面臨著兩方面的任務：一方面，是實現中華民族的偉大復興；另一方面，則是鞏固和完善中國特色社會主義制度。長期以來，一直有一種誤解，認為中國走社會主義發展道路，僅僅是由於信仰書本上的共產主義或者照搬蘇聯，而不是為了追求現代化和民族復興。這種把共產主義理想與現代化目標對立起來的觀點是錯誤的。

中國的歷史說明，中國共產黨對共產主義理想的追求和對民族復興目標的追求是一致的，兩者是相輔相成的。2016 年，習近平在"七一講話"中重申了這個觀點，他說："歷史告訴我們，沒有先進理論的指導，沒有用先進理論武裝起來的先進政黨的領導，沒有先進政黨順應歷史潮流、勇擔歷史重任、敢於作出巨大犧牲，中國人民就無法打敗壓在自己頭上的各種反動派，中華民族就無法改變被壓迫、被奴役的命運，我們的國家就無法團結統一、在社會主義道路上走向繁榮富強。"[1]

1　《習近平在慶祝中國共產黨成立 95 週年大會上的講話》，http://www.xinhuanet.com/politics/2016−07/01/c_1119150660.htm。

共產主義理想和民族復興理想的一致性，具體體現在中國選擇的發展道路上。新中國成立初期選擇社會主義，本身就是救亡圖存的一種必然選擇。舊中國之所以幾經努力也沒有走上現代化的道路，就是因為內部不能打破封建土地制度和小農經濟的約束，外部無法突破資本主義強國主導的全球體系。只有中國共產黨領導下進行的土地改革和社會主義革命，堅持獨立自主，實行重工業優先發展等戰略，才打破了這些約束，在一個工業落後的國家迅速集中分散的資金、資源和經濟力量，在國際市場上對抗經濟勢力強大、技術先進的國際壟斷資本。

改革開放以來，中國大膽引進了市場經濟和民營經濟，但是在基本經濟制度上又超越了資本主義的生產方式，堅持了中國共產黨的領導和公有制的主體地位，利用社會主義的制度優勢彌補市場失靈，參與國際競爭，沒有丟掉社會主義"集中力量辦大事"的優越性，實現了工業化、現代化事業的突飛猛進和綜合國力的強勢崛起。相反，輕率地追隨了所謂"歷史潮流"的蘇聯、東歐，卻危機不斷、江河日下，迄今為止，世界上還沒有一個發展中大國依靠資本主義制度實現現代化。兩相對比，說明社會主義和中華民族復興的一致性。對於一個發展中大國來說，只有走社會主義道路，才能在資本主義全球體系已經形成的情況下，對內集中資源和民心，對外爭取獨立自主的發展權益。

歷史證明，中華民族的偉大復興和社會主義的偉大復興是一致的，只有社會主義制度得到鞏固和發展，中華民族才有可能實現復興。中華民族的偉大復興，將給社會主義制度賦予強大的生命力和說服力。

社會主義 3.0 的中國方案

1956 年，毛澤東在《紀念孫中山先生》一文中說："中國是一個具有九百六十萬平方公里土地和六萬萬人口的國家，中國應當對於人類有較大的貢獻。而這種貢獻，在過去一個長時期內，則是太少了。這使我們感到慚愧。"[1] 1977 年 5 月，鄧小平在一次談話中指出："明治維新是新興資產階級幹的現代化，我們是無產階級，應

1　毛澤東：《紀念孫中山先生》，《毛澤東文集（第七卷）》，http://cpc.people.com.cn/GB/64184/64185/189967/11568211.html。

該也可能幹得比他們好。"[1]1985 年 4 月，鄧小平在會見外國友人的談話中指出："現在我們幹的是中國幾千年來從未幹過的事。這場改革不僅影響中國，而且會影響世界。"[2]歷史告訴我們，中國的復興，不是為了超英趕美，不是為了爭霸，而是自身發展的需要，也是讓中國對人類做出較大貢獻的自覺追求。

站在後金融危機時代的起點，中國人民、中華民族和中國共產黨充滿前所未有的自信。這種自信來源於社會主義改革發展實踐和高度的歷史自覺。

社會主義的基本原理並沒有改變，但是隨著生產力的發展，社會主義將不斷獲得新的時代內涵。在 21 世紀的今天，中國有更強的基礎、更大的可能實現社會主義的理想。德國學者夏爾·布里認為，社會主義誕生以來，有過三次浪潮：

> 社會主義第一次浪潮發生在 1789 — 1917 年之間，1848 — 1849 年的歐洲革命是社會主義者與共產主義者發揮政治作用的第一次革命，在 1871 年的巴黎公社中，工人們第一次短期建立了自己的政權，這一時期，社會主義運動是資本主義國家改善工人待遇、促進社會公正方面的一面旗幟。
>
> 社會主義第二次浪潮是在 1917 年至 1991 年期間。將蘇聯引領上工業現代化的道路，新中國成立，結束了中國受帝國主義統治及內戰時代，隨後逐漸走上了一條不同於蘇聯社會主義的中國道路，北歐和西歐實現了社會民主改革，建立了社會福利國家，限制並減弱了資本主義。
>
> 金融危機之後，當代資本主義文明的深刻危機清楚表明社會主義問題絕沒有從當今世界消失，而是重新變得更加現實。蘇聯的解體是社會主義第三次浪潮的開始，即 "社會主義 3.0" 的開端，中國作為 "社會主義 3.0" 最重要的誕生地，將對世界社會主義運動產生重要作用。[3]

為什麼說中國可能成為社會主義 3.0 最重要的誕生地呢？我們認為，起碼有這樣三個原因：

---

1   鄧小平：《鄧小平文選（第二卷）》，http://cpc.people.com.cn/GB/64184/64185/66611/ 4488675.html。
2   鄧小平：《鄧小平文選（第三卷）》，http://cpc.people.com.cn/GB/64184/64185/66612/ 4488769.html。
3   張文紅：《德國左翼黨認為中國是 "社會主義 3.0" 最重要的誕生地》，《紅旗文稿》，2016（16）：34–35。

首先，中國傳統文化具有社會主義的因素。進入 21 世紀以來，隨著中國綜合國力的增強，中國傳統文化在國內外得到復興。如何對待傳統文化？如何繼承和發展傳統文化？仍然是那句老話：古為今用，推陳出新。中國傳統文化有精華也有糟粕。中國傳統文化的精華是和社會主義相通的，其中關於天下大同、社會公正、天人和諧、人本主義的思想，都可以為社會主義所用，這也是為什麼社會主義制度能夠在中國落地生根，並且和中國國情相結合的原因。但是中國傳統文化中也有糟粕，只有經過社會主義的改造，傳統文化才能煥發出更強大的生命力。中國傳統的宗族文化、等級文化，成為制約中國現代化的障礙，只是經過徹底的社會革命之後，這些文化中的積極成分才能為社會主義服務。

其次，中國經過六十多年的社會主義革命和建設，已經具備了一定的物質基礎，更重要的是對於社會主義建設的主要模式都有過探索。蘇聯的失敗證明，在一個全球資本主義體系中建設社會主義，社會主義國家處在一種類似物理學上所說的"不穩定平衡"當中，這個體系自身的運行是自洽的，但是一旦有強大的外力打破平衡，就會不斷產生偏離平衡的趨勢。也就是說，20 世紀解決了"社會主義可以和資本主義同台競爭"的問題，但是並沒有解決如何長期堅持社會主義制度的問題。而中國的實踐表明，社會主義國家穩定平衡的力量只能是自身，只能是黨，只能是人民，而不能來自任何外部。這就是毛澤東反覆強調的"我們應當相信群眾，我們應當相信黨，這是兩條根本的原理。如果懷疑這兩條原理，那就什麼事情也做不成了"[1]。黨領導人民團結起來，實現社會主義的生產目的，讓一切經濟社會活動的目標滿足人的真實需要，實現共同富裕，最終實現人的全面自由發展。

最後，這一輪全球化經過六十多年的發展，已經到了一個矛盾集聚的關口，人類探索新社會制度的探索未有窮期。歷史沒有終結，歷史也不可能終結。在這種情況下，中國堅持社會主義道路，不僅天時地利人和，而且對全世界來說，也是為人類尋找新發展道路的探索和貢獻。今天的世界，社會主義已經不再是意識形態，而是解決眼下我們面臨挑戰的正確選擇。中國在剛剛開始建設社會主義時，由於起點太低，國力有限，社會主義的優越性雖然體現在快速增長上，但是由於絕對發展水平低，難以讓社會主義優越性得到直觀的體現。現在隨著中國國力的增強，社會

1　　毛澤東：《毛澤東文集（第六卷）》，北京：人民出版社，1999：423。

主義的優越性已經有條件得到更加充分的發揮，只要胸懷理想、堅定信念、堅持方向、探索道路，中國的社會主義道路就會越走越寬廣。中國的新社會主義道路，不僅將造福中國人民，也將為人類尋找更美好社會的事業做出更大貢獻。

我為什麼寫中國道路

經過五年的寫作和修改，《中國道路的歷史和未來》終於同讀者見面了。研究和寫作中國道路是我長期的心願，在改革開放四十週年和新中國成立七十週年的莊嚴歷史時刻，我願把這本書獻給親愛的祖國和人民。

寫歷史特別是現代史，是非常嚴肅也非常有挑戰性的工作。我並非歷史專業研究人員，之所以要寫這樣一本書，首先出於對現實問題的思考。我是學習西方經濟學出身，讀書時也曾信奉純粹的自由市場經濟，迷信西方的發展道路。然而，隨著對黨史國史和基層實踐的了解，我逐步體會到，西方理論解決不了中國的問題，這是我寫作這本書最早的動因。

這種體會最初來自對醫療改革的研究。2004 年起，我在北京大學讀研究生，我導師李玲教授是中國最早倡導公益性醫改的專家，她為中國醫改做出了巨大的貢獻和付出，是我的榜樣和楷模。我在最初學習西方經濟學時，也相信在醫療領域可以讓市場起主導作用。然而，對基層的調研扭轉了我的觀點。我在調研中發現，一些實施全盤私有化醫改的地方，我親眼看到破敗的農村衛生體系，看到醫院為盈利不擇手段，侵害患者利益。同時令我深受啟發的是，我調研中見到了全國各地的鄉村醫生，他們都不約而同地提到 1965 年毛澤東的“六二六指示”（即“把醫療衛生工作的重點放到農村去”）以及由此帶來的赤腳醫生和合作醫療的普及。由此挖掘史料，我又了解到改革開放之前中國創造了人民健康大幅度躍升的世界奇跡，而這同西方經濟學認為計劃經濟效率低下的結論是不同的。以這些思考為起點，加上對國內外理論和實踐的研究，我逐步形成了關於醫療衛生改革的思路，主張醫療衛生要以人民健康為中心，走公益性的道路，不能搞市場化、商業化的醫改。

形成這樣的觀點之後，我卻遇到了更大的難題。我發現要糾正在醫療領域已經形成的對西方經濟學和自由市場的迷信，非常困難。一方面，西方經濟學（特別是新自由主義）已經在中國經濟學界佔據絕對統治地位。雖然西方經濟學在對於消費、投資、價格、金融、貨幣等具體經濟問題的研究上有許多體現市場經濟一般規律的內容，值得我們借鑒，但是從根本上說，西方經濟學是建立在私有制基礎上的，這就決定了其只能在私有制和資本主義制度的約束下發現問題、提出問題、解決問題。例如，西方的衛生經濟學就沒有完整地解讀公立醫院的理論，美國的醫改只能在私有制的環境下做一些有限的微觀調整，而不可能像中國這樣在黨的領導下對改革進行全盤的頂層設計。推而廣之，西方也不可能提出發展中國家、社會主義國家如何走向現代化的問題，因為西方並沒有經歷過類似的實踐。但由於種種原因，中國大部分經濟學者仍然是市場萬能主義的信奉者，這就對中國的事業造成很大的困擾。中國醫療改革之所以遇到很多複雜情況，在理論上的混亂是一個重要原因。

　　另一方面，在全面深化改革中，很多具體問題的分歧、背後的認識根源都離不開對歷史的總體認識。例如，一旦我們提出堅持公立醫院公益性的建議，就會有“專家”反駁道：“你們年輕人不懂歷史，當年為什麼要改革？就是因為人民公社吃不飽飯，而包產到戶之後，一放開，馬上就吃飽飯了。”這種觀點十分普遍。為了驗證這種觀點，我就去研究新中國的農業史，結果發現“一放開搞活就吃飽飯了”的觀點失之片面。改革開放之後的糧食豐收，不僅得益於“分地”，也離不開改革開放前奠定的水利、土壤、化肥、良種等方面的基礎。因此，農業改革遠遠不是“一私就靈”，就更不用說更加複雜的醫療改革了。

　　以對醫改的研究為基礎，我又把對中國道路的研究擴展到了其他領域。讀書期間，我曾經協助國務院參事、原國有重點大型企業監事會主席陳全訓進行調查研究工作。陳主席是工業經濟領域的老領導，曾參與浦東開發、國企改革攻堅等重大決策，他的言傳身教讓我終身受益。在調研中，我到過一些建國初期成立的國有企業，深切體會到在“一窮二白”的條件下，只有集中力量辦大事，迅速突破重工業和戰略性產業的短板，才能讓中國躍出貧困陷阱。這和我在課堂上學到的理論也是不一樣的。在課堂上的理論認為，新中國成立初期實行重工業優先發展違反了“比較優勢”，導致經濟發展效率低下。“比較優勢論”套用西方經濟學分析框架，但是卻脫離了中國的歷史環境。相應地，實行計劃經濟、重工業優先發展、生活資料配給制等特殊政策，在微觀激勵機制上有不足，但卻是為實現工業化必要的制度安排，有其自身的歷史邏輯，不能簡單地用改革開放之後的做法否定改革開放前的歷史。而改革開放以來的成功，也不能簡單地說成是私有化、自由化的成功，最近中美貿易摩擦、中興芯片之爭等事件，讓愈來愈多的人認同這樣的觀點了。

上述零散的觀點，逐步匯聚成系統的思考。我帶著問題閱讀了大量新中國成立以來的文件、文稿、回憶錄等，並強烈地感受到，"一切歷史都是當代史"，關於當代中國歷史的爭論，從來就不是單純的學術問題，而是關係到下一步中國向何處去的重大政治和現實問題。從西方教條出發，改革開放下一步就是要繼續弱化黨的領導、國企私有化、土地私有化、放鬆監管、取消產業政策、放棄獨立自主的方向，很多國家的教訓都證明這是一條錯誤的道路。如果用西方的標準來套，那麼中國革命和建設的歷史就是說不通的，改革開放前後兩個時期的歷史就是割裂的，中國特色社會主義新時代就是缺乏依據的。因此，為了更好地走向未來，就必須正確地解讀歷史，這使我萌發寫一本中國道路方面的書籍的想法。

吸引我研究中國道路的另一個重要原因是輿論界特別是網絡上的各種觀點爭論。在一個時期，主張中國改旗易幟、放棄共產黨領導和社會主義道路的觀點，有很大影響；對改革開放前後兩個時期，有的用前者否定後者，有的用後者否定前者；中國共產黨領導革命、建設和改革的歷史，中國道路的巨大成功，卻被一些輿論抹得一片漆黑，極力否定"中國模式"，或者認為"中國模式就是美國模式的山寨版"；中國的高鐵建設取得巨大成功，但就是因為不符合"私有化、小政府"的理念，就遭受到不公正的批判和否定；在十八大之前，有些宣揚歷史虛無主義、民族虛無主義的觀點，反而很流行，導致今天的人們也對未來缺乏信心……這些討論讓我感到，是中國道路還是西方道路，是創造中國學派還是迷信西方學派，這不是一個學術問題，而是大是大非、生死攸關、十分關鍵、十分緊迫的問題。

要解決這些問題，增強人們的"四個自信"，首先要靠意識形態領域的治理整頓，同時也要用科學的觀點解讀中國道路，通過對歷史的闡述，讓人們心悅誠服地相信和堅持中國道路。西方社會科學理論是經過幾百年才形成的，而中國的社會主義建設才搞了幾十年。毛澤東說過，將來要寫一本社會主義的政治經濟學。相比那個時候，現在我們家底更厚了，經驗和教訓更多了，更有條件認識和探索中國道路。因此，系統地解讀中國道路，是時代向全中國知識界提出的問題。

對中國道路的思考，我的最大收穫是，我重新"發現"了馬克思主義，重新確立了信仰。作為一個中國學生，馬克思是一個既十分熟悉、又十分陌生的名字。在思考金融危機和新常態等問題的過程中，我才真正從思想上確立了對馬克思主義科學的信仰。從 2008 年到現在，世界上各方面的人們對金融危機給出了形形色色的解釋，滄海橫流方見英雄本色。馬克思雖然沒有專門闡述經濟危機理論，但是關於資本原始積累、長期利潤率下降和商品兩重性的分析框架，給認識今天的全球經濟危機提供了最有力的工具。今天的經濟金融化、兩極分化、全球經濟失衡、生態破壞等問題，說到底就是資本主導的生產方式和社會的實際需要產生了背離。只有掌握馬克思主義的分析工具，才能從根本上認識危機、走出危機。

在初步產生這些認識之後，我開始系統地補課，每天夜間靜下心來閱讀五十卷本的《馬克思恩格斯全集》，這些以前讓我望而生畏的大部頭，現在突然有了生命，讓我從中感到，那些思維縝密而又充滿熱情的文字，把理論和實踐、歷史與未來貫通了起來，許多長期思考而難以破解的問題都在裏面找到了答案。而今天以習近平為核心的中共中央著力推動的許多措施，都是對馬克思恩格斯當年提出的問題的回應、繼承和發展，跨越百年的兩個時代，因為共同的理想和信念，存在著深沉的聯繫。這些體會，讓我感到激動和喜悅，也讓我對中國社會主義事業的未來充滿信心。

我是 2000 年十八歲時入中國共產黨的，但坦率地講，當時對黨的使命並沒有很深刻的認識。我的班主任姚德勇老師對我說過一句話，他說，雖然現在我們的黨有不少問題，有腐化變質的人，但是不要對理想失去信心，只要每個人都努力工作，黨就會變得更好。這句話我一直記在心裏。在大學讀書時，我也曾迷茫和失去信心。對中國道路的研究，讓我找到了信仰的依據，讓我懂得，我們共產黨人追求的理想，不是宗教一樣的天國和來世，而是建立在對現實社會的科學認識上的，因此雖然艱難曲折，"歷史的道路不是涅瓦大街上的人行道，它完全是在田野中行進的，有時穿過塵埃，有時穿過泥濘，有時橫渡沼澤，有時行經叢林"，但是卻能始終吸引億萬仁人志士矢志不渝，流血犧牲，因為我們堅持的理想既有科學的依據，又符合最大多數人的利益。今天我們研究中國道路，堅持共產主義理想，固然也遇到了一些困難，但這難道比馬克思創立馬克思主義的時候還困難嗎？中國的社會主義制度已經堅固穩定，中國共產黨風華正茂、朝氣蓬勃，這是每一個致力於中華民族偉大復興和社會主義事業的知識分子最好的環境，我們不應該辜負這樣的新時代。

系統寫作這本書，是從 2011 年開始的。我在北大做博士後，按要求需要開一門課，我就自告奮勇開設了兩個學期的《中華人民共和國經濟史》的課程，共有約五百多名同學選課，他們給了我極大的支持和信心。雖然這門課是選修課，而且時間安排在週末晚上，但這門課程一直保持了很高的"上座率"，這充分體現了今天"90後"的年輕學生對了解和探索中國道路充滿著熱情，讓我非常欣慰、感動並產生共鳴。同學們在課堂上提出了很多問題，也啟發我進一步思考。這本書是我答應全班同學的一項任務，藉此機會要感謝選課的全體同學，也感謝為我做過助教的楊春雨、羅媛、付虹橋、劉貴振同學。在講課的基礎上，我又結合自己對黨的歷史和當前改革發展中具體問題的研究，逐步形成了這本書的主要內容。

中共十八大以來，以習近平為核心的中共中央在世界上高高舉起了中國特色社會主義旗幟，校正了黨和國家的航向，這讓一切擁護黨的領導、擁護社會主義、熱愛中華民族的人們備受鼓舞。在這種形勢下，我研究中國道路，就感到更加有了信心。習近平新時代中國特色社會主義思想，有著深厚的理論淵源和歷史依據，理解新時代，首先離不開對於中國歷史規律和歷史邏輯的正確把握和認識。我希望這本書能夠在這方面起到一些作用。

我的導師李玲教授在醫改和中國道路研究方面都給了我巨大的支持和充分的關心。曾任國務院參事、國有大型企業監事會主席陳全訓同志對本書寫作給予寶貴指導。中信改革發展研究基金會孔丹理事長十分關心本書出版，並親自審閱書稿。韓毓海、潘維、王紹光、汪暉等專家都對本書的創作給予了寶貴指導。我在研究醫療改革和經濟的過程中，結識了大量愛國為民、充滿責任擔當的領導、師長和同仁，同他們的交流和討論豐富了我的認識，增強了我的信心，謹向他們表示感謝。當代西方馬克思主義專家薩米爾·阿明教授曾閱讀過本書的英文摘要，並慨然應允擔任本書的推薦人，可惜他已在本書出版之前駕鶴西去，阿明教授一直關心中國的社會主義事業，謹以此對他表示深切的懷念。感謝季紅、趙雅妮等老師在本書出版過程中所做的大量具體細緻的工作。還要感謝我的父母在我求學和工作過程中給予無微不至的關懷和包容。

歷史是最好的教科書，也是深奧的知識寶庫。本書一定有許多缺點錯誤。我願意接受讀者的批評，敬請把批評意見發送到 daguoxinlu@163.com，謝謝！

江宇

2018 年 8 月

責任編輯　　陳思思
書籍設計　　吳丹娜

書　　名　中國道路的歷史和未來
著　　者　江宇
出　　版　三聯書店（香港）有限公司
　　　　　香港北角英皇道 499 號北角工業大廈 20 樓
　　　　　Joint Publishing (H.K.) Co., Ltd.
　　　　　20/F., North Point Industrial Building,
　　　　　499 King's Road, North Point, Hong Kong
香港發行　香港聯合書刊物流有限公司
　　　　　香港新界荃灣德士古道 220–248 號 16 樓
印　　刷　美雅印刷製本有限公司
　　　　　香港九龍觀塘榮業街 6 號 4 樓 A 室
版　　次　2021 年 4 月香港第一版第一次印刷
規　　格　16 開（170 × 230 mm）400 面
國際書號　ISBN 978–962–04–4580–4

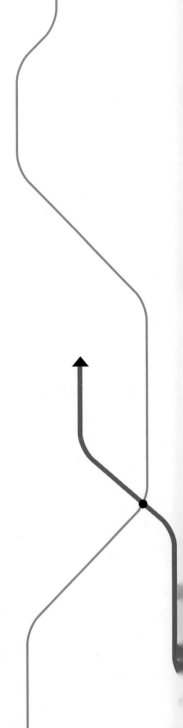